Leidorf / Ettel

Burgen in Bayern

19. Oktober '99

Lieber Niels,
Viel Vergnügen bei der Lektüre und vielleicht geht's danach auf Erkundungstour.
Deine Ellen

Klaus Leidorf
Peter Ettel

Burgen in Bayern

7000 Jahre Burgengeschichte im Luftbild

mit Beiträgen von

Joachim Zeune
Walter Irlinger
Björn-Uwe Abels
Jochen Haberstroh
Dieter Neubauer
Michael M. Rind
Karl-Heinz Röhrig

Die Deutsche Bibliothek – CIP Einheitsaufnahme

Burgen in Bayern: 7000 Jahre Geschichte im Luftbild /
Klaus Leidorf; Peter Ettel. – Stuttgart : Theiss 1999
   ISBN 3-8062-1364-X
NE: Leidorf, Klaus; Ettel, Peter

Lektorat: Jürgen Beckedorf
Layout/Herstellung: Klaus Leidorf, Buch am Erlbach
Umschlaggestaltung: Atelier Reichert, Stuttgart, unter
Verwendung eines Luftbildes von Klaus Leidorf

© Konrad Theiss Verlag GmbH & Co., Stuttgart 1999
Alle Rechte vorbehalten
Satz: Computerdienst Marie L. Leidorf, Buch am Erlbach
Lithographie: Bruno Hockel DTP-Studio Buch am Erlbach
Druck: Bosch Druck, Landshut
Printed in Germany
ISBN 3-8062-1364-X

Inhalt:

Vorwort 7

Vorgeschichte 8
    Künzing-Unternberg 20
    Altheim bei Landshut 22
    Bogenberg 24
    Michelsberg bei Kelheim 27
    Natternberg bei Deggendorf 30
    Schloßberg bei Kallmünz 32
    Ehrenbürg bei Forchheim 34
    Heunischenburg 37
    Turmberg bei Kasendorf 40
    Margarethenberg 42
    Eiersberg bei Mittelstreu 44
    Fentbachschanze 46
    Staffelberg 48

Frühmittelalter 51
    Wettenburg bei Kreuzwertheim 66
    Gelbe Bürg bei Dittenheim 68
    Reisberg bei Scheßlitz-Burgellern 70
    Schwanberg bei Rödelsee 72
    Marienberg in Würzburg 75
    Karlburg bei Karlstadt am Main 78
    Michelsberg bei Neustadt am Main 82
    Salz bei Bad Neustadt a. d. Saale 84
    Oberammerthal 86
    Reichsburg und Lamberg bei Cham 90
    Schloßberg in Ebersberg 92
    Roßtal 94
    Frauenberg bei Kelheim 97
    Hetzleser Berg 102
    Hesselberg 104
    Eiringsburg 106
    Schwedenschanze im Rottensteiner Forst ... 108
    Grünbürg bei Stadtsteinach 110
    Burgstall Laineck bei Bayreuth 112
    Birg bei Hohenschäftlarn 114
    Castell-Oberschloß 116

Hochmittelalter bis Neuzeit 118
    Abenberg 130
    Bamberg Domberg 132
    Burghausen 134
    Burglengenfeld 136
    Cadolzburg 138
    Coburg Veste 140
    Donaustauf 142
    Eisenberg-Zell 144
    Falkenstein 146
    Flossenbürg 148
    Haag i.Obb. 150
    Harburg 152
    Hohenfreyberg 154
    Karlstein bei Bad Reichenhall 156
    Lauf a. d. Pegnitz 158
    Lichtenstein 160
    Neideck 162
    Neuschwanstein 164
    Nürnberg 166
    Ostheim v. d. Rhön, Kirchenburg 168
    Passau Oberhaus und Unterhaus 170
    Plassenburg ob Kulmbach 172
    Prunn 174
    Rieneck 176
    Rothenfels am Main 178
    Salzburg bei Neustadt a. d. Saale 180
    Seeg-Burk 182
    Stein a. d. Traun 184
    Stockenfels 186
    Burg Trausnitz in Landshut 188
    Wildenburg 190
    Wülzburg bei Weißenburg 192

Register
    Index 194
    Literaturverzeichnis 201
    Abbildungsnachweis 204

Vorwort

Seit seinem Seßhaftwerden in der Steinzeit hat der Mensch immer wieder bestimmte Plätze mit markanten Befestigungen umgeben. Nicht erst im Mittelalter wurden die Wohn- und Herrschaftssitze der jeweiligen Machthaber mit deutlichen Bauelementen von dem allgemeinen Wohnniveau abgehoben.

Die älteste Großarchitektur in Bayern dokumentiert schon in der Jungsteinzeit durch den Bau der zum Teil recht komplizierten Kreisgrabenanlagen den Willen zur Repräsentation. Diese Kalenderbauten dienten aber wohl mehr kultisch-religiösen Zwecken, obwohl sie sich mit tiefen Gräben und hölzernen Palisaden, also durchaus sehr defensiven Merkmalen, von der Außenwelt abgrenzen.

In der Bronzezeit lernen wir dann die ersten stadtartigen Siedlungen kennen, die, neben der meist exponierten Lage auf natürlichen Anhöhen oder steilen Bergen, weitere künstliche Annäherungshindernisse, wie Wälle und Gräben, aufweisen. Diese Bauten dokumentieren eine schutzbedürftige Gesellschaft, die es sich in unsicheren Zeiten leisten konnte und mußte, solch aufwendige Bauwerke in schwierigem Gelände zu errichten.

Die Kelten trieben die stadtartigen Siedlungen dann fast bis zur Perfektion. Die Oppidakultur bot hinter der schützenden Stadtmauer vielen Menschen ein sicheres Leben und Arbeiten, sie beweist einen hohen Grad an Organisationsvermögen unserer keltischen Vorfahren.

Stark befestigte, militärische Zweckbauten hinterließen uns dann die römischen Besatzungstruppen. Einige wenige Reste dieser Kastelle überdauerten die letzten zwei Jahrtausende noch oberirdisch. In diesem Buch haben wir jedoch auf die Dokumentation dieses Zeitabschnitts weitgehend verzichtet, um mehr Platz für die mittelalterlichen Anlagen zu haben.

Die ersten Burgen des frühen Mittelalters sind fast ausschließlich nur durch archäologische Grabungen, allerdings schon in Zusammenhang mit ersten schriftlichen Quellen, zu rekonstruieren. Sie legen den Grundstein für das Phänomen „Burg", das dann im hohen und späten Mittelalter in den verschiedensten Bauformen den Willen zu einer starken Repräsentation und Verteidigung ausdrückt.

Burgen wurden zu allen Zeiten an solchen Stellen errichtet, die für die Sicherung von Handel und Verkehr eine wichtige Bedeutung hatten. Damit waren sie, neben ihrer Funktion als Existenz-Sicherung, auch immer zugleich Knotenpunkte für die Informationsvermittlung.

Die baulichen Reste können noch heute an zahlreichen Stellen im Gelände aufgesucht werden und beflügeln die Phantasie vieler Menschen immer wieder. Die Begegnung mit der eigenen Geschichte ist an den Stätten der mittelalterlichen Ruinen hautnah zu erleben. Viele Details, die auf den Luftbildern und in den kurzen beschreibenden Texten nicht sichtbar gemacht werden können, erzählen vor Ort von baugeschichtlichen und historischen Begebenheiten.

Die Auswahl der einzelnen Objekte fiel nicht leicht, denn von einer anfänglichen Liste mit 170 Burgen und befestigten Plätzen der engeren Wahl mußten mehr als 100 gestrichen werden, um den Umfang des Werkes nicht zu sprengen.

In diesem Buch soll das Luftbild einen ersten schnellen Überblick bieten, der durch kleine Pläne und einige Rekonstruktionen sowie den begleitenden, knappen Text von kompetenten Autoren weiter vertieft wird. Derjenige, der sich eingehender mit einzelnen Objekten beschäftigen möchte, findet Literaturhinweise zu jeder Burg.

Zusätzlich ist zu den großen Zeitabschnitten Vorgeschichte, Frühes Mittelalter sowie Hoch- und Spätmittelalter ein einleitender Text zu finden, der in die jeweilige Burgenlandschaft einführt.

Den Autoren und den zahlreichen Helferinnen und Helfern bei der Entstehung dieses Burgenbuches sei an dieser Stelle herzlich gedankt. Es bleibt zu hoffen, daß der Leser nun auf seinem Rundflug über „Burgen in Bayern" trotz aller Analysen auch etwas zu spüren bekommt von der Faszination der Geschichte, die von diesen Bauwerken ausgeht.

Niedererlbach im März 1999

Klaus Leidorf

gegenüberliegende Seite:
Blick über die Burgruinen
Hohenfreyberg und Eisenberg in
Richtung Neuschwanstein auf
das herrliche Alpenpanorama.

Vorgeschichtliche Erdwerke und Befestigungen

Das Streben des Menschen, seinen Wohnsitz gegenüber der Umgebung zu schützen, läßt sich bis in die Steinzeit zurückverfolgen. Künstlich angelegte Befestigungen in der Nähe von Siedlungen können entweder als Fluchtburg für unruhige Zeiten oder als repräsentative Zentren einer Region und Siedlungslandschaft gesehen werden. Die jeweilige funktionale Zweckbestimmung ist oft nur anhand der teilweise spärlichen archäologischen Funde und Befunde festzustellen. Dies trifft vor allem auf die oberirdisch nicht mehr sichtbaren Erdwerke zu.

Im Boden versteckt sind verfüllte Gräben, Palisadenspuren oder verebnete Wallbefunde erhalten, die nur noch einen selektiven Eindruck vom ehemaligen Aussehen vermitteln. Ebenso bilden die auf der Oberfläche aufgelesenen Funde nur einen winzigen Ausschnitt aus dem tatsächlichen Bestand. Gegenstände aus organischen Materialien, wie Holz oder Pflanzenfasern, werden nur unter seltenen Erhaltungsbedingungen im Boden konserviert. Der Archäologe kann seine Interpretationen oftmals nur auf die aufgefundene Keramik und die Geräte aus Stein oder Metall stützen. Diese Voraussetzungen erschweren eine zuverlässige Ansprache der erhaltenen Befunde, die auch noch durch die unterschiedliche Qualität der jeweiligen Ausgrabung beeinflußt wird.

In den landwirtschaftlich intensiv genutzten Regionen Bayerns, hat sich in den letzten Jahren die Zahl der bekannten Erdwerke durch den Einsatz der Luftbildarchäologie und der Geophysik beträchtlich erweitert. Vor allem die ständig fortschreitende Erosion führt in diesen Gebieten dazu, daß der Pflug in immer stärkerem Umfang die archäologischen Befunde angreift.

Obertägig noch sichtbare Befestigungen finden sich meist nicht mehr in den intensiv genutzten Ackerflächen, sondern eher in Wiesenarealen, Waldgebieten und Höhenlagen. Höhensiedlungen sind oft durch mehr oder minder steile Hänge und eine zusätzliche Umwehrung klar begrenzt. Es kann die maximale, für eine Besiedlung zur Verfügung stehende Fläche rechnerisch rekonstruiert werden.

Hinweise auf die Dichte der zu erwartenden Befunde sind neben einer archäologischen Ausgrabung inzwischen auch durch die zerstörungsfreie geophysikalische Prospektion möglich.

Weitergehende Interpretationen, wie etwa zur Art der Nutzung oder gar eine exakte zeitliche Einordnung, läßt sich dagegen nur über groß-

rechts unten: Plan des altneolithischen Grabenwerks bei Stephansposching.

unten: Das Westtor des Grabenwerks von Stephansposching während der Ausgrabung 1993 in der Straßentrasse.

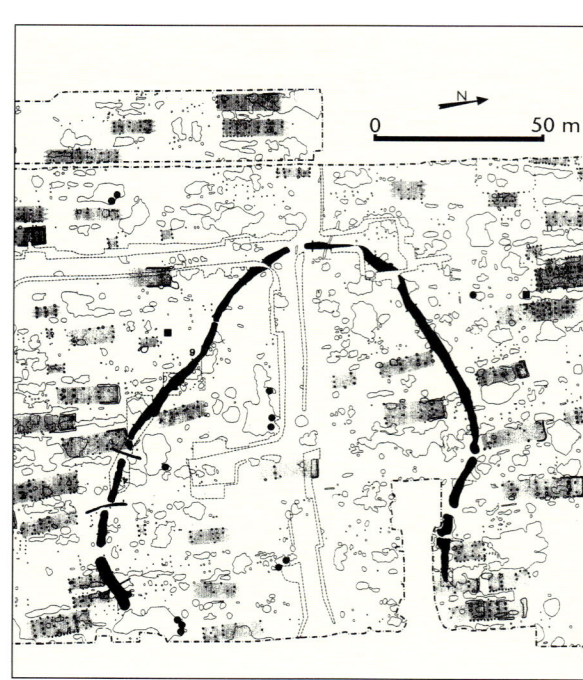

Steinzeit

Schon für die Bauernkultur der Bandkeramik (etwa 5500–5000 v. Chr.) sind in größerer Zahl Erdwerke bekannt. Für die Errichtung wurden Lößflächen bevorzugt, die an einem Bachlauf liegen und eine flache Kuppe oder einen leichten Geländesporn einnehmen. Die umgrenzten Innenflächen besitzen Größen von 1 bis 4 ha. Häufig weisen sie eine leicht unregelmäßig verlaufende ovale Fläche auf. Die Anlagen werden von tiefen Gräben und begleitenden hölzernen Palisaden auf der Innenseite umschlossen. Wälle konnten bisher nicht eindeutig nachgewiesen werden. Bisher konnte auch noch nicht geklärt werden, wo die riesige Menge des aus dem Graben ausgehobenen Erdreichs Verwendung fand.

Die Umfassungsgräben zeigen unterschiedliche Profile, von kastenförmig bis spitz ausgezogen. Ihre Breite liegt schwerpunktmäßig bei 5 bis 6 m, die Tiefe erreicht heute, je nach den örtlichen Bodenbedingungen, die von landwirtschaftlicher Nutzung und hieraus resultierender Erosion abhängt, noch 3 bis 4 m. Die Palisadengräbchen als Spuren der Palisadenwand verlaufen meist mehrere Meter in den Innenraum versetzt. Häufig lassen sich bei den Erdwerken zahlreiche Grabenunterbrechungen belegen, die zu einer deutlichen Segmentierung der äußeren Begrenzung führen. Diese Unterbrechungen können nur dann sicher als ehemalige Eingänge interpretiert werden, wenn in der parallel verlaufenden Palisade an derselben Stelle eine Lücke festzustellen ist. Häufig weisen die Unterbrechungen keine Anbindung zu den gestaffelten Grabensystemen auf. Bei Stephansposching im Landkreis Deggendorf konnte in den letzten Jahren ein ausgedehntes Siedlungsareal mit zahlreichen Befunden der Linienbandkeramik untersucht werden. Neben mindestens 50 Großbauten, die sich auf unterschiedliche Siedlungsphasen verteilen, gelang der Nachweis eines Erdwerks dieser Zeit. Obwohl die Anlage nicht vollständig untersucht ist, dürfte ihre Fläche etwa 1 ha eingenommen haben.

Eine Sonderstellung innerhalb der jungsteinzeitlichen Erdwerke nimmt eine Gruppe großer Anlagen ein, die hauptsächlich auf den fruchtbaren Lößböden Niederbayerns entdeckt wurde. Darüber hinaus lassen sich auch jeweils ein Beispiel aus der südlichen Oberpfalz bei Riekofen und in Unter- und Mittelfranken nachweisen. Die mittelneolithische Zeitstellung sowie die Struktur der ausgedehnten Grabensysteme konnte in Landau-Meisternthal, Kothingeichendorf und Künzing-Unternberg (vgl. S. 20) oder auch Riekofen zudem durch Ausgrabungen überprüft werden. Bei einigen Grabenrondellen zeigen Funde an, daß mit einer Datierung bis in das Jungneolithikum zu rechnen ist.

Am weitesten vorangeschritten ist bisher der Forschungsstand zu den niederbayerischen Grabenwerken. Zu allen Anlagen liegt eine große Zahl an Luftbildern vor und die gesamte Gruppe wurde geophysikalisch untersucht. Es zeigte sich dabei, daß die ausgedehnten Siedlungsareale mit unregelmäßigen, teilweise gestaffelten Grabensystemen umgeben sind. Sie weisen Durchmesser von mehreren hundert Metern auf und umschließen, z. B. in Kothingeichendorf 14 ha befestigte Siedlung. Innerhalb der umgrenzten Bereiche finden sich regelhaft Grabenrondelle, die jeweils aus parallel verlaufenden Palisaden und/oder Grabenringen bestehen. Die Ausrichtung der Eingänge weist meist auf bestimmte astronomische Fixpunkte im jahreszeitlichen Wechsel, wie etwa die Wintersonnenwende. Dadurch wird die besondere Funktion der Plätze innerhalb der befestigten Siedlungen unterstrichen. Für diese Gruppe der Erdwerke deutet sich eine doppelte Aufgabe an, die sowohl im Schutz der dort wohnenden Menschen als auch im Bereich des Kultes oder der Religion zu suchen ist. Durch die regelmäßigen Abstände zwischen den einzelnen Fundstellen ergeben sich darüber hinaus Hinweise auf eine Gliederung der Siedlungslandschaft, wobei die Erdwerke mit Grabenrondellen wohl eine Mittelpunktsfunktion einnehmen.

Die Entdeckungen der eher seltenen Erdwerke der Münchshöfener Gruppe (etwa zweite Hälfte 5. bis beginnendes 4. Jahrtausend v. Chr.) haben in den letzten Jahren zu neuen Auslegungen geführt. Im Landkreis Dingolfing-Landau konnten nur wenige hundert Meter voneinander entfernt Teile von zwei Grabensystemen untersucht werden. Auf etwa 40 m Länge gelang der Nachweis von zwei parallel verlaufenden Gräben, die Teile einer Geländekuppe abriegeln. Ihr weiterer Verlauf und die Ausdehnung des geschützten Siedlungsbereiches bleiben bislang unklar. Bei der zweiten Anlage wird ein nach drei Seiten steil abfallender Hügelsporn durch einen Graben abgeriegelt. Eine annähernd quadratische Anlage mit leicht abgerundeten Ecken und jeweils einem Eingang im Westen und Osten konnte in der Nähe von Silexabbaustellen bei Buxheim festgestellt werden. Das Erdwerk, bei dessen Ausgrabung vielfältige Steingeräte gefunden wurden, kann als

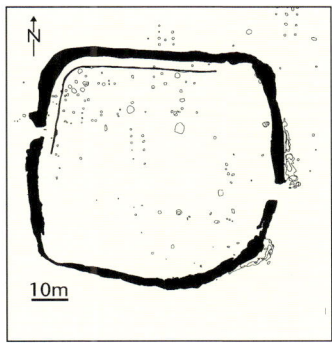

Münchshöfener Grabenwerk bei Buxheim.

Plan der Grabenwerke von Tabertshausen aufgrund der Magnometerprospektion.

Vier jungneolithische Erdwerke
1 *Alkofen an der Donau*
2 *Straßkirchen*
3 *Köfering-„Kelleräcker"*
4 *Kopfham-Galgenberg.*

eine Produktionsstätte und als Ort der Weiterverarbeitung interpretiert werden. Für eine Gruppe von zwei Erdwerken bei Tabertshausen ist dagegen die zeitliche Einordnung und funktionale Bestimmung vorerst nur schwer möglich. Die geophysikalischen Messungen erbrachten aber immerhin zwei gestaffelte Grabensysteme, die sich in ihrem Aufbau und der Ausrichtung der Eingänge ähneln. Zahlreiche Lesefunde der Münchshöfener Kultur lassen eine Datierung der Erdwerke in diese Zeit vermuten.

Für die Altheimer Gruppe sind kleinteilige Erdwerke typisch. Neben der namengebenden Fundstelle bei Altheim (vgl. S. 22) können in Niederbayern mittlerweile 15 weitere Anlagen dieser Kulturstufe zugewiesen werden. Sie liegen auf siedlungsgünstigen Böden, weisen eine annähernd rechteckige Grundform auf und die Innenflächen umfassen meist eine Größe von etwa 1 ha. In der Grundform lassen sich gewisse Unterschiede erfassen. Altheim mit seinem geschlossenen System aus Gräben und den gegenüberliegenden Toren bildet eine gewisse Sonderstellung. Für Alkofen sind drei Gräben belegt, die unmittelbar über der Donau einen annähernd rechteckigen Bereich abgrenzen. Die Innenfläche ist 110 bis 135 m lang und weist eine Breite von 40 m auf. Die Sohlgräben erreichen Längen von 250 m und sind an der Breitseite von zwei sowie an einer Schmalseite von einem Durchlaß unterbrochen. Sie erreichen Breiten von 3 bis 4 m. Einzelne, rechteckig angeordnete Pfostenstellungen deuten auf Torbauten hin. Neben einfachen Gräben, wie in Buchhofen-Nindorf oder Straßkirchen, können auch parallel verlaufende Doppelgräben vorkommen. In diese Gruppe gehört auch ein weiterer Befund aus Altdorf. Dort grenzt das 120 m lange Erdwerk mit seiner unbefestigten Seite an einen Flußlauf. Auf einer etwa 14 km langen Lößinsel an der mittleren Isar lassen sich vier Befestigungen nachweisen, die jeweils einer Kleinlandschaft zuzurechnen sind. Die Erdwerke nehmen hier jeweils eine zentralörtliche Funktion ein. Die Anlage von Alkofen legt durch ihre Nähe zu bedeutenden Silexlagerstätten eine Interpretation als befestigter Handelsplatz nahe. Die Grabenwerke der endneolithischen Chamer Gruppe (Ende 3. Jahrtausend v. Chr.) finden sich nicht nur innerhalb der leicht zu bewirtschaftenden Böden, sondern bevorzugen auch Lagetypen, die durch steile Hänge geschützt sind. Häufig werden Geländesituationen ausgenutzt, bei denen durch Abschnittsgräben ein Geländesporn relativ einfach abgeriegelt werden kann. Als zusätzliches Annäherungshindernis sind Palisadenwände im Innenraum bekannt. In der Nähe von Hadersbach wurde eine der wenigen großen Befestigungen entdeckt, deren Grundfläche mit etwa 32.000 qm berechnet werden

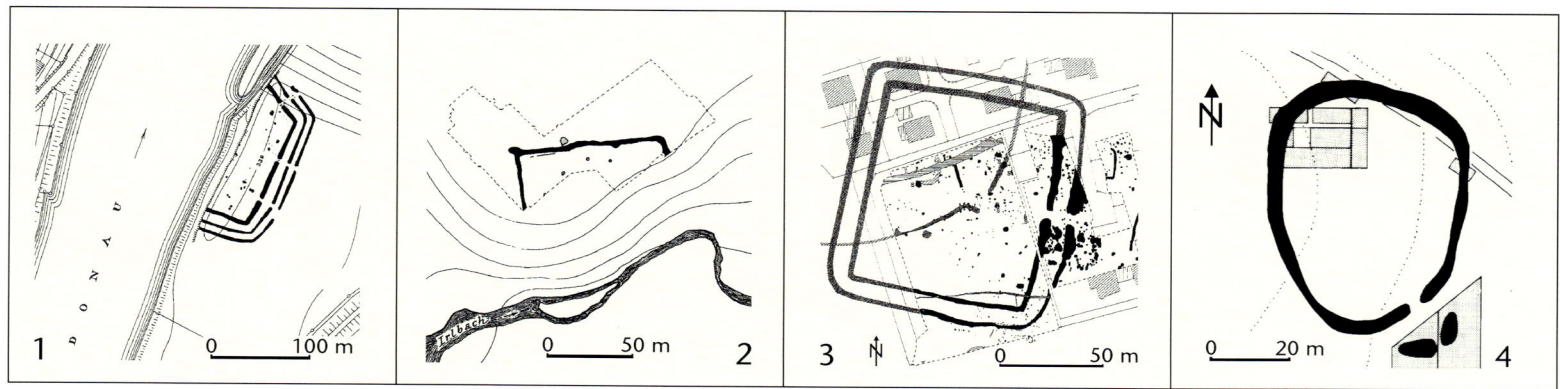

Blick von Norden auf den Bullenheimer Berg am Westrand des Steigerwaldes.

kann. Auf dem Galgenberg bei Kopfham wurde nahe der Kuppe eines Sporns ein 50 x 60 m großes Areal durch einen bis zu 2 m tiefen ovalen Spitzgraben abgetrennt. Die Ausgrabungen haben für diese Anlage gezeigt, daß der Graben mehrere Einfüllungsphasen aufweist, die teilweise mit Zerstörungen in Verbindung gebracht werden können. Sie sind auch innerhalb

rechts:
Topographischer Vermessungsplan des Bullenheimer Berges. Schraffur: Keramikfunde; Quadrat: Siedlungsbefunde; Punkte: Bronzefunde (ohne Depots).

rechts innen:
Topographischer Plan der Houbirg bei Happurg.

unten:
Rekonstruktionsvorschlag zu den Bauphasen der Befestigung auf dem Bullenheimer Berg.

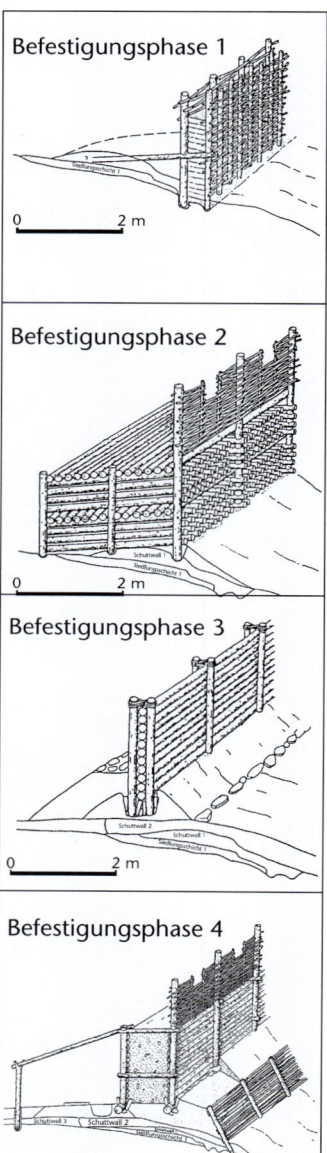

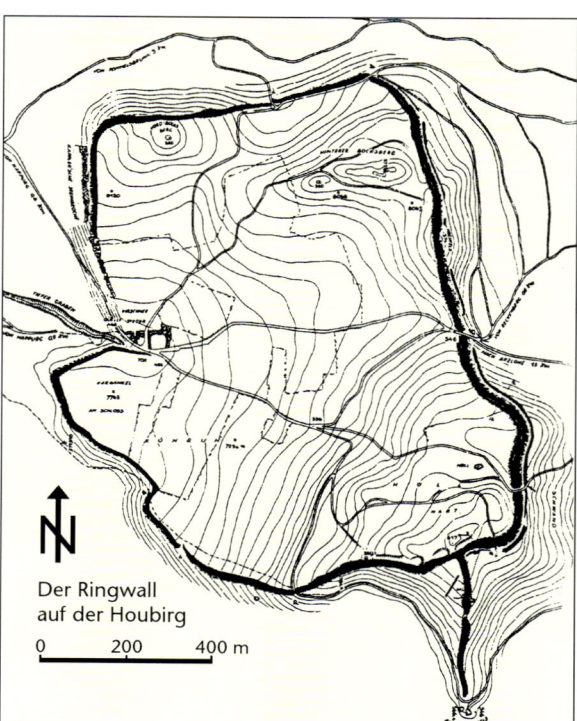

des befestigten Bereichs feststellbar. Hierfür spricht auch das verstärkte Vorkommen von unterschiedlichen Pfeilspitzen, die in größerer Zahl im Torbereich gefunden wurden. Das Tor war zusätzlich durch zwei vorgelagerte Grabensegmente gesichert.

Daneben gibt es Anlagen, die gestaffelte Grabensysteme aufweisen. Mit einer Fläche von etwa 8.500 qm bildet das gestaffelte Grabensystem von Riekofen im Landkreis Regensburg neben Hadersbach die zweitgrößte Anlage. Hier wird durch parallel verlaufende Gräben eine Terrassenzunge, die von Bächen begrenzt wird, abgetrennt. Die Befestigung besteht aus zwei Gruppen von Gräben, wobei für den inneren Bering ein Tor nachgewiesen ist. Ein Graben wird in einer jüngeren Phase zugefüllt und von einer Palisade überlagert.

Für die Erdwerke der Chamer Gruppe kann an einer profanen Nutzung als Befestigungswerk kaum gezweifelt werden. Verbindende Elemente sind die Ausnutzung natürlich geschützter Geländesituationen und die geringe Größe der Gesamtanlagen. Für die Erdwerke von Hadersbach und Riekofen wird anhand der Größe eine zentrale Funktion innerhalb der Siedlungslandschaft vermutet. Mehrfach lassen sich zudem Brandhorizonte nachweisen, die für ein Ende der Anlagen im Zuge von kriegerischen Auseinandersetzungen sprechen.

Bronze- und Urnenfelderzeit

Die urnenfelderzeitliche Entwicklung des Befestigungswesens ist vor allem für Franken gut zu überblicken.

Die beste Ausgangsbasis zur Interpretation einer bronze- und urnenfelderzeitlichen Höhensiedlung bietet der Bullenheimer Berg. Der Tafelberg liegt am Westrand des Steigerwaldes. Mit einer Länge von 1.200 m und bis zu 400 m Breite gehört er zu den eindrucksvollsten Erhebungen der Region. Der Plateaurand wird in weiten Teilen von einer mächtigen Wallgrabenkombination begleitet. Sie umschließt ein Siedlungsareal von etwa 30 ha. Etwa in der Mitte riegeln Wälle und Gräben den zentralen Bereich zusätzlich ab. Nach Osten versetzt erscheint ein weiteres Wallstück, dessen Datierung bisher nicht geklärt ist.

Seine Berühmtheit in der archäologischen Forschung verdankt der Bullenheimer Berg den zahlreichen Metalldepots, die im Innenraum der Anlage gefunden wurden. Seit den späten siebziger Jahren kamen mindestens 13 Fundkomplexe zum Vorschein, von denen zwei ausschließlich Schmuck enthielten. Den spektakulärsten Komplex stellt sicherlich ein Depot mit

Goldgegenständen dar. Neben vier Armspiralen sind reich verzierte Buckel und Bleche bekannt, die auf eine zentrale Funktion des Berges hinweisen und in einen religiösen Kontext zu stellen sind.

Die zentrale Bedeutung wird durch die umfangreichen Befestigungsanlagen unterstrichen. Ingesamt lassen sich auf dem Bullenheimer Berg vier Bauphasen nachweisen. Die ersten beiden Umwehrungen sind in die Bronzezeit zu datieren. Am Anfang besteht die Vorderfront aus zwei Palisaden- oder Flechtwerkwänden. Hierauf folgt eine Konstruktion aus waagrecht aufeinander gelegten Baumstämmen, die mit Erdmaterial aufgefüllt sind. Die Außen- und Innenseite wird aus senkrecht stehenden Hölzern gebildet. Diese Anlage dürfte in der Zeit zwischen 1060–1300 v. Chr. bestanden haben. Nach einer Unterbrechung folgen zwei unterschiedlich konstruierte Holz-Erde-Mauern der jüngeren Urnenfelderzeit.

Die Ausgrabungen und Aufsammlungen zeigten auch, daß unmittelbar hinter den Befestigungsanlagen mit der intensivsten Besiedlung gerechnet werden kann, während die Befunddichten im übrigen Innenraum ausdünnen. Wie bei anderen großen urnenfelderzeitlichen Anlagen finden sich Hinweise auf Metallverarbeitung, wozu Gießereiabfälle, Gußformen und ein Gußkuchen gehören. Die Zusammenschau der unterschiedlichen Aspekte, wie Größe, aufwendig gestaltete Befestigungen, Metallhandwerk und Depots, zeigt, daß dem Bullenheimer Berg eine zentrale Funktion im Siedlungsgefüge der Bronze- und Urnenfelderzeit Unterfrankens zukommt.

Diese Interpretation trifft auch auf weitere Höhensiedlungen zu, wobei die Vielfalt der unterschiedlichen Hinweise meist nicht so deutlich zu erfassen ist. Die wichtigsten Informationen zu den Befestigungen werden im folgenden kurz angesprochen.

Mit einer Fläche von 88 ha bildet in Mittelfranken die Houbirg bei Happurg die größte befestigte Siedlung. Die Untersuchungen erbrachten hier erste Einblicke in die Konstruktion und Datierung der Umwehrung. Eine erste Befestigung wurde demnach in der jüngeren Urnenfelderzeit errichtet. Über ihr Aussehen kann vorerst nur spekuliert werden. Eine Holzkonstruktion unter dem jüngeren eisenzeitlichen Wall könnte zur älteren Phase gehören. Funde aus dem Innenraum belegen eine Besiedlung des Platzes ab der Stufe Bronzezeit D (14.–13. Jahrhundert v. Chr.).

Zu den bedeutenden Anlagen zählt auch der Schwanberg in Unterfranken, dessen bisherige Erforschung allerdings nur fragmentarische Hinweise auf den Gesamtkomplex erlaubt. Auf dem Bergplateau sind drei Abschnittswälle bekannt, durch die das Gelände von den anschließenden Höhen abgetrennt wird. Neben einer latènezeitlichen und frühmittelalterlichen Nutzung, läßt sich auch eine bronze- und urnenfelderzeitliche Besiedlung des Berges belegen. Für den westlichsten Wall wird eine Errichtung zum Beginn der Urnenfelderzeit angenommen. Bisher konnte aber noch nicht geklärt werden, ob die Besiedlung ständig durch Befestigungen geschützt war und eine zentralörtliche Bedeutung während der gesamten Urnenfelderzeit bestand.

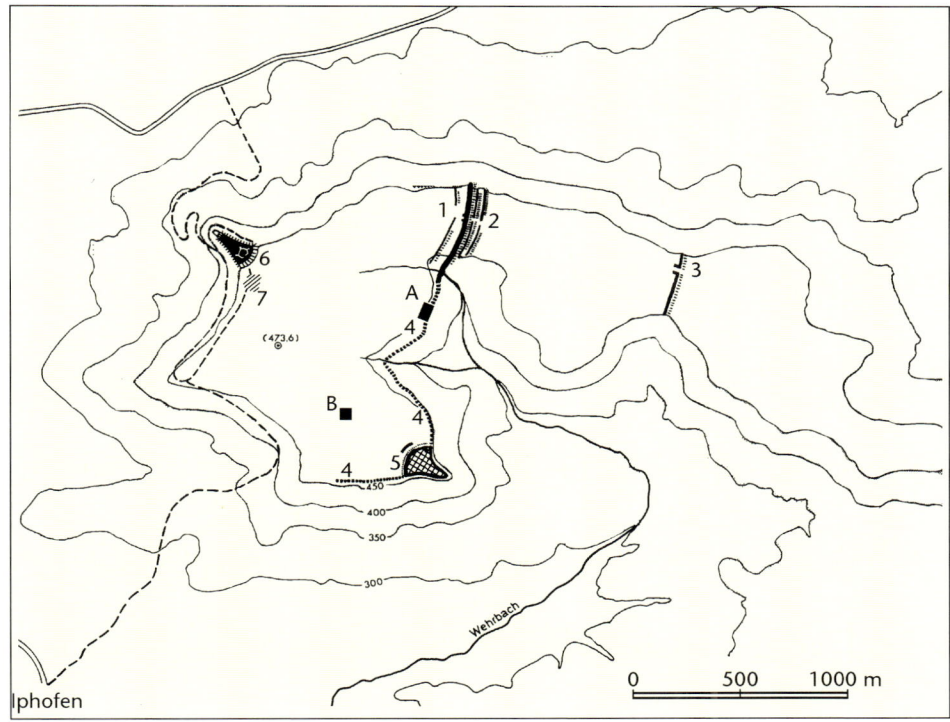

Befestigungsanlage auf dem Schwanberg.
1 Vorgänger des Hauptwalls (vermutlich Bronzezeit)
2 Hauptwall (Urnenfelderzeit bis frühes Mittelalter)
3 östlicher Abschnittswall (jüngere Latènezeit)
4 Randbefestigung (Urnenfelderzeit?)
5 Abschnittsbefestigung „Iphöfer Knuck" (frühes Mittelalter)
6 Burg auf dem „Kappelrangen" (frühes bis spätes Mittelalter)
7 Wüstung (spätes Mittelalter)
A und B Grabungsschnitte von 1996.

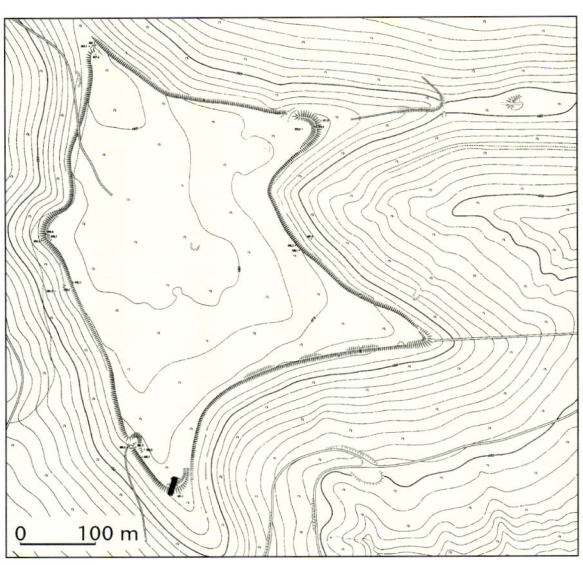

links innen:
Plan des Großen Knetzberges. Am Südende ist die Lage des Wallschnittes markiert.

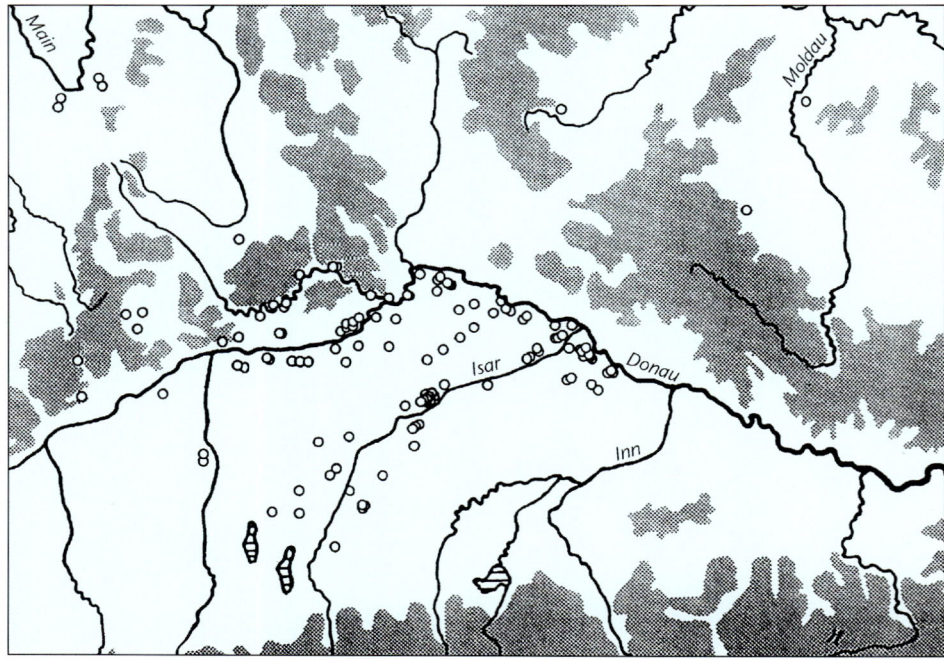

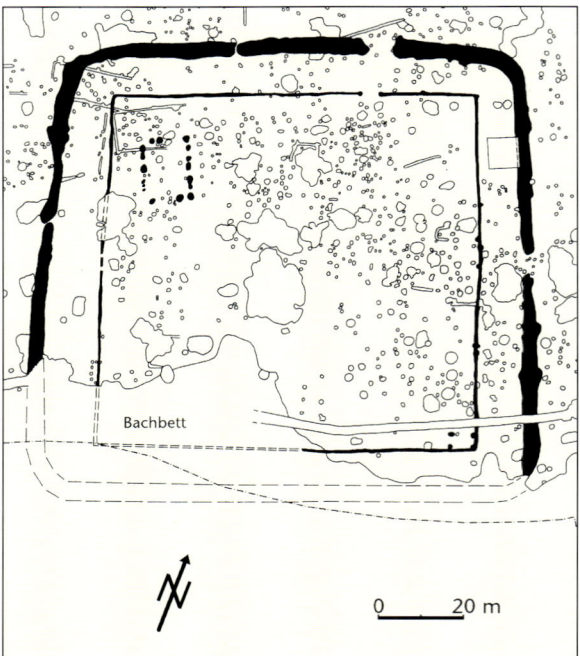

oben:
Verbreitung der hallstattzeitlichen Herrenhöfe.

rechts oben:
Plan des Herrenhofes bei Baldingen.

Hallstattzeitlicher Herrenhof bei Buchhofen, „Westag-Siedlung". Ausschnitt aus der Grabungsfläche von 1995/96.

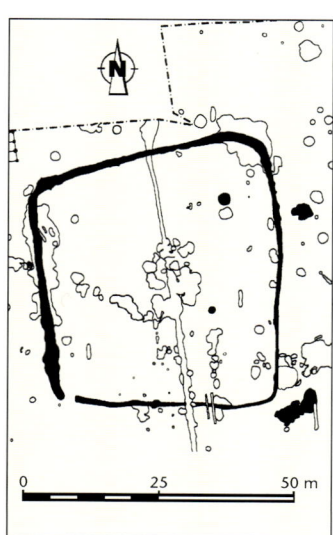

Erste Untersuchungen auf dem Großen Knetzberg erbrachten Hinweise zum Aufbau und der zeitlichen Stellung der Befestigung. Am Anfang steht wohl eine mächtige Holz-Erde-Mauer der Hügelgräberbronzezeit. In die Urnenfelderzeit dürften zwei übereinanderliegende Mauern gehören, die aus einer Vorder- und Rückfront aus Stein bestanden und zwischen denen Füllmaterial angehäuft wurde. Die wenigen Depots und Einzelfunde aus dem Innenraum deuten auf eine Besiedlung des Großen Knetzberges ab dem 15. Jahrhundert v. Chr. hin.

Bei den kleineren urnenfelderzeitlichen Anlagen stellt die Heunischenburg bei Kronach (vgl. S. 37) mit ihrer Befestigung aus einer mächtigen Steinmauer eine Ausnahme dar. Zahlreiche Waffen und weitere Ausrüstungsteile weisen auf eine militärische Anlage hin. Für die meisten Höhensiedlungen dieser Gruppe sind die Belege bisher sehr spärlich. Auf dem Hesselberg bei Wassertrüdingen in Mittelfranken läßt sich eine Errichtung der Umwehrung am Beginn der Urnenfelderzeit belegen (vgl. S. 104). Sammel- und Einzeldeponierungen zeigen hier ein Zentrum an, das mindestens bis zum Ende der Urnenfelderzeit eine zentrale Position innehatte.

In die Gruppe der kleineren Anlagen läßt sich auch der Rollenberg bei Hoppingen im Landkreis Donau-Ries setzen. Bei dem Ringwall, der eine Fläche von 165 m Länge und 65 m Breite umschließt, scheint es sich um eine Holz-Erde-Mauer mit Kiesschüttung zu handeln.

Für Südbayern bilden der Bogenberg (vgl. S. 24) und wahrscheinlich auch der Schloßberg bei Kallmünz (vgl. S. 32) und der Frauenberg über Weltenburg (vgl. S. 97) sowie der Domberg in Freising die größten befestigten Siedlungen. Zu den kleineren Anlagen gehört der Margarethenberg bei Burgkirchen (vgl. S. 42).

Die umwehrten Höhensiedlungen der Bronze- und Urnenfelderzeit lassen sich bis heute nur in geringem Umfang funktional analysieren und in das Siedlungsgefüge einbinden. Meist fehlen für die Darstellung einer Regionaltopographie wichtige Komponenten, wie zeitgleiche offene Siedlungen oder die zugehörigen Gräber. Auffallend ist, daß viele Anlagen in einer Spätphase der Urnenfelderzeit (8. Jahrhundert v. Chr.) enden. Ab der späten Hallstattzeit (6. Jahrhundert v. Chr.) werden verschiedene Plätze erneut aufgesucht und wieder befestigt.

Hallstatt- und Latènezeit

Fürstensitze des westlichen Hallstattkreises, wie etwa die Heuneburg, die über ihre Befestigungen, mediterrane Importe im Fundgut und herausragende Bestattungen im Umfeld charakterisiert sind, fehlen bisher in Bayern vollständig. Nur die griechische Importkeramik vom Marienberg bei Würzburg gibt Hinweise auf weitreichende Kontakte. Ebenso bilden umwehrte Höhensiedlungen die Ausnahme. Hier kommt dem Goldberg im Nördlinger Ries eine besondere Bedeutung zu. Auf dem Plateau konnte eine „Burganlage" der Hallstattzeit (7./6. Jahrhundert v. Chr.) mit Graben und Holz-Erde-Mauer an seiner Westseite ergraben werden. Für eine soziale Differenzierung der dort ansässigen

Rekonstruktionsvorschlag eines hallstattzeitlichen Herrenhofes.

Bevölkerung sprechen die Befunde in einem abgegrenzten Bereich des Innenraumes. Von der übrigen Siedlung ist dort eine Gebäudegruppe durch einen Palisadenzaun abgegrenzt. Der Eingang wird durch einen Torbau verstärkt. Innerhalb dieser Abgrenzung stehen große Pfostenbauten, die als Sitz einer herausgehobenen Persönlichkeit interpretiert werden.

Ein mit Palisaden und einem Grabensystem abgetrennter Geländesporn, dessen Befestigung mehrere Umbau- und Erneuerungsphasen aufweist, wurde auf dem Kyberg in Oberhaching im Landkreis München untersucht. Auf eine anfangs unbefestigte Siedlung folgten drei unterschiedliche Abschnittsbefestigungen. Am Ende der Hallstattzeit gaben die Bewohner diesen Platz wieder auf. Im Gegensatz zum Goldberg fehlen im Innenraum die repräsentativen Gebäude, so daß hier nur über die Struktur der Umwehrung und die verkehrsgünstige topographische Lage auf eine besondere Stellung innerhalb des hallstattzeitlichen Siedlungsgefüges geschlossen werden kann.

Besonders in Südbayern und vereinzelt in Franken gibt es eine Gruppe von Erdwerken, die unter dem Begriff „Herrenhöfe" zusammengefaßt werden. Ihre Entdeckung und Erforschung geht einher mit der regelmäßig durchgeführten Luftbildarchäologie. In den letzten zwanzig Jahren wurden etwa 100 Siedlungsstellen entdeckt, die sich aufgrund formaler Merkmale miteinander verbinden lassen. Mittlerweile sind 20 Anlagen dieser Art mehr oder weniger vollständig untersucht, so daß ein Vergleich von Luftbildbefunden und Ausgrabungsergebnissen möglich wird. Die äußere Begrenzung der Anlagen besteht aus Einzäunungen, Umfassungsgräben oder einer Kombination der einzelnen Elemente, wodurch sie sich von den offenen zeitgleichen Siedlungen abgrenzen. Sie weisen in den meisten Fällen eine annähernd rechtwinklige Grundform mit schwach gerundeten Ecken auf. Unterschiede lassen sich in der Größe und Struktur des umwehrten Bereiches erfassen. Neben einfach gestalteten Beispielen, die nur von einem Graben umgeben sind, können Erdwerke mit Graben und innenliegender Palisade sowie mehrere parallel verlaufende Gräben festgestellt werden. In die erstgenannte Gruppe gehört eine Anlage bei Buchhofen. Dort wurde eine unregelmäßige Anlage mit 40 bis 45 m Seitenlänge erfaßt, die von einem einfachen Graben begrenzt wird. Mit etwa 1.900 qm gehört sie zu den kleineren Beispielen. Durch eine Graben-Palisaden-Konstruktion ist der Herrenhof von Baldingen am westlichen Rand des Hauptverbreitungsgebietes umgeben. Die leicht trapezoide Grundfläche weist Seitenlängen von 102 bis 105 m auf, womit sie zu den größten Anlagen gehört. Durch den Graben und die parallel dazu im Innenraum verlaufende Palisadenwand lassen sich zwei unterschiedliche bauliche Elemente erfassen. Der äußere Sohlgraben dürfte ehemals eine Breite von über 4 m erreicht haben. An der Nord- und Ostseite ist er jeweils mit Erdbrücken unterbrochen. Für einen Eingang in die Anlage kommt eigentlich nur die nördliche Unterbrechung in Frage, da sie mit einer Öffnung in der Palisade korrespondiert, die von zwei mächtigen Pfo-

15

sten begrenzt wird. Diese bestand aus Gruppen von Bohlen, die in einem Abstand von 0,7 bis 1 m im Palisadengraben standen. Als Verbindung der Pfosten dürfte Flechtwerk verwendet worden sein. Aufgrund der fortgeschrittenen Erosion und durch ein mäandrierendes Bachbett kann die ehemalige Innenbebauung nur noch in Teilen rekonstruiert werden. Zum hallstattzeitlichen Herrenhof gehört ein Pfostenbau, dessen Seiten annähernd parallel zur Palisade liegen.

Ergänzt wird dieses Spektrum der Erdwerke von kompliziert aufgebauten, gestaffelten Grabensystemen, die aufeinander Bezug nehmen. In Landshut-Hascherkeller oder Mirskofen sind mehrere Gehöfte mit jeweils zwei parallel verlaufenden Gräben aneinandergebaut.

In Irgertsheim, ganz im Westen des Stadtgebiets von Ingolstadt, überlagern sich zwei Erdwerke, die beide durch vier Gräben begrenzt sind. Bisher ist die zeitliche Abfolge der Entstehung der zahlreichen Gräben noch nicht geklärt.

Anhand der Grabungsergebnisse zu den Herrenhöfen und Untersuchungen des näheren Umfeldes lassen sich einige Grundstrukturen der hallstattzeitlichen Siedlungslandschaft erkennen. Bei den kleineren, einfach gestalteten Anlagen dürfte es sich um landwirtschaftlich genutzte Gehöfte handeln. Für die komplexer aufgebauten Herrenhöfe läßt sich dagegen eine verkehrsgünstige Lage nachweisen, die häufig über Wegeverbindungen belegt werden kann. Die Funde aus Baldingen und Niedererlbach belegen auch noch eine eigene Metallverarbeitung vor Ort, wodurch die zentrale Funktion zusätzlich unterstrichen wird. Zudem konnte durch die Ausgrabungen etwa in Buchhofen, Baldingen oder auch Geiselhöring nachgewiesen werden, daß die Herrenhöfe nicht isoliert liegen, sondern unmittelbar an den umfriedeten Bereich zeitgleiche, offene Siedlungen anschließen. Häufig ist auch die Nähe zu Grabhügelfeldern der Hallstattzeit belegt. Bei Geiselhöring liegt nur wenig entfernt in der Talaue der Kleinen Laaber eine Nekropole mit etwa 100 Hügeln, die zu den größten in Niederbayern gehört. Eine vergleichbare Struktur mit erhöht liegendem Herrenhof und im Talgrund festgestelltem, zugehörigem Grabhügelfeld zeichnet auch die Fundlandschaft um Niedererlbach und Bruckberg bei Landshut aus. Insgesamt läßt sich für die Hallstattzeit ein Bild zeichnen, daß durch die Kombination von Herrenhof, offener Siedlung und zugehörigem Grabhügelfeld bestimmt wird.

In Niedererlbach deutet sich eine zeitliche Abfolge von zwei Erdwerken an, die nur etwa 200 m voneinander entfernt liegen. Während für die ältere Anlage bisher nur Funde der jüngeren Urnenfelderkultur und der Hallstattzeit bekannt wurden, reicht die zweite Befestigung mit zugehöriger Außensiedlung bis in die frühe Latènezeit hinein.

Drei parallel verlaufende Palisadengräbchen, die den hangseits liegenden Graben auf der Innenseite begleiten, und ein Pfostenbau dürften dort in die Frühlatènezeit gehören. Ähnliche Beobachtungen liegen auch für den Kyberg in Oberhaching und Aiterhofen im Landkreis Straubing-Bogen vor. Sowohl aus dem Innenraum wie auch der unmittelbar anschließenden Siedlung sind Schmuckformen, wie ostalpine Tierkopffibeln, bekannt, die weitreichende Kontakte in den Süden belegen. Chronologische Bedeutung für die frühlatènezeitliche Keramikforschung erlangt Niedererlbach durch ein Ensemble unterschiedlicher Gefäße aus einer Grube im Außenbereich. Hier sind verschiedene Formen vereint, wie Situlen, Hochhalsgefäße oder Linsenflaschen, für die nun eine gleichzeitige Verwendung sicher nachgewiesen ist. Das Weiterleben der Herrenhöfe in der frühen Latènezeit ist als wichtiger Indikator für ein Fortführen hallstattzeitlicher Traditionen zu sehen.

Daneben lassen sich Höhensiedlungen nachweisen, die ähnlich den Herrenhöfen ebenfalls bis in die Frühlatènezeit belegt sind. Für das nördliche Unterfranken konnte gezeigt werden, daß zwischen den beiden Zeitstufen in der Nutzung siedlungsgünstiger Lagen kaum Unterschiede bestehen. Die Besiedlung ist stärker an Wassernähe und feuchtere Böden gebunden, was für eine Betonung des Ackerbaus spricht. Diese Tendenz verstärkt sich noch während der Frühlatènezeit. Bei den Höhensiedlungen ist gegenüber der Hallstattzeit eine Verringerung in der Zahl der bekannten Fundstellen festzustellen. Diese lassen sich anhand der Innenflächen in kleinere, wie etwa der Eiersberg (vgl. S. 44), und größere mit einer Ausdehnung von bis zu 12 ha unterscheiden. Größere Freiflächen im Innenraum weisen auf Fluchtburgen hin, die zur Aufnahme der umliegenden Bevölkerung in Krisenzeiten diente. Die Nähe zu überregional bedeutenden Verkehrswegen könnte dagegen auch auf eine Mittelpunktsfunktion zur Kontrolle der Wegeführungen während der Hallstattzeit hindeuten. Mit Abständen von 10 bis 20 km glaubt man, für Unterfranken in diesen Anlagen territoriale Zentren im Siedlungsgefüge erfassen zu können. Allerdings ist nur bei einer geringen Zahl feststellbar, ob die Flächen innerhalb der Befestigungen in größerem Umfang genutzt wur-

Luftbild des Oppidums von Manching. Innerhalb der keltischen Stadtanlage, deren bogenförmiger Wall am unteren und rechten Bildrand noch von einer Baumreihe markiert wird, liegen der moderne Ort und ein Flugplatz.

den. Meist kann die Intensität der Besiedlung nur über das Fundaufkommen abgeschätzt werden, das aber nur einen selektiven Eindruck hinterlassen kann.

Dies trifft in beträchtlichem Umfang auf die Houbirg bei Happurg in Mittelfranken zu. Sicher ist, daß die Frühlatènezeit (5. Jahrhundert v. Chr.), nach einer punktuellen Siedlung der späten Hallstattzeit, den Höhepunkt der eisenzeitlichen Besiedlung auf der Houbirg bildet. Dies läßt sich an der Verteilung und Qualität der über den gesamten Berg vorkommenden Funde erschließen. Die Gegenstände der Frühlatènezeit bilden den größten Komplex innerhalb des Fundgutes, während die Hinweise auf die nachfolgende Mittel- und Spätlatènezeit spärlicher werden. Schalen mit gestempelter Innenverzierung, unterschiedlich verzierte Graphittonkeramik oder die in Nordbayern nur selten nachgewiesenen Augenperlen unterstreichen die Bedeutung der Siedlung. Zeugnisse zur Metallverarbeitung und Bruchstücke von Mahlsteinen könnten hier angeschlossen werden, lassen sich aber nicht sicher in diese Stufe datieren. In diese Zeit gehört auch die große Ringwallanlage, die auf eine urnenfelderzeitliche Anlage gründet. Erste Aufschlüsse zeigen, daß die Außenfront dieser Befestigung aus einer Mauer bestand, die mit einer Brustwehr bekrönt war. Insgesamt werden mit der Ringwallanlage 88 ha Innenraum umschlossen, wodurch die Dimension der größten frühlatènezeitlichen Siedlung Bayerns umschrieben ist. Weitere bedeutende Höhensiedlungen in Franken, durchweg mit ausgedehnten Befestigungssystemen, wären hier anzuschließen. Der Ausbau setzt während der späten Hallstattzeit ein und findet in der nachfolgenden Frühlatènezeit seinen Höhepunkt. Der Ringwall auf dem Turmberg von Kasendorf (vgl. S.40) umschließt 14 ha Fläche, auf der Ehrenbürg werden 6 ha (vgl. S. 34) gesichert. Für den Staffelberg (vgl. S. 48) läßt sich die späte Hallstattzeit (550–480 v. Chr.) mit einer Holz-Erde-Mauer belegen. In der Frühlatènezeit (480–430 v. Chr.) erfolgt ein Neubau der Umwehrung des Gipfelplateaus. Im Gegensatz zur Houbirg, die ihre Bedeutung in den letzten beiden Jahrhunderten v. Chr.

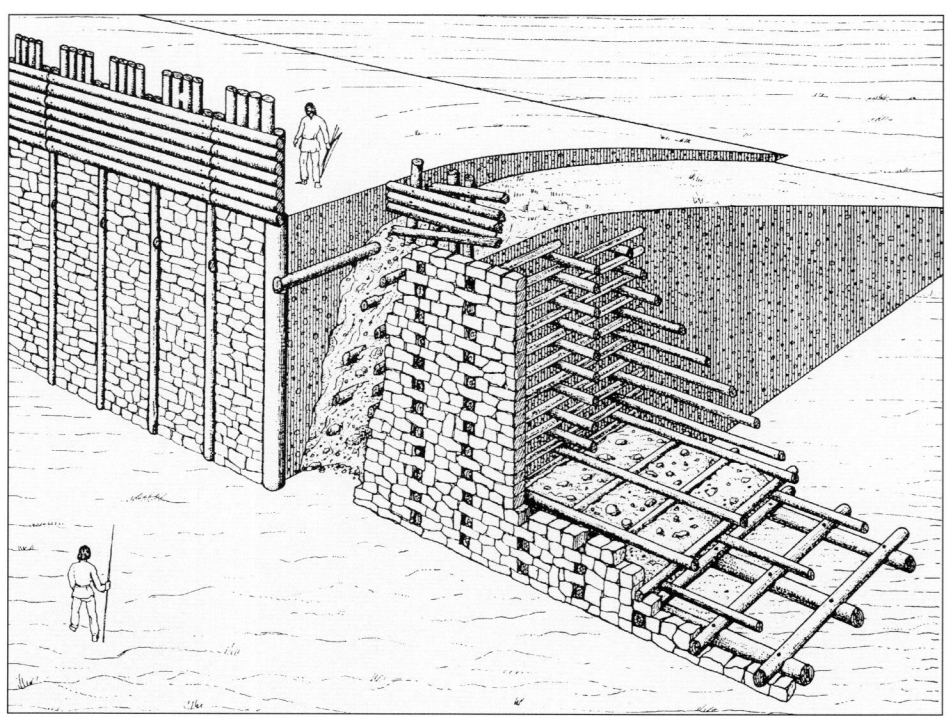

Rekonstruktionsversuch der mehrperiodigen Befestigungsmauer von Manching. Rechts: Murus gallicus; links: Pfostenschlitzmauer.

eingebüßt hatte, erreicht die Siedlung auf dem Staffelberg in dieser Zeit durch die Einbeziehung der tiefer liegenden Hochfläche ihre größte Ausdehnung.

Die Nachweise im südlichen Bayern sind dagegen eher selten. Daß es sich dabei um eine Forschungslücke handelt und sich das Quellenbild ständig ändern kann, zeigen prähistorische Funde aus den Hängen unter der mittelalterlichen Burg auf dem Dornberg im Landkreis Mühldorf. Objekte der Urnenfelderzeit, Fibeln und ein Fibelrohling der späten Hallstattzeit sowie handgemachte Graphitonkeramik umschreiben die Datierung des Platzes. Zumindest für die Eisenzeit kann hier eine Siedlung erschlossen werden, für die eine eigene Metallverarbeitung zu vermuten ist. Die Topographie des Platzes und das Fundgut lassen auf eine kleine, wohl befestigte Siedlung schließen, deren Aufgabe in der Kontrolle eines Flußüberganges bestand.

Während die Entwicklung von der späten Hallstattzeit bis in die frühe Frühlatènezeit weitgehend kontinuierlich verläuft, sind ab der entwickelten Frühlatènezeit deutliche Veränderungen festzustellen. Die Zahl der Siedlungen verringert sich, und die meisten Höhensiedlungen brechen ab. Damit gehen neue Bestattungssitten einher, die sich im Aufkommen der Flachgräber manifestiert.

Unser Kenntnisstand zu den Befestigungen der ausgehenden Mittel- und Spätlatènezeit (2. und 1. Jahrhundert v. Chr.) wird sehr stark von den großen, stadtartigen Oppida bestimmt, die von der Slowakei bis Großbritannien, Zentralfrankreich und Mitteldeutschland nachgewiesen werden können. In Bayern gehören die Fentbachschanze (vgl. S. 46), der Michelsberg bei Kelheim (vgl. S. 27), der Staffelberg (vgl. S. 48), vermutlich Passau und Manching bei Ingolstadt zu diesen Anlagen. Unterschiede lassen sich in den Größen und den topographischen Lagen erfassen. Neben markanten Höhenlagen, was etwa für den Staffelberg zutrifft, werden Geländerücken genutzt, die teilweise natürlich geschützt sind. Typisch hierfür wäre etwa die Fentbachschanze über dem Tal der Mangfall mit ihrer markanten Abschnittsbefestigung.

Bis heute wird unser Bild vom Leben und Arbeiten in einem keltischen Oppidum von den Befunden in Manching dominiert. Der markante Ringwall ist in der flachen Flußebene am südlichen Ufer der Donau errichtet worden. Mit einer Fläche von etwa 380 ha gehört die Anlage zu den größeren Beispielen und wird in Bayern nur vom Oppidum bei Kelheim übertroffen. Vor Errichtung der ausgedehnten Befestigung bestand in Manching bereits eine offene Siedlung, zu der auch Gräber bekannt sind. Im späten 2. Jahrhundert v. Chr. läßt sich eine erste Bauphase der Umwehrung feststellen. Sie ist in Form eines klassischen *Murus gallicus* gebaut, die in Manching als östlichstem Punkt belegt ist. Diese Technik wurde von Caesar anhand der gallischen Anlagen beschrieben. Sie besteht aus einem Holzrahmenwerk, das mit Eisennägeln verbunden ist und mit Erdmaterial sowie Steinen aufgefüllt wurde. Den hinteren Abschluß bildet eine Erdrampe. Die Außenfront besteht aus einer Steinmauer. Mit einer Länge von über 7 km erreicht das Bauwerk beträchtliche Ausmaße. Um etwa 100 v. Chr. wird mit einer Pfostenschlitzmauer, die auch für Kelheim und den Staffelberg belegt ist, eine andere Mauerkonstruktion errichtet. Später wird sie in derselben Technik erneuert.

Durch die großflächigen Ausgrabungen im Innenraum wurden inzwischen mehr als 80.000 qm untersucht, die Informationen zur Siedlungsstruktur und Wirtschaftsweise erbrachten. In Manching ergeben sich unterschiedlich dicht bebaute Zonen, die in den Randzonen an Dichte abnehmen. Bei Hofanlagen, die räumlich voneinander abgegrenzt sind, kann es sich um Gehöfte handeln, deren Grundlage die Landwirtschaft bildet. Große Gebäude dürften als Magazine gedient haben. Über die Verteilung einzelner Fundgruppen, wie den Werkzeugen, lassen sich zudem Handwerksbereiche erschließen. Die Herstellung von Fibeln und die Glasproduktion zeigen exemplarisch das differenzierte Handwerk innerhalb des Oppidums.

Es entsteht das Bild einer komplex aufgebauten städtischen Bevölkerung im letzten Jahrhundert v. Chr., das sich am Beispiel der befestigten Stadt Manching in immer klareren Zügen erschließen läßt. Sicherlich erlaubt es auch Rückschlüsse auf die Struktur in anderen Oppida, wobei die industrielle Produktion eine Hauptrolle spielen dürfte. Mit den spätkeltischen Oppida läßt sich in der zweiten Hälfte des 1. Jahrhunderts v. Chr. die letzte Blüte des vorgeschichtlichen Befestigungswesen erfassen.

W. Irlinger

Das Römerkastell bei Pfünz im Landkreis Eichstätt wurde in den letzten Jahren teilweise rekonstruiert und wieder aufgebaut.

Künzing-Unternberg
Kreisgrabenanlage und Siedlung aus der Steinzeit

Unmittelbar nördlich des Ortes Künzing-Unternberg im Landkreis Deggendorf liegt am Rand zum Donautal ein ausgedehnter, mit fruchtbarem Löß bedeckter Höhenzug, auf seiner Südseite von einem Bachlauf begleitet. Bereits seit den zwanziger Jahren sind von dieser Stelle Funde des Mittelneolithikums (etwa 5000 v. Chr.) bekannt. Erst Ende der siebziger Jahre erbrachte die regelmäßige Befliegung durch die Luftbildarchäologie eine Vorstellung von der Ausdehnung und Struktur des Fundplatzes. Aus zahlreichen Photos, die seitdem in regelmäßigen Abständen angefertigt wurden, läßt sich das verebnete Denkmal annähernd vollständig erfassen. Geophysikalische Messungen von Helmut Becker und seine Interpretation der Ergebnisse brachten schließlich den endgültigen Durchbruch für die Beschreibung der Gesamtanlage. Es folgte eine großflächige Ausgrabung, bei der eine Fläche von mehr als 5000 qm aufgedeckt werden konnte. Im Mittelpunkt der Untersuchung standen Teile der zentralen Kreisgrabenanlage mit dem westlichen Eingang und das anschließende Siedlungsareal.

Plan der mittelneolithischen Anlage aufgrund der geophysikalischen Prospektion.

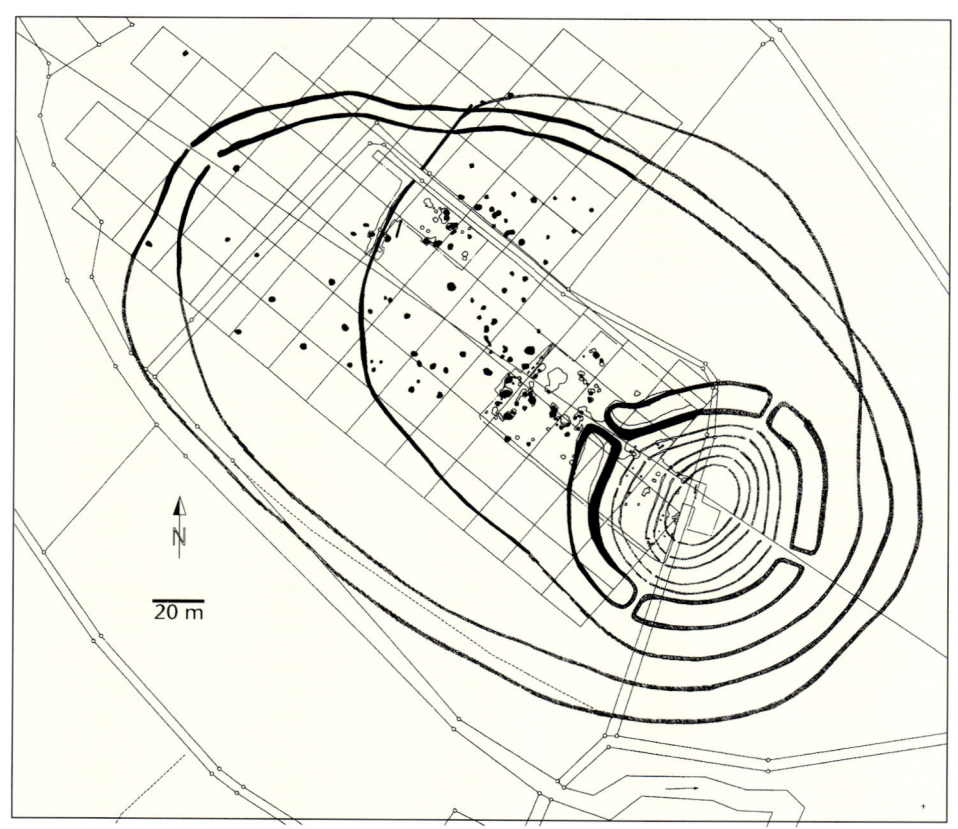

Diese Ergebnisse runden das durch die Prospektionen gewonnene Bild ab.

Die mittelneolithische Anlage von Künzing-Unternberg besteht aus mehreren eigenständigen Teilen, die aufeinander Bezug nehmen und chronologisch voneinander abweichen. Ein einfacher Palisadengraben umfährt im südöstlichen Teil den zentralen Bereich. In seinem weiteren Verlauf schneidet er die wohl jüngeren Teile der Befestigung. Die größte Ausdehnung wird mit einem System von Doppelgräben erreicht, dessen Länge etwa 500 m und 220 m Breite beträgt. Bisher läßt sich nur an der nordwestlichen Seite ein Tor erschließen. Die beiden Gräben verlaufen in weiten Teilen annähernd parallel und weichen eigentlich nur an der Südseite etwas von diesem einheitlichen Schema ab.

Neben Kothingeichendorf im Landkreis Dingolfing-Landau gehört damit Unternberg zu den größten neolithischen Anlagen in Bayern. Das doppelte Kreisgrabensystem im Innenraum der Anlage weist 110 m Außendurchmesser auf. Es besteht aus vier Segmenten, wobei die Innen- und Außengräben jeweils miteinander verbunden sind. Hierdurch ergeben sich vier Zugänge, die im Uhrzeigersinn ein wenig aus den Haupthimmelsrichtungen gedreht sind. Mehrere konzentrisch verlaufende Palisadengräbchen im Inneren zeigen eine sehr ähnliche Struktur. Auch sie bilden einzelne Segmente. Die Unterbrechungen liegen an denselben Punkten, die im Doppelgrabensystem festgestellt werden konnten.

Die Ausgrabung erbrachte zahlreiche Hinweise auf die Konstruktion der Gräben und die zeitliche Abfolge im Bereich der Kreisgrabenanlage. Die Spitzgräben in Künzing-Unternberg weisen eine Breite von bis zu 6 m und eine Tiefe von 4 m auf. Im unteren Teil laufen sie in extrem tiefen Spitzen aus, die nur noch 15 bis 30 cm breit sind. Wie diese Gräben ausgehoben wurden, ist nicht endgültig geklärt. Für einen erwachsenen Menschen ist es unmöglich, in diesen schmalen Grabenenden zu arbeiten. Wahrscheinlich erfolgte daher der Vortrieb aus den höher gelegenen Teilen. Bereits nach kurzer Zeit wurden sie zugeschwemmt. Erneuerungs- und Pflegearbeiten lassen sich vor allem im Bereich des Tores erfassen. Dort sind insgesamt vier Phasen nachgewiesen. Durch Pfostenstellungen kann ein Torbau erschlossen wer-

den, der in dem 25 m langen Zugang zwischen Innenraum und Graben liegt. Er bildet ein eindrucksvolles Bauwerk, das den Weg aus der Siedlung in die Kreisanlage zusätzlich betont. In der Siedlung konnten tiefe Silogruben und ein Hausgrundriß erfaßt werden.

Aus den Grabungsbefunden und den prospektierten Befunden lassen sich Hinweise für die Gleichzeitigkeit einzelner Teile erbringen. Hiernach würde die Kreispalisadenanlage, die nur etwa 40 m Durchmesser aufweist, und die Siedlung, die mit dem einfachen Graben umgeben ist, zusammengehören. Mit der Errichtung des bedeutend größeren Doppelgrabens ginge auch der Ausbau der Kreisgrabenanlage einher. Die Tore beider Grabensysteme liegen außerdem auf einer Linie, was für eine bewußte Planung spricht.

Das zahlreiche Fundmaterial aus den Gräben und Gruben zeigt die regionalen und überregionalen Kontakte eines Gemeinwesens vor 7000 Jahren an. So stammt das Rohmaterial für die Steingeräte zum überwiegenden Teil aus dem nur wenige Kilomter entfernten Flintsbach. Ein größerer Bestand aus den Lagerstätten bei Arnhofen im Landkreis Kelheim. Direkte Beziehungen nach Niederösterreich, Westungarn und der Slowakei geben sich über die Fremdformen in der Keramik zu erkennen.

Die Kreisgrabenanlage von Unternberg gehört zu einer Kette von sechs ähnlich gestalteten mittelneolithischen Grabenwerken, die in Niederbayern am südlichen Rand des Lößgebietes nachgewiesen sind. Sie liegen alle auf ausgezeichneten Böden und weisen unmittelbaren Bezug zu Bachläufen auf.

Die Verteilung der Grabenwerke läßt eine Zentralfunktion für das Umland und ihre Einzugsgebiete vermuten. Durch astronomische Berechnungen konnte nachgewiesen werden, daß die Kreisgrabenanlagen mit ihren Toren von den Erbauern bewußt geplant wurden. Aus den Hauptrichtungen, die sich durch die Lage der Tore ergeben, lassen sich bedeutende Ereignisse im jahreszeitlichen Wechsel, wie etwa der Sonnenaufgang zur Wintersonnenwende, festlegen. Die aufwendig geplanten und gestalteten Grabenwerke bilden somit Kalenderbauten oder Kultplätze innerhalb zentraler Siedlungen. Dieser Aspekt verbindet die niederbayrische Gruppe auch mit Anlagen im östlichen Mitteleuropa.

W. Irlinger

Nur aus der Luft sind die Spuren der ehemaligen Gräben und Palisaden an der unterschiedlichen Farbe der Getreidepflanzen zu erkennen. Der rechts vom Feldweg liegende Teil der Kreisgrabenanlage taucht mit seinem Südosttor als Bewuchsmerkmal im heranreifenden Weizenfeld auf.

Literatur:
H. Becker, Kultplätze, Sonnentempel und Kalenderbauten aus dem 5. Jahrtausend vor Chr. – Die mittelneolithischen Kreisanlagen in Niederbayern. In: Archäologische Prospektion, Luftbildarchäologie und Geophysik. Arbeitsh. Bayer. Landesamt f. Denkmalpfl. 59 (München 1996) 101–122.
W. Schlosser u. J. Cierny, Sterne und Steine. Eine praktische Astronomie der Vorzeit. (Darmstadt 1996).

Altheim
Namengebender Ort für eine Kulturstufe der Jungsteinzeit

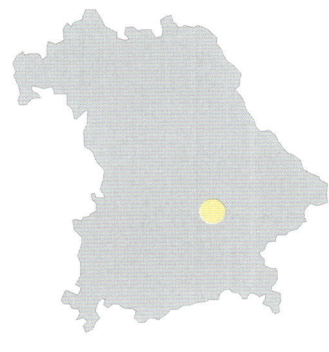

Das berühmte Erdwerk von Altheim gehört zu den altbekannten Fundstellen in Bayern. Obwohl von der Anlage keine obertägigen Spuren erhalten sind, wurde das Denkmal bereits 1911 entdeckt, als der Oberlehrer Pollinger vom vorbeifahrenden Zug aus drei tiefschwarze, annähernd konzentrische Ringe im gepflügten Acker sah. Schon im darauffolgenden Winter wurden von ihm erste Probeschnitte angelegt, um den Charakter und die Datierung der Anlage zu klären. Im Sommer 1914 fand eine mehrwöchige Ausgrabung statt. Hierbei wurde etwa die Hälfte der an der Erdoberfläche gut sichtbaren Gräben und einige Gruben untersucht. Die Gräben wurden dabei vollständig ausgenommen, ohne daß Zeichnungen von Grabungsprofilen angefertigt worden sind. Hierdurch ist es nur schwer möglich, chronologische Fragen anhand dieser Untersuchung zu klären. Der Innenraum, in dem sich vom Boden aus keine Verfärbungen zeigten, blieb dagegen unberührt. Die Ergebnisse und Funde der Ausgrabung sorgten für Aufsehen. Ein außerordentlich kleiner Innenraum mit nur 35 m Breite ist von drei steilwandigen Gräben umgeben, die bis zu 2 m Tiefe erreichen. In den Gräben wurde eine große Menge an jungsteinzeitlichen Funden gemacht, wobei als häufige Verzierung Leisten mit Fingertupfen und Fingernageleindrücken vorkommen. Gefäße mit Arkadenrändern gehören zum typischen Inventar der Altheimer Fundstellen. Über eine alltägliche Deutung hinaus weisen menschliche Skelette, die ebenfalls in den Füllungen angetroffen wurden. Um die Dimensionen der Anlage besser abschätzen zu können, fanden 1938 ergänzende Ausgrabungen statt, bei denen ein weiteres Viertel des Denkmals aufgedeckt werden konnte. Es zeigten sich Befunde, mit denen die älteren Ergebnisse gut in Bezug gesetzt werden können.

Eine Komplettierung der Befunde gelang erst Jahrzehnte später durch regelmäßige Prospektionsflüge. Die Auswertung der Luftbilder und geophysikalische Messungen erlauben es nun, das Erdwerk von Altheim in seiner gesamten Dimension zu betrachten. Es gelang, ohne weitere Zerstörungen die bisher fehlende Nordseite zu erfassen. Dabei stellte sich heraus, daß sich dort die längst bekannten Beobachtungen zur Südseite fast spiegelbildlich wiederholen.

Die einzelnen Befunde lassen folgende Strukturen erkennen: der innere Graben umschließt einen annähernd rechteckigen Innenraum. An einer Schmalseite entsteht durch eine deutliche Biegung eine Torgasse, die in einen Eingang führt. Im Innenraum wird dieser Graben von einer Palisadenreihe begleitet, die ein zusätzliches Annäherungshindernis bildet.

Die beiden äußeren Gräben sind jeweils zu einem Doppelring zusammengefaßt, die sich konzentrisch umeinander legen. In ihrer Konstruktion unterscheiden sie sich von den Strukturen des zentralen Bereiches. Zudem lassen sie

rechts innen:
Plan des Erdwerks anhand der Grabungsbefunde und Prospektionsergebnisse.

rechts:
Aufnahme der Ausgrabung vom Sommer 1914 in Altheim. Die Arbeiter stehen in einem ausgehobenen Graben.

unten:
Typische Keramik aus Altheim.

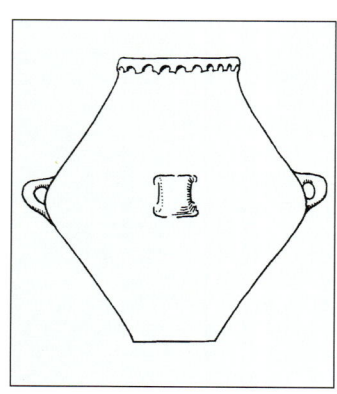

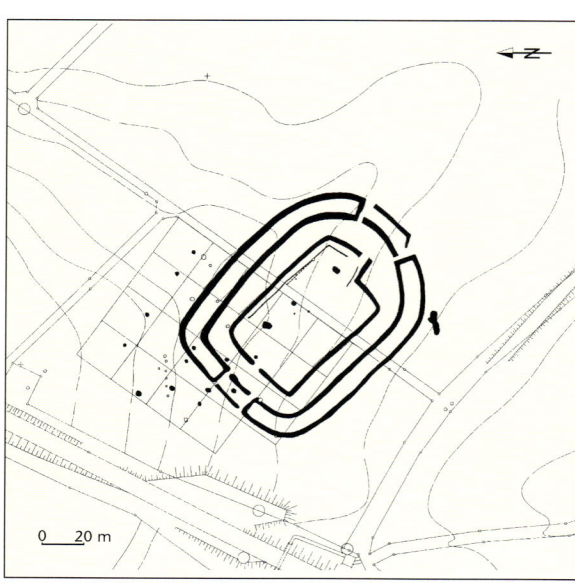

an der Süd- und Nordseite eine breite Zone frei. An beiden Seiten finden sich jeweils zwei kurze Grabenstummel, mit denen die beiden weiten Torgassen unterbrochen werden. Der umschlossene Raum ist nun nicht mehr rechteckig, sondern oval und an allen Seiten um 6 bis 8 m nach außen versetzt. Mit 60 m x 90 m liegt er deutlich über dem Wert des inneren Bereichs.

Die Grabungsbefunde in Altheim deuten darauf hin, daß die unterschiedlichen Teile der Befestigung nicht zur selben Zeit bestanden haben. Mindestens zwei Bauphasen sind festzustellen. Die ältere wird durch die innenliegende Palisade und den davorliegenden Graben markiert. Das später angelegte Doppelgrabensystem hält sich nicht genau an die Konstruktion der ersten Befestigungsanlage, denn der innere Graben wurde absichtlich verfüllt und eingeebnet. Die Doppelgräben sind dagegen erst im Lauf der Zeit langsam zugeschwemmt worden, als die Anlage längst aufgegeben war.

Auffällig ist, daß im Innenraum keine Reste von Wohnbauten zutage traten, was gegen eine dauerhafte Siedlung spricht. Weiterhin fällt die geringe Fläche auf, die im krassen Gegensatz zur Ausdehnung der Verteidigungsanlagen steht. Das Erdwerk scheint somit nicht als Dauersiedlung gedient zu haben, sondern muß in die Kategorie der Befestigungsanlagen gestellt werden. Auf kriegerische Auseinandersetzungen deuten die zahlreichen Skelettfunde in den Gräben hin. Letztendlich läßt sich aber nicht entscheiden, auf welche Weise die Menschen zu Tode kamen. Für Kampfhandlungen spricht die große Zahl an Pfeilspitzen, die weit über den Fundmengen in anderen Altheimer Befestigungen liegt. Noch im 4. Jahrtausend v. Chr. wurde die Anlage weitgehend eingeebnet.

W. Irlinger

In der winterlichen Luftaufnahme liegt über den etwas kälteren Gräben noch mehr Schnee, während er in den anschließenden Bereichen bereits abzutauen beginnt.

Literatur:
P. Reinecke, Altheim (Niederbayern). Befestigte jungneolithische Siedelung. Röm.- germ. Korr. 8, 1915, 9 ff.
J. Driehaus, Die Altheimer Gruppe und das Jungneolithikum in Mitteleuropa (1960).
H. Becker, Befestigte Siedlungen, Kultplätze und Burgen aus der ausgehenden Jungsteinzeit: Altheim-Essenbach, Linzing-Osterhofen und Galgenberg-Kopfham. In: Archäologische Prospektion, Luftbildarchäologie und Geophysik. Arbeitsh. Bayer. Landesamt f. Denkmalpfl. 59 (München 1996) 123 ff.

Bogenberg
Eine Großsiedlung der Urnenfelderzeit

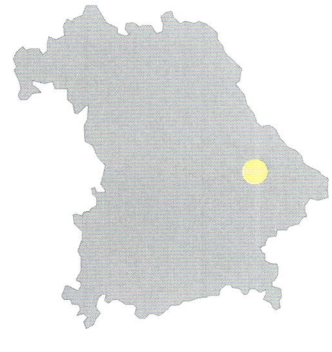

Zu den bekanntesten Bergen Niederbayerns gehört sicherlich der Bogenberg, der das Stadtbild von Bogen prägt. Der langgestreckte Bergrücken erhebt sich steil aus dem Tal der beinahe parallel vorbeifließenden Donau. Nach Süden und Westen begrenzen bis zu 110 m hohe Steilhänge das Gipfelplateau in Richtung des Flusses. Zum Vorland des Bayerischen Waldes, das nach Norden anschließt, führen sanfte Hänge, die in die Hunderdorfer Senke übergehen.

Der Bergrücken besteht aus mehreren einzelnen siedlungsgünstigen Flächen, die sich über eine Länge von insgesamt 1000 m erstrecken und nur eine maximale Breite von 100 bis 175 m erreichen. Etwa in der Mitte wird der Bergrücken deutlich schmäler und weist mit nur 30 m Breite eine Schmalstelle auf. Die höchste Stelle bildet ein annähernd flaches Plateau, das mit etwa 2,5 ha ansehnliche Ausmaße erreicht. Heute bestimmen die weithin sichtbare Pfarr- und Wallfahrtskirche, ein bedeutender Bau der altbayerischen Gotik, der ummauerte Friedhof mit dem Mesnerhaus sowie Pfarrhof und Wirtschaftsgebäude das Erscheinungsbild des Bogenberges.

Der gesamte Bergrücken wird von einem mehrschichtigen Befestigungssytem eingenommen, das in einzelne Bereiche aufgeteilt werden kann. Es umschließt insgesamt mehr als 10 ha Innenraum.

Im Bereich des Gipfelplateaus lassen sich im Gelände an mehreren Stellen sichtbare und verebnete Teile des vorgeschichtlichen Befestigungssystems nachweisen. Ein vollständig verfüllter Abschnittsgraben (A) quert das Gipfelplateau und sperrt etwa zwei Drittel des zentralen Plateaus ab. Ausgrabungen haben gezeigt, daß sich hier die älteste Befestigung auf dem Bogenberg erfassen läßt. Der Abschnittsgraben wurde noch während der späten mittleren Bronzezeit (ca. 3200 v. Chr.) angelegt. In der jüngeren Besiedlungsphase, die in die Urnenfelderzeit (ca. 3000 v. Chr.) datiert, war dieser bereits weitestgehend verfüllt und in das Siedlungsareal miteinbezogen.

Dem Rand des Gipfelplateaus folgt ein Wall, der vor allem im Norden und Osten an der Außenfront noch bis zu 6,4 m Höhe aufweist (B). Zum Innenraum hin ist er deutlich schwächer ausgebildet. Entlang der Südseite, die außerdem natürlich geschützt ist, sind seine Spuren während des Kirchenbaues und der Anlage eines neuzeitlichen Zugangsweges weitestgehend zerstört worden.

Ein zweiter Wall schützt den äußeren, tiefer liegenden Teil des Bogenberges (C). An der Nord-

Plan des Bogenberges mit ergänzenden Eintragungen.

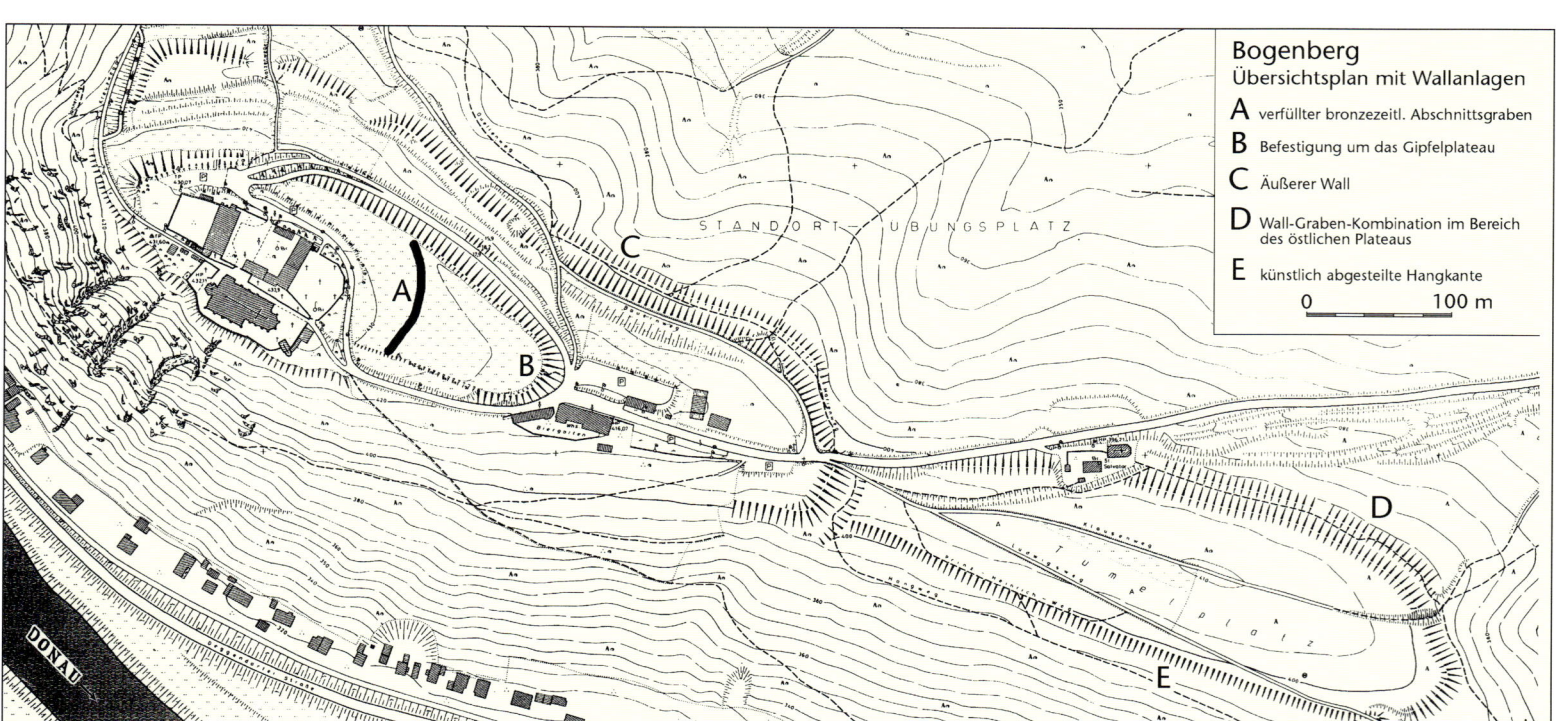

seite ist er im Gelände zuerst kaum wahrnehmbar, nimmt aber im weiteren Verlauf an Mächtigkeit zu, wobei seine Außenseite an manchen Stellen über 7 m Höhe erreicht. Südlich des modernen Zufahrtsweges ist die Befestigung besonders imposant erhalten. An der schmalsten Stelle wurde unmittelbar westlich einer natürlichen Geländerinne der mächtige Sperrwall errichtet. In seiner jüngsten Ausbauphase wird er nach Westen über den Steilhang verlängert.

An die Schmalstelle schließt der östliche Teil des Befestigungssystems an, womit ein annähernd 4 ha großes Plateau geschützt wird (D). Nach Norden und entlang der Schmalseite besteht es aus einem gut erhaltenen Randwall, der von einem außen vorgelagerten, bis zu 5 m breiten Graben begleitet wird. Am Übergang zu den Steilhängen über der Donau, die die gesamte Südseite einnehmen, verlieren sich seine Spuren. Hier bildet eine wohl künstlich veränderte Hangkante ein zusätzliches Annäherungs-

Der Bogenberg, eine markante Erhebung am Rande des Donautals. An Tagen mit besonders klarer Luft ist vom Flugzeug aus auch der Gebirgszug der Alpen im Hintergrund zu erkennen.

Der Bogenberg von Nordwesten. Direkt neben der Donau erhebt sich der schon in der Bronzezeit befestigte Siedlungsplatz.

Literatur:
K. Heine/ Th. Nuber/ H.-P. Niller, Geomorphologisch-pedologische Befunde zur Landschaftsgeschichte des Bogenberges und des Frauenberges in Niederbayern. Arch. Korr. 27, 1997, 443–456.
F. Damminger/ P. Schauer, Die Ausgrabungen auf dem Bogenberg, Lkr. Straubing-Bogen, Niederbayern. Resultate der Kampagnen 1997. In: K. Schmotz (Hrsg.), Vorträge 16. niederbayerischer Archäologentag (Rhaden/Westf. 1998) 115–125.

hindernis (E). Für die verschiedenen Wallsysteme auf dem Bogenberg wurden in der Forschung unterschiedliche Datierungen vermutet. Die chronologischen Verhältnisse sowie die Bauphasen der Befestigung konnten in den letzten Jahren durch ein Forschungsprojekt der Universität Regensburg weitestgehend geklärt werden. Die Wälle weisen demnach in ihrem Kern mehrere aufeinanderfolgende Konstruktionen auf. Am Anfang bestand die Befestigung um das obere Plateau aus einem Annäherungshindernis mit künstlich abgesteilter, fast senkrechter Außenseite. Hierauf folgten die Schüttschichten eines Erdwalles, die sich auch in der jüngsten, dritten Bauphase wiederholten. Die Beobachtungen zu den beiden jüngeren Ausbauten finden sich entsprechend auch in den äußeren Wällen. Es deutet sich somit an, daß die Gesamtanlage eine einheitliche Datierung aufweist und planvoll errichtet wurde.

Die Informationen zur Bebauung des Innenraums konzentrieren sich auf das obere Plateau. Ausgrabungen im Zuge der Friedhofserweiterung erbrachten hier zahlreiche Pfosten und Herdstellen, die ein enges Netz der Besiedlung in diesem Bereich andeuten. Ob dieser punktuell gewonnene Eindruck einer flächendeckenden Besiedlung für das gesamte Areal zutrifft, können nur weitere archäologische Forschungen klären.

W. Irlinger

Der Michelsberg bei Kelheim
Eine keltische Großstadt mit Erzschürfgruben

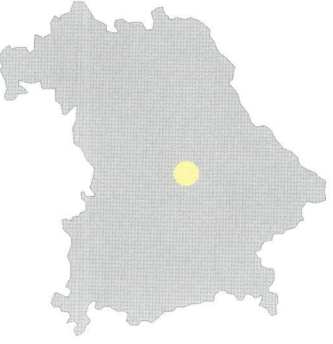

Zu den bedeutendsten archäologischen Denkmälern in Bayern gehört sicherlich das mit einem gestaffelten System von Mauern gesicherte keltische Oppidum von Kelheim. Mit einer Fläche von mehr als 600 ha gehört es zu den größten Anlagen.

Über die Erdbeschreibung des griechischen Astronomen, Mathematiker und Geographen Claudios Ptolemaios (etwa 85 bis 160 n. Chr.) ergeben sich Hinweise auf den antiken Namen der Stadt. Seine Erläuterungen beziehen sich zwar auf einen breiten Streifen zwischen dem Nördlinger Ries und Regensburg nördlich der Donau, doch findet sich innerhalb dieser Region nur ein keltisches Oppidum, das von seiner Ausdehnung und den weitreichenden Handelskontakten mit dem erwähnten „Alkimoennis" in Verbindung gebracht werden kann. Obwohl nur ein mittelbarer Bezug mit Kelheim besteht, scheint die Zuordnung des Namens berechtigt. Im Namen Altmühl meint man sogar, ein Fortleben des Begriffes fassen zu können.

Das Oppidum gliedert sich in den sogenannten Michelsberg und die deutlich tiefer liegenden Teile entlang der Altmühl und unter dem heutigen Kelheim. Zur Donau hin ist es durch die steilen Wände über der Weltenburger Enge, die 70 m abfallen, natürlich geschützt. An den gefährdeten Seiten wurden mächtige Mauern errichtet. Die westliche Begrenzung des Oppidums bildet ein 3.200 m langer Wall (A). Er markiert den Verlauf der spätkeltischen Stadtmauer, die von den Rändern der Hochfläche über der Donau bis an die Altmühl reichte und in weiten Teilbereichen natürliche Geländekanten als zusätzliches Annäherungshindernis nutzt. An drei Stellen ist der Wall von Toren unterbrochen. Über die Konstruktion der Mauer sind wir durch Grabungen an der Altmühl, die im Vorfeld der Bauarbeiten zum Rhein-Main-Donau-Kanal durchgeführt wurden, gut unterrichtet. Die Außenfront bestand aus einzelnen Lagen eng aufeinandergeschichteter Kalkplatten. Eine zusätzliche Verstärkung wur-

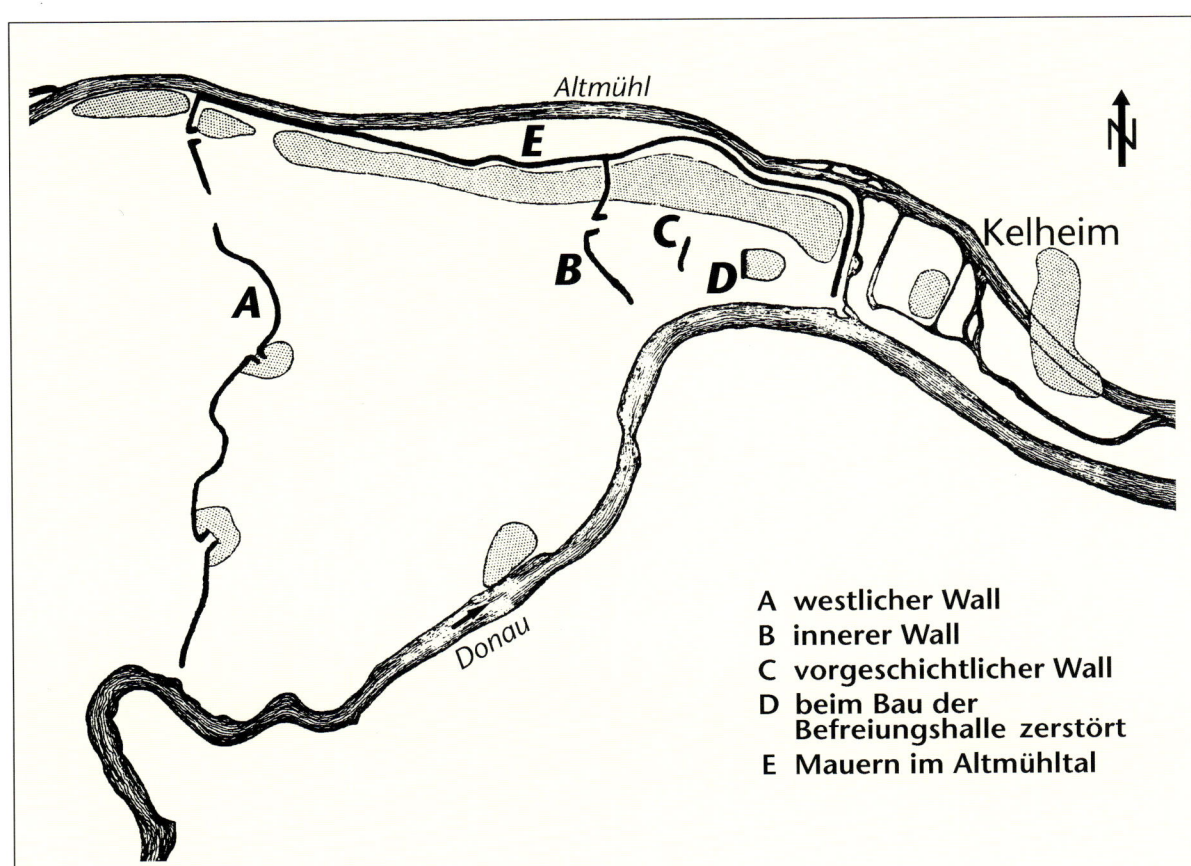

Schematischer Plan des Oppidums mit den Wallanlagen A – E. An den gerasterten Stellen ist mit einer dichten keltischen Besiedlung zu rechnen.

Literatur:
F.-R. Herrmann, Grabungen im Oppidum von Kelheim 1964 bis 1972. In: Ausgrabungen in Deutschland, gefördert von der Deutschen Forschungsgemeinschaft 1950-1975. Teil 1. Vorgeschichte. Römerzeit. Monographien RGZM 1,1 (Mainz 1975) 302 ff.
B. Engelhardt, Führer zum archäologischen Wanderpfad „Weltenburger Enge". 1. Etappe: von Kelheim nach Weltenburg (Mainburg 1982).
B. Engelhardt, Archäologie und Geschichte im Herzen Bayerns. Ausgrabungen am Main-Donau-Kanal (Gräfelfing 1987).
J. Pauli, Die latènezeitliche Besiedlung des Kelheimer Beckens. Materialh.Bayer.Vorgesch. 62 (Kallmünz/Opf. 1993).

Schnitt durch einen rekonstruierten Rennfeuerofen.

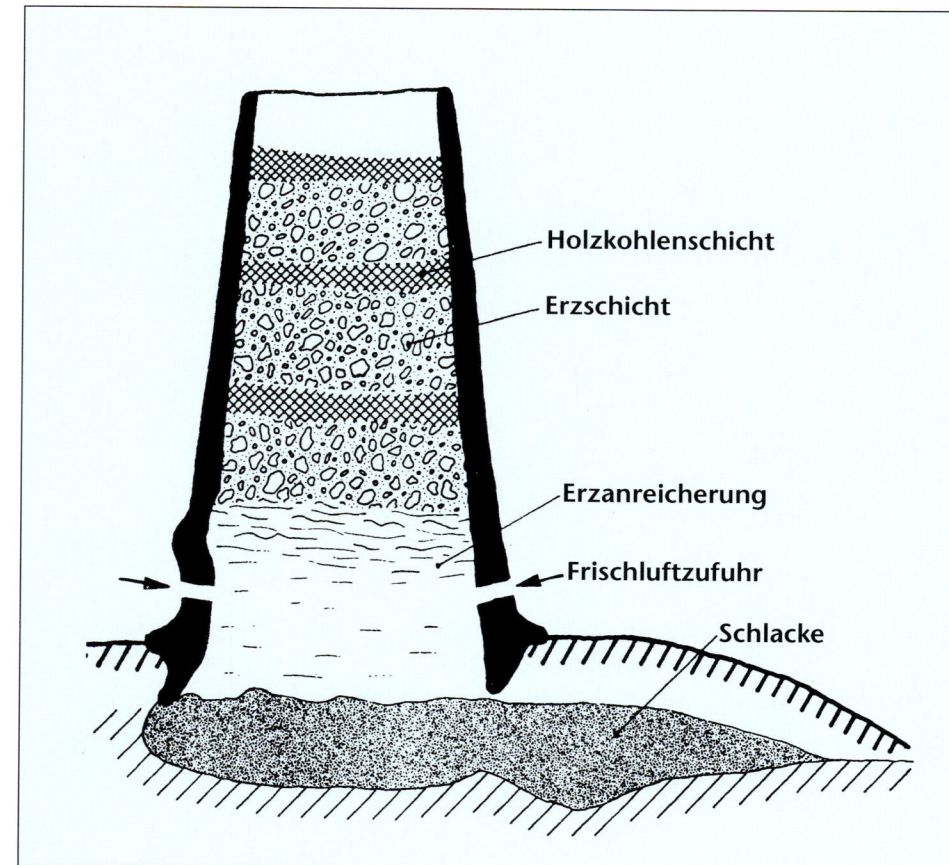

de durch senkrecht stehende Pfosten erreicht, die ungefähr einen Meter in den Boden eingegraben wurden und in einem Abstand von etwa 1,5 bis 2 m in der Mauer standen. Zu einer weiteren Versteifung dienten außerdem waagrecht liegende Queranker. Diese waren in eine mächtige Schüttung auf der Innenseite eingebunden. Auf diese Weise entstand eine sogenannte Pfostenschlitzmauer, die mit 6 bis 7 m Höhe eindrucksvolle Maße erreichte. Für diesen Teil der Befestigung lassen sich mehrere Reparaturen nachweisen. Es wurde dabei der schadhaften Front eine neue vorgesetzt. Diese Ausbesserungsarbeiten können an der westlichen Mauer zweimal belegt werden, während etwa die Befestigung entlang der Altmühl, die zur jüngsten Bauphase gehört, nicht erneuert wurde.

Auf dem Michelsberg finden sich weitere Teile der Umwehrung. Etwa 930 m westlich der Befreiungshalle quert ein Wall (B) mit vorgelagertem Graben die gesamte Höhe und reicht bis an die Altmühl heran. Er wird von einem Tor unterbrochen, das in der Konstruktion den Eingängen im äußeren Wall ähnelt. Nur etwa 700 m von der Spornspitze entfernt liegt ein mächtiges Verteidigungswerk (C). Neuere Untersuchungen haben gezeigt, daß die bisher vorgenommene Datierung in das frühe Mittelalter zugunsten eines vorgeschichtlichen Zeitansatzes revidiert werden muß. Knapp vor der Spornspitze befand sich ehemals der innerste Abschnitt der Befestigung (D). In diesem Bereich wurde das Gelände durch den Bau der Befreiungshalle grundlegend verändert.

Durch das Befestigungssystem wird die wirtschaftliche Grundlage des Oppidums von Kelheim geschützt. Zwischen der äußeren und inneren Mauer finden sich ausgedehnte Zonen, die von Erzschürfgruben und Abraumhalden bedeckt sind. Sie nehmen fast zwei Drittel der Hochfläche ein. Die Tradition des Erzabbaues reicht hier von den Kelten bis in die frühe Neuzeit hinein. Hier konnten die erzführenden Schichten im Tagebau erreicht werden. Unterschiedliche Formen und Tiefen der Schürfgruben weisen auf verschiedene Arten des Abbaues hin, wobei zwischen flachen Mulden und senkrechten Schächten wohl des frühen Mittelalters zu differenzieren ist. Die weitere Aufbereitung der gewonnenen Erze läßt sich auf dem Michelsberg durch Röstöfen belegen. Dabei wird dem Eisenerz die gebundene Feuchtigkeit, Kohlensäure und Schwefel entzogen. Archäologisch lassen sich diese Stellen über flache Mulden nachweisen, die verziegelte Seiten aufweisen. Für einen weiteren Bearbeitungsschritt sprechen sogenannte Rennfeueröfen. Hierbei wird der Ofen mit wechselnden Schichten von Holzkohle und geröstetem, zerkleinertem Eisenerz beschickt. Nach dem Brennvorgang verbleibt im Innenraum ein Schlackenklotz, die sogenannte „Luppe", die nun als schmiedbares Material zur Weiterverarbeitung zur Verfügung steht.

Aktuelle Forschungen gehen davon aus, daß auf dem Michelsberg nur geringe Teile der Fläche für Siedlungen genutzt wurden, die hauptsächlich in der Nähe zu den Toren des äußeren Walles lagen.

Die dichter besiedelten Areale befinden sich dagegen in den etwa 100 m tiefer liegenden Teilen des Oppidums. Entlang der Altmühl und unter dem heutigen Kelheim liegt eine ausgedehnte Siedlung, zu der auch Gräberfelder und eine sogenannte Viereckschanze gehören. Hinweise auf die Struktur der Bebauung können bisher nur für die Seite an der Altmühl erbracht werden. Dort belegen verschiedene Schwellen- und Pfostenbauten dichter bebaute Bereiche, bei denen es sich um ein Handwerkerviertel handeln könnte.

Das Oppidum *Alkimoennis* verbindet in idealer Weise verschiedene Funktionen. Die wirtschaftliche Grundlage bilden sicherlich die Eisenerzvorkommen auf dem Michelsberg und deren

Verarbeitung. Daneben wirkt sich sicherlich auch die verkehrsgünstige Lage positiv auf das Wirtschaftsgefüge aus. Die Voraussetzungen für Handel und Verkehr sind an diesem Knotenpunkt besonders günstig. Der Zusammenfluß von Donau und Altmühl erschließt unterschiedliche Wasserwege, die weitreichende Kontakte ermöglichen. Diese geben sich über einige ausgewählte Funde, wie eine Bronzekanne mit Silensattasche aus mediterraner Produktion, schlaglichtartig zu erkennen.

W. Irlinger

Auf dem Michelsberg, nahe der Befreiungshalle oberhalb von Kelheim, sind im Wald zwei der Wälle zu erkennen, die das keltische Oppidum Alkimoennis schützten.

Der Natternberg

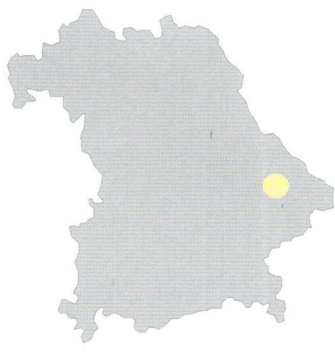

Die Donauniederung zwischen Regensburg und Passau bietet mit ihren lößbedeckten Böden ein sehr einheitliches Landschaftsbild, dessen fruchtbare Ackerflächen bis heute intensiv landwirtschaftlich genutzt werden. Seit der Jungsteinzeit bieten sich hier für den Menschen ideale Siedlungs- und Lebensbedingungen. Dies belegen zahlreiche Fundstellen aller vorgeschichtlichen Epochen, die in sehr großer Dichte bekannt sind.

Unvermittelt erhebt sich bei Deggendorf aus der fast flachen Donauniederung der weithin sichtbare Natternberg. Auf allen Seiten fallen die steilen Hänge der kristallinen Erhebung über 60 m zum Umland hin ab.

Auf seinem Plateau sind noch die Reste einer 270 m langen und durchschnittlich 40 m breiten Burganlage zu finden. Auf der Ostseite wird sie vom restlichen Plateau durch einen aus dem anstehenden Fels geschlagenen Halsgraben abgetrennt. Leichte Wälle deuten zudem den Verlauf eines äußeren Berings der Burg an. Weitere Befestigungssysteme sind an der nordöstlichen Seite sichtbar. Ein Wall und Grabenreste verlaufen im Nordosten hangabwärts und bilden einen Hanggraben mit mächtigem vorgeschüttetem Wall.

Vom Natternberg sind bisher Funde aus unterschiedlichsten vorgeschichtlichen Epochen belegt. Aus der eigentlichen Siedelfläche auf dem Plateau, wo der anstehende Felsen nur von einer dünnen Humusschicht bedeckt ist, sind bisher kaum Gegenstände bekannt. Meist stammen die Objekte aus den Hangzonen. Ein größeres Ensemble an Keramik der Linearbandkeramik bildet dabei den ältesten Siedlungsnachweis auf dem Natternberg. Nach einer längeren Unterbrechung setzen in der Urnenfelderzeit (1200–800 v. Chr.) die Nachweise wieder verstärkt ein. Die zahlreichen Keramikfragmente deuten eine dauerhafte Siedlung an, deren Ausdehnung bisher aber unbekannt bleibt. Die nachfolgende Eisenzeit ist dagegen wieder spärlich vertreten. Wenige Scherben der Hallstattzeit und Graphittonkeramik der nachfolgenden Latènezeit zeigen, daß der Berg auch in den letzten Jahrhunderten vor Christi Geburt aufgesucht wurde.

Die Nachweise für die vorgeschichtliche Besiedlung des Natternberges sind bisher sicherlich nicht spektakulär, erlangen aber eine Bedeutung innerhalb der zeitgleichen Siedlungslandschaft. Im direkten Umland des markanten Berges sind weitere Fundstellen bekannt, die sicherlich in Zusammenhang mit der Höhensiedlung stehen. Vor allem für die Urnenfelderzeit ist eine große Siedlungsintensität belegt. In einem nahegelegenen Gräberfeld mit über 80 Bestattungen könnte der Bestattungsplatz der auf dem Natternberg siedelnden Menschen gesehen werden. Durch die Entdeckung eines hallstattzeitlichen Herrenhofs am Fuße des Ber-

rechts innen:
Im oberen Drittel der mittelalterlichen Burg auf dem Natternberg sind die neuen Grabungsbefunde (A) zu erkennen, die sich an die Außenmauer anlehnen.

rechts:
Planskizze der mittelalterlichen Burganlage.
A Kapelle
B „Schlößchen"
C Bergfried.

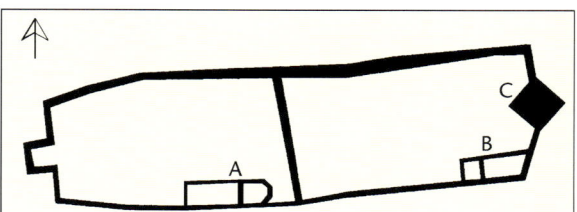

Der Natternberg von Norden.

ges ist auch für die Eisenzeit eine Fundstelle im direkten Umgriff der Höhensiedlung bekannt. Die Anlage war durch drei, vermutlich mit Palisaden besetzten Gräben nach außen begrenzt. Im Inneren fanden sich mehrere einfache Pfostenbauten. Holzhäuser konnten auch außerhalb des Grabengeviertes nachgewiesen werden. Auch dieser Bereich war wiederum von einer Grabenanlage umgeben.

Seine größte Bedeutung erreicht der Natternberg sicherlich mit Errichtung der mittelalterlichen Burg, deren Reste bis heute das Gipfelplateau einnehmen. Erste Überlieferungen reichen bis in das Jahr 1145 zurück. Um 1400 wird die Anlage Sitz des gleichnamigen Pfleggerichts. Nach Zerstörungen im Dreißigjährigen Krieg und dem Österreichischen Erbfolgekrieg verliert die Burg schließlich am Anfang des 19. Jahrhunderts durch Umstrukturierungen der Landgerichte endgültig ihre überregionale Funktion. Als jüngste Baumaßnahme des letzten Jahrhunderts läßt sich die Errichtung des „Schlößchens" nachweisen, das heute noch als Ruine sichtbar ist.

Die Burg gliedert sich in zwei Teile. Zum ursprünglichen Baubestand der Hauptburg gehören die Ringmauer und der Bergfried an der Ostseite. Im Innenraum sind die Spuren der Bebauung bisher sehr spärlich. Jüngst durchgeführte Ausgrabungen erbrachten Einblicke in die Baustruktur der Anlage. An die Südseite ist die ehemalige Kapelle angelehnt, für die mehrere Bauphasen belegt sind. Am Anfang steht eine romanische Kirche mit Rundapsis. In der Gotik erfolgt ein grundlegender Neubau. Die ältere Anlage wird abgetragen, vergrößert und erhält einen fünfseitigen Chorraum.

Für den nördlich vorgelagerten Wall konnte der Aufbau geklärt werden. Es handelt sich bei diesem Teil der Befestigung um eine reine Lehmanschüttung, die wohl vor oder während des Hochmittelalters errichtet wurde.

Der Natternberg vermittelt uns somit einen Einblick in die Geschichte einer Höhensiedlung, die bereits in der Jungsteinzeit beginnt, sich über die Bronze- und Eisenzeit fortsetzt und erst mit der Burg im 19. Jahrhundert endet.

W. Irlinger

Literatur:
K. Schmotz, Zur Geschichte des Natternberges und seiner Umgebung am Beginn des 1. Jahrtausends vor Christus. Deggendorfer Geschichtsbl. 10, 1989.
M. Mittermeier, Die Ausgrabungen in der Burgruine Natternberg 1996 und 1997. In: K. Schmotz (Hrsg.), Vorträge 16. niederbayerischer Archäologentag (Rahden/Westf. 1998) 209-221.

Der Schloßberg bei Kallmünz
Eine befestigte Höhensiedlung an der Naab

Am Zusammenfluß von Vils und Naab erhebt sich über der Stadt Kallmünz die Hochfläche des Schloßberges, der in mehrere Kuppen unterteilt ist. Durch steile bis zu 100 m hohe Felsabstürze ist das Areal an den Flußseiten natürlich geschützt und bestimmt das Landschaftsbild. Bis heute wird die äußerste Spitze von den weithin sichtbaren Resten der mittelalterlichen Burg eingenommen.

Die herausragende, verkehrsgeographisch günstige Position von Kallmünz und dem darüberliegenden Schloßberg als Kontrolle für bedeutende prähistorische Wegelinien manifestiert sich in der befestigten Höhensiedlung, die auf der Hochfläche für die Bronzezeit erstmals nachgewiesen werden kann. Auf dem etwa dreieckigen Plateau mit den Kuppen „Schloßberg", „Kirchenberg" und „Hirmesberg" finden sich ausgedehnte Wallsysteme. Sie umschließen einen bis zu 50 ha großen Innenraum. Insgesamt lassen sich drei eigenständige Befestigungen nachweisen.

Am weitesten nach Norden vorgeschoben ist der etwa 1000 m lange Wall (Nr. 1), der den „Hirmesberg" quert. Über dem Naabtal ist er nur schwach ausgebildet und in Teilen kaum zu erkennen, wird dann deutlicher und ist in einigen Teilstücken noch gut erhalten. Dort erreicht er bis zu 3,3 m Höhe. Zum Tal der Vils hin wurde durch künstliche Terrassierungen die alte Oberfläche später verändert, wodurch die Spuren des Walles verschwunden sind. 1956 und 1957 vorgenommene Ausgrabungen erbrachten erste Hinweise auf die Beschaffenheit, den Aufbau und die zeitliche Stellung der Anlage. Es zeigte sich dabei, daß der mehrere Meter breite Wall keine Mauerkonstruktion verbirgt, sondern vermutlich nur aus anstehendem Erdreich und Steinmaterial aufgeschüttet wurde. Einige wenige aussagekräftige Funde lassen eine Datierung in die späte Bronzezeit oder frühe Urnenfelderzeit vermuten. Durch die geringe Größe der untersuchten Flächen ist der zeitliche Ansatz aber für die Gesamtbefestigung nicht zwingend.

Innerhalb des großen Außenwalls wurde die Kuppe des „Kirchenberg" mit einem eigenen Wall (Nr. 2) geschützt. Er umschließt einen zungenförmigen Bereich und erreicht mit 1,7 m Höhe und 12 m Breite noch erstaunliche Ausmaße. Durch das Fehlen gezielter Ausgrabungen kann die Datierung nur vermutet werden. Die Lage im Gelände und das heutige Erscheinungsbild zeigen Anklänge an die Struktur des westlichen, bronze- oder urnenfelderzeitlichen Walls.

Die markanteste Befestigung bildet schließlich der innere Wall (Nr. 3), der zur ungarnzeitlichen (9./10. Jahrhundert n. Chr.) Fluchtburg gehört. Bei einer Länge von etwa 200 m trennt er ein etwa 3 ha großes Areal an der Spornspitze über Kallmünz vom Hinterland ab. Vor allem

rechts unten:
Topographische Karte mit Eintragung der Befestigungssysteme.

unten:
Der mächtige innere Wall hebt sich markant gegenüber seinem Vorfeld ab.

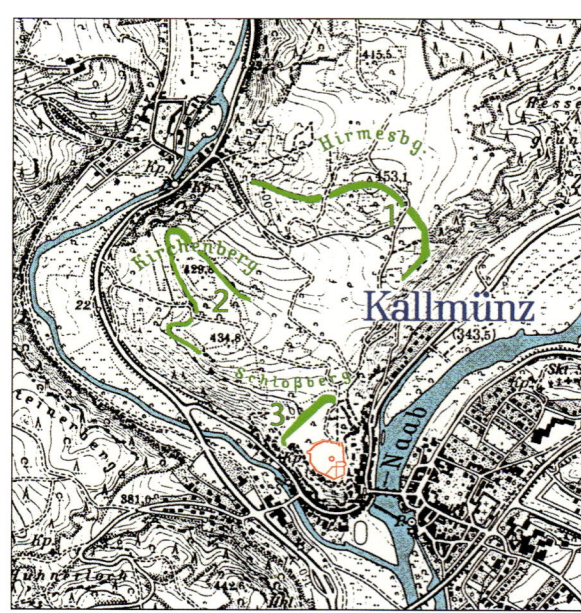

im östlichen Teil erreicht er eine Außenhöhe von gut 10 m. Dort findet sich auch eine Unterbrechung mit einbiegenden Seiten, die den ehemaligen Zugang markiert. Ausgrabungen deuten an, daß der mächtige Wall über älteren Besiedlungsspuren der Bronze- oder Urnenfelderzeit errichtet wurde. Auch hier fehlt, wie bei den äußeren Wällen, ein Graben als zusätzliches Annäherungshindernis.

Deutlich in Richtung Spornspitze zurückversetzt finden sich die Reste des aus dem Felsen herausgeschlagenen Grabens um die mittelalterliche Burg, die etwa in der Mitte des 13. Jahrhunderts errichtet wurde. Die frühgotische Anlage besteht aus den typischen Elementen Mauerbering, Palas mit Kapelle und einem freistehenden Bergfried.

Die archäologischen Befunde lassen bisher die Ausdehnung und Struktur der Besiedlung nur in groben Zügen erkennen. Am deutlichsten sind die Hinweise im Bereich des Schloßberges. Dort setzen erste Siedlungsaktivitäten in der Bronzezeit ein. In der nachfolgenden Urnenfelderzeit dürfte ein Siedlungschwerpunkt liegen, der sich über die Funde gut belegen läßt. Eine größere Besiedlung kann auch für die Frühlatènezeit nachgewiesen werden. Die weitläufigen Zonen bis zum äußeren Wall zeichnen sich dagegen bis heute durch auffällig wenig Funde aus. Es deutet sich somit an, daß nicht mit einer einheitlichen, flächigen Siedlung innerhalb des gesamten, durch Wälle geschützten Innenraums gerechnet werden kann. Intensiver genutzte Bereiche, etwa an der ungefähr 3 ha großen Spornspitze, und fast fundleere Zonen weisen auf eine unterschiedliche Nutzung innerhalb der Befestigung hin.

W. Irlinger

Die mittelalterliche Burgruine Kallmünz aus Süden, dahinter der Wall Nr. 3.

Literatur:
P. Reinecke, Der Ringwall von Kallmünz, Die Oberpfalz 44, 1956, 231 ff.; 248 ff.
A. Stroh, Vor- und frühgeschichtliche Wallanlagen von Kallmünz. In: Passau-Kallmünz-Straubing-Cham. Führer zu vor- und frühgeschichtlichen Denkmälern 6 (Mainz 1967) 43 ff.
A. Boos, Burgen im Süden der Oberpfalz. Die früh- und hochmittelalterlichen Befestigungen des Regensburger Umlandes (Regensburg 1998) 216–224.
A. Frisch, Der Schloßberg bei Kallmünz, eine befestigte Höhensiedlung der Bronze- und Latènezeit. Beitr. Arch. Oberpfalz 2, 1998, 285–310.

Die Ehrenbürg bei Forchheim

Die Ehrenbürg erhebt sich 1500 m südöstlich von Kirchehrenbach als weithin sichtbarer Inselberg um 200 bis 250 m über das Wiesenttal. Der etwa 1500 m lange, bis zu 300 m breite Berg ist in zwei Teile gegliedert. Den nördlichen Teil, das Walberla, verbindet ein breiter Sattel mit dem südlichen Rodenstein. Die Berghänge sind relativ steil geböscht und werden an manchen Stellen von senkrechten Kalksteinklippen unterbrochen, so daß die etwa 36 ha große Hochfläche bereits ausreichend natürlichen Schutz genießt.

Das gesamte Hochplateau ist mit einer dreiteiligen Wehranlage befestigt. Der bis zu 2,5 m hohe und 15 m breite Ringwall liegt deutlich sichtbar auf der Hangkante. Nur an den Stellen, wo Klippen diese künstliche Bewehrung überflüssig machen, fehlt er.

400 m nördlich der Südspitze läuft ein weiterer von West nach Ost ziehender, bis zu 1,5 m hoher Wall entlang der Höhenschichtlinie über den Rodenstein. Etwa 60 m vom Osthang knickt er rechtwinklig nach Süden um und läßt sich noch etwa 70 m als Geländekante in den Innenraum verfolgen. Wahrscheinlich handelt es sich hier um ein nach Norden, zum Sattel der Ehrenbürg, gerichtetes Tor. Zwei einander überlappende Wallenden an der südwestlichen Hangkante, in die ein Weg von Schlaifhausen her mündet, könnten als weiteres Tor dieses etwa 6 ha großen Befestigungsabschnittes gedeutet werden, zumal hier die typische Situation vorliegt, daß jeder, der durch das Tor in die Anlage eindringen wollte, die rechte, ungeschützte Körperseite (die linke Seite deckte der Schild) der Befestigung zuwenden mußte.

Der Nordabschnitt des Berges, das Walberla, ist durch eine kräftige, von Westsüdwest nach Ostnordost verlaufende Geländeschwelle gegliedert. Die südliche Hälfte des Walberla geht nach einer stärkeren Böschung in den Sattel der Ehrenbürg über, die nördliche Hälfte ist ebenfalls relativ stark geböscht und als Siedlungsareal ungeeignet. Aus diesem Grunde wurde auf die Geländeschwelle eine Mauer aufgesetzt, die sich im Gelände noch als ein bis zu 2,6 m hoher Wall verfolgen läßt. Der stark nach außen geböschte nördliche Abschnitt des Walberla, der ebenfalls umwehrt ist, hatte demzufolge nur die Funktion einer Vorburg, was durch das Fehlen von Funden unterstrichen wird. Es läßt sich nicht klar erkennen, ob eine Lücke im Randwall dieser Vorburg und eine weitere in dem großen Abschnittswall auf der Geländeschwelle als Pforten angesprochen werden können.

Die beiden Randwälle im Sattelbereich weisen je ein Tor auf. Besonders ausgeprägt ist das Haupttor der Befestigungsanlage auf der Südwestflanke, dessen zwei Wangen zangenartig

rechts:
Plan der Ehrenbürg.
Im Süden liegt der Rodenstein, im Norden das Walberla.

unten:
Rekonstruktion des frühlatène-zeitlichen Haupttores an der Westseite.

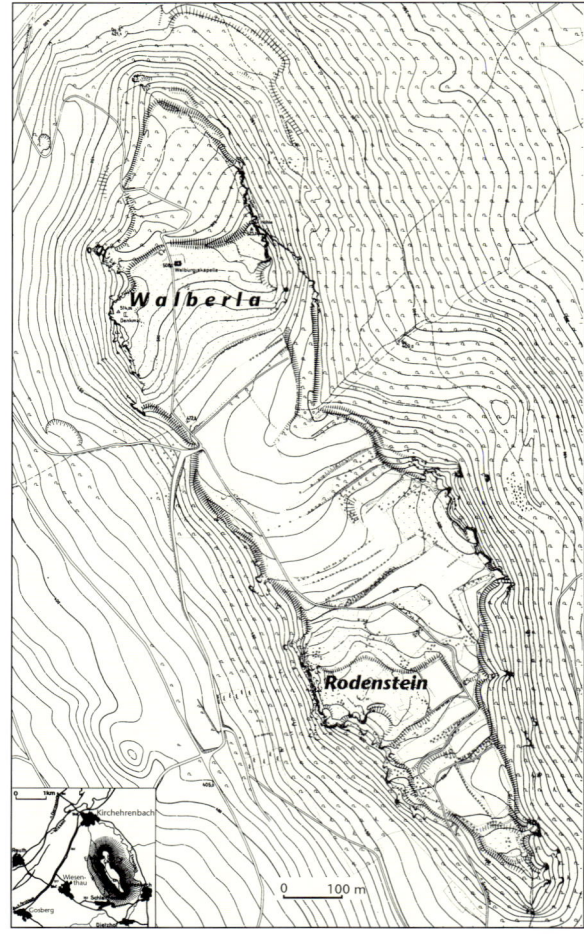

Die Ehrenbürg von Südosten.

nach innen ziehen. Das Tor auf der Nordostflanke ist weniger gut ausgeprägt, aber durch einen bogenförmig geführten Vorwall verstärkt. Vielleicht handelt es sich hier nur um eine Pforte, durch die man zu der 175 m entfernten Quelle gelangte.

Die erste Besiedlung der Ehrenbürg setzte bereits in der frühen Jungsteinzeit ein und erlebte einen Ausbau in der späten Jungsteinzeit.

Mit einer Reihe von erstklassigen Fundstücken wird der Neubeginn der Besiedlung in der mittleren Bronzezeit um 1400 v. Chr. angezeigt. Diese Besiedlung reißt nun bis zum Ende der Bronzezeit um 800 v. Chr. nicht mehr ab.

Die große Menge an zum Teil hervorragenden Fundstücken macht es wahrscheinlich, daß die Ehrenbürg sich in diesen 600 Jahren ihrer Geschichte zu einer der bedeutendsten befestigten Mittelpunktsiedlungen Nordbayerns entwickelt. Diese Entwicklung hat sie einerseits ihrer Gestalt als leicht zu verteidigender Inselberg, andererseits der Gunst ihrer Lage nahe dem Zusammenfluß von Wiesent und Regnitz zu verdanken. Etwa um 800 v. Chr. bricht die Besiedlung der Ehrenbürg ab. Das hängt wohl damit zusammen, daß mit dem Beginn der Eisenzeit sich die sozialen Verhältnisse verändern, weil der weiträumige Handel mit Kupfer und Zinn als wirtschaftliche Grundlage für das bronzezeitliche Häuptlingstum entfällt. Eisen war überall auf dem Fränkischen Jura erhältlich, so daß sich keine Handelsmonopole entwickeln konnten. Eine Neubesiedlung setzt nach nahezu dreihundertjähriger Pause mit der späten Hallstattzeit (Kelten) wieder ein.

Funde stammen im wesentlichen vom Rodenstein und dem nach Norden anschließenden Sattel der Ehrenbürg. Die Befestigung auf dem Rodenstein dürfte vielleicht in dieser Periode erstmals ausgebaut worden sein. In der folgenden Frühlatènezeit (5. Jahrhundert v. Chr.) wurde dann die ganze Ehrenbürg mit mächtigen Trockensteinmauern umwehrt und sicherlich auch die Abschnittsbefestigung auf dem Walberla errichtet. Außerdem entstanden die mit Toren versehenen Randbefestigungen des Sattelbereichs. Die zahlreichen Funde, darunter Halbfabrikate, in Verbindung mit der starken

rechts:
Beinschmuck aus Bronze,
14. Jahrhundert v. Chr.,
Durchmesser: 11,2 cm.

rechts innen:
Schnabelkanne aus Ton,
5. Jahrhundert v. Chr.,
Höhe: 20,4 cm.

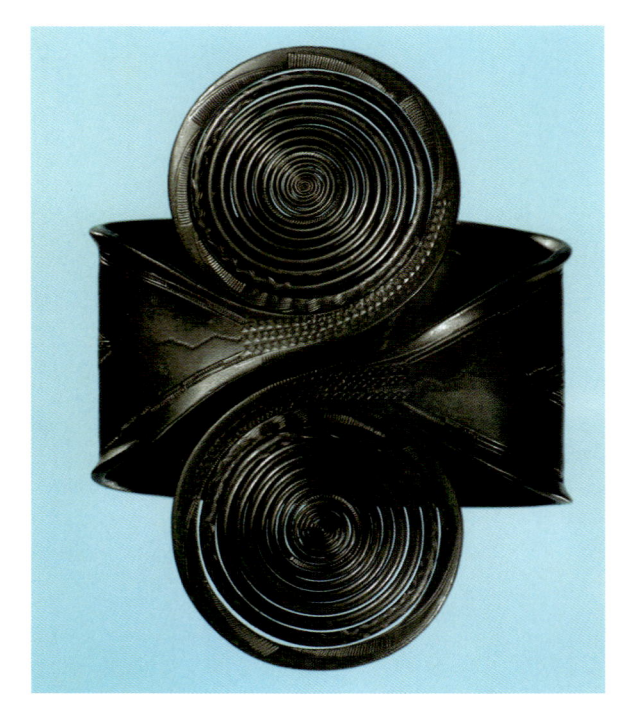

rechts:
Gürtelgarnitur aus Bronze,
5. Jahrhundert n. Chr.,
Breite: 15 cm.

Literatur:
B.-U. Abels, Archäologischer Führer Oberfranken (1986), 195–198.
B.-U. Abels, Überblick über die Besiedlung der Ehrenbürg in vorgeschichtlicher Zeit. Bericht Bayer. Bodendenkmalpfl. 30/31, 1989/90, 103–122.
B.-U. Abels, Eine Tonschnabelkanne von der Ehrenbürg in Oberfranken. Archäol. Korrespondenzbl. 22, 1992, 79–92.
R. Koch, Die spätkaiserzeitliche Gürtelgarnitur von der Ehrenbürg bei Forchheim (Oberfranken). Germania 43, 1965, 105–120.

Befestigung weisen auf eine frühkeltische, stadtähnliche Siedlung hin. Durch ein neu gefundenes Bruchstück eines griechischen Glasgefäßes, zwei Henkelbruchstücke von slowenischen Bronzesitulen und eine tönerne Nachbildung einer etruskischen Bronzekanne hebt sich die Ehrenbürg deutlich von anderen, gleich alten Wehranlagen ab. In ihrer Bedeutung kann sie auf eine Stufe mit dem Glauberg in Hessen oder dem Dürrnberg bei Salzburg, zu denen sie möglicherweise Kontakte unterhielt, gestellt werden. In der Mitte des 4. Jahrhunderts v. Chr. wird die Anlage weitgehend geräumt, was mit den historisch überlieferten Keltenwanderungen zusammenhängen mag. Vom Ende der Frühlatènezeit bis zur späten Römischen Kaiserzeit läßt sich, abgesehen von einer spärlichen spätkeltischen Besiedlung, eine nur geringe Nutzung des Berges nachweisen. Schließlich wurde der Rodenstein wohl am Ende der Römischen Kaiserzeit noch einmal befestigt. Eine wertvolle spätantike Gürtelgarnitur aus Bronze unterstreicht die Bedeutung dieser Anlage, bei der es sich vermutlich um eine germanische Burg gehandelt hat.

B.-U. Abels

Die Heunischenburg bei Kronach

Die Heunischenburg liegt 4 km westlich von Kronach auf einem nach Südwesten vorspringenden Bergsporn des Frankenwaldes. Die Hänge dieses 486 m hohen Wolfsberges sind nach drei Seiten kräftig geböscht, so daß der Berg hier bereits natürlichen Schutz bietet. Etwa 150 m nordöstlich der Spornspitze überquert die ungeschützte, offene Flanke ein heute noch 110 m langer, 10 m breiter, außen bis 3,5 m hoher, gerader Wall aus Buntsandstein. Ungefähr 20 m vor dem Südosthang bog dieser Wall leicht in den Innenraum der Befestigung um und bildete so die innere Flanke einer breiten Torgasse.

1983 wurde der erste Grabungsschnitt quer durch den Wall gelegt. Hierbei zeigte sich, daß die Anlage dreiperiodig ist. Bei der ersten Periode handelt es sich um eine unbefestigte Siedlung des 11. Jahrhunderts v. Chr. Von der zweiten Periode war der Rest einer noch 0,4 m hohen, etwa 3 m breiten, ausgeglühten Sandsteinmauer deutlich erkennbar, die man in das 10. Jahrhundert v. Chr. datieren kann. Aufgrund ihres sehr schlechten Erhaltungszustandes ist der ursprüngliche Aufbau dieser Befestigung weitgehend unklar. Die ganze Mauer brannte offenbar im Zuge einer kriegerischen Handlung ab.

Diese Mauer wird von einer mächtigen, zweiphasigen Befestigung überlagert. Die ältere Bauphase besteht aus einer 2,6 m starken, etwa 3,5 m hohen Mauer, deren Vor- und Rückfront aus z. T. mächtigen Sandsteinquadern in Trockenmauertechnik errichtet worden war. Die physikalische Altersbestimmung verkohlter Hölzer (^{14}C-Bestimmung aus der Mauer) zeigte, daß die Anlage im 9. Jahrhundert v. Chr. errichtet wurde. Der zeitliche Abstand zu ihrem Vorgänger kann aber nicht allzu groß gewesen sein, da sich auch diese Mauer ganz an die Flucht der älteren Anlage hält und das archäologische Fundgut keine zeitlichen Unterschiede aufweist.

In einem zweiten Bauabschnitt wurde die ganze Wehranlage erheblich verstärkt. Der Vorderfront der Bauphase I blendete man eine 0,5 m breite Sandsteinquaderfront und eine durchschnittlich 3,5 m breite, 1 m hohe Berme vor. Ähnliche Bermen wurden bei der gleich alten Befestigung auf dem Bullenheimer Berg in Unterfranken, aber auch bei einigen Lausitzer Burgen in Ostdeutschland nachgewiesen, jedoch waren sie bei weitem nicht so massiv ausgebaut. Vor der Berme bildete ein kleiner Graben den äußeren Abschluß der Wehranlage. Um die Mauer sinnvoll verteidigen zu können, bedurfte es einer hölzernen Brustwehr, die man auf die Vorderfront der Mauer aufsetzte, so daß die gesamte Wehranlage eine Höhe von fast 6 m erreichte!

Im Bereich des antiken Tores wurde in den Jahren 1984–1987 ein weiterer großflächiger Grabungsschnitt angelegt.

Es zeigte sich, daß die insgesamt 110 m lange, mächtige Steinmauer 10 m vor der äußeren Hangkante durch eine 1 m breite Pforte unterbrochen wird. Nach der Pforte setzt sich die nun wesentlich schmalere Mauer in einem Bogen als innere Flanke zu einer 15 m langen, bis 2 m breiten Torgasse fort. Nicht ganz parallel dazu verläuft auf der Hangkante die 2 m breite, ursprünglich wohl ebenfalls 3 m hohe äußere Torflanke, die nach 60 m in eine Holz-Erde-Befestigung übergeht. Das Tor war also so angelegt worden, daß ein möglicher Angreifer sich in eine zangenartige Umklammerung begeben mußte, um die Befestigung erstürmen zu können.

Die nahe dem Tor gelegene, 1 m breite Pforte, über die man einen Holzturm gesetzt hatte, ermöglichte es dem Verteidiger, einen in die Torgasse drängenden Angreifer auch von hinten unter Beschuß zu nehmen. Bei der Pforte handelt es sich also um eine Art Ausfallpforte, wie man sie vom älteren mediterranen Burgenbau kennt. Deren ausgereifte Architektur wurde jedoch an unserer Anlage nur unvollkommen nachempfunden. Dennoch ist der südliche Einfluß, der sich ja auch auf manch anderer kultureller Ebene in der Urnenfelderzeit nachweisen läßt, ganz offenkundig. Offenbar war der fortifikatorische Nutzen, den man aus dieser Pforte zu ziehen hoffte, nicht zufriedenstellend, da man sie in einer letzten Bauphase wieder mit einer Steinreihe verschloß. Wie ihr Vorgänger brannte auch diese mächtige Befestigung ab und wurde nun endgültig aufgelassen. Bei den Ausgrabungen kam neben Keramikscherben eine Fülle von Bronzegegenständen zutage. Erstaunlich ist die große Menge an Waffenfunden, die etwa 70 % des Materials ausmacht. Besonders die zahlreichen, rasch und unsorgfältig hergestellten Pfeilspitzen, von denen noch nicht einmal die Gußnähte abge-

Nach den Originalbefunden rekonstruierte Mauer mit Pforte und Torgasse.

oben:
Mauer und Berme der späturnenfelderzeitlichen Befestigung.

rechts unten:
Rekonstruktion des Torbereichs der späturnenfelderzeitlichen Befestigung.

unten:
Bronzepfeilspitzen von der Heunischenburg, M ca. 1:6

schliffen wurden, zeugen von dem großen „Munitionsbedarf" der Burgbesatzung und von der Heftigkeit der Kampfhandlungen. Die bedeutendsten Funde sind zwei Lanzenspitzen, eine davon ganz aus dem damals noch seltenen Eisen, die andere aus Bronze mit Kupfer- und Eiseneinlagen. Beide sind als wertvolle Würdezeichen vornehmer Krieger zu werten. Ein nur 5 km südöstlich von der Heunischenburg zu Anfang dieses Jahrhunderts gefundener Kappenhelm dürfte ebenfalls einem vornehmen Krieger dieser Befestigung gehört haben. Die Funde von der Heunischenburg verdeutlichen nun, daß diese Anlage zu einer westlichen Gruppe der Urnenfelderkultur gehört haben muß. Unsere völlig isoliert im Osten liegende, ungewöhnlich stark ausgebaute Festung mit ihren überdurchschnittlich zahlreichen Waffenfunden hebt die Heunischenburg von allen bisher bekannten Anlagen deutlich ab.

Es muß sich nach all dem um einen militärischen Brückenkopf gehandelt haben, den man zum Schutz einer Fernhandelsstraße zu den Zinn- und Kupfervorkommen im Frankenwald oder als eine Art Grenzgarnison eines urnenfelderzeitlichen Stammesterritoriums errichtet hatte.

Die strategische Bedeutung der Befestigung wird in dramatischer Weise dadurch unterstrichen, daß sie nach heftigen Kämpfen in zwei kriegerischen Auseinandersetzungen zerstört wurde und schließlich als Brückenkopf auf die Dauer nicht zu halten war.

Eine solche weit nach Osten vorgeschobene Garnison setzt aber ein gut organisiertes Gemeinwesen voraus, dessen Anführer in der Lage waren, ein militärisches Unternehmen dieser Größenordnung logistisch zu bewältigen.

Der archäologische Nachweis für große Mittelpunktsiedlungen konnte bislang im nordbayerisch-südthüringischen Raum erst für den

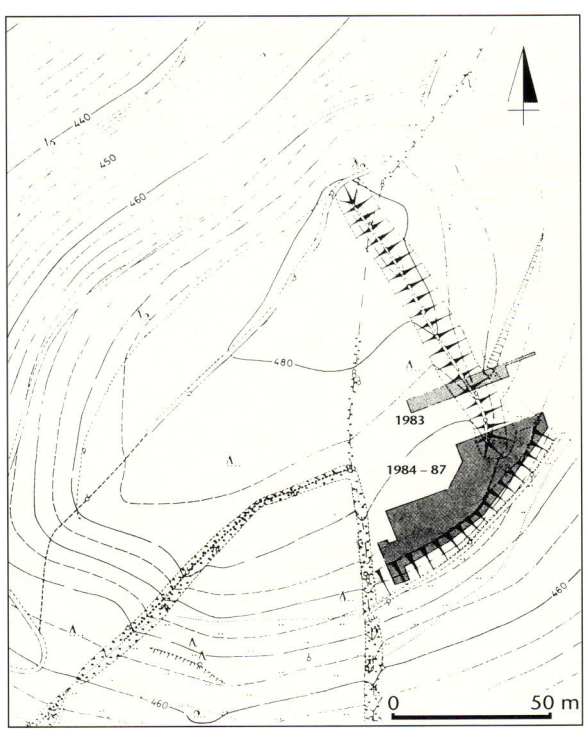

Großen Gleichberg bei Römhild und den Bullenheimer Berg bei Uffenheim erbracht werden. Aufgrund zahlreicher qualitätvoller Funde dürfte auch die Ehrenbürg bei Forchheim zu diesen Anlagen gezählt werden.
Betrachten wir die Beziehungen unserer Heunischenburg zu diesen Mittelpunktsiedlungen, so zeigt sich, daß sie mit 70 km Entfernung dem Großen Gleichberg am nächsten liegt. Bei ihr dürfte es sich mit großer Wahrscheinlichkeit um die Anlage handeln, zu der unsere Heunischenburg gehörte und von der aus sie bis zu ihrem Untergang zu Beginn des 8. Jahrhunderts v. Chr. versorgt wurde.　　B.-U. Abels

oben:
Die Heunischenburg mit ihrer Toranlage von Südosten.

links:
Plan der Heunischenburg mit den Ausgrabungsflächen.

Literatur:
B.-U. Abels, Die Heunischenburg bei Kronach. Archäol. Denkmäler in Oberfranken (1988).
B.-U. Abels, Die Heunischenburg bei Kronach in Bayern. Das Altertum 36, 1990, 21–28.
B.-U. Abels, Die Heunischenburg, eine urnenfelderzeitliche Befestigung in Nordbayern. Das keltische Jahrtausend (1993), 83–87.

Der Turmberg bei Kasendorf

Der Turmberg bei Kasendorf ist ein nach Westen vorgeschobener Bergsporn, der die Niederung des Friesenbachs um rund 110 m überragt. Auf ihm liegt eine mehrphasige Befestigungsanlage. Nach Osten zur Hochfläche hin überquert den Bergrücken ein rund 200 m langer, 20 m breiter, außen bis zu 5 m hoher Wall, dem ein seichter Graben vorgelagert ist. Dieser Wall geht in einen Ringwall über, der eine Fläche von 14 ha einfaßt und an drei Stellen – im Norden, Westen und Nordosten – Torlücken aufweist. Das nordöstliche Tor ist durch zwei innerhalb der Wallanlage aufeinander zulaufende kleine Wälle zusätzlich gesichert und scheint deshalb wohl der Hauptzugang gewesen zu sein. Diese älteste Anlage dürfte während der Frühlatènezeit entstanden sein, wobei die große Abschnittsbefestigung im Osten jedoch in ottonischer Zeit ausgebaut wurde. Die Masse der Funde gehört in die Hallstatt- und Frühlatènezeit.

Innerhalb des großen eisenzeitlichen Ringwalls liegt auf dem Gipfelplateau des Turmbergs eine zweigeteilte, 1 ha große Befestigung. Nach Südosten ist das Gipfelplateau künstlich abgesteilt und dieser 13 m hohen Absteilung ein Graben vorgelagert. Das gesamte Gipfelplateau ist von einem Ringwall eingefaßt. In der Mitte der Südwestflanke liegt das Tor dieser Befestigung. Die von Südosten kommende Steilstufe geht hier in einen nach innen umbiegenden Wall über. Die Torgasse wird von einem kleinen, quer zum Hanggefälle verlaufenden Wall schützend begleitet. Weiteren Schutz dürfte ein Turm geliefert haben, dessen quadratische Fundamentgrube sich nördlich des Tors erhalten hat.

Das Gipfelplateau wird durch einen mächtigen Abschnittswall, dem ein Graben und ein kleiner Außenwall vorgelagert sind, in einen Nordost- und einen Südwestraum unterteilt. Vor der im Südosten verlaufenden Steilstufe biegt dieser Außenwall nach innen um und nähert sich dem Abschnittswall. Dadurch entsteht zwischen dem Befestigungswerk und der künstlichen Steilstufe eine Gasse, bei der es sich wohl

rechts:
Plan des Turmbergs.
gelb: frühlatènezeitliche Befestigung,
dunkelbraun: früh-hochmittelalterliche Burg,
hellbraun: Teil der mittelalterlichen Anlage.

unten:
Byzantinisches Bleisiegel, 10. Jahrhundert n. Chr., Durchmesser: 3 cm.

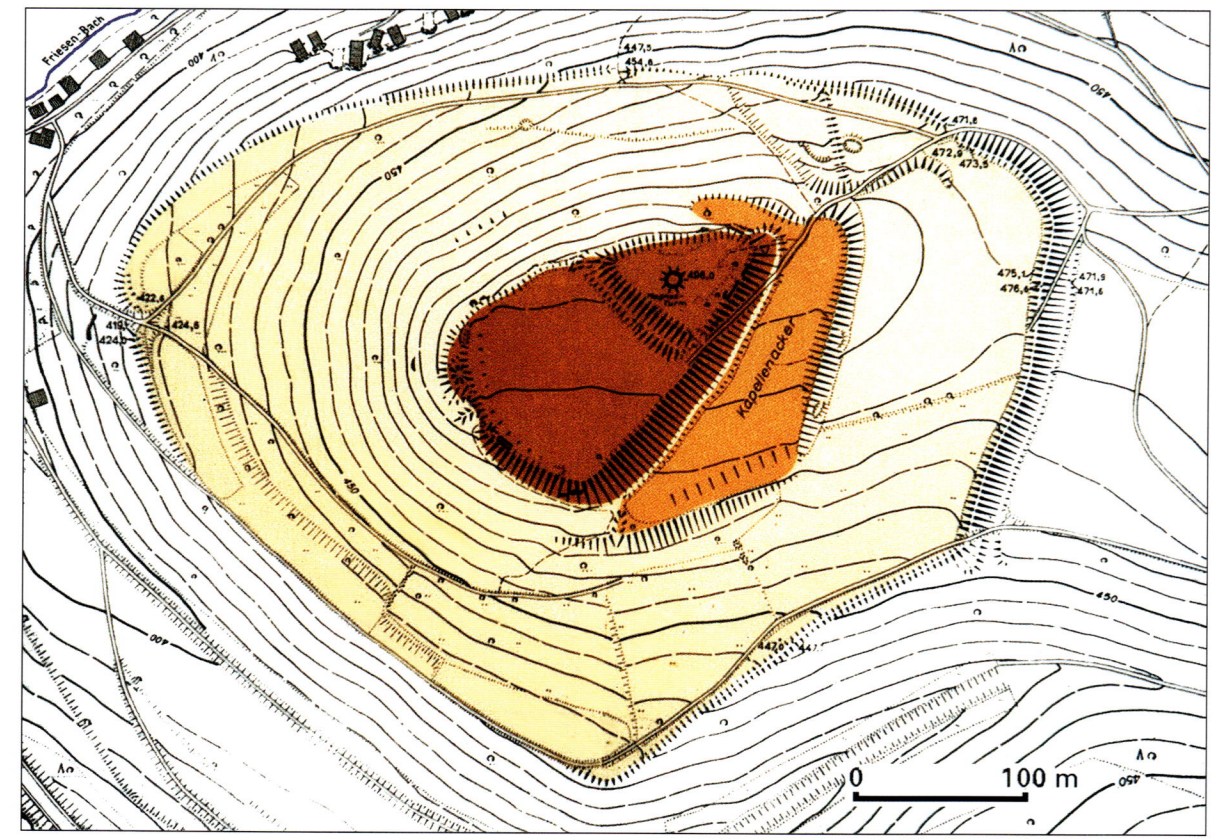

um das Tor zum inneren Teil der Burg gehandelt hat. Durch neuzeitlichen Wegebau ist diese Situation leider nicht ganz eindeutig.
Bei dem südwestlichen Randwall nahe dem Tor ließen sich nur drei Bauphasen nachweisen: eine lehmgebundene Mauer, eine mit Gußmörtel verfestigte Kalktrockenmauer und eine gemörtelte Tuffquadermauer. Möglicherweise stellt sich die chronologische Situation auf dem Gipfelplateau so dar, daß eine oder zwei ältere Befestigungen das ganze Plateau umschlossen und dieses in einer späteren Phase ausgebaut und die Anlage unterteilt wurde. Alle drei Bauphasen sind wahrscheinlich in karolingisch-ottonische Zeit zu datieren. Im Jahre 1995 wurde im Nordostbereich des Gipfelplateaus eine Ausgrabung durchgeführt, bei der eine Trockenmauer freigelegt werden konnte. Diese Mauer war Bestandteil einer hochmittelalterlichen Wehranlage. Neben Funden verschiedener Epochen konnte auch ein byzantinisches Bleisiegel des 10. Jahrhunderts geborgen werden.

Ein weiteres Wallsystem ist dem Gipfelplateau nach Osten in Form eines Abschnittswalls und einer in stumpfem Winkel auf ihn zulaufenden Randbefestigung vorgelagert. In welchem Verhältnis diese Anlage zu der vorgeschichtlichen und der frühmittelalterlichen Burg steht, ist bisher noch nicht geklärt. Schließlich sei noch der auf dem Gipfel stehende Magnusturm erwähnt, der 1498 erstmals genannt wird. Die Basis des Turmstumpfes gehört wohl zum Bergfried einer mittelalterlichen Burg, die die abschließende Bauphase auf dem Turmberg darstellte und die im nordöstlichen Abschnitt der Gipfelbefestigung gelegen haben muß. Dieser Turmstumpf wurde im Mittelalter mit einem Signalturm überbaut.

B.-U. Abels

Der Turmberg mit seinem zentral gelegenen Hochplateau von Süden.

Literatur:
B.-U. Abels, Archäologischer Führer Oberfranken (1986), 146–149.
B.-U. Abels u. H. Endres, Die Befestigung auf dem Turmberg bei Kasendorf. Das Archäologische Jahr in Bayern 1995, 158–161.

Der Margarethenberg
bei Burgkirchen a. d. Alz im Landkreis Altötting

Über dem Flußtal der Alz erhebt sich der Margarethenberg, der mit etwa 1,2 ha Grundfläche zu den kleineren befestigten Anlagen in Bayern gehört. Zum Flußtal hin ist der Platz durch steile Hänge geschützt, die eine Höhe von 40 bis 50 m erreichen. Ein enger Geländerücken verbindet das Plateau mit dem anschließenden Hügelland. Von der ehemaligen Befestigung ist heute noch die jüngste Ausbauphase, der karolingisch-ottonische Abschnittswall, erhalten. Er beginnt östlich des modernen Weges, der wahrscheinlich die antike Zufahrt wieder aufnimmt und den ehemaligen Torbereich überlagert. Die gut sichtbare Befestigung verläuft in annähernd gerader Linie auf 70 m Länge und weist auf ihrer Außenseite eine Höhe von fast 10 m auf. Teile des Innenraums werden vom modernen Friedhof und der spätgotischen Kirche „St. Margarethen auf dem Berg" eingenommen. Nachdem sich durch zahlreiche Lesefunde die Bedeutung des Berges bereits angedeutet hatte, konnten 1970 und 1984/85 durchgeführte Ausgrabungen dazu beitragen, die vorgeschichtliche Besiedlung des Margarethenberges und seiner Befestigungen zu klären.

Erstmals wurde demnach der Platz bereits am Ende der frühen Bronzezeit aufgesucht. Diese Siedlung machte sich den natürlichen Schutz der Höhe zunutze, die nach Westen, Norden und Osten steile Hänge als Begrenzung aufweist. Nur nach Süden scheint sie offen gewesen zu sein. Auf die Bedeutung des Platzes weist eine Bronzegießerei hin. Der Werkplatz für die Metallverarbeitung belegt die besondere Stellung des Margarethenberges für die frühbronzezeitliche Siedlungslandschaft Südostbayerns. Dies wird durch die Funde, wie Steinbeile, eine steinerne Prunkaxt und verzierte Gefäßteile, unterstrichen, die weitreichende kulturelle Kontakte bis in den mittleren Donauraum belegen.

Mit der Urnenfelderzeit erhält der Margarethenberg nach mehreren hundert Jahren ohne nachweisbare Siedlung seine zentrale Funktion zurück. Dies manifestiert sich am deutlichsten in der nun nachweisbaren Befestigung. Sie schützt die leicht zugängliche Südwestseite der Kuppe. Für diesen Wall wurde ein bis zu 2,5 m breites Holzkastenwerk errichtet, das mit Lehm verfüllt wurde. Die Außenseite war zudem mit Steinen verkleidet und bot ein imposantes Bild. Zur weiteren Verstärkung diente eine mehrere Meter breite Erdrampe oder Böschung auf der Innenseite der Mauerkonstruktion. Es entstand ein etwa 7 bis 8 m breites Annäherungshindernis, das die markante Lage des Platzes zusätzlich unterstreicht. Ähnlich den Funden der frühen Bronzezeit, deuten auch die Objekte der Urnenfelderzeit weitreichende Beziehungen an. Fünf Äxte und ein Dechsel, die gemeinsam aufgefunden wurden, markieren einen Depotfund. Solche Depots können auch in anderen Befestigungen dieser Zeit nachgewiesen werden.

Ohne zeitlichen Bruch schließt die befestigte Siedlung der Hallstattzeit und Frühlatènezeit an. Ein Abschnittswall wird etwas weiter talabwärts neu errichtet, wobei die ältere Befestigung in die neu errichtete miteinbezogen wird. Mit etwa 7 m Breite erreicht er ähnliche Abmessungen. Die Außenfront besteht nunmehr aus Bruchsteinen, die zu einer Trockenmauer aufgesetzt sind. Diese Art der Konstruktion ist ohne

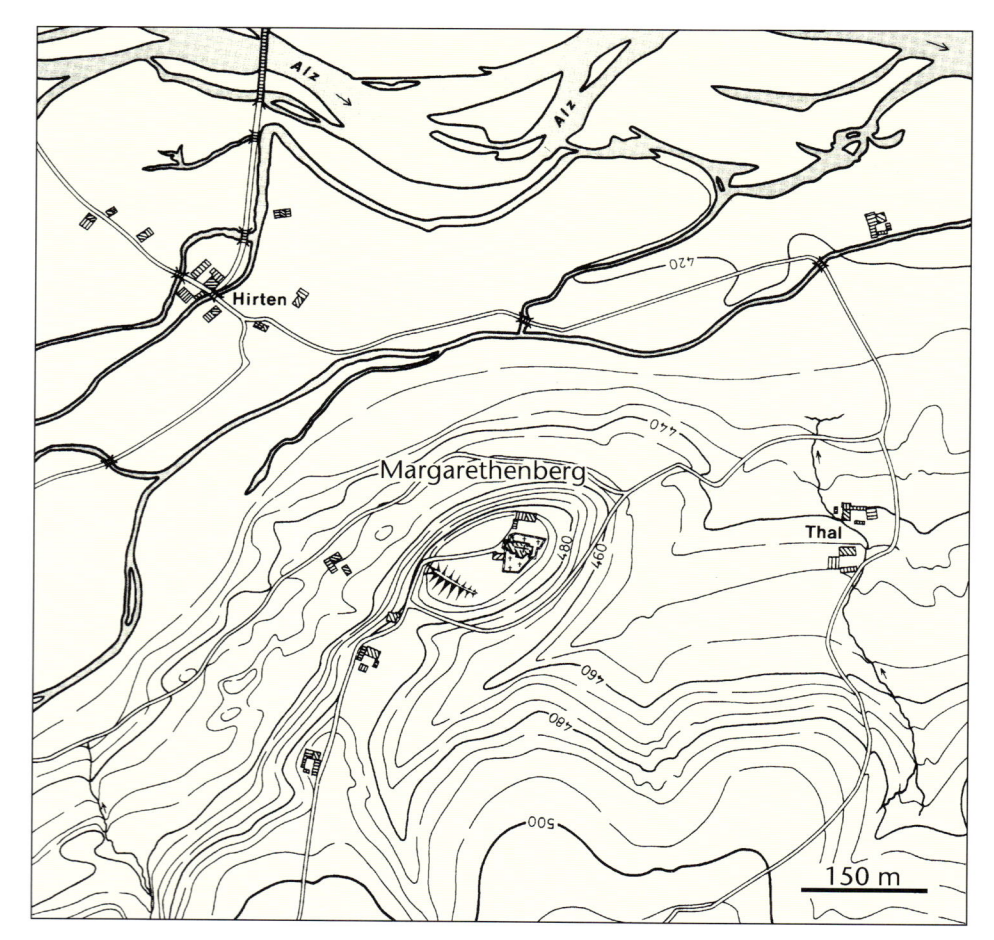

Topographischer Vermessungsplan des Margarethenberges.

Ansicht von Süden. Unter den herbstlich verfärbten Bäumen auf der linken Plateauseite liegen die noch erhaltenen Wallreste.

zusätzliche Stabilisierung durch Hölzer nur schwer denkbar, was sich aber während der Ausgrabung nicht nachweisen ließ. Es deutet sich an, daß der Margarethenberg in einer Reihe mit bedeutenden Höhensiedlungen zu sehen ist. Vor allem in Baden-Württemberg oder im Salzburger Land dokumentieren diese Punkte Machtzentren und eine soziale Differenzierung der Bevölkerung, die etwa durch qualitätvolle Keramikprodukte oder Importe sichtbar wird. Auch auf dem Margarethenberg geben sich überregionale Kontakte durch innenverzierte Keramik zu erkennen.

Für die zeitlich anschließende Mittel- und Spätlatènezeit sowie die Römische Kaiserzeit sind bisher nur Lesefunde bekannt. Zumindest kann mit einer Begehung des Platzes gerechnet werden.

Die zentralörtliche Bedeutung, die dem Berg während der Vorgeschichte zukam, hängt sicherlich mit seiner günstigen topographischen Lage an einer Handelsroute entlang der Alz zusammen. Bedeutende Gräber, wie das bronzezeitliche Wagengrab von Hart an der Alz oder Grabhügelgruppen der Hallstatt- und Frühlatènezeit, lassen im Zusammenspiel mit der Höhensiedlung eine differenzierte Infrastruktur erahnen.

Seine überregionale Funktion erreicht der Margarethenberg erst wieder im frühen und hohen Mittelalter. Bis heute verdeutlichen dies der karolingisch-ottonische Abschnittswall und die spätgotische Pfarr- und Wallfahrtskirche.

W. Irlinger

Literatur:
H.P. Uenze, Hügelgräber der Hallstatt- und Latènezeit bei Höresham. In: Studien zur vor- und frühgeschichtlichen Archäologie. Festschr. J. Werner zum 65. Geburtstag (München 1974) 73 ff.; bes. 110 ff.
R.A. Maier und St. Winghart, Zur Topographie und Geschichte des „Margarethenberges" bei Hirten, Gemeinde Burgkirchen a.d. Alz, Landkreis Altötting, Oberbayern. Das Archäologische Jahr in Bayern 1985, 62–65.
S. Möslein und St. Winghart, Stein- und Bronzezeit im Rupertiwinkel. In: Archäologie beiderseits der Salzach. Bodenfunde aus dem Flachgau und Rupertiwinkel (Salzburg 1996) 30–31.

Der Eiersberg bei Mittelstreu
Höhensiedlung der frühen Eisenzeit in Unterfranken

Unmittelbar neben der Bahnlinie Unsleben–Mellrichstadt liegt hoch über dem Tal der Streu ein ausgedehnter Bergsporn, der durch einen hohen Steilhang in Richtung des Flusses begrenzt wird. Seine nördliche Begrenzung wird von einem tief in das Gelände eingeschnittenen Tälchen gebildet. Die zum Vorland offene und damit ungeschützte westliche Seite nimmt eine gut erhaltene Befestigung ein, die bis heute durch einen bis zu 2 m hohen Wall mit außen vorgelagertem Graben im Gelände sichtbar ist. Mit einer Länge von 130 m trennt er die gesamte Spornspitze ab. Ein ehemaliger Zugang in den etwa 13.000 qm großen Innenraum gibt sich durch den umbiegenden Wall zu erkennen, der im Bereich des modernen Feldweges liegt. Weitere Eingänge in die Befestigung sind nicht bekannt.

Eine vorgeschichtliche Zeitstellung der Anlage auf dem Eiersberg ergab sich erst durch Aufsammlungen in den sechziger Jahren. Die volle Bedeutung der Höhensiedlung und ihre chronologische Stellung läßt sich seit den Ausgrabungen in den Jahren 1982 und 1985 abschätzen. Die Untersuchung des Wall-Graben-Systems und größerer Flächen im Bereich des Bergsporns erbrachten vielfältige Hinweise auf einzelne Ausbauphasen der Befestigung sowie die Art der Bebauung innerhalb des geschützten Bereiches. Die chronologische Stellung, Struktur und regionale Einbindung der Anlage konnte durch die Bearbeitung durch Stefan Gerlach eingegrenzt werden. Es hat sich gezeigt, daß mit ersten Begehungen ab dem Mesolithikum, dem älteren Neolithikum und besonders dem jüngeren Neolithikum sowie der mittleren Urnenfelderzeit gerechnet werden muß. Die intensive Besiedlung des Eiersberges beginnt in der Hallstattzeit (HA C2) und reicht ohne Unterbrechung bis in die ausgehende Frühlatènezeit. Erst in deren mittleren Abschnitt werden die Nachweise spärlich. Eine deutlich jüngere Nutzung ist für das 7. Jahrhundert n. Chr. belegt. Die Reste der keltischen Befestigung wurden zu dieser Zeit ausgebaut, und der Platz diente wohl als Fluchtburg.

Die Abschnittsbefestigung an der westlichen Seite wurde während ihrer Bestandszeit in fünf Bauphasen erneuert und ausgebaut.

Die erste Befestigung des Bergsporns bildete ein flacher, in den anstehenden Boden eingetiefter Graben. An seiner Innenseite dürfte eine einfache Palisadenwand gestanden haben, die mit einer zusätzlichen Schüttung nach hinten versteift wurde. Durch die weiteren Baumaßnahmen wurde diese Befestigung vollständig abgetragen, so daß als einziger Hinweis der Graben erhalten blieb. In der zweiten Phase wird die Front um etwa 10 m zum flachen Vorland hin verschoben. Sie bestand aus einer Steinfront, die eine massive, steinreiche Hinterschüttung aufwies. In der nächsten Bauphase wird erneut eine Steinmauer mit Schüttung errichtet, die wieder in Richtung des Innenraums zurückverlegt wird.

Der aufwendigste Ausbau geschieht im 4. Jahrhundert v. Chr. An Stelle der älteren Wälle entsteht eine sogenannte Pfostenschlitzmauer, vor der ein mächtiger, fast 17 m breiter Graben liegt. Die Konstruktion besteht aus senkrechten

links unten:
Topographischer Plan der Abschnittsbefestigung mit Eintragung der Grabungsflächen von 1982 und 1985.

unten:
Rekonstruktionsvorschlag der Befestigungen auf dem Eiersberg.

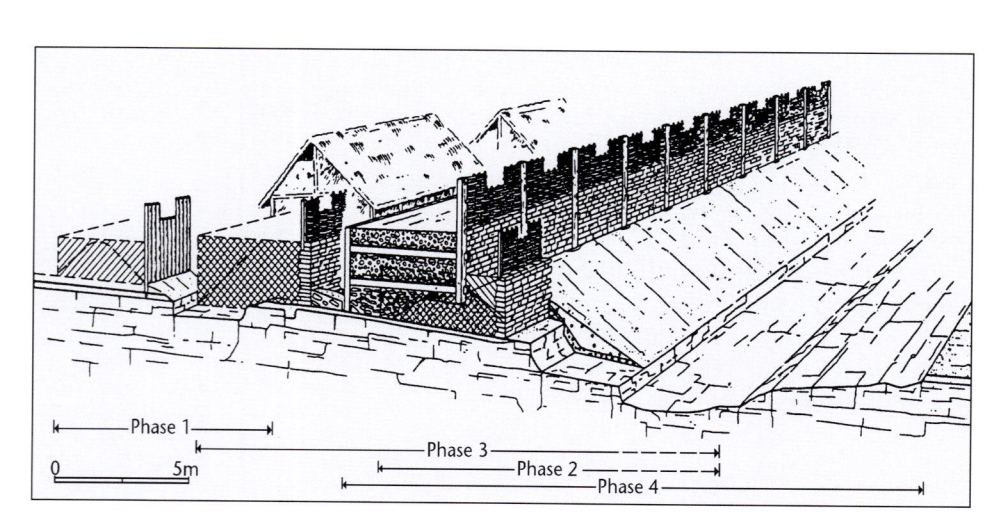

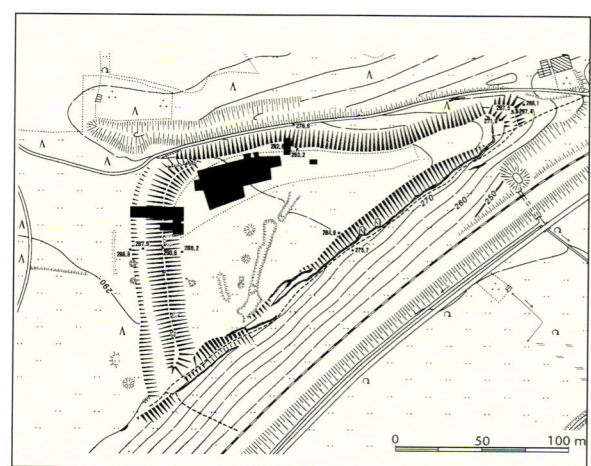

Pfosten, die in regelmäßigen Abständen stehen und zur Versteifung der äußeren Steinmauer dienen. Eine höhere Stabilität wird zusätzlich durch Queranker erreicht, die bis an die Rückfront reichen und dort mit weiteren Balken verbunden sind.

Im Innenraum der Anlage ließ sich in den ergrabenen Teilen eine zweiphasige, dichte Bebauung nachweisen. Eine Freifläche innerhalb des Grabungsgeländes und Häuser, die mit ihren Schmalseiten auf diesen Platz hin orientiert sind, zeigen die Gliederung der Siedlung mit eng bebauten Arealen und „Gemeinschaftsflächen" an. Die Hinweise auf verschiedene Hausformen beruhen auf Pfostenlöchern, die in den anstehenden Fels eingetieft sind. Aus diesen Befunden konnten unterschiedliche Gebäude rekonstruiert werden. Neben zahlreichen Speicherbauten mit vier Pfosten lassen sich Häuser mit mehreren Pfosten an den Längsseiten und einer größeren Grundfläche als Wohnbauten interpretieren.

Vom Eiersberg stammt eine große Zahl unterschiedlicher Keramik, die zum überwiegenden Teil typisch für Siedlungen ist. Als bedeutendster Komplex ist ein Hortfund anzusehen, der wohl während einer Brandkatastrophe verschüttet wurde. Mehrere Armringe, Fibeln, weitere Trachtbestandteile, Fragmente von Metallgegenständen und ein Bronzegefäß lagen an der Innenseite der Befestigung aus der dritten Bauphase. Es handelt sich um Altstücke, die wegen des Materialwertes aufbewahrt wurden, um später erneut eingeschmolzen zu werden.

Die Befestigung auf dem Eiersberg gehört zu den umfassend untersuchten und am besten publizierten Geländedenkmälern der Eisenzeit Unterfrankens. Die Errichtung der Anlage an dieser Stelle dürfte einerseits mit der günstigen Lage an einem Verkehrsweg entlang der Streu zusammenhängen. Anderseits liegt der Eiersberg als befestigter, wohl zentraler Punkt innerhalb eines Siedlungsraums, der sich gut für eine landwirtschaftliche Nutzung eignet.

W. Irlinger

Von Südwesten fällt der Blick auf den Eiersberg. In der Bildmitte liegt das befestigte Plateau. Rechts oben fließt die Streu an der Mittel-Mühle vorbei.

Literatur:
B.-U. Abels, Die vor- und frühgeschichtlichen Geländedenkmäler Unterfrankens. Materialh. Bayer. Vorgesch. B 6 (Kallmünz/Opf. 1979).
L. Wamser, Eine befestigte Dauersiedlung der Hallstatt- und Latènezeit aus dem Mittelgebirgsraum: Der Eiersberg bei Mittelstreu, Landkreis Rhön-Grabfeld, Unterfranken. Das Archäologische Jahr in Bayern 1982, 69 ff.
St. Gerlach, Der Eiersberg. Eine Höhensiedlung der vorrömischen Eisenzeit und ihre Stellung in der Siedlungslandschaft zwischen Rhön und Thüringer Wald. Materialh. Bayer. Vorgesch. 69 (Kallmünz/Opf. 1995)

Die Fentbachschanze
Ein spätkeltisches Oppidum im Alpenvorland

Zu den bedeutendsten und eindrucksvollsten Bodendenkmälern im gesamten bayerischen Alpenvorland gehört sicherlich die sogenannte „Fentbachschanze" bei Weyarn im Landkreis Miesbach.

Neben den weit über die Landesgrenzen hinaus bekannten spätkeltischen Oppida auf dem Staffelberg, Alkimoennis über Kelheim und der ausgedehnten Anlage von Manching, führt der südlichste Vertreter dieser Denkmälergattung ein Schattendasein in der Forschung. Dies liegt unter anderem auch an der isolierten Lage und der Grünlandnutzung des Innenraumes, wodurch sich kaum eine Gefährdung ergibt.

Bis heute haben sich daher obertägige Reste im Gelände sehr gut erhalten. Auf seiner Westseite wird der ausgedehnte Geländesporn durch den steilen Abhang zur Mangfall, auf der Nordostseite zum Moosbach hin begrenzt. Die südliche Grenze bildet ein massiv ausgeführter Wall, der noch bis zu 9 m Höhe erreicht. Weniger mächtig ist er in Richtung des Innenraums ausgebildet. Dort schließt der am höchsten gelegene Teil der Siedlung an. Nach Norden fällt das Gelände um etwa 20 m ab und ist schließlich im Bereich der Spornspitze fast eben. Das siedlungsgünstige Areal erreicht eine Ausdehnung von 500 m in der Nord-Süd-Richtung und etwa 375 m von West nach Ost.

Ein Zugang in den zentralen Bereich dürfte an der Ostseite gelegen haben. Dort deuten ein stark verwachsener Hohlweg und ein parallel verlaufender, kaum sichtbarer Wall eine Torgasse an.

Über die Gliederung der Fentbachschanze sind wir seit dem letzten Jahrhundert sehr gut informiert. Bereits um 1880 wurde das Denkmal zum ersten Mal topographisch vermessen und gezeichnet. In dieser frühen Planaufnahme sind verschiedene Details deutlich ausgebildet. An der Ostseite ist der ehemalige Zugang klar zu erkennen. Das Längsprofil zeigt sehr schön die Zweiteilung des Innenraums in einen höher gelegenen Bereich am Wall und eine tieferliegende Zone. Vor der Befestigung liegt außerdem noch ein Graben, der nicht mehr erhalten ist. Zu Ende des letzten Jahrhunderts erreichte er mit 4 m Breite und 2 m Tiefe noch stattliche Ausmaße.

Heute wissen wir, daß das gesamte Denkmal bedeutend größere Ausmaße besitzt. Etwa 280 m außerhalb des Hauptwalles verläuft entlang einer Geländestufe eine nur schwach ausgebildete Struktur, bei der es sich um einen Wall handeln könnte. Östlich des modernen Fahrweges ist der vermutete Vorwall als Teil einer Hangkante klar zu sehen und biegt nach etwa 150 m fast rechtwinklig um. Im Bereich des er-

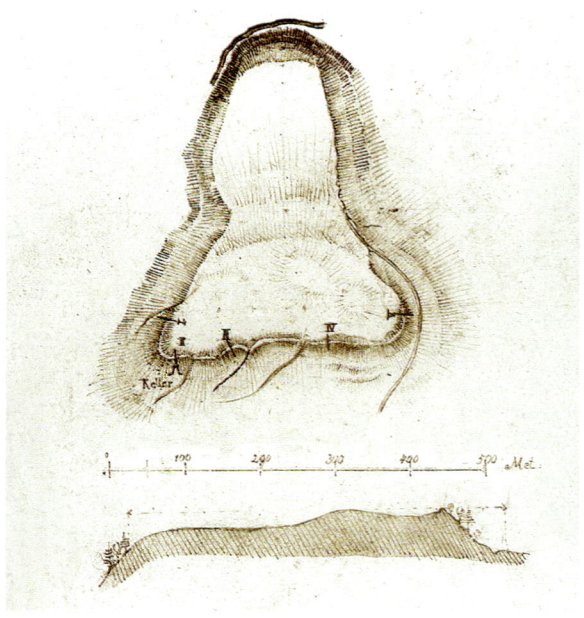

Literatur:
H.P. Uenze, Oppidum „Fentbach-Schanze". In: Führer vor- und frühgesch. Denkmäler 18 (Mainz 1971) 199 ff.
J. Faßbinder/W. Irlinger, Die Fentbachschanze – keltisches Oppidum im Voralpenland. In: Archäologische Prospektion, Luftbildarchäologie und Geophysik. Arbeitsh. Bayer. Landesamt f. Denkmalpfl. 59 (München 1996) 199 ff.

unten rechts:
Topographischer Vermessungsplan, cirka 1880.

unten:
Die Fentbachschanze von Südwesten.

wähnten Weges könnte auch ein ehemaliger Zugang liegen. Die Struktur des Geländes erinnert dort sehr stark an ein Zangentor, wie wir es auch an anderen Oppida kennen.

Ausgrabungen fanden in der Fentbachschanze recht selten statt. Die erste Untersuchung wurde auch schon 1877 durchgeführt. Dabei konnte im Innenraum eine mit Brandschutt gefüllte, 1,5 m tiefe Grube erfaßt werden. Darin fand sich sehr viel Holzkohle, Hüttenlehm, Knochen und durch Hitzeeinwirkung verkalkte Steine. Weitere Informationen zur Innenbebauung der Anlage fehlen. Ein Eindruck vom Aufbau des Walles konnte 1973 gewonnen werden. Es stellte sich dabei heraus, daß unter der heutigen Humusdecke eine mächtige Schicht aus Lehm liegt. Hieran schließt ein stark humoses Band an, das eine ehemalige Oberfläche markiert. Wenige Scherben aus der Hügelgräberbronzezeit stammen aus diesem Bereich. Nach unten wird das Profil durch die Verwitterungsrückstände des anstehenden Nagelfluhs begrenzt. Durch diese Ausgrabung wurde der älteste Besiedlungshorizont im Bereich der Fentbachschanze erkannt. Mittlerweile können zu den bronzezeitlichen Scherben weitere Belege angeführt werden, zu denen etwa auch Ringbarren gehören. Zu früher aufgefundener keltischer Keramik treten nun als weitere Besiedlungsnachweise spätkeltische Fibeln und einige zeitgleiche Münzen. Anhand der Keramik und metallenen Kleinfunde lassen sich somit eine bronzezeitliche sowie mittel- und spätlatènezeitliche Besiedlungsphase nachweisen.

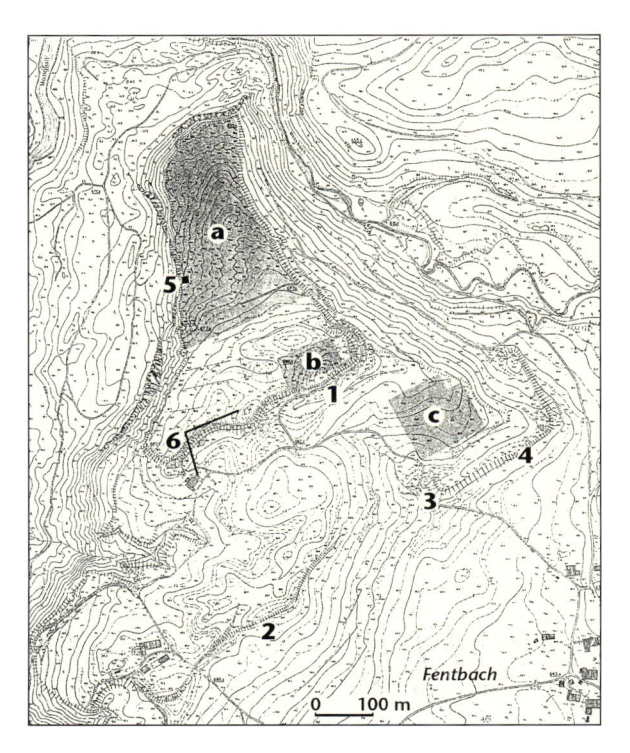

Durch eine naturwissenschaftliche, geophysikalische Prospektion wurde unser Wissen zur Fentbachschanze beträchtlich erweitert. Die Auswertung der Meßergebnisse hat gezeigt, daß fast die gesamte Innenfläche mit Siedlungsbefunden, wie Pfostenstellungen oder Gruben, regelrecht übersät ist. Ähnlich dicht liegen die Nachweise auch zwischen dem Haupt- und vermeintlichen Vorwall. Hierin ist ein weiteres Indiz zu sehen, das für die Einbindung dieses Bereichs in die Gesamtanlage spricht.

W. Irlinger

Die Fenbachschanze (unten im Bild) vor dem Alpenpanorama.

links innen:
Topographischer Vermessungsplan, a-c prospektierte Flächen.

Der Staffelberg bei Staffelstein

Der wohl prominenteste Berg Frankens, der alle Voraussetzungen für eine vorgeschichtliche Höhensiedlung erfüllt, ist der bei Staffelstein am Obermain gelegene Staffelberg.

Er ist in eine 49 ha große Hochfläche und ein zentral gelegenes, 3 ha großes Plateau gegliedert, welches das Maintal um 280 m überragt. Sowohl das Hochplateau wie auch die tiefer liegende Hochfläche weisen z. T. noch stattliche Reste eines aufwendigen Befestigungssystems auf. Während allerdings das Hochplateau von der beginnenden Jungsteinzeit bis zur Völkerwanderungszeit immer wieder besiedelt und oftmals auch befestigt wurde, beschränken sich die Besiedlung und Befestigung der großen, tiefer liegenden Hochfläche im wesentlichen auf eine relativ kurze Phase während der letzten beiden Jahrhunderte v. Chr.

Um die zeitliche Abfolge der Befestigungen zu erforschen, wurden zwischen 1967 und 1985 sechs Ausgrabungen durchgeführt. Die erste befestigte Siedlung auf dem Hochplateau erfolgte erst gegen Ende der Hallstattzeit, etwa zwischen 550 und 480 v. Chr. Bei dem am Nordosthang heraufführenden Weg handelt es sich um den antiken Zugang, den man so angelegt hatte, daß ein potentieller Angreifer dem Berghang und damit dem Verteidiger die rechte, ungeschützte Seite zuwenden mußte. Diese erste Wehranlage bestand aus einer Holz-Erde-Mauer, die wohl das gesamte Hochplateau umschloß. Zusätzlich hatte man zum Schutze des Zuganges im Hangbereich eine etwa 2 m breite Kalksteinmauer errichtet. Der eigentliche Ausbau der Befestigung zu einer stattlichen Burg erfolgte, wie bei allen anderen frühkeltischen Burgen Oberfrankens, jedoch erst zu Beginn der frühen Latènezeit (ca. 480–380 v. Chr.). Jetzt umschloß man das Hochplateau mit einer etwa 2 m breiten Pfostenschlitzmauer, einer Steinmauer, in deren Front in regelmäßigen Abständen senkrechte Pfosten als Mauerstützen eingelassen waren. Die tiefer gelegene Mauer, die am Nordosthang dem Schutz des Aufgangs und des Tores diente, hatte man zu einer mächtigen, 5 m breiten Steinbefestigung ohne zusätzliche Holzkonstruktion ausgebaut. Ihre Höhe dürfte mindestens 3 m betragen haben. Einer solchen Anlage dürfte wegen ihrer Größe und aufwendigen Befestigung, aber auch wegen ihrer randlichen Lage zwischen den Einflußzonen der beiden Mittelpunktsiedlungen Ehrenbürg und Steinsburg die Rolle eines regionalen Zentrums zugekommen sein. Die 3 km südlich auf dem Dornig gelegene, ausgedehnte Nekropole, die aus 84 Grabhügeln besteht, kann mit großer Wahrscheinlichkeit als Friedhof unserer Höhensiedlung angesprochen werden. Nicht lange nach 380 v. Chr. brannte die das obere Maintal beherrschende Burg ab.

Ob sich diese Brandkatastrophe im Zuge einer kriegerischen Auseinandersetzung ereignete, ließ sich archäologisch nicht nachweisen. Die Katastrophe hatte zur Folge, daß man die Burg aufgab und die Besiedlung des Staffelberges für zwei Jahrhunderte weitgehend zum Erliegen kam. Der Abbruch der Besiedlung unserer Befestigungen spiegelt wohl historische Abläufe wider. Spannungen innerhalb der frühkeltischen Gesellschaft mögen der auslösende Faktor gewesen sein, der schließlich in den historisch belegten Keltenwanderungen nach Italien und über den Balkan mündete.

In der 1. Hälfte des 2. Jahrhunderts v. Chr. beginnt wieder eine verstärkte spätkeltische Auf-

Plan des Staffelberges mit den Ausgrabungsschnitten; braun: Akropolis, gelb: Oppidum.

siedlung des oberfränkischen Raumes, in deren Folge das 49 ha große Oppidum auf dem Staffelberg angelegt wird. Dieses Oppidum ist in zwei Teile gegliedert. Wieder wird das steil aufragende Gipfelplateau besiedelt. Wie in der späten Hallstatt- und frühen Latènezeit baute man die Hochfläche zu einer stark umwehrten Akropolis aus, von der die spätkeltische Aristokratie das Oppidum und sein Umland beherrschen konnte, in der aber auch wichtige Handwerker arbeiteten. Für den Schutz der Akropolis sorgte eine Pfostenschlitzmauer. Die zum Teil noch bis zu einer Höhe von 1,4 m erhaltene Vorderfront bestand aus relativ kleinplattigem Juragestein. Im Abstand von 2,2 m hatte man 40 cm breite, sorgfältig zugehauene Pfosten in den Boden gerammt, die die Mauersegmente stützten und ihrerseits mit horizontal nach rückwärts laufenden Ankern verblattet waren. Hinter der Mauerfront wurde über die Anker ein 5 m breiter Steinwall geschüttet, der heute noch teilweise bis zu 1 m Höhe erhalten ist.

Die ursprüngliche Höhe der Mauer betrug etwa 4,5 m. Diese stark befestigte Akropolis erhebt sich um 50 m über den nach Westen vorspringenden Ausläufer der Albhochfläche. Das ganze Areal mit einer Fläche von 900 x 700 m wurde nun im 2. Jahrhundert v. Chr. intensiv besiedelt und durch eine 2.800 m lange Pfostenschlitzmauer befestigt. Sie läßt sich im Hangbereich noch deutlich erkennen, tritt aber besonders eindrucksvoll beim Überqueren der Hochfläche im Osten als schnurgerader, 320 m langer, 16 m breiter und 3,6 m hoher, beiderseits steil geböschter Wall hervor. Das Haupttor, mit zangenartig in den Innenraum führenden Mauerschenkeln, liegt im Nordwesten, ein zweites Tor im Südosten des Oppidums. Eine Abweichung von dieser Konstruktion stellte die Mauer dar, die sich in dem mächtigen östlichen Abschnittswall verbirgt. Hier hatte man eine pfostengestützte, hölzerne Bohlenfront errichtet, der man eine 12,5 m breite Rampe hinterschüttete. Davor trieb man einen 10 m breiten

Der Staffelberg mit dem zentral gelegenen Hochplateau von Süden.

Kappadokische Silberdrachme, 170 v. Chr., Dm. 2,2 cm.

Literatur:
B.-U. Abels, Neue Ausgrabungen auf dem Staffelberg, Jahresber. Bayer. Bodendenkmalpfl. 21, 1980, 62–77.
B.-U. Abels, Archäol. Führer Oberfranken (1986), 171–176.
B.-U. Abels, Neue Ausgrabungen im Befestigungsbereich des Staffelberges. Jahresber. Bayer. Bodendenkmalpfl. 28/29, 1987/88, 143–180.
B.-U. Abels, Der Staffelberg. Die Geschichte einer befestigten Höhensiedlung. Das keltische Jahrtausend (1993), 94–101.

und 1 m tiefen Sohlgraben in den Felsen. Zum Bau dieser Stadtmauer benötigte man etwa 2.000 Eichen, 20.000 qm Steinmaterial und 6.500 m³ Erdreich.

Das spätkeltische Fundgut besteht im wesentlichen aus Scherben zahlreicher Gefäße. Hinzu treten eine Reihe entwickelter Eisengeräte, sehr wenig Glasschmuck und mehrere spätlatènezeitliche Fibeln. Die bei weitem interessantesten Funde sind sechs Münzen sowie zwei Münzstempel. Unter diesen Münzen sind zwei aus der Nordschweiz, eine aus Böhmen und eine Silberdrachme aus Kappadokien, die um 170 v. Chr. geprägt wurde. Mit den beiden Münzstempeln, die bezeichnenderweise auf der Akropolis ausgegraben wurden, prägte man sogenannte Regenbogenschüsselchen aus Gold. Bei unserem Oppidum, dem politischen und wirtschaftlichen Zentrum einer Großregion, handelt es sich mit größter Wahrscheinlichkeit um das von dem griechischen Geographen Claudius Ptolemaeus aus Alexandria (85–160 n.Chr.) genannte *Menosgada*. Die Nachbaroppida von *Menosgada* liegen 50 km nordwestlich auf dem Kleinen Gleichberg bei Römhild in Thüringen, 140 km südöstlich bei Kelheim (das antike *Alkimoennis*) und 150 km südlich bei Manching.

In der 2. Hälfte des 1. Jahrhunderts v. Chr. wird das Oppidum *Menosgada* aufgelassen. Einen Hinweis auf ein gewaltsames Ende der städtischen Siedlung gibt es derzeit nicht. Zwischen dem Ende unseres Oppidums und der Ankunft früher Elb-Germanen dürfte ein direkter Zusammenhang bestanden haben. Man gewinnt den Eindruck, als haben die germanischen Zuwanderer gezielt die zentralen Siedlungen der Kelten aufgesucht, um sich hier festzusetzen. Eine Neubesiedlung, die sich abermals auf das Hochplateau beschränkte und Hand in Hand mit dem Bau einer 3,6 m breiten Mauer verlief, dürfte im 4. Jahrhundert n. Chr. eingesetzt haben. Eine Reihe von Fundstücken belegen diesen Zeitansatz, der mit der ebenfalls befestigten Siedlung auf dem Reisberg und derjenigen auf der Ehrenbürg übereinstimmt. So hat der Staffelberg noch einmal bis ins 5. Jahrhundert n. Chr. hinein neben einer Reihe anderer spätgermanischer Befestigungen eine politische Rolle gespielt.

B.-U. Abels

unten rechts:
Rekonstruktion der spätlatènezeitlichen Mauer auf dem Hochplateau.

unten:
Die spätlatènezeitliche Pfostenschlitzmauer auf dem Hochplateau, Ausgrabungsbefund.

Frühmittelalterlicher Burgenbau
in Bayern

Im 5. bis 10. Jahrhundert, nach den Siegen der Franken über die Alamannen 496 und die Thüringer 531, erschloß der frühmittelalterliche Landesausbau östlich des Rheins in einem mehrphasig fortschreitenden Prozeß die Gebiete Süddeutschlands, darunter auch Bayern. Dies zeigen die zahlreichen merowinger- und karolingerzeitlichen Siedlungen mit Ortsnamen auf -heim, -und -hausen, später auf -dorf, -ach und -reuth, die überlieferten Königshöfe und Königskirchen. Auch Slawen spielen insbesondere in den östlichen Landesteilen eine wichtige Rolle, was sich anhand der Ortsnamen auf -winden, -windisch und mit Mischnamen fassen läßt. Neben den recht spärlichen, punktuellen historischen Quellen wird der Landesausbau vor allem aber mit den von der Archäologie erschlossenen Gräberfeldern, Siedlungen, Kirchen faßbar, und nicht zuletzt sind hier Befestigungen zu nennen. Der frühmittelalterliche Burgenbau ist vielfältig und vielschichtig, wie die im nachfolgenden Teil vorgestellten Einzelergebnisse zu Burgen zeigen, und belegt eindrücklich, daß er keinem starren Schema unterliegt, sondern jeweils auf die Einzelburg bezogen individuell zu sehen ist. Darüber hinaus lassen sich jedoch einige Entwicklungslinien aufzeigen, die den frühmittelalterlichen Burgenbau in Bayern prägen und kennzeichnen.

Die Darstellung einzelner Burgen macht deutlich, daß eine Burg ständigen Veränderungen unterworfen war, sei es militärischer Natur, befestigungstechnisch, z. B. als Reaktion auf die beweglichen Reiterscharen der Ungarn. Aber auch die politisch-sozialen, herrschaftlichen Veränderungen im Burgenbau müssen hier genannt sein, seien es Burgen in königlicher, kirchlicher oder adeliger Hand. Die machtpolitischen Strukturen, die den Burgenbau trugen und förderten, waren zunächst in erster Linie vom Königtum geprägt, dem dann bald die Kirche mit Burgen in bischöflicher Hand bzw. später auch in klösterlichem Besitz zur Seite trat. Königtum und Kirche bildeten bis zum Investiturstreit in salischer Zeit eine Einheit bei der landmäßigen, strukturellen, administrativen, politischen und kirchlichen Erschließung und Festigung des ostfränkischen Reiches.

Das Befestigungsrecht war königliches Regal, wie es 864 im Edikt von Pîtres überliefert ist. Die frühesten, um 700 und im 8. Jahrhundert faßbaren Burgen wurden vom König bzw. in königlichem Auftrag erbaut. In jüngerer Zeit lockerte sich das königliche Befestigungsregal, und der Adel, als tragende Kraft vor Ort im Landesausbau und der Landessicherung, errichtete jetzt zunehmend selbst Burgen. Zeitgleich kommt es in Folge von Adelsfehden und Aufständen zur Usurpation von königlichen Burgen, schließlich zur Erhebung der Schweinfurter Grafen und der darauf erfolgten Zerstörung ihrer Burgen. Der militärische, machtpolitische Faktor der Burgen tritt dabei deutlich zutage. Die Burgen bildeten Mittelpunkte und Rückgrat einer frühen, landesherrschaftlichen Struktur, mit ihnen stand und fiel die Macht. Burgen sind so, insbesondere die großräumigen Anlagen der ottonischen Zeit – Landesburgen – als eine überaus wichtige Stütze beim Aufbau und der Organisation des überregionalen königlichen-kirchlichen Herrschaftgefüges in Bayern ausgewiesen.

Historische Quellen zum frühmittelalterlichen Burgenbau

In den schriftlichen Quellen werden im bayerischen Raum für die frühmittelalterliche Zeit, d. h. für die Zeit etwa um 700 bis 1000 n. Chr., nur etwa 30 der über 300 archäologisch bekannten Burgen genannt. Bei Verwendung der unterschiedlichen Termini, sei es *castellum*, *castrum*, *urbs* und *civitas*, stellt sich für die frühe Karolingerzeit heraus, daß *urbs* und *civitas* meist für größere Anlagen wie ehemalige Römerstädte und z. T. Bistumsorte, so Regensburg, 739 benutzt werden, *castellum* und *curtis* dagegen eher für Anlagen ohne städtische Züge. Erstere Benennungen fehlen vielleicht bezeichnenderweise in der frühen Zeit, Würzburg wird dann aber bereits 807 als *urbs* genannt, *castellum* und *castrum* dagegen sind mehrmalig belegt. Für die jüngere Zeit ergibt sich ein uneinheitliches Bild, eine zeitspezifische Nutzung der Begriffe ist nicht zu erkennen, ihr Gebrauch ist vielfältig, ungenau, teilweise synonym und vor allem bei den erzählenden Quellen von den jeweiligen Autoren subjektiv geprägt, so daß sich von der Terminologie her keine Aussagen auf Größe, Bedeutung oder Funktion der Burgen gewinnen läßt. Namenskundlich ist hervorzuheben, daß Endungen auf -burg in den Altsiedellandschaften begegnen, im östlichen Ausbaugebiet hingegen weitgehend fehlen und in ottonischer Zeit nicht mehr gebräuchlich sind. Historische Nennungen von Burgen, sowohl aus dokumentarischen als auch erzählenden Quellen, die *vita Burkardi* oder die Chronik Regino von Prüms sind hier zu nennen, liegen für unseren Raum ab dem einsetzenden 8. Jahrhundert vor und sind dann für die frühe Karolingerzeit recht zahlreich. Ab der 2. Hälfte des 9. Jahrhunderts kommt es aufgrund äußerer Gefahren, wie Normannen- und Ungarneinfälle, einhergehend mit der Auflösung des Gesamtreiches, zur Schwächung der Königsmacht und einer Erstarkung lokaler Kräfte und damit zu einem Rückgang vor allem der dokumentarischen Quellen, der bis in das 10. und 11. Jahrhundert hinein anhält. Mit der Etablierung der Ottonen erfährt die historische Überlieferung, allerdings im Bereich der erzählenden Quellen, einen erneuten Aufschwung, insbesondere für die Reichsgeschichte, die Sachsenchronik Widukinds von Corvey, genauso die Chronik Thietmars von Merseburg nehmen hier einen wichtigen Rang ein. Beide sind von Geistlichen verfaßt, Reichs- und Kirchengeschichte bilden in unserem zu behandelnden Zeitraum eine Einheit, die erst mit dem Investiturstreit verloren geht.

Die frühesten historisch belegten Burgen in unserem Raum stellen Würzburg und Hammelburg dar, die urkundlich 704 bzw. 716 bezeugt sind und somit bereits in spätmerowingischer Zeit um 700 bzw. zu Anfang des 8. Jahrhunderts bestanden, Würzburg nach der Kilianslegende bereits 686. In der frühkarolingischen Zeit werden im Rahmen der Bistumsgründungen 739 für Freising und Passau Befestigungen genannt, des weiteren in der Ausstattungsurkunde des 741/42 neugegründeten Bistums Würzburg eine Reihe von Burgen, wie die Stöckenburg, in der *vita Burkardi* werden u. a. Karlburg, Eltmann und Homburg an Würzburg übergeben. 812 erscheint ein *Grabfeldono burgus* in einer Schenkungsurkunde an das Kloster Fulda, für das 760/64 gegründete Kloster Schäftlarn wird im ausgehenden 8. Jahrhundert ein *oppidum* erwähnt. Indirekt zu erschließen ist eine Burg in Eiringsburg, wo 822 ein Iring seinen Besitz an das Kloster Fulda schenkt, ebenso in Castell, das 816 in der Stiftungsurkunde eines Grafen Megingaud für das Kloster Megingaudeshausen genannt wird und im Namen auf eine Befestigung hinweist. Ebenfalls in das Jahr 816 fällt die Erwähnung der *Ekkilunpurc* (Vordereggelburg) des mächtigen Geschlechts der Ebersberger, die Vorgängerbefestigung der 739 gegründeten Burg Ebersberg. Für die 2. Hälfte des 9. Jahrhunderts kennt man kaum Burgennennungen, nur die Schenkung der Vogelsburg an das Fuldaer Kloster fällt in die Regierungsjahre Arnulfs. Erst zu Anfang des 10. Jahrhunderts finden Burgen in den Quellen wieder häufiger Erwähnung. In der Chronik Regino von Prüms erscheinen die beiden in der Hand des Babenberger Adalbert befindlichen Burgen Bamberg (902/906) sowie Theres (902), wohin sie sich zurückzogen, von König Ludwig dem Kind belagert wurden und wo man schließlich Adalbert gefangennahm und enthauptete. 908 erhält Bischof Erchambold für Eichstätt von König Ludwig dem Kind die Erlaubnis, bei seinem Kloster einen befestigten Ort herzustellen. Unter Bischof Udalrich (923–973) wird auch der Bistumsort Augsburg wegen der Ungarngefahr befestigt. 910 soll es nach allerdings nicht sehr zuverlässigen Quellen bei Bad Abbach, das 1007 Heinrich II. an das neu gegründete Bistum Bamberg gibt, zu einem Treffen zwischen Ungarn und Franken gekommen sein. Donaustauf wird unter dem Regens-

Verbreitung frühmittelalterlicher Burgen östlich des Rheins.

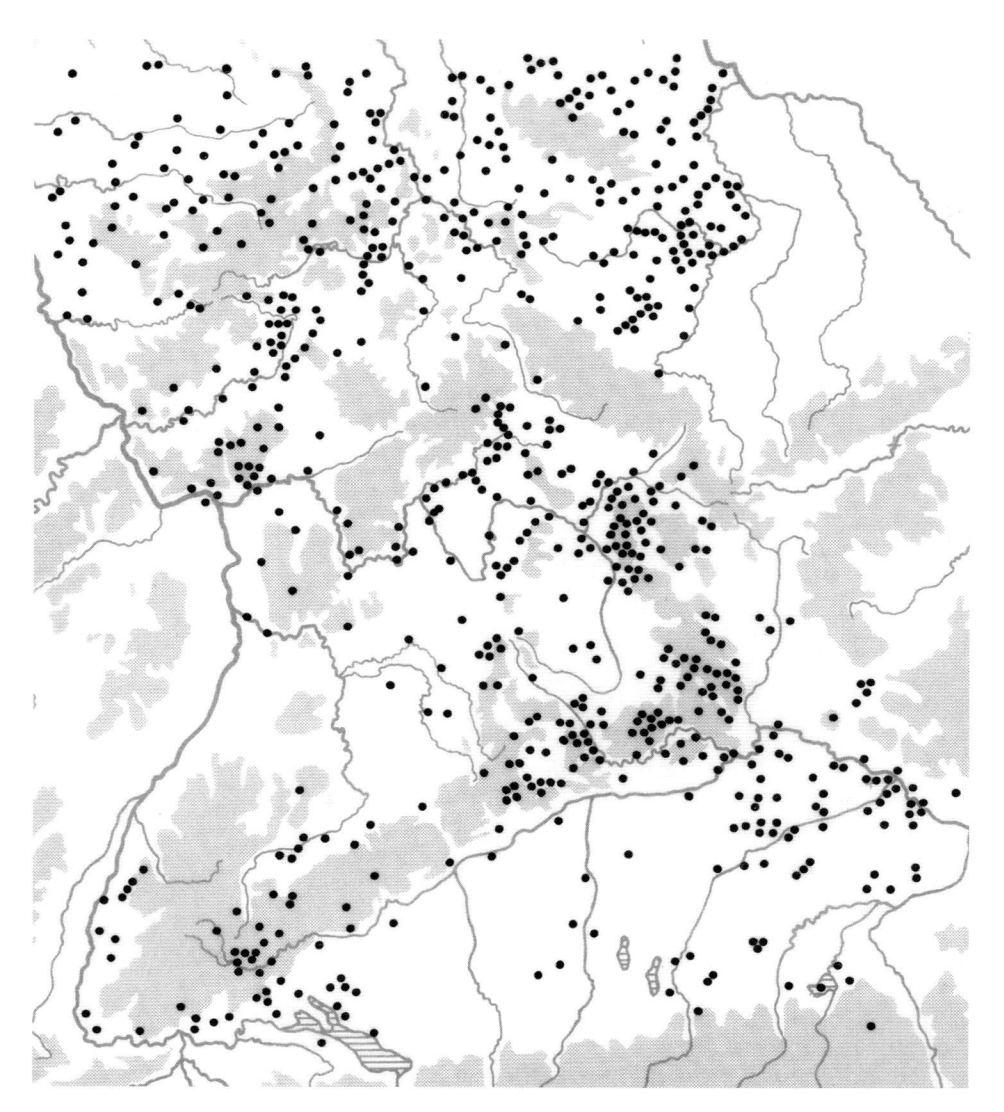

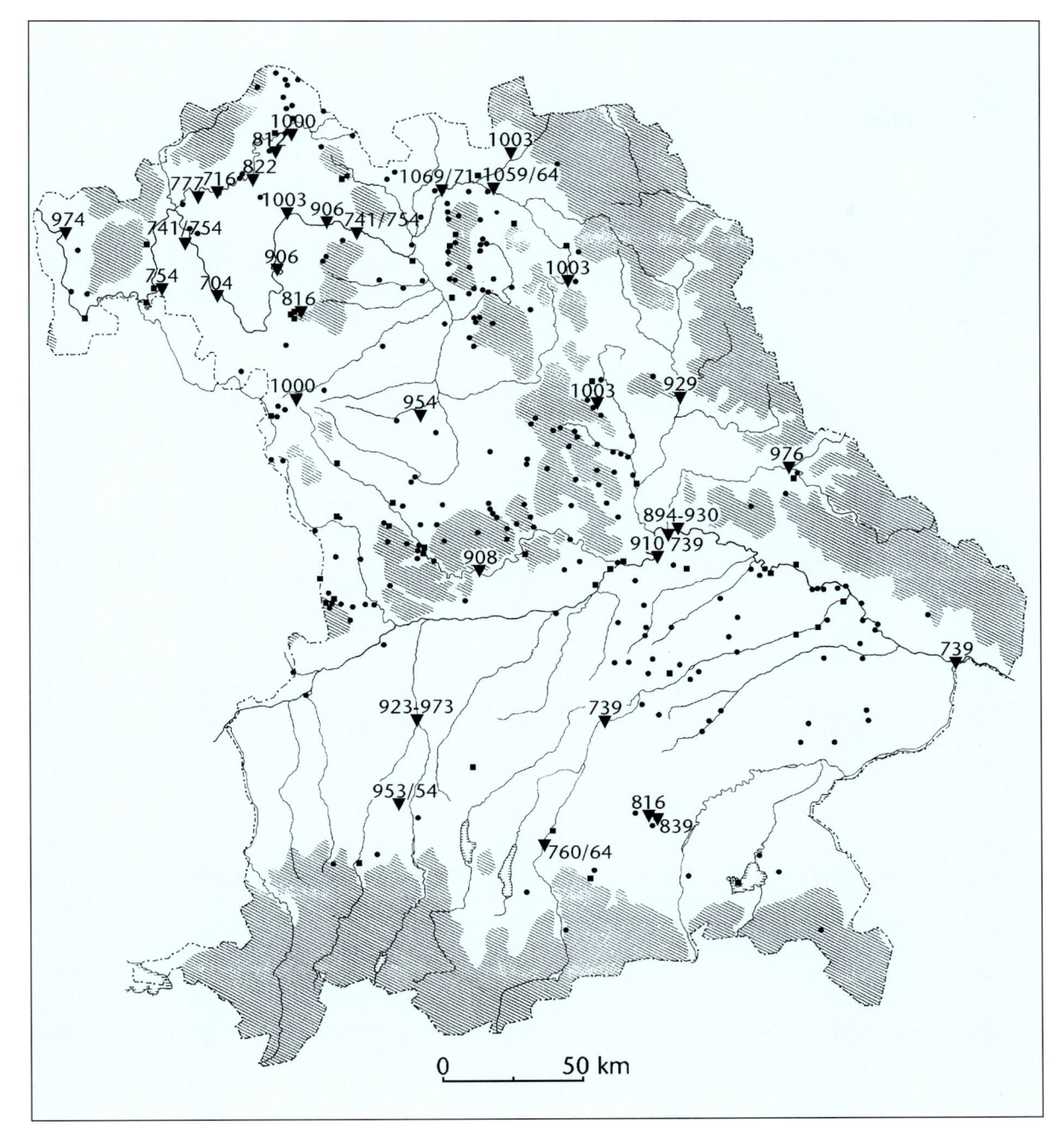

*Verbreitung frühmittelalterlicher Burgen in Bayern.
Dreiecke: historisch genannte Burgen mit jeweiliger Jahreszahl der Nennung,
Punkte: aufgrund topographischer Kriterien als frühmittelalterlich erschlossen,
Quadrate: gegrabene Burgen.*

burger Bischof Tuto (894–930) genannt, 929 stellte in Nabburg Heinrich I., von einem Feldzug zurückkommend, eine Urkunde aus. Für 954 berichtet Widukind von Corvey in seiner Sachsenchronik im Rahmen des luidolfingischen Aufstandes über die Belagerung von Roßtal bei Fürth. Bischof Ulrich zieht sich 954 während des luidolfingischen Aufstandes in seine Burg Schwabmünchen zurück, weil Augsburg von den Aufständischen besetzt worden war.
Die Schweinfurter Burgen Ammerthal, Creußen, Kronach, Schweinfurt werden in der Sachsenchronik Thietmars von Merseburg erwähnt, der für das Jahr 1003 die Auflehnung des Markgrafen von Schweinfurt gegen König Heinrich II. und den darauffolgenden Kriegszug Heinrich II. mit der Zerstörung der Schweinfurter Burgen beschreibt. Nach dem Raub des Königsschatzes durch den Schweinfurter Ritter Magnus bei Hersbruck kam es zunächst zur Belagerung, Übergabe und Zerstörung Ammerthals, dann zog der König vor die Burg Creußen, in der sich der Bruder des Markgrafen, Otto, aufhielt. Durch dessen Vermittlung geriet die Burg in die Gewalt des Königs, der die Burg, wenn auch nur teilweise, zerstören ließ. Daraufhin zog sich der Markgraf Heinrich in die Burg Kronach zu Siegfried zurück. Nach Beratungen

Plan der Vogelsburg in der Volkacher Mainschleife.

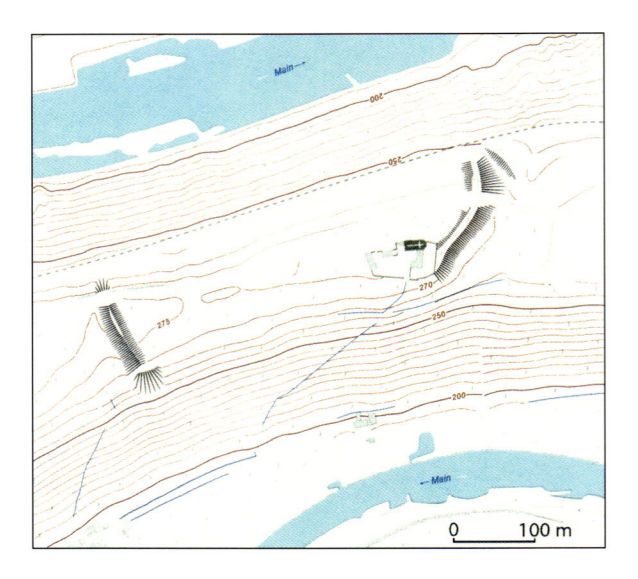

wird die Burg jedoch aufgegeben und selbst angezündet, der Markgraf begibt sich mit Bruno, dem Bruder des Königs, und seinen übrigen Angehörigen zu seinem Verbündeten Boleslaw, der damals Böhmen besetzt hielt. Daraufhin entsandte König Heinrich II. den Würzburger Bischof Heinrich und den Fuldaer Abt Erkanbald, um den Stammsitz, die Burg Schweinfurt, zu zerstören. Durch das Verhalten Eilas, der Mutter des Markgrafen – sie flüchtete in die Kirche und wollte lieber in dieser verbrennen, als die Burg zu verlassen, – kam es jedoch nur zu einem Abbruch der Mauern und Gebäude. In Schweinfurt erfolgte nach dieser Überlieferung wieder ein Aufbau, die nicht erwähnten Burgen Banz und Burgkunstadt blieben anscheinend erhalten. Einen gewissen Abschluß findet diese Entwicklung mit der Einrichtung des Bamberger Bistums 1007.

Die historischen Quellenbelege ermöglichen einerseits Aussagen zum Zeitpunkt ihrer Nennung, andererseits aus dem Kontext in gewissem Umfang auch zu ihren Machthabern, ihren Aufgabenbereichen und damit zu ihrer Funktion. Dies gilt aber kaum für die einzelne Burg, die meist nur in einer zufällig überlieferten Nennung erscheint, sondern nur für die Zusammenschau der frühmittelalterlichen Burgen in Bayern und darüber hinaus. Oft erscheinen Burgen als Urkundenausstellungsort, so auch die beiden ältesten, spätmerowingischen Anlagen Würzburg und Hammelburg, wo Herzog Heden urkundete. Zwischen 741 bis 754 werden im Rahmen der Ausstattung des Bistums Würzburg eine Reihe von in königlicher Hand befindlicher Burgen genannt, sie zeigen die machtpolitische Rolle des Königs als Burgeninhaber und -erbauer. Damit wird das von Karl dem Kahlen im Edikt von Pîtres 864 ausgedrückte königliche Befestigungsregal sichtbar, das in jüngerer Zeit dann aufgelockert wurde. Ab dem 9. Jahrhundert tritt der Adel zunehmend als Burgenbauer in Erscheinung, die Eiringsburg (822) als Burg eines Freien namens Iring, ebenso Castell (816) oder Ebersberg (816 bzw. 839) und Schäftlarn-Mühltal mögen frühe Beispiele dafür sein. Während der 2. Hälfte des 9. Jahrhunderts und der 1. Hälfte des 10. Jahrhunderts, in der Zeit der Ungarneinfälle und der Auflösung des Gesamtreiches, wird das Königtum als Burgenbauer keine größere Rolle gespielt haben, für 908 bekommt der Eichstätter Bischof das Befestigungsrecht, schriftlich belegt, übertragen. In der Zeit der Adelsfehden kam es sicherlich des öfteren zur Usurpation von königlichen Burgen, wie Bamberg in den Händen der Babenberger oder Roßtal unter der Kontrolle der Luidolfinger zeigen. Burgen bildeten im 10. Jahrhundert zunehmend das Rückgrat der erstarkenden, lokalen Amtsträger und Herrschaftsdynastien, dies wird zunächst mit den älteren Babenbergern, später mit den Schweinfurter Markgrafen deutlich, deren Macht, so in den Quellen beschrieben, sich auf mehrere Burgen stützte, von denen aus sie die Herrschaft über das Land kontrollierten. Hier erscheint zum ersten Mal eine in hochadeliger Hand befindliche Burgengruppe und -organisation, die 1003 durch den König ihr Ende findet.

Über das Aussehen, ihre Lage, Befestigung und Bebauung geben uns die historischen Quellen für den bayerischen Raum kaum Auskunft, sie werden nur als starke Befestigungen angesprochen, so daß die Zeitgenossen nicht glaubten, daß z. B. die *castella munimenta* der Schweinfurter erobert werden könnten. Ihre militärische Funktion steht außer Frage, ihre Grenzsicherungsfunktion, z. B. gegen die Ungarn, wird des öfteren betont und ihre wichtige Rolle in militärischen Auseinandersetzungen, insbesondere bei den großen Fehden, kommt deutlich zum Ausdruck. Zumindest die größeren Burgen müssen zur Aufnahme von weiteren Truppen eingerichtet gewesen sein, Nabburg und Cham waren groß genug, um den König mit seinem Gefolge, eventuell auch mit dem Heer, aufzunehmen. Schließlich ist auch ihre Funktion als Fluchtburg zu nennen, denn in Gefahrenzeiten dienten sie als Rückzugsort für die umliegende Bevölkerung, wie es für die Büraburg in Hessen erwähnt wird. Ferner gehörten zu den Burgen oftmals, wie in Tilleda in Sachsen-Anhalt, Werla in Niedersachsen und Würzburg, *suburbien* für Burgmannschaft, Händler und Handwerker, aus denen sich später dann Städte entwickeln konnten.

Nabburg zählt zu den frühmittelalterlichen Burgenplätzen. Auch der Sitz einer Münzstätte ist für diese Landesburg belegt.

Bereits im ausgehenden 8. Jahrhundert werden Burgen, so im Hersfelder Zehntverzeichnis, als Mittelpunkt von Burgbezirken und Grafschaften erwähnt, in denen der Königszehnt zusammenkam. Die Burgen bildeten teils den Mittelpunkt von Markgebieten, wie Nabburg und Cham, oder das befestigte Zentrum von Gauen oder Grafschaften, wie die Grabfeldonoburg, sie waren der gräflichen Gewalt unterstellt, die Befehlsgewalt hatte ein *comes* oder *custos civitatis* inne. Die Burgen erfüllten Aufgaben der Forstaufsicht und der Gerichtsbarkeit, für Nabburg ist der Sitz einer Münzstätte belegt. Kirchen sind ab frühester Zeit auf Burgen bekannt, und in jüngerer Zeit gründete man nachweislich auf Burgen Kirchen oder Klöster, was deren kirchliche, zentrale Funktion unterstreicht. Zudem werden Bischofssitze auf Burgen eingerichtet, wie Würzburg oder Bamberg zeigen. Anhand der historischen Überlieferung wird insbesondere für die jüngeren Burgen der ottonischen Zeit deren überregionale Bedeutung als Plätze mit erkennbarem Mittelpunktscharakter deutlich, weshalb diese Burgen, bei denen es sich weder um alleinige Wehrbauten noch um Städte im späteren Rechtssinn handelt, als Landesburgen bezeichnet werden. Landesburgen liegen meist auf Bergplätzen und -plateaus, entscheidend ist die verkehrsgünstige Lage an wichtigen Fernstraßen und Flußübergängen. Allerdings schon im 11. Jahrhundert finden diese Landesburgen ihr Ende, jetzt werden Burgen kleineren Ausmaßes bestimmend.

Archäologische Quellen zum frühmittelalterlichen Burgenbau

Nach den archäologischen Quellen beträgt die Zahl der in Bayern als frühmittelalterlich zu datierenden Befestigungen über 300, also etwa das Zehnfache der historisch belegten Burgen. Nördlich der Donau ist mit knapp 250 Anlagen der Großteil der Burgen verbreitet, südlich der Donau sind insgesamt nur etwa 70 bekannt. Von der Gesamtzahl sind etwa 70 grabungsmäßig belegt, der überwiegende Teil ist durch topographische Lage- und Befestigungsmerkmale erschlossen.

In der Verbreitung der bislang bekannten Burgen wird eine nördliche und südliche Gruppe von Burgen mit teilweise sehr dichten Konzentrationen ersichtlich. Diese südliche und nördliche Burgengruppe weisen, wie übrigens auch die Verbreitung der karolingisch-ottonischen Gräberfelder, auf die jeweiligen tragenden Kräfte und Richtungen im frühmittelalterlichen Landesausbau hin, die einerseits vom Süden, andererseits vom Main/Rheingebiet her ausgingen. Die nördliche Gruppe ist vor allem am Main verbreitet und zieht sich vom Unterlauf über Mainviereck und -dreieck zwischen Haßberge und Steigerwald bis in das Obermain-

Rekonstruktion der zweischaligen Trockenmauer auf der Eiringsburg.

Rekonstruktion des geschütteten Walles auf der Karlburg.

gebiet. Der Spessart und weitgehend das Gebiet im Maindreieck bleibt frei von Burgen. Auch westlich und südwestlich davon liegen kaum Burgen, während nördlich des Maindreiecks, bezeichnenderweise von der Wernmündung und der Karlburger Region ausgehend entlang der Fränkischen Saale mit ihren Zuflüssen bis an den Rand der Rhön, dann eine dichte Burgenverbreitung zu finden ist. In der Fränkischen Schweiz bis zur Wiesent im Süden und zur Regnitz im Westen ist wiederum eine große Burgendichte festzustellen. Südlich davon, genauso westlich zum ansteigenden Steigerwald hin, finden sich nur wenige Anlagen, ebenso nördlich des Obermainbogens, wo die Gebirgszüge von Fichtelgebirge, Frankenwald und anschließendem Thüringer Wald im Osten und Norden eine Grenze bilden.

Im Westen deutet sich mit einzelnen Burgen südlich des Mains in der Region an Tauber, Jagst und Kocher sowie der oberen Altmühl eine Verbindung zwischen südlicher und nördlicher Burgengruppe an, östlich davon setzen sich die beiden Gruppierungen deutlich voneinander ab. Steigerwald, Haßberge und Frankenhöhe bleiben frei von Burgen, aber auch im Regnitz- und Rednitz-Tal, der wichtigen Nord-Süd-Verbindung, bis hin zur Fränkischen Rezat finden sich kaum Burgen. Das gleiche gilt für das Gebiet östlich davon entlang der Pegnitz bis hin zur oberen Vils und Naab. Hier setzen die Burgen der südlichen Gruppe ein, die sich vereinzelt im Naabtal finden, massiert im Vilstal mit ihren Zuflüssen, der Lauterach und dem Ammerbach. Die Naab stellt die östliche Grenze der Burgenverbreitung dar, östlich davon finden sich zum Oberpfälzer Wald hin mit Ausnahme der Burgengruppe am Oberlauf der Regen und der Cham keine Burgen. Westlich davon zieht sich eine dichte Burgenkonzentration weiter entlang der Schwarzen Laaber und der Altmühl mit ihren Zuflüssen. Im Südwesten schließt das Nördlinger Ries mit einer ebenfalls hohen Burgendichte entlang den Rändern des Rieses sowie das Gebiet der Schwäbischen Alb mit sehr lockerer, verstreuter Burgenbebauung an. Im Süden begrenzt die Donau im wesentlichen diese Burgengruppe, vor allem im Westen, wo sich nur wenige Burgen südlich davon finden, während im östlichen Bereich, etwa ab der Altmühlmündung, Burgen auch konzentriert südlich der Donau erscheinen bis hin zur Isar- und Innmündung. Im Voralpenland sind vergleichsweise nur wenige Burgen zu finden, hierzu zählen z. B. die *Ekkilunpurc* (Vordereggelburg), Ebersberg und Schäftlarn-Mühltal.

Vergleicht man dieses Bild der Burgenverbreitung mit dem der historisch belegten Burgen, so zeigt sich zum einen ein deutlich dichteres Bild, z. B. für die unterfränkische Region, die ansonsten auch durch die historische Überlieferung schon recht gut bekannt ist. Zum anderen treten jetzt Burgenregionen zutage, die in der historischen Überlieferung überhaupt nicht oder kaum erscheinen, so das südliche Mittelfranken mit anschließend niederbayerischem, oberbayerischem, bayerisch-schwäbischem Gebiet oder auch die Fränkische Schweiz in Oberfranken.

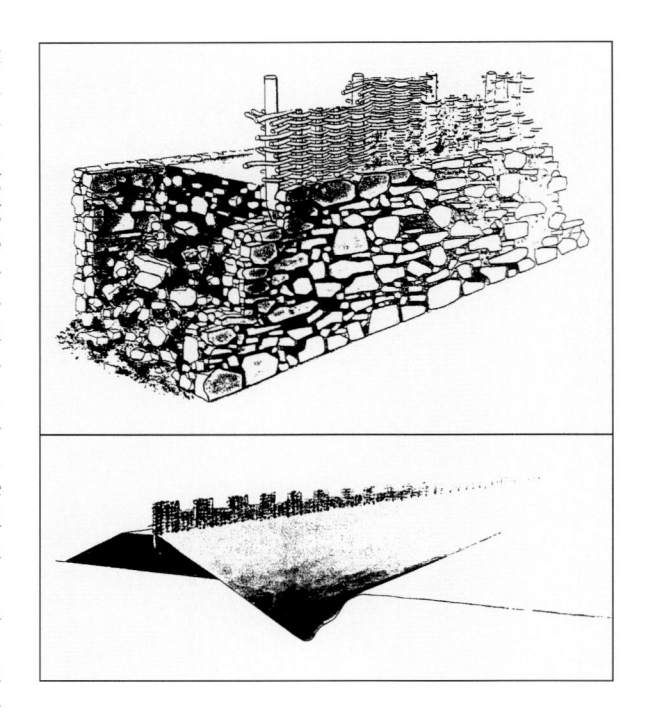

Frühmittelalterliche Befestigungen sind im Gelände zumeist durch topographische und vor allem befestigungstechnische Merkmale charakterisiert, die sie von den vorgeschichtlichen und denen der hoch- und spätmittelalterlichen Zeit abheben, jedoch in den seltensten Fällen eine genauere Datierung als frühmittelalterlich, also im wesentlichen 8.–10. Jahrhundert, erlauben. Kennzeichnend ist im Frühmittelalter im allgemeinen eine verkehrsgünstige Lage an Wasserläufen und Wegen, wie es bereits in der Verbreitungskarte ersichtlich wird. An Haupttypen finden sich einerseits Ringwallanlagen, andererseits Abschnittsbefestigungen, die man auf Bergspornen und in Flußschlingen, wie z. B. die Vogelsburg, errichtete. Burgen in unwegsamem Gebiet finden sich nur selten, typisch sind dagegen Burgen an sogenannten Verkehrsknotenpunkten mit verkehrsregulierender und -sichernder Funktion oder der Zusammenhang mit Talsiedlungen, Kirchen oder Klöstern. In bezug auf die Form ist eindeutig festzustellen, daß der Verlauf der frühgeschichtlichen Befestigungen nicht mehr in dem Maße der natürlichen Geländegestaltung angepaßt ist, wie noch bei vorgeschichtlichen, so daß die Mauerführung, wie bei der Eiringsburg, Sporn- oder Plateauvorsprünge abschneiden kann und insgesamt geradliniger ist. Viele Burgen sind mit rechteckigem, halbkreisförmigem oder ovalem Grundriß geometrisch angelegt. Kennzeichnend ist ein umlaufendes Befestigungssystem, das auch die an sich bereits durch die Natur gut geschützten Seiten miteinbezieht, so daß Gräben teilweise mit vorgelagertem Wall auch bei steilen Hängen auftreten. Gräben und Staffelung der Befestigungssysteme sind charakteristisch, dazu können Vorburgen gehören, genauso Annäherungshindernisse im Vorfeld.

In bezug auf die meist nur durch Grabungen erschließbare Befestigungskonstruktion sind in Bayern drei Grundtypen zu unterscheiden:
1. Trockenmauern, freistehend oder mit Holz-Erde-Konstruktion dahinter,
2. Mörtelmauern, freistehend oder einer Konstruktion vorgeblendet,
3. geschüttete Wälle.

Trocken- wie Mörtelmauern sind im gesamten ostfränkischen Gebiet östlich des Rheins seit frühester Zeit im Burgenbau geläufig. Für den bayerischen Raum läßt sich wohl eine Entwicklung, aber keine feste Abfolge oder gar ein Schema in der Abfolge der Befestigungsarten erkennen. Mörtelmauern, in Hessen auf der Büraburg oder dem Christenberg seit dem ausgehenden 7. Jahrhundert belegt, sind in Bayern nach dem Befund in Karlburg spätestens in der 2. Hälfte des 8. Jahrhunderts anzunehmen. Im 10. Jahrhundert fand die Mörteltechnik dann allgemein Anwendung, als Frontverstärkung, wie in Roßtal und wohl auch auf dem Michelsberg in Neustadt/Main, oder auch freistehend, einhergehend mit der Errichtung nicht nur einzelner, sondern mehrerer Türme auf der Außenfront, wie in Karlburg oder Oberammerthal. Im 11. Jahrhundert hat sich schließlich die Mörtelbauweise fest durchgesetzt. Teils konnten, wie in Roßtal und Oberammerthal, an einer Burg auch mehrere Befestigungssysteme nacheinander angewendet werden, zum Teil auch nebeneinander bestehen.

Als dritte Gruppe in der Befestigungsart sind schließlich geschüttete Erdwälle zu nennen, wie ein solcher auch in Karlburg oder Castell nachgewiesen werden konnte. Solche Wälle werden meist als Ungarnrefugien bezeichnet mit Hinweis auf St. Gallen, wo man 926 nach dem Bericht von Ekkehart IV. im Zuge der Ungarngefahr einen Wall, die Wallburg bei Häggenschwil aufschüttete. Im bayerischen Raum sind geschüttete Erdwälle sowohl topographisch als auch durch Grabungen belegt. Charakteristisch sind heute noch zwischen 4 bis 6 m hoch erhaltene Wälle, wie auf dem Schwanberg, Michaelsberg bei Kipfenberg, Schloßberg bei Kallmünz, dem Hesselberg oder der Birg bei Schäftlarn. Das Material dieser Wälle bestand aus Erde und Steinen und wurde wohl meist als Aushubmaterial aus den Gräben direkt hinter diesen aufgeschüttet. Die Gräben sind mit einer durchschnittlichen Breite von 10 bis 12 m sehr groß dimensioniert. Diese Burgen kennzeichnet oftmals ein mehrfach gestaffeltes Wallgrabensystem, das, meist als Abschnittsbefestigung ausgeführt, Spornlagen abriegelt, wie bei der Karlburg, beim Schloßberg von Kallmünz, Frauenberg von Weltenburg, Michelsberg bei Kelheim, Michaelsberg bei Kipfenberg, oder wie auf dem Hesselberg, wo man den Zugang zum Plateau der Osterwiese an der engsten Stelle absperrte. Kennzeichnend sind ferner dem Abschnittswall vorgelagerte Annäherungshindernisse, einfache Gräben mit Wall dahinter, wie sie auch auf der Karlburg belegt sind. Mehrteilige Befestigungsanlagen wie auf dem Schwanberg mit über 100 ha Umfang bilden die Ausnahme, obgleich die meisten Burgen mit geschütteten Wällen mehr als 1,5 ha bis zu 17 ha aufweisen und Burgen unter 1 ha in dieser Gruppe bislang kaum vorzukommen scheinen. Die Datierung dieser Wallanlagen ist oft schwierig, meist werden sie im Analogieschluß zu St. Gallen in die Ungarnzeit gesetzt. In Karlburg belegt dies wie neben der relativen Abfolge der Bewehrungen, wie z. B. beim Veitsberg, Osterwiese-Hesselberg, auch das Fundmaterial. Letztlich spricht für die Errichtung in der Zeit der Ungarneinfälle auch die Art der Befestigung, die leicht und schnell, ohne große Vorkenntnisse zu bewältigen und mit mehrfachen, hohen Wällen sowie Gräben vor allem gegen die Abwehr von Reiterscharen geeignet ist. Oftmals wurden mit diesen Erdwällen aber nicht neue Befestigungen angelegt, sondern

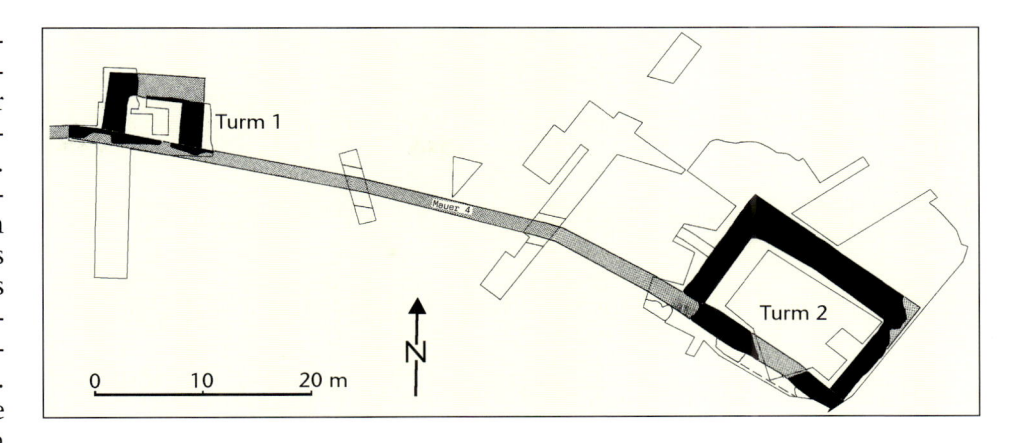

Detailplan der Vorburgbefestigung von Oberammerthal mit Turm 1 und 2.

Aus der Burganlage von Burgkunstadt liegen nur spärliche Hinweise auf die frühgeschichtliche Bebauung vor. Auch im Luftbild sind nur noch wenige Details der ehemaligen Burganlage erkennbar.

meist ältere, schon bestehende Befestigungen offensichtlich wirkungsvoller geschützt. Wie lange diese Erdwälle Bestand hatten, wird von Burg zu Burg unterschiedlich zu bewerten sein. Teils wurden sie bald wieder aufgegeben, teils aber in jüngerer Zeit verstärkt. In vielen Fällen stellen geschüttete Wälle also nur eine zeitspezifische Befestigungsphase der jeweiligen Burg dar.

Über die Art der Nutzung der Burgen, sei es speziell der sogenannten Ungarnwälle oder auch der zuvor genannten, wissen wir nur wenig Sicheres, weil sich die Grabungen meist nur auf den Befestigungsbereich beschränkten. Damit hängt auch die seit langem Historiker wie Archäologen beschäftigende Frage zusammen, inwieweit die Burgen als Fluchtburgen oder ständig genutzte Befestigungen zu werten sind. Diese Fragen können im wesentlichen nur umfangreiche, flächige Grabungen der Befestigungen im Innenraum klären, die jedoch nur in wenigen Fällen stattfanden. In einigen Burgen stieß man in den Innenraumschnitten weder auf Befunde noch Funde, so daß davon auszugehen ist, daß diese Wehranlagen, wenn überhaupt, nur teilweise ständig benutzt wurden. Der Michelsberg bei Neustadt/Main oder auch die Eiringsburg mit bislang ausstehenden Funden, genauso Unterregenbach in Baden-Württemberg mögen hierzu rechnen.

Spärliche Hinweise auf die Art der Bebauung und Nutzung des Innenraumes haben wir in Burgkunstadt, Bamberg und Veitsberg. Besser wissen wir über die Innenbebauung in Karlburg und Roßtal Bescheid. In Karlburg gehörten zur direkt hinter der Mauer sich anschließenden Innenbebauung Pfostenhäuser, wovon eines in der Ecke eine gemauerte Herdstelle aufwies. Steinrollierte Burgwege sind in Oberammerthal

Pfostenhaus auf der Karlburg mit Bretterboden und gemauerter Feuerstelle.

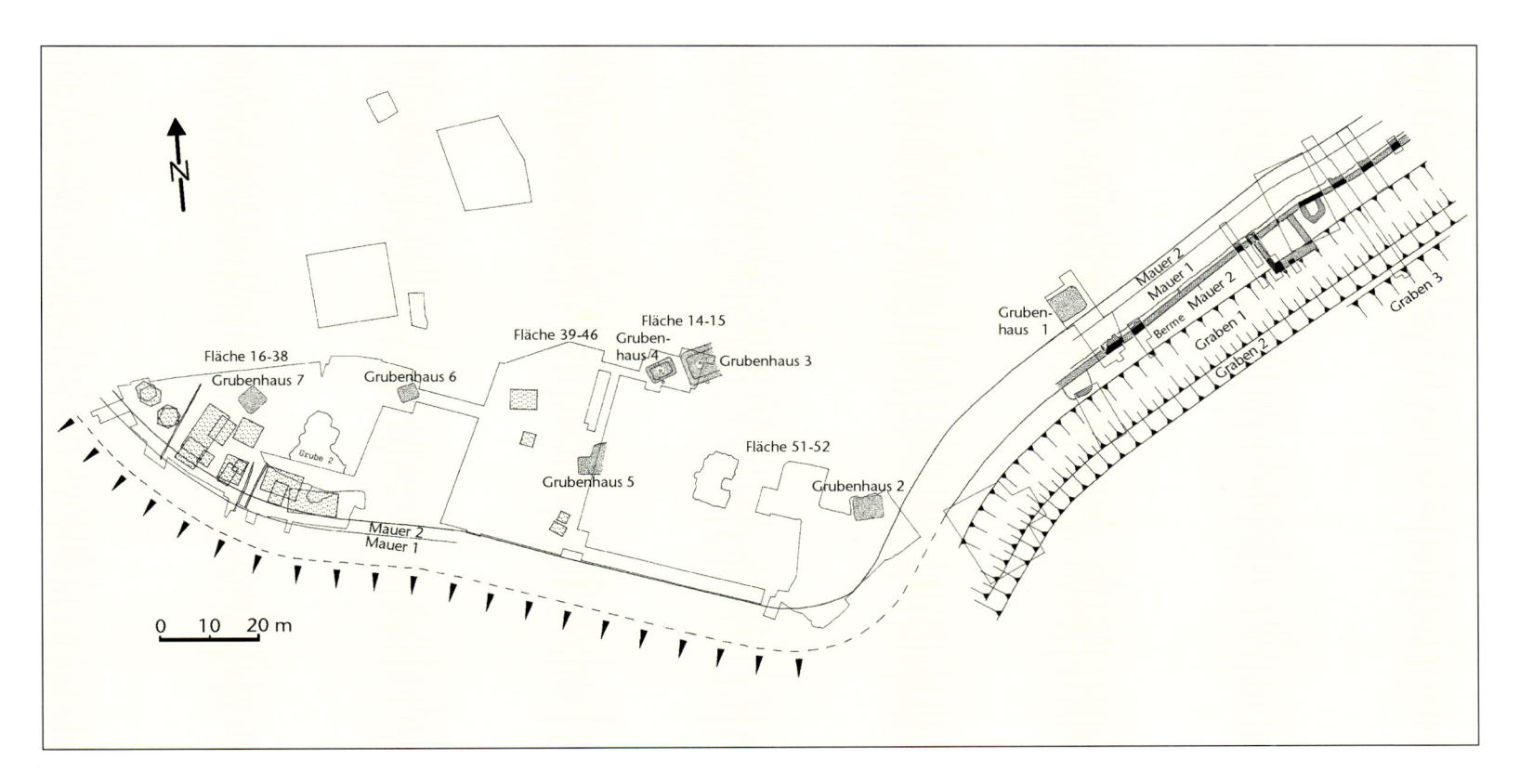

oder dem Schloßberg zu Ebersberg bekannt. In der 6 ha großen Burg von Roßtal wird im zentralen Bereich eine später bezeugte Kirche gestanden haben, ein Gräberfeld fand sich außerhalb der Befestigung. Der Innenraum gliederte sich, soweit erfaßt, in mehrere funktionale Areale, einerseits in handwerklich genutzte mit Grubenhäusern und Arbeitsgruben, andererseits mit ebenerdiger Pfostenbebauung, die durch Zaungräbchen in parzellenartige Einheiten mit Heuspeichern oder Wohnbauten, Speichern und vielleicht Ställen bzw. Scheunen unterteilt sind. Die abgebildeten Rekonstruktionen vermitteln ein Bild der Hausbauten.

oben: Plan der Befestigungsphasen von Roßtal mit Innenbebauung, Pfostenhäusern (hell) und Grubenhäusern (dunkel gerastert); unten: Detailplan mit Zaungräbchen, Pfostenbauten, Grubenhäusern, Verlauf der Mauer 1-2.

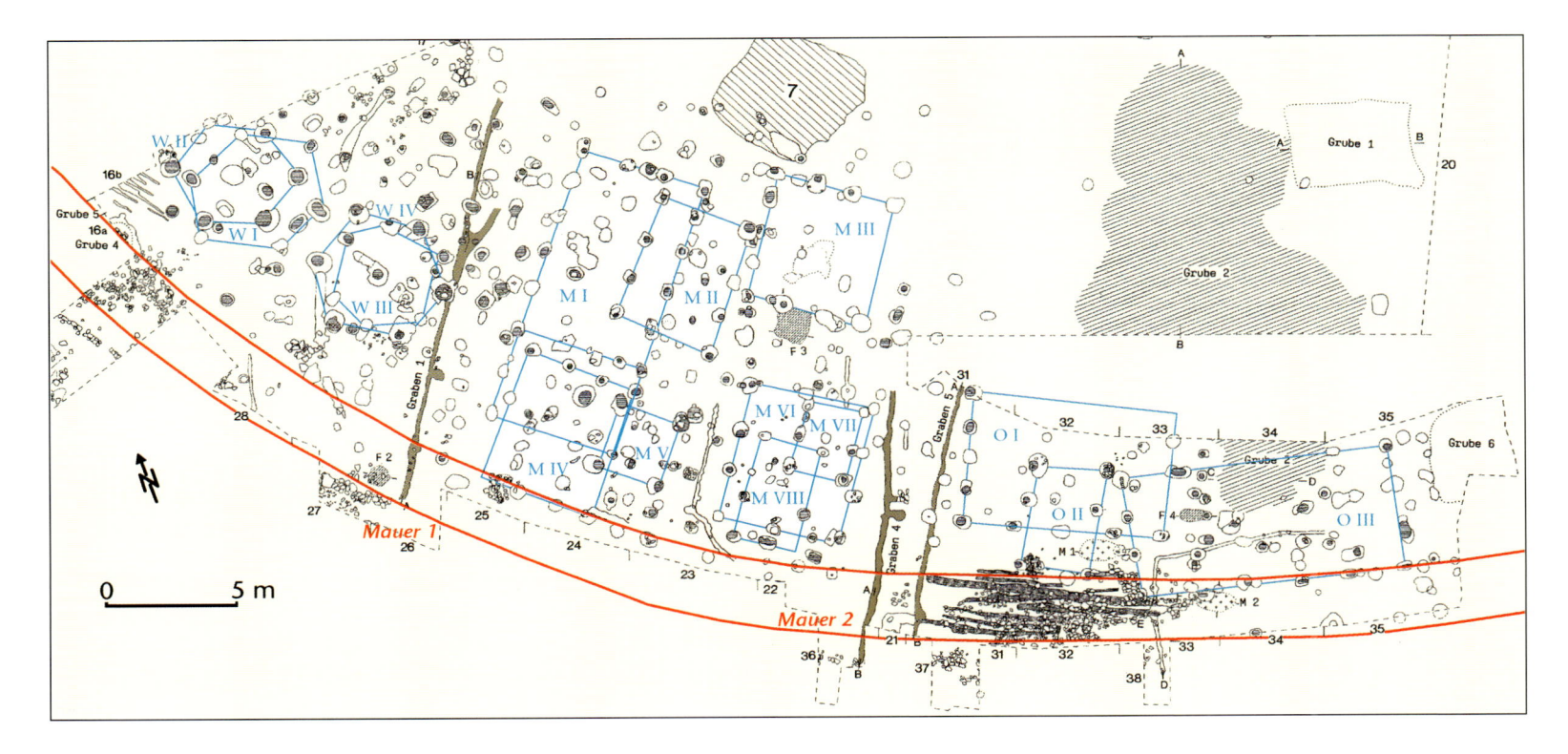

Rekonstruktion von Grubenhäusern, Speicherbauten und Pfostenbauten nach Ausgrabungsbefunden aus Roßtal.

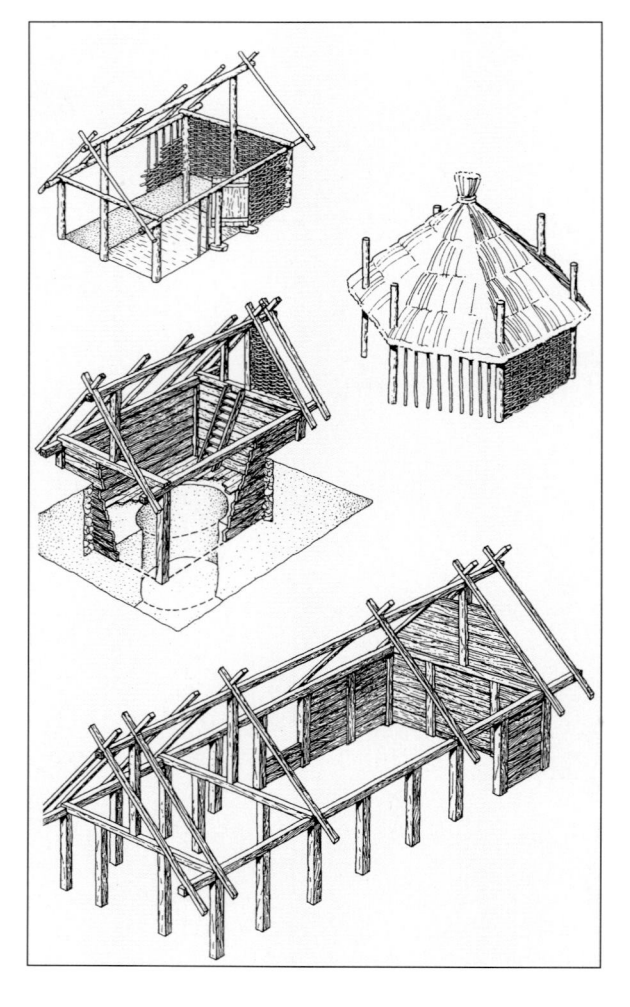

In Roßtal hatte man, vergleichbar der Pfalz Tilleda, die Handwerkersiedlung auf der Burg selbst untergebracht und geschützt. Auf der mit 1,7 ha wesentlich kleineren Karlburg ist ein solches kaum anzunehmen. Zumal bestand unterhalb der Karlburg eine archäologisch wie historisch bezeugte, etwa 20 ha große Talsiedlung mit Kloster, die *villa Karloburg*, die ebenerdige Pfostenbauten und insbesondere durch Grubenhäuser und Funde ausgewiesene, handwerklich genutzte Areale aufwies. Der Dualismus von Höhenburg und zugeordneter Talsiedlung zeigt sich an mehreren Orten, so z. B. in Würzburg, Bamberg, Neustadt a. Main, Hammelburg, Schäftlarn sowie der Eiringsburg oder in Castell.

Zur Versorgung und Proviantierung der Burgen gehörte schließlich auch ein großer, agrarwirtschaftlicher Güterkomplex, der in der historischen Überlieferung einiger Burgen, z. B. von Karlburg und Roßtal, aufscheint und anhand der naturwissenschaftlichen Untersuchungen, so der Archäozoologie und der Paläobotanik, greifbar und vorstellbar wird. Burgen dieser Art, zu denen freilich nur die bedeutenderen gehörten, stellten wirtschaftliche Faktoren mit regionaler und überregionaler Bedeutung dar und bildeten so auch das ökonomische Rückgrat einer Herrschaftsstruktur. Burgen nahmen in der regionalen Machtstruktur eine wichtige und präsente Rolle ein.

Die Größe der Burgen ermöglicht, wie bereits mit den Beispielen Karlburg und Roßtal angedeutet, weitere Hinweise auf Stellung, Bedeutung und weitergehend zur Funktion. Die Burgen lassen sich in verschiedene Kategorien gliedern: kleine Burgen unter 1 ha Größe, Burgen mittlerer Größe zwischen 1 und 3 ha sowie große bis sehr große Burgen mit mehr als 3 ha.

Die großen bis sehr großen Burgen über 3 ha und mehr Innenfläche besitzen ein oft mehrteiliges Befestigungssystem mit Vorburgen und Abschnittswällen. Sie liegen überwiegend in den westlichen, bereits in jüngermerowingischer Zeit vom Burgenbau erfaßten Regionen sowie randlich und strategisch verteilt in den östlichen Landschaften. Unter den Burgen dieser Gruppe finden sich Bamberg, Kronach, Roßtal, Cham, Nabburg, Gelbe Bürg sowie Würzburg und die beiden historisch genannten Burgen der Babenberger, Bamberg und Theres, sowie mehrere Ungarnrefugien, wie die Osterwiese auf dem Hesselberg, der Schwanberg bei Rödelsee mit sogar mehr als 100 ha Innenfläche. Zur Gruppe der am häufigsten anzutreffenden Burgen mittlerer Größe von 1 bis 3 ha, die sich hauptsächlich aus Abschnittsbefestigungen und Ringwallanlagen zusammensetzt, zählen neben der Karlburg auch die Burgen der Schweinfurter Grafen in Creußen, Burgkunstadt, Oberammerthal und Schweinfurt, genauso die Grünbürg bei Stadtsteinach, die Schwedenschanze im Rottensteiner Forst oder die Altenburg bei Soden mit annähernd ovalem Grundriß.

Als dritte Gruppe sind kleine Befestigungen von 0,1 bis maximal 1 ha anzuführen. Neben Abschnitts- und Ringwallanlagen althergebrachter Form sind für diese sehr kleinen Burgen oftmals Hanglage und eine geometrische Grundform kennzeichnend, sei es halbkreisförmig, wie in Mühlberg bei Christgarten und Treuchtlingen, annähernd oval, wie in Drügendorf, oder trapezförmig, wie beim Posserberg. Hierzu gehört auch die Eiringsburg an der Fränkischen Saale. Diese Burg mit typischen Zangentoren liegt auf einem Bergsporn und besitzt eine leicht trapezförmige Form von 120 x 65 m, der westliche Sporn wird abgeschnitten.

Die kleinen und sehr kleinen Burgen unter 0,5 ha sind in den westlichen Regionen selten, dagegen vermehrt und konzentriert in den östlichen Landesteilen anzutreffen und weisen –

da die kleineren Burgen in der Regel jünger als die größeren sind – einerseits auf die räumliche Ausbreitung des Burgenbaus hin, ein Vorgang, der später mit Turmhügelburgen und kleinen Höhenburgen seine Fortsetzung findet. Andererseits wird sichtbar, daß kleine Burgen oftmals die Freiräume zwischen den großen Burgen auffüllen, und damit auf eine Entwicklung des inneren Landesausbaus hinweisen, der im 9. und 10. Jahrhundert einsetzt und schließlich mit seinem großen Aufschwung dann im 11. und insbesondere 12. Jahrhundert wiederum mit Turmhügelburgen, kleinen Höhenburgen und Rodungsburgen archäologisch und auch historisch greifbar wird.

Zeitliche und räumliche Entwicklung des Burgenbaues

Auf den frühesten Befestigungsbau in Bayern in frühgeschichtlicher Zeit, den Burgenhorizont des 4. und 5. Jahrhunderts, sei hier nur kurz verwiesen. Im Raum nördlich der Donau befindet sich demnach die Mehrzahl der ansonsten vor allem in Baden-Württemberg verbreiteten, insgesamt über 60 bekannten Höhensiedlungen mit teilweise nachgewiesener Befestigung dieser Zeitstellung. In Baden-Württemberg sind hier der Runde Berg oder der Zähringer Burgberg zu nennen, in Bayern gehören dazu auch Kreuzwertheim bei Urphar, Grainberg, Houbirg, Würzburg, Ehrenbürg, Schwanberg, Hammelburg, Goldberg, Turmberg, Reißberg, die Gelbe Bürg und der Michaelsberg bei Kipfenberg. Ihre Verbreitung und Entstehung erklärt sich, wie die spätrömischen Kastelle zeigen, aus der Konfrontation mit den Römern. Diese Höhensiedlungen sind Herrschaftszentren, Mittelpunkte von germanischen Verbänden oder Siedlungsgebieten – Gauburgen – gewesen, auf denen die Führer der alemannischen, im Fall von Urphar ostgermanischen, wohl burgundischen Einheiten, Gefolgschafts- oder Stammesgruppen, die *reges* oder *reguli*, gelebt haben. Bei den Plätzen handelte es sich z. T. vielleicht weniger um Befestigungsanlagen, denn um geschützte, repräsentative Herrensitze mit bemerkenswerten handwerklichen Einrichtungen, wozu Werkstätten für Grobschmiede, Zimmerleute, aber auch für Bunt- und Edelmetall-

Die Burganlage der Schweinfurter Grafen in Creußen gehörte mit einer Größe von ca. 3 ha zur Gruppe der am häufigsten anzutreffenden Burgen dieser Zeit.

Höhensiedlungen des 4./5. Jahrhunderts.
Punkte: Höhensiedlungen, Quadrate: spätrömische Kastellinie.

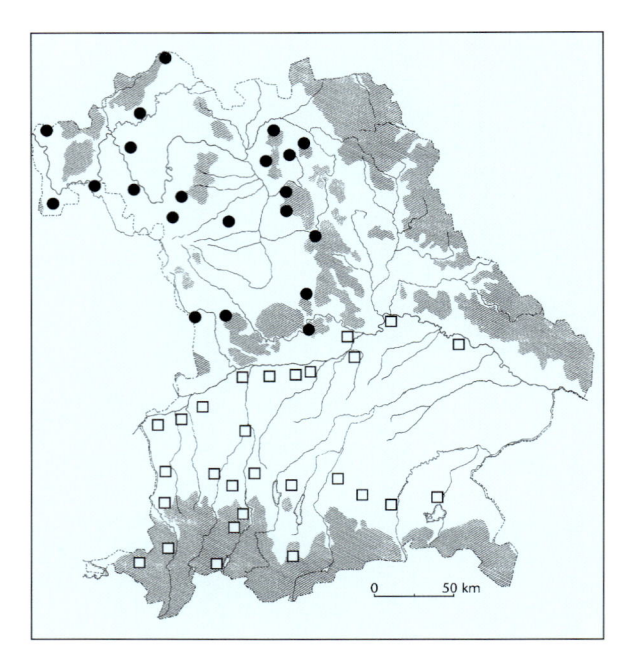

schmiede gehörten. Waffen, Schmuck und kostbares Trinkgeschirr spiegeln den Rang dieser Fürstensitze wider. Diese Höhensiedlungen wurden noch im 5. Jahrhundert, in den Jahrzehnten um 500 nach der Niederlage der Alemannen gegen die Franken 496, weitgehend aufgegeben, im darauffolgenden 6. Jahrhundert, in der älteren Merowingerzeit, scheinen sie keine Rolle mehr zu spielen. Nach dem Burgenhorizont des 4./5. Jahrhunderts gibt es im 6. Jahrhundert in Bayern keine Anzeichen für einen Burgenbau.

Eine neue Befestigungsphase wird erst wieder in spätmerowingischer Zeit, im 7. Jahrhundert, vor allem in der 2. Hälfte, faßbar. Im bayerischen Raum sind von etwa 25 Anlagen zumeist Lesefunde der jünger- bis spätmerowingischen Zeit, d. h. des 7. bis Anfang 8. Jahrhunderts, bekannt. Bei diesen Fundorten handelt es sich nahezu durchweg um mehrphasige, bereits in vorgeschichtlicher Zeit errichtete Anlagen unterschiedlicher Größe von kaum 1 ha bis über 10 ha an strategisch wichtigen Punkten, wie den Staffelberg, den Judenhügel, den Bullenheimer Berg, Kreuzwertheim und den Schwanberg oder die Gelbe Bürg. Die meisten dieser Anlagen gehörten bereits zu den im 4./5. Jahrhundert genutzten Höhenburgen, was ihre strategische Bedeutung und oftmalige Begehung und Nutzung bezeugt. Die Einzelfunde setzen sich aus Waffen- und Reitzubehör sowie Bestandteilen männlicher, aber auch weiblicher Tracht zumeist hoher, teilweise exzeptioneller Qualität zusammen, die ihre Parallelen im fränkischen und alamannischen Gräbern haben und bei der Schwedenschanze von Wechterswinkel und beim Judenhügel in Kleinbardorf, zu dessen Füßen eine Gräbergruppe des frühen 7. Jahrhunderts liegt, auf einen adeligen Besitzerkreis schließen lassen. Die Funde belegen für diese Anlagen eine Begehung, die vielleicht eine zeitweilige, stützpunktartige Nutzung einschließt.

An gesicherten Befestigungen des 7. Jahrhunderts kennt man bisher die sehr kleine Anlage aus Miltenberg in Unterfranken oder die bezeichnenderweise auch auf römische Grundlagen zurückgehende Befestigung in Regensburg an der Donau, dem Hauptsitz der Agilolfinger. In Miltenberg hatte man in der Ecke des ehemaligen römischen Kastells eine kleine Befestigung von 25 x 25 m mit 0,06 ha Umfang errichtet, die vielleicht schon in frühkarolingischer Zeit wieder aufgelassen wurde. Die Befestigung setzte sich aus einer zweischaligen Mörtelmauer von etwa 1,5 m Dicke auf einem Trockenmauerfundament zusammen.

Vergleichbare Anlagen zeigen die Sondersituation der ehemals römischen Gebiete an, wie wir sie aus dem Rheinland in vielfältigen Beispielen kennen. Zu den spätmerowingischen Befestigungen gehören aber auch der Iphöfer Knuck auf dem Schwanberg oder der Schloßbuck bei Gunzenhausen. Ferner erschließt sich in Würzburg eine zweiteilige Anlage, eine Höhenburg und eine befestigte Talsiedlung, also mit über 6 ha eine sehr große Befestigung, die nach den archäologischen Funden und auch nach der Kilianslegende wohl schon 686 bestand.

In deutlich größerem Umfang tritt uns der Burgenbau dann ab 739 bzw. 741/42 und in der 2. Hälfte des 8. Jahrhunderts entgegen. Für Freising und Passau werden anläßlich der Bistumsgründungen 739 Befestigungen genannt. Das 741/42 neugegründete Bistum Würzburg erhält als Ausstattung die Burgen Eltmann, Stöckenburg, Homburg, 10 Jahre später von König Pippin die Karlburg. Hier tritt der König als Burgenbauer deutlich in Erscheinung. Der Marienberg in Würzburg wird dann als Bischofssitz eingerichtet, in der Markbeschreibung von Hammelburg 777 wird ferner eine Hiltifridesburg genannt, die auf dem Sodenberg zu lokalisieren sein wird. Schließlich können für diesen Zeitraum noch eine Reihe weiterer Burgen wie z. B. die Salzburg archäologisch erschlossen werden.

Am Übergang zum 9. Jahrhundert und in der 1. Hälfte des 9. Jahrhunderts kann schließlich eine große Zahl von Burgen namhaft gemacht werden. Die Karlburg bestand weiter, etwa um 800 wird man die Errichtung der Burgen von Roßtal und Oberammerthal ansetzen können.

Im gleichen Zeitraum werden die Burgen von Bamberg, Burgkunstadt und Cham entstanden sein, ebenso vermutlich der Michelsberg bei Neustadt am Main, der Haderstadl bei Cham, Weißenburg und auch der Kappelrangen auf dem Schwanberg wurde wohl spätestens zu dieser Zeit befestigt. Die Grabfeldburg ist für 812 belegt und auch die historisch erst gegen Ende des 9. Jahrhunderts überlieferte Vogelsburg wird man bereits zu Beginn des 9. Jahrhunderts annehmen dürfen. Die frühesten Burgen liegen weit gestreut in den durch die merowingischen Gräberfelder umschriebenen Altsiedellandschaften. Auch die aus der frühkarolingischen Zeit und der 2. Hälfte des 8. Jahrhunderts bekannten Burgen halten sich an die Gebiete der Altsiedellandschaften. Eine Grenzbefestigungslinie gegen äußere Gefahren, insbesondere die Slawen, wird nicht erkennbar, eher wird man bei der Funktion der Burgen daran denken, daß sie neben der militärischen Absicherung vor allem zum Aufbau einer organisatorischen und verwaltungsmäßigen Strukturierung des fränkischen Altsiedellandes beitragen sollten. Dies gilt gleichermaßen für die karolingischen Ausbaugebiete, wo der Landesausbau in der Anfangsphase nicht mit gleichzeitig errichteten Burgen einherging, sondern der Burgenbau erst in einer fortgeschrittenen Phase des Landesausbaus, etwa um 800 und danach, einsetzte, als die politisch-räumliche Erschließung der neuen Gebiete bereits weitgehend erfolgt und abgeschlossen war. Vergleichbar den Altsiedellandschaften haben die Burgen auch in den Ausbaugebieten neben militärischen Aufgaben vor allem administrative, organisatorische und strukturelle Mittelpunktsfunktionen überörtlicher Bedeutung wahrgenommen.

Neben Befestigungen meist mittelgroßer und großer bis sehr großer Art werden ab Beginn des 9. Jahrhunderts verstärkt auch kleine und sehr kleine Burgen mit weniger als 1 ha Gesamtfläche errichtet. Unter diesen kleinen Burgen fallen besonders die annähernd geometrischen Burgenformen, teils in Hanglage auf. Dazu gehört die Eiringsburg. In den historischen Quellen ist ein Iring bekannt, der im Südteil der 801 genannten Mark Kissingen Besitz unterhalb der Eiringsburg hatte, den er 822 an Fulda schenkte, wobei es sich sehr wahrscheinlich um das abgegangene Lullebach und das 950 belegte Iringshausen gehandelt haben wird. Das Beispiel der Eiringsburg gibt den Hinweis, daß offensichtlich spätestens zu Anfang des 9. Jahrhunderts das königliche Befestigungsrecht, wie es im Edikt von Pîtres 864 festgeschrieben ist, teilweise delegiert wurde. Die Verhältnisse in Castell und Ebersberg mögen ebenfalls darauf hinweisen. Sie gehören zu den wenigen Orten, wo früher Adel als Burgenbauer historisch und archäologisch in Erscheinung tritt. Auffallend ist der herausgestellte Burgentyp, der vielleicht mit dieser politischen Veränderung einhergeht, spricht doch die Größe dieser Burgen dafür, daß sie nicht übergeordneten landespolitischen Aufgaben dienten, sondern auf das Schutzbedürfnis einer adeligen Familie, vielleicht mit der dazugehörigen Talsiedlung und dem umliegenden Besitz, ausgelegt war. Dieser Burgentyp stellt sicherlich eine der frühmittelalterlichen Wurzeln zur Entstehung der Adelsburg dar, die dann in hochmittelalterlicher Zeit in entwickelter, unterschiedlicher Gestalt, sei es als Höhen- oder Niederungsburg, zahlreich in Erscheinung tritt und sowohl innere als auch äußere Landesausbauvorgänge in Bayern wie anderswo kennzeichnet.

Burgen in adeliger Hand spielen mehr und mehr eine wichtige Rolle, zumal in der Schwächeperiode des Königs gegen Ende des 9. Jahrhunderts. Dies wird erstmals mit der Babenberger Fehde deutlich, in deren Verlauf die bei-

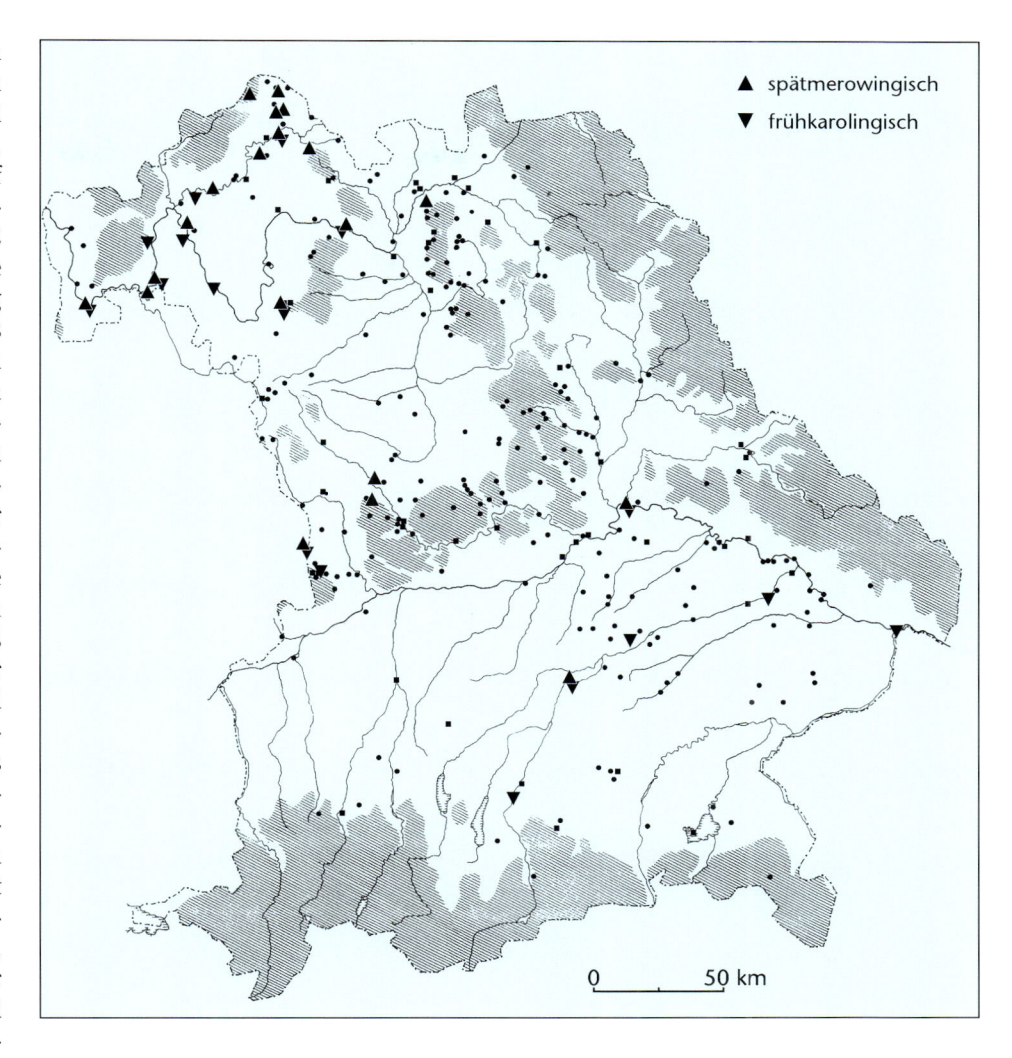

Befestigungen der spätmerowingischen und frühkarolingischen Zeit in Bayern.

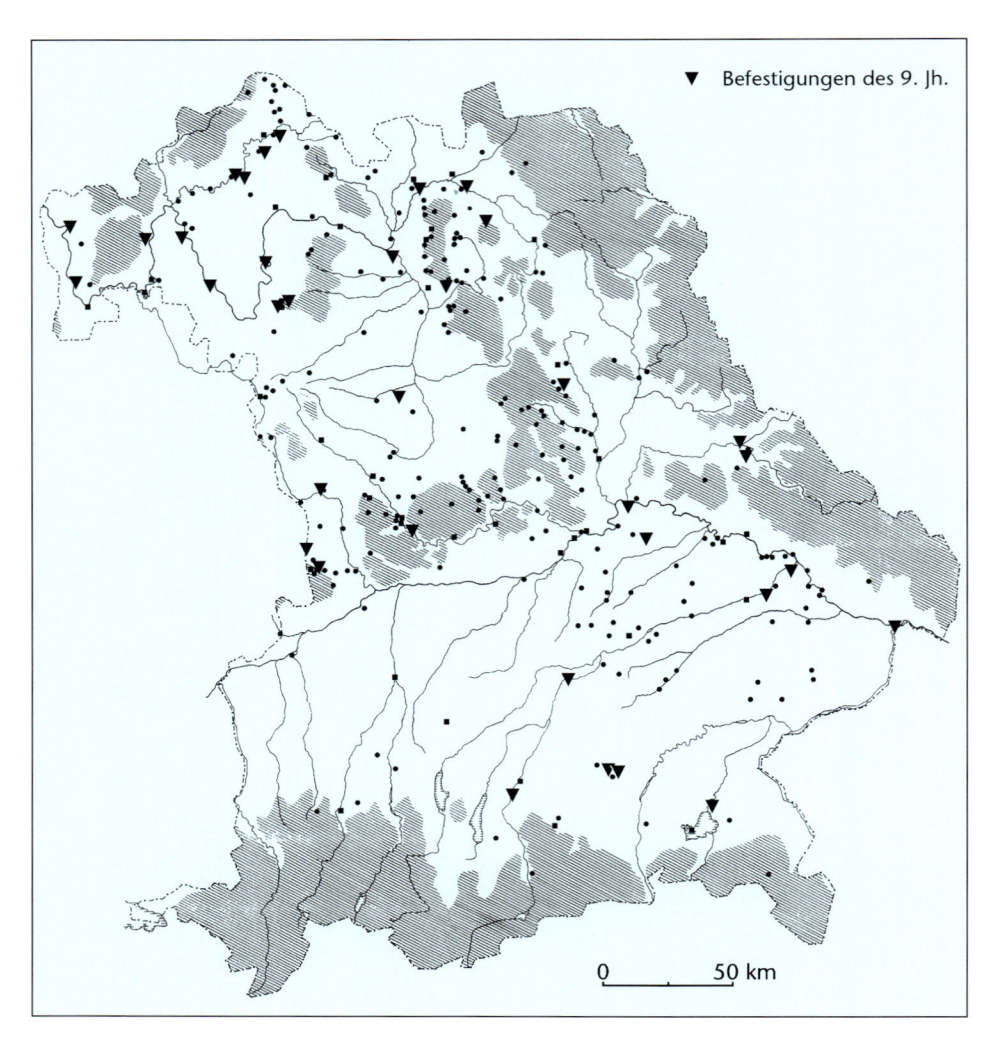

Befestigungen des 9. Jahrhunderts in Bayern.

Weltenburg, Stephansposching, Hesselberg und dem Schwanberg mit über 100 ha. Ein Ende fanden die Ungarneinfälle dann mit dem Sieg Ottos I. in der Schlacht auf dem Lechfeld am Laurentiustag 955.

Im 10. Jahrhundert bestanden zahlreiche Burgen weiter, darunter Burgkunstadt, Neustadt a. Main, Banz, Bamberg, Roßtal. In Regensburg errichtete man die Arnulf-Mauer. Es kommt zu einem nochmals verstärkten Befestigungsbau, die Burgendichte erhöht sich, auch im östlichen Ausbaugebiet werden zahlreiche Burgen unterschiedlicher Größe faßbar. Gründe für die Errichtung von Burgen im 10. Jahrhundert bildeten einerseits Ungarneinfälle, die sich in den geschütteten Erdwällen dokumentieren, andererseits auch erstarkte Adelsgeschlechter, deren Macht sich auf eigens gegründete und usurpierte, vormals in königlicher Hand befindliche Burgen begründete. Die Babenberger Fehde gibt ein beredtes Zeugnis davon. Das Königtum trat in der Schwächeperiode gegen Ende des 9. Jahrhunderts und in der 1. Hälfte des 10. Jahrhunderts als Burgenbauer wohl weniger in Erscheinung, seine Macht erstarkte erst wieder mit den sich konsolidierenden Ottonen. Einerseits entstanden große Anlagen, wie Laineck mit 6 ha, die Nabburg mit 7 ha oder die Gelbe Bürg mit über 16 ha, andererseits mittelgroße Burgen, wie der Turmberg bei Kasendorf mit 1,2 ha, und kleine wie sehr kleine Burgen unter 1 bzw. 0,5 ha, wie Treuchtlingen oder Christgarten. In der 2. Hälfte des 10. Jahrhunderts bauten die Schweinfurter Grafen, seit 939 mit der Markgrafschaft über den vormals herzoglich-baierischen Nordgau belehnt und so nun das gesamte nordöstliche Bayern in ihrer Hand vereinigend, ihr Burgennetz aus, das ihre weitläufigen Besitzungen sicherte. Hierzu zählen die Stammburg Schweinfurt sowie die Burgen Kronach, Creußen, Banz, Burgkunstadt und Oberammerthal, vielleicht auch Nabburg und Cham in der Oberpfalz. Wie Oberammerthal, Burgkunstadt und auch Banz, bestanden diese Burgen teilweise schon länger und wurden von den Schweinfurtern lediglich mit den der Zeit entsprechenden Befestigungstechniken, insbesondere mit Mörtelmauern und vorgesetzten Türmen, modernisiert. Sie bildeten als militärische, administrative, ökonomische und kirchlich-politische Mittelpunkte das Rückgrat der aufstrebenden, frühterritorialen Landesherrschaft der Schweinfurter Markgrafen, mit ihnen stand und fiel die Macht. Die großen Burgen der ottonischen Zeit werden mit Recht als Landesburgen bezeichnet, weil sie nicht nur Befestigungen darstellten, sondern stadtähnliche Strukturen vorwegnahmen, ohne selbst

den Burgen von Theres und Bamberg in die Hand der Babenberger geraten. Bamberg, das sich zuvor sicherlich in königlicher Hand befand, wird als ihr Sitz bezeichnet, nach Theres haben sie sich vor dem königlichen Aufgebot zurückgezogen.

Eine Gruppe von Burgen einheitlicher Befestigungsart tritt uns schließlich mit den geschütteten Wällen entgegen, wie ein solcher in Karlburg, in Castell und für die Hohe Birg bei Schäftlarn belegt ist, auf der Karte als Ungarnwälle gekennzeichnet. Diese Befestigungen wird man in der Masse in die unruhige Zeit der Ungarneinfälle während der 1. Hälfte des 10. Jahrhunderts datieren dürfen. Auf St. Gallen wurde hingewiesen, ebenso wird das an Eichstätt 908 verliehene Befestigungsrecht damit in Verbindung zu bringen sein. Im bayerischen Raum wurden teils schon länger bestehende Befestigungen damit vielleicht zusätzlich geschützt, wie z. B. auf der Karlburg oder in Castell, teils neu angelegte Befestigungsareale, meist größeren Umfangs, damit umwehrt, wie auf dem Schloßberg in Kallmünz, Christgarten, zu Städten im späteren Rechtssinn zu werden. Im Jahre 1003, nach der Erhebung des Markgrafen, zerstörte König Heinrich II. sämtliche Schweinfurter Burgen, die damit großteils ihr Ende fanden.

Im 11. Jahrhundert bekommen Burgen einen anderen Charakter. Befestigte Städte, mehrfach die ehemaligen Suburbien von Burgen und oftmals administrative Aufgaben von Burgen übernehmend, gewinnen nach 1000 mehr und mehr an Bedeutung. Burgen kleineren Ausmaßes werden bestimmend, sei es als Ministerialansitz oder als militärischer Stützpunkt der Territorialherrschaft, später als Sitz eines Amtes im Rahmen der Landesverwaltung. Neue Burgentypen kommen auf, seien es kleine Höhenburgen mit Herkunftsnamen oder Turmhügel und ebenerdige Ansitze. In der Verbreitung wird ersichtlich, daß sie einerseits in zuvor vom frühmittelalterlichen Burgenbau wenig erfaßten Regionen erscheinen, wie im westlichen Mittelfranken und östlich der Regnitz, andererseits aber nun auch in vom frühmittelalterlichen Burgenbau überhaupt noch nicht erfaßten Regionen vorstoßen, wie Eger, Saale, Obermaingebiet in Frankenwald, Fichtelgebirge und Oberpfälzer Wald, ferner das obere Naabtal, dazu obere Vilstal sowie Pegnitztal erschließen. Einen Großteil dieser Burgen wird man mit Recht den sogenannten Rodungsburgen zuweisen dürfen, wie sie in der Schweiz bekannt sind. Burgen diesen Typs kennzeichnen in Bayern wie auch anderswo eine weitere Phase im Burgenbau, zugleich eine neue Phase in der kultur- und landesgeschichtlichen Entwicklung, erschloß der einhergehende hoch- und spätmittelalterliche Landesausbau doch einerseits in den Altsiedelgebieten neue, auch weniger siedlungsgünstige Regionen wie Höhen- und Tieflagen, und nahm andererseits im Osten, dabei weit über die zuvorige Siedlungsgrenze ausgreifend, die Gebiete der östlichen Oberpfalz und des östlichen wie nördlichen Oberfrankens in Besitz. Im 11. Jahrhundert spielten große Burgen kaum eine Rolle mehr, die meisten gab man auf wie Roßtal, nur wenige existierten weiter wie die Karlburg und wurden dann in neue Aufgaben als Verwaltungs- bzw. Amtssitz der Territorialmächte eingebunden.

P. Ettel

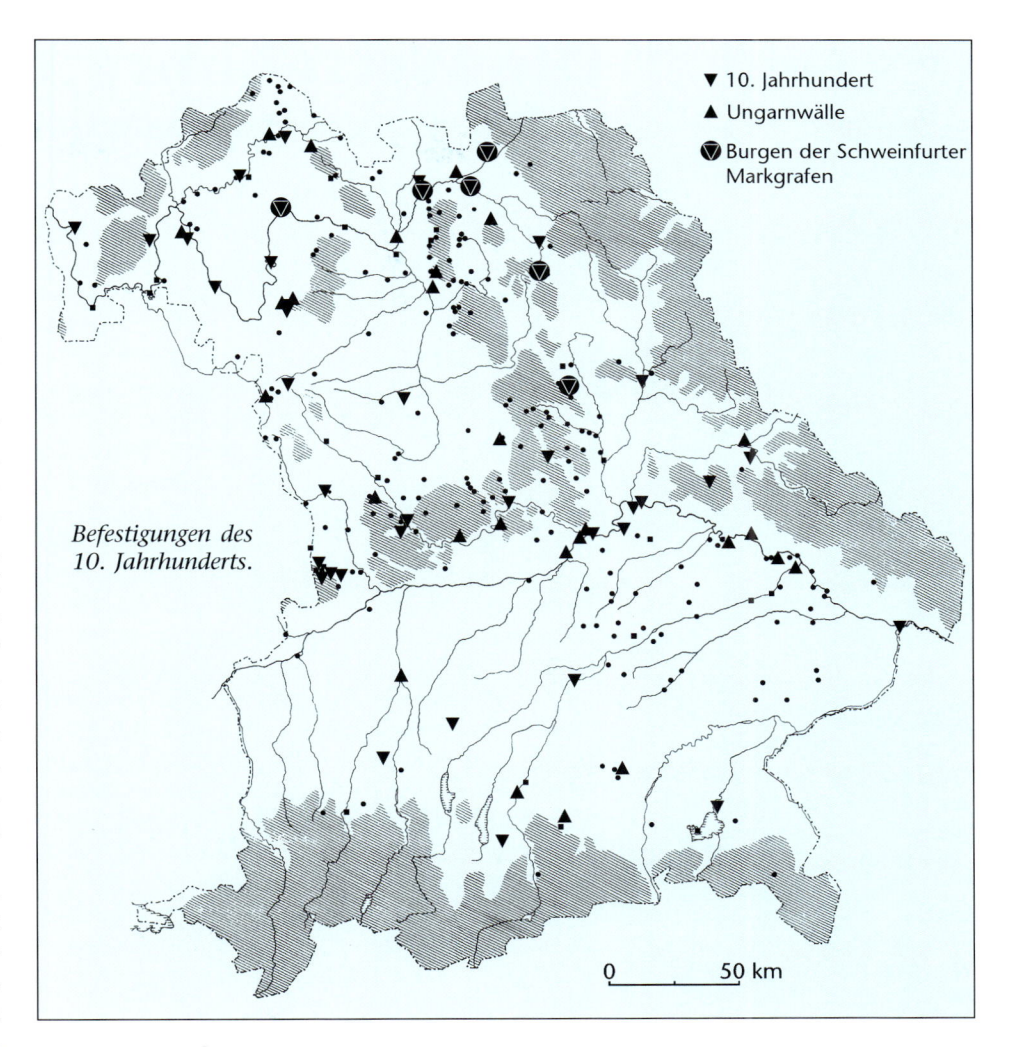

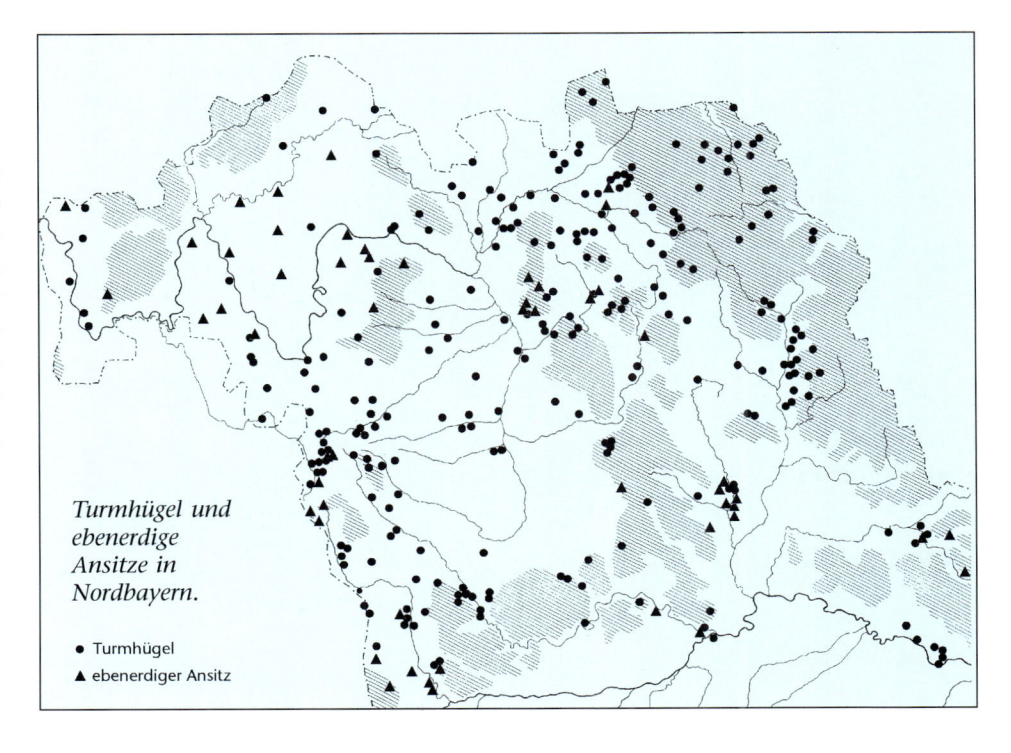

Befestigungen des 10. Jahrhunderts.

▼ 10. Jahrhundert
▲ Ungarnwälle
⬣ Burgen der Schweinfurter Markgrafen

Turmhügel und ebenerdige Ansitze in Nordbayern.

● Turmhügel
▲ ebenerdiger Ansitz

Die Wettenburg bei Kreuzwertheim
Eine befestigte Höhensiedlung der Völkerwanderungszeit

An der Südostecke des Spessarts bildet der Lauf des Mains unweit der Taubermündung bei Wertheim eine 2 km lange Flußschlinge aus – die Mainschleife von Urphar. An der engsten Stelle tritt der Flußlauf hier bis auf 350 m zusammen. Diese flaschenhalsartige Verengung ist auf dem 80 m über dem Fluß liegenden Höhenrücken nur 40 m breit. Die Steilhänge im Westen und Osten wurden durch neuzeitliche Steinbrüche stark in Mitleidenschaft gezogen, so daß das den Zugang von der nördlich gelegenen Hochfläche abriegelnde, doppelte Wall-Graben-System (Wall A/B) heute nur noch auf etwa der Hälfte der ursprünglichen Breite erhalten ist.

Ausgrabungen des Landesamtes für Denkmalpflege erbrachten in diesem Bereich vielfältige Funde und Befunde vorgeschichtlicher Epochen. So folgen auf Siedlungsnachweise der jungneolithischen Michelsberger Kultur Holz-Erde-Befestigungen der Urnenfelderzeit sowie der Späthallstatt-/Frühlatènezeit. Vor Anlage der letzteren, die vermutlich bereits eine steinerne Außenfront verstärkte, wurde der abfallende Untergrund durch Abgrabungen und Aufschüttungen nivelliert.

Die nächstfolgende Befestigungsphase besaß einen zweischaligen Wallaufbau mit Trockenmauerfronten von insgesamt 6 m Breite. Eine identische Konstruktion konnte im Zuge der Grabungen an einem 400 m südlich gelegenen Wall C nachgewiesen werden, der mit Wall B durch den Befestigungsversturz einer 2,8 m breiten Trockenmauer am Osthang verbunden ist. Im Gegensatz zu diesem nützt Wall C allerdings keine natürlich geschützte Situation, weshalb sich wohl auch keine prähistorischen Vorläufer in diesem Bereich fanden.

Der komplizierte Wallaufbau zeigt wechselnde Abstände der Frontpfosten sowie einen Abschnitt, in dem der Wallkern vollständig mit Bruchsteinen verfüllt war. Ursache dieser aufwendigen Baumaßnahmen waren vermutlich statische Gründe zum Auffangen des hangabwärts gerichteten Querschubs.

Zu den genannten, durch das Fundmaterial in die Völkerwanderungszeit datierten Fortifikationen ist sicherlich noch eine weitere Befestigung am Westhang zu ergänzen, wo eine rege Steinbruchtätigkeit zum Bau der tiefer gelegenen Weinbergmauern jedoch alle Spuren vernichtet hat. Die Innenfläche der Anlage

rechts unten:
Wettenburg. Plan der Befestigungen mit Einzeichnung des Versturzes der Osthangbefestigung und der Grabungsflächen (schwarz).

unten:
Wettenburg. Rekonstruktionsvorschlag für Wall C (von Südosten).

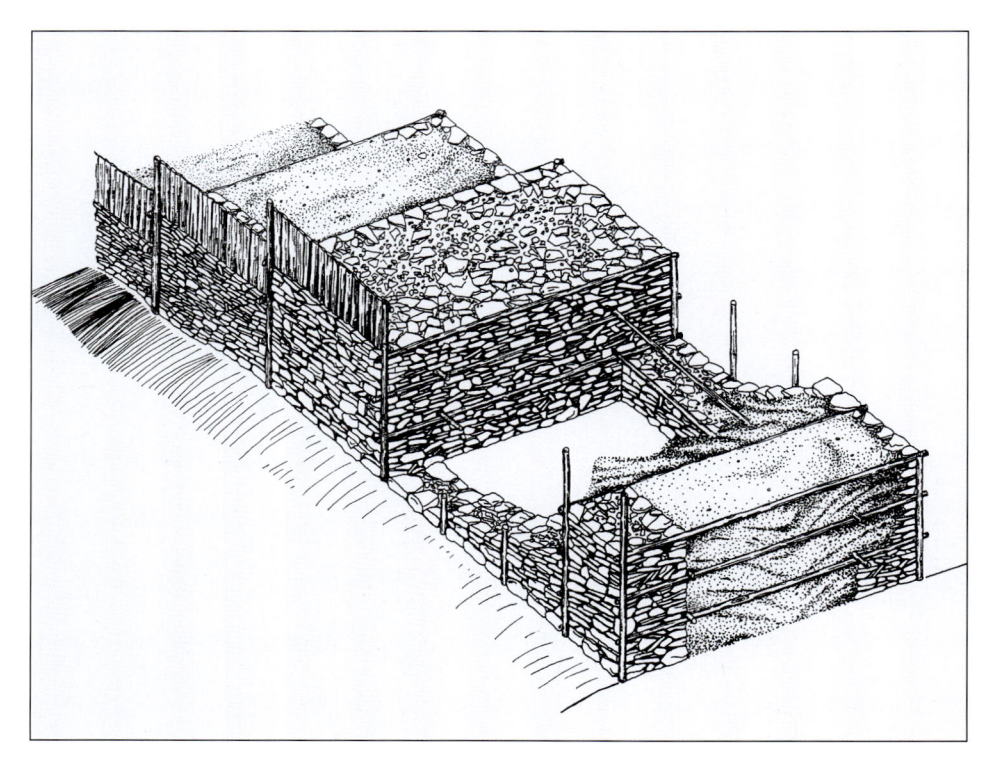

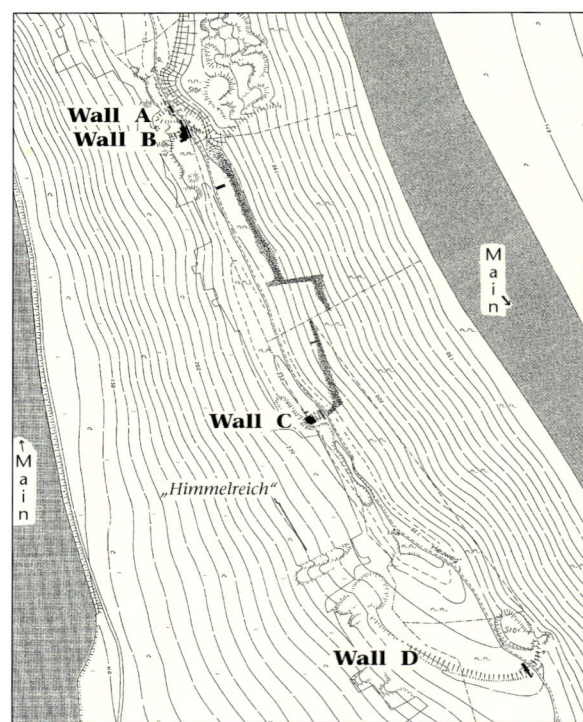

dürfte dennoch nicht mehr als 1,6 ha umfaßt haben.

Das Fundgut der Völkerwanderungszeit zeigt eine Besiedlung vom ausgehenden 4. bis in das mittlere Drittel des 5. Jahrhunderts auf, belegt etwa durch das Fibelspektrum, das sich allerdings von dem alamannischer Höhensiedlungen Südwestdeutschlands deutlich unterscheidet. Gleiches gilt für Teile von Gürtelschnallen, die zu Formen zählen, die von der reiternomadischen oder auch der ostgermanischen Tracht inspiriert wurden. Beschläge römischer Militärgürtel wie der hohe Anteil römischer Keramikerzeugnisse, der dem der handgemachten germanischen Waren mindestens gleichwertig gegenübersteht, deuten auf intensive Kontakte zu den linksrheinischen Gebieten. In diesem Kontext muß sicherlich auch der Münzhort, bestehend aus fast 140 Kleinbronzen, der um 410 vergraben wurde, gesehen werden.

Auf eine zumindest kurzfristige Wiedernutzung der Wettenburg im Frühmittelalter lassen einzelne Lesefunde der späten Merowingerzeit und des 9./10. Jahrhunderts schließen. Vielleicht ist mit ihnen eine letzte Befestigungsphase in Form jüngerer Eingrabungen in den Versturz des völkerwanderungszeitlichen Walls zu verbinden.

Das gegenüberliegende Urphar, dessen Ortsname eine alte Furtstelle nachweist, wird zumindest bereits um 800 erwähnt. Hier kreuzte in karolingischer Zeit eine aus dem Taubergebiet kommende *„heristraza"* den Main, deren Verlauf heute noch der sogenannte „Heuweg" über den Höhenrücken folgt.

Der Name Wettenburg läßt sich hingegen nicht weiter als bis in das späte Mittelalter zurückverfolgen, wo Ende des 13. Jahrhunderts eine im Nordwesten der Mainschlinge gelegene Ministerialenburg der Grafen von Wertheim sowie eine um 1450 wüst gefallene Siedlung im flach auslaufenden Teil des Gleithanges unter dieser Bezeichnung nachzuweisen sind.   *D. Neubauer*

Die Mainschleife bei Kreuzwertheim von Norden.

Literatur:
L. Wamser, Eine völkerwanderungszeitliche Befestigung im Freien Germanien: Die Mainschleife bei Urphar. Das Archäologische Jahr in Bayern 1981, 156 f.
B. Overbeck/L. Wamser, Ein Schatzfund spätrömischer Münzen von der völkerwanderungszeitlichen Befestigung in der Mainschleife bei Urphar. Ebd. 1982, 96 f.

Die Gelbe Bürg bei Dittenheim
Eine alamannische Gauburg auf der Fränkischen Alb

Etwa drei Kilometer südwestlich eines merowingerzeitlichen Reihengräberfeldes bei Dittenheim springt der terrassenartig gestufte Sporn der Gelben Bürg aus dem eindrucksvollen Höhenzug des Hahnenkamms gegen das weite Urstromtal der Altmühl vor. Seine Hänge fallen allseits verhältnismäßig steil ab, nur im Südosten und Südwesten bieten zwei Geländesattel einen unbeschwerten Zugang von der Höhe.

Das im Umriß dreieckige Plateau von 13 bis 14 ha säumen noch heute deutlich sichtbare Randwälle. Sie umschließen auf der Südseite auch eine kleine Wasserstelle. Das geologisch durch eine 30 m hohe Platte aus Weißjurakalk gebildete obere Plateau von etwa 3 ha Größe begleiten gleichfalls Reste einer Randbefestigung. Dessen Oberfläche ist heute allerdings von neuzeitlichen Steinbruchgruben zerfurcht, wie auch der südliche Außenwall weitgehend dem Straßenbau zum Opfer fiel.

Die exponierte und natürlich geschützte Situation wurde nach den Ausgrabungen und Lesefunden bereits in vorgeschichtlicher Zeit aufgesucht. Neben neolithischem Material geben sie Hinweise auf eine intensive Besiedlung während der Urnenfelderzeit und der späten Hallstattzeit. Gerade vom oberen Plateau liegen indes auch umfangreiche Funde der Völkerwanderungszeit vor.

Durch die Grabungen konnte als ältester Beleg einer Umwehrung eine doppelte Pfostenreihe nachgewiesen werden, die vom Ausgräber in die Urnenfelderzeit datiert wurde.

In einer jüngeren Periode erfolgte an ihrer Stelle die Errichtung eines 3 m breiten Walls mit steinernen Fronten. Die Datierung dieser jüngsten Befestigungsphase ist jedoch ungewiß, vorgeschlagen wurden sowohl die späte Hallstattzeit, die Völkerwanderungszeit als auch die späte Merowingerzeit.

Die Randwälle des unteren Plateaus konnten 1968 anläßlich des Straßenbaus an der Süd- und Ostseite untersucht werden. Auf der Ostseite war die gleiche Abfolge wie auf dem oberen Plateau zu beobachten: Auf eine älteste Holzbefestigung folgte die Errichtung einer zweischaligen Konstruktion mit steinernen Fronten, deren Wallkern aus dem Aushub eines vorgelagerten Grabens von 14 m Breite aufgeschüttet wurde.

Mangels datierender Funde sind jedoch auch diese Befestigungen nicht sicher einzuordnen. Datierungsanhalte lieferte hingegen die Untersuchung des südlichen Randwalls.

Da hier eine natürliche Terrassenkante genutzt werden konnte, war die Anlage eines zusätzlichen Grabens nicht vonnöten. Um so mächtiger fiel hierfür die Konstruktion des über 13 m breiten Walles mit 2 m starken Trockenmauerfronten aus. In der Schüttung des Wallkerns fand sich eine vollständig erhaltene Glasschale, die Vergleichsstücke aus Gräbern der ersten Hälfte des 5. Jahrhunderts besitzt. Aufgrund ihres guten Erhaltungszustandes wird sie als absichtlich niedergelegtes Bauopfer gedeutet, das auf eine Errichtung in der Völkerwanderungszeit schließen läßt.

Als jüngste Baumaßnahme war in den Versturz eine Befestigung eingetieft worden, deren 5 m breites Trockenmauerfundament erhalten blieb. Trotz fehlender Funde wird für sie gleich der jüngeren Befestigungsphase des Ostwalles eine Errichtung in der Zeit der Ungarneinfälle vermutet.

Wie die späte Merowingerzeit ist diese Periode indes lediglich durch Einzelfunde belegt.

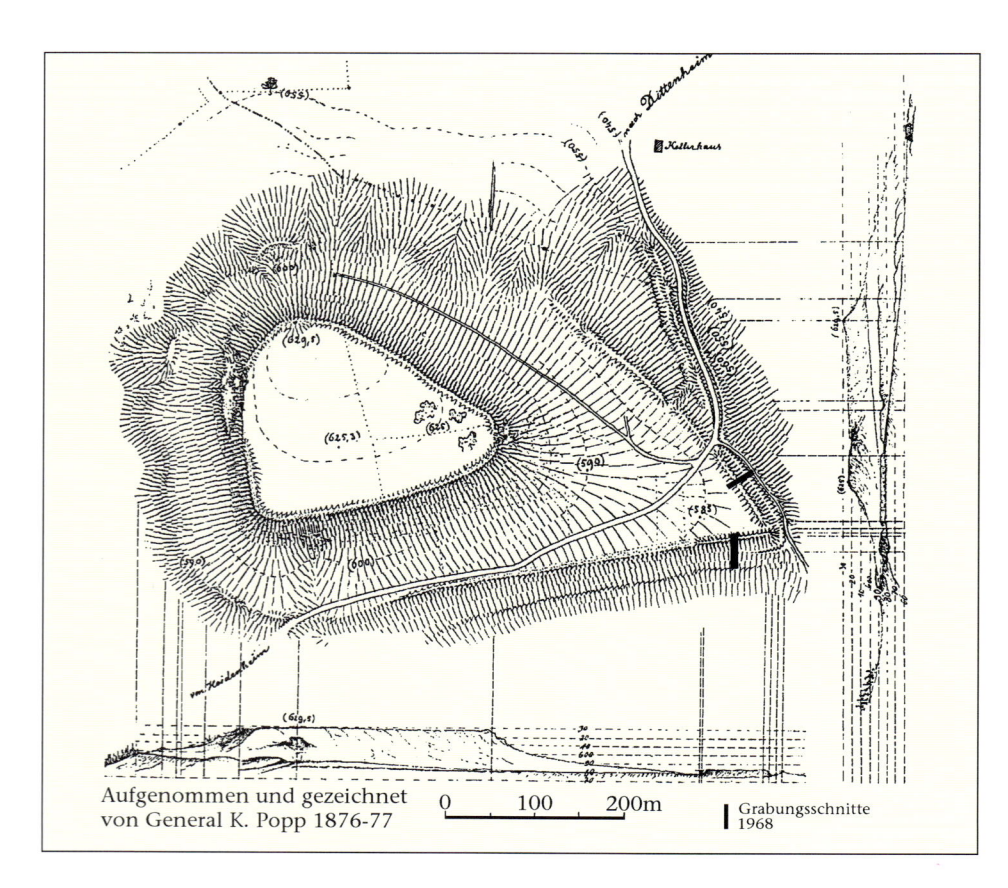

unten:
Plan der Ringwälle auf der Gelben Bürg mit Einzeichnung der Grabungsschnitte von 1968. Durch den Straßenbau wurde der südliche Außenwall sowie die Südostecke mit dem vermutlich antiken Zugang mittlerweile zerstört.

Aufgenommen und gezeichnet von General K. Popp 1876-77

Das reichhaltige Fundmaterial der Völkerwanderungszeit, bestehend aus Trachtbestandteilen, Waffen und Keramik, läßt hingegen auf eine intensive Besiedlung seit der zweiten Hälfte des 4. Jahrhunderts bis in die Zeit um 500 schließen, wobei zwei Bronzefibeln sogar einen frühen Fundniederschlag der ersten Hälfte des 4. Jahrhunderts spiegeln. Als jüngster Fund wird in der Literatur ein Reitersporn des 9./10. Jahrhunderts genannt, der jedoch nicht die Lücke bis zur ersten historischen Erwähnung im Jahre 1419 zu schließen vermag.

Die hier überlieferte Form „Gebenbürg" macht jedoch eine Herleitung von einem im 10. Jahrhundert gebräuchlichen Personennamen *Gebo* wahrscheinlich, der als namengebender Burgenbesitzer oder -errichter anzunehmen ist.

D. Neubauer

Die Gelbe Bürg über dem Urstromtal der Altmühl.

Literatur:
F.-R. Herrmann, Ausgrabungen an den Ringwallanlagen der Gelben Bürg. In: Neue Ausgrabungen aus Bayern. Probleme der Zeit 1970, 36 ff.
H. Steuer, Gelbe Bürg. Reallexikon der Germanischen Altertumskunde 10 (Berlin/New York 1997) 615 f.

Der Reisberg bei Scheßlitz

Der nach Westen vorgeschobene, zungenförmige Bergsporn überragt das Umland um durchschnittlich 150 m. Im Osten zum Anschluß an die Hochfläche verengt sich der Sporn auf nur 50 m Breite. Diese 50 m werden von einem etwa 1 m hohen Abschnittswall mit einem 1 m tiefen, vorgelagerten Halsgraben abgeriegelt. 220 m weiter westlich versperrt ein zweiter, innerer Wall ohne erkennbaren Außengraben den Zugang zu der etwa 12 ha großen Anlage. Beide Wälle knicken kurz vor der südlichen Hangkante rechtwinklig in den Innenraum um und bilden somit Torgassen, in denen ein Angreifer seine ungeschützte rechte Seite dem Verteidiger der Burg zuwenden mußte. Eine Randbefestigung läßt sich nur in Spuren nachweisen.

Die Ausgrabung von 1983 zeigte, daß es sich um eine in den Steilhang hineingesetzte Pfostenschlitzmauer handelte, die im rückwärtigen Bereich hinterschüttet worden war. Die zur Pfostenschlitzmauer gehörende Siedlung wird durch mehrere Funde, darunter einige bronzene Gürtelbeschlagteile, in das 5. Jahrhundert n.

Bronzene Gürtelgarniturteile, 5. Jahrhundert n. Chr., Länge 8 u. 5 cm.

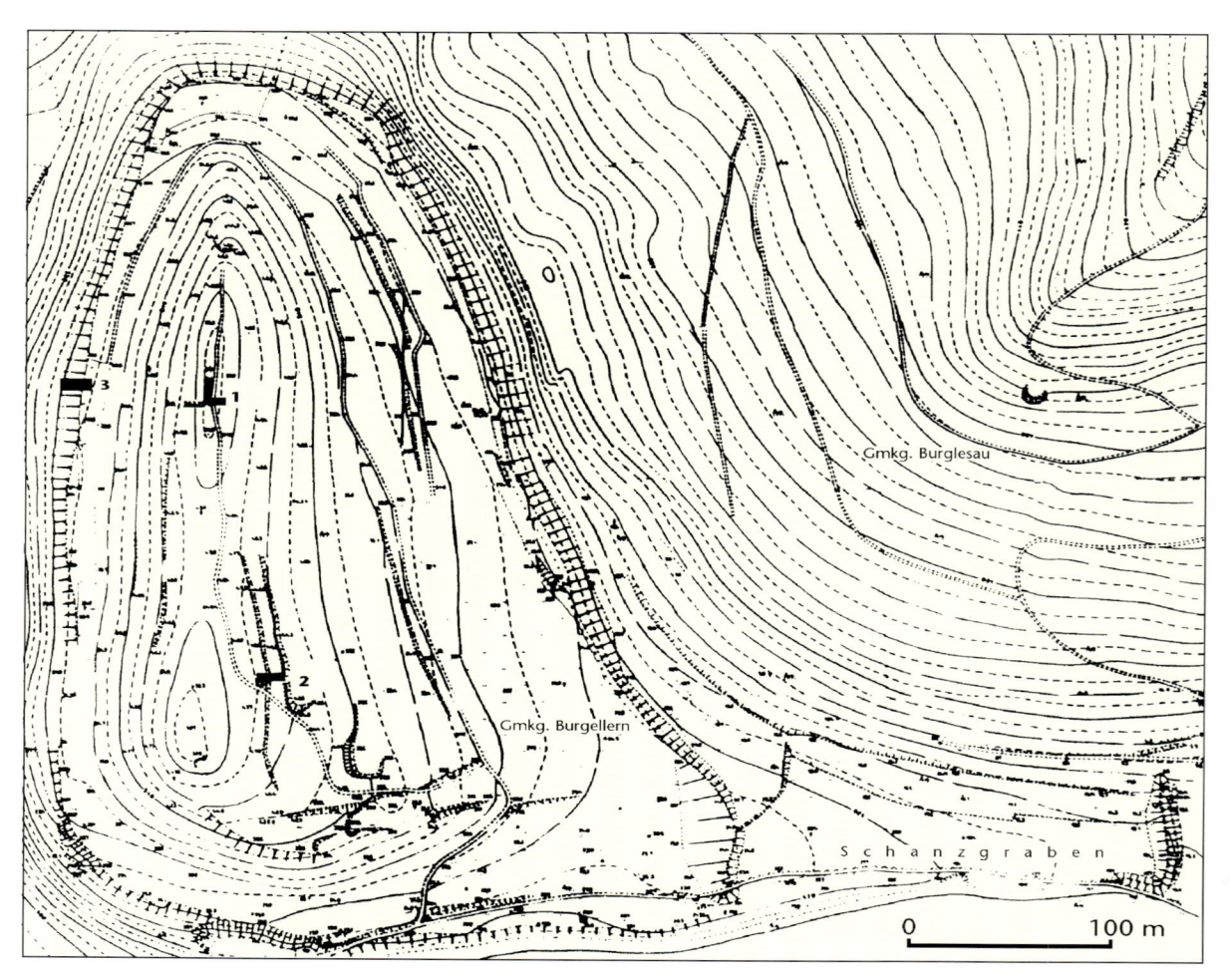

Plan des Reisberges mit den Ausgrabungsschnitten.

Literatur:
B.-U. Abels, Archäologischer Führer Oberfranken (1986), 166–168.
B.-U. Abels u. H. Roth, Die Ausgrabungen auf dem Reisberg bei Burgellern, Ldkr. Bamberg. Bayer. Vorgeschichtsbl. 54, 1989, 189–211.
J. Haberstroh, Spätantike Gürtelbronzen vom Reisberg bei Scheßlitz, Ldkr. Bamberg/Oberfranken. Arch. Korrbl. 23, 1993, 497–511.

Chr. datiert. Bei der Befestigung dürfte es sich demzufolge um eine spätgermanische Burg gehandelt haben, die bis in die Völkerwanderungszeit hinein existierte.

Das hochqualitätvolle Fundmaterial und die starke Befestigung der Anlage machen sie zu einer der bedeutendsten Burgen dieser Epoche in Nordbayern. Die Burg, bei der es sich um ein Stammeszentrum gehandelt haben dürfte, wurde wohl von Juthungen gegründet und fiel in der Völkerwanderungszeit vielleicht an die Burgunder.

B.-U. Abels

Der Reisberg von Süden.

Schwanberg
Von hier aus beherrschten die Franken das Land

unten rechts: Plan der großen, mehrperiodigen Sperrwehr und des vermutlich bronzezeitlichen Vorgängerwalls.

Plan des „Kappelrangens" mit spätstaufischer Burg (1) im Südostbereich der früh- bis hochmittelalterlichen Vorgängeranlage (schraffiert), ehem. St. Walburgiskirche (2) und der spätmittelalterlichen Wüstung/villula (3 St. Michaelskirche).

Der Schwanberg ragt als Sporn aus dem Westabfall des Steigerwaldes weithin sichtbar in die fruchtbaren Landschaften Mainfrankens mit der Iphöfer Siedlungskammer vor, die den Menschen seit dem Paläolithikum zu allen Zeiten angezogen hat. Die plateauartige Hochfläche mit ihren steilen Hängen machen den Berg zu einer natürlichen, das Maintal beherrschenden Befestigung, die nur auf der ungeschützten Ostseite einer Sicherung bedurfte.
Von dem insgesamt 169 ha großen Plateau des Schwanberges stammen Funde aller vor- und frühgeschichtlichen Epochen einschließlich des Mittelalters. Über die vorgeschichtlichen Befestigungen in der Mitte des Berges wissen wir leider nicht allzuviel. Der westlich des Hauptwalls (siehe Abb. rechts oben auf S. 13 Nr. 1) liegende Wall mit 10 m Breite wurde vermutlich bereits in der Bronzezeit errichtet. Der Hauptwall selbst mit heute noch erhaltener Höhe von 4,5 m und einer Breite von 30 m ist sicherlich mehrphasig, Funde daraus gehören der Urnenfelder- und Spätlatènezeit an. ^{14}C-Daten aus der urnenfelderzeitlichen Befestigung ergaben ein Alter von ca. 900 v. Chr. Der Wall sichert ein 135 ha großes Plateau an einer günstig gelegenen Verengung von 430 m Breite ab. Dem Hauptwall vorgelagert verläuft ein 10 m breiter Graben, davor nochmals ein 8 m breiter Wall mit Graben. 20 m östlich überquert ein dritter, nur 5 m breiter Wall mit Graben das Plateau. Eine weitere Absperrung mit Zangentor, vermutlich aus der jüngeren Latènezeit, befindet sich etwa 1000 m östlich der Hauptbefestigung. Hier ist die nur 250 m breite Verengung des Bergplateaus mit einem 10 m breiten Wall und 2 m tiefen Graben davor abgesichert. Für die Vorgeschichte lassen sich so mehrere Befestigungsphasen feststellen, die belegen, daß der Schwanberg zu allen Zeiten einen bedeutenden und befestigten Platz darstellte. Dies gilt in gleichem Maße für das frühe Mittelalter, wenngleich hier der Schwanberg vielleicht nicht immer großräumig wie in der Vorgeschichte abgeriegelt wurde, sondern die Befestigung sich auf Teilabschnitte konzentrierte. Hierzu gehört als wohl älteste Anlage aus der spätmerowingischen Zeit der Iphöfer Knuck,

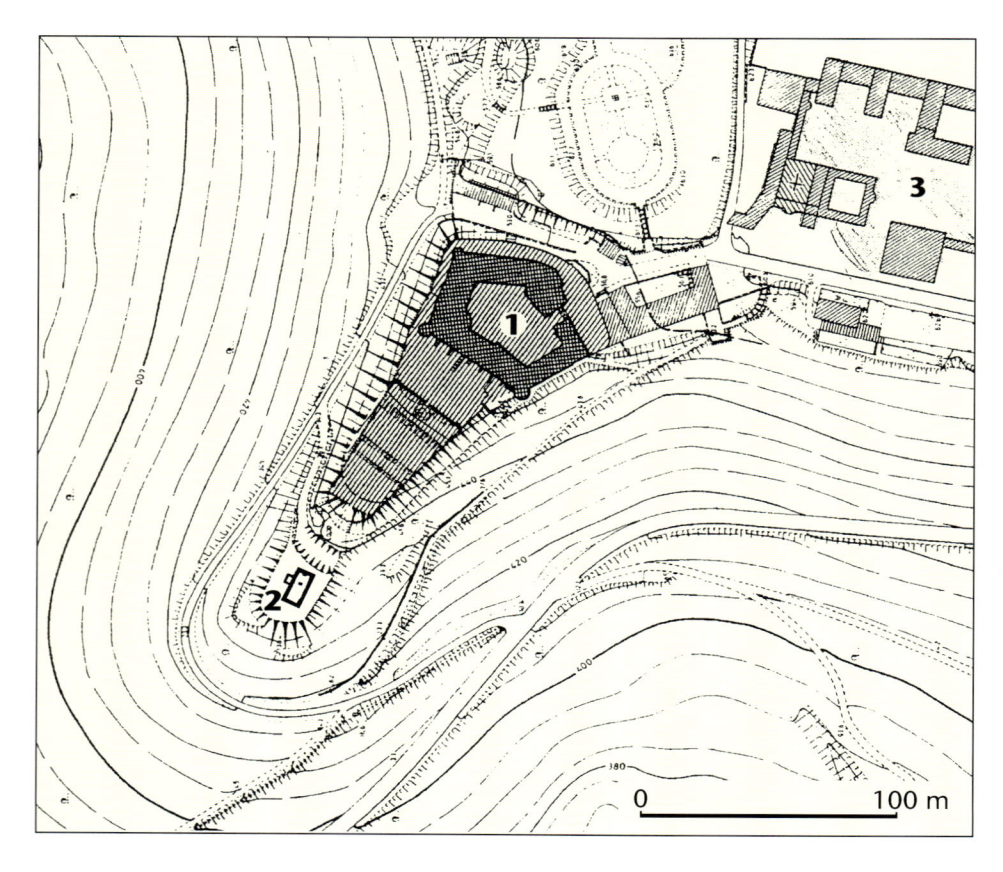

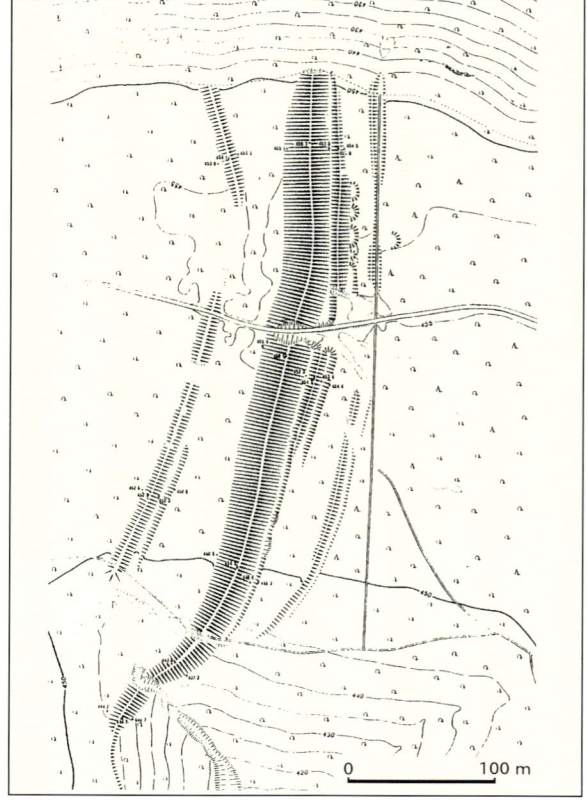

der im Südosten des Plateaus wohl nicht zufällig direkt über dem Königshof Iphofen *Ippihona* errichtet wurde und damit vergleichbar Karlburg den Dualismus von Burg und Talsiedlung erkennen läßt. Nach den Ergebnissen der Grabungen 1959 von Ch. Pescheck handelte es sich um eine 170 m lange, in Resten erhaltene Abschnittsbefestigung mit einem 2,2 m breiten Tordurchlaß in der Nordostecke. Die Befestigung, heute im Gelände als Wall erkennbar, setzte sich aus einer 1,9 m breiten, zweischaligen Trockenmauer und einem davor verlaufenden 2,2 m breiten Spitzgraben zusammen. Einzelfunde aus dem Innenbereich des Iphöfer Knuck, wie eine punzverzierte, kreuzförmig durchbrochene Zierscheibe oder eine gleicharmige Bronzefibel westfränkischer Provenienz, zeigen die Bedeutung dieser Anlage in der späten Merowingerzeit und vielleicht noch frühen Karolingerzeit.

Der 1200 m nordwestlich davon gelegene Kappelrangen auf dem nordwestlichen Sporn des Schwanberges ist als Nachfolgeanlage des Iphöfer Knuck, vielleicht infolge politischer Kräfteverschiebungen, zu sehen. Es handelt sich hier ebenfalls um eine Abschnittsbefestigung von etwa 140 m Länge mit einem 1985 von L. Wamser in einer Grabung erfaßten Spitzgraben von ca. 10 m Breite und 1,5 m Tiefe, der den Sporn vom übrigen Bergrücken abriegelte.

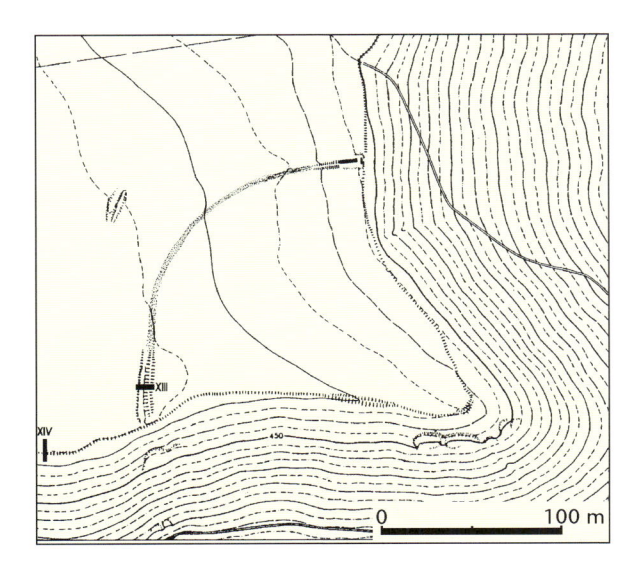

Luftbild des „Kappelrangens" mit Schloß Schwanberg.

Plan der frühmittelalterlichen Abschnittsbefestigung am „Iphöfer Knuck" mit den Grabungsschnitten (angenommener Wallverlauf durch Grauraster markiert).

Keramikfunde legen eine Errichtung in karolingischer Zeit nahe. Der Abschnittsgraben war erst kurz vor Erbauung der hochmittelalterlichen Steinkirche der Phase I, der mutmaßlichen Eigenkirche eines dort ansässigen Adelsgeschlechtes, zugefüllt worden. Die frühmittelalterliche Befestigung, die möglicherweise eine ununterbrochene Nutzung bis ins hohe Mittelalter erfuhr und erst im ausgehenden 11. oder frühen 12. Jahrhundert aufgelassen wurde, war demnach weit größer als die heute noch bestehende, auf eine Gründung des Fürstbischofs Hermann von Lobdeburg (1225–1254) zurückgehende Burganlage, die lediglich etwa die Hälfte der ehemaligen Grundfläche einnimmt. Inwieweit der Iphöfer Knuck oder auch der Kappelrangen in spätmerowingischer/karolingischer Zeit nur Teil einer Gesamtbefestigung waren, wissen wir nicht, spricht doch einiges dafür, wie z. B. eine eiserne Spathaknaufkrone mit Perldrahtdekor aus Messing oder Bronze des 9. Jahrhunderts im Südwestbereich der Spornwehr, daß die Hauptabschnittsbefestigung zu gleicher Zeit weiter genutzt wurde. Diese Befestigung ist wohl im frühen Mittelalter überbaut worden und besaß letztendlich eine Breite von 30 m, zu gleicher Zeit errichtete man vermutlich auch die vorgelagerten, doppelten Wallgraben-Systeme, die gerade für angreifende Reitergruppen ein wirksames Annäherungshindernis bilden. Die gestaffelte Hauptbefestigung auf dem Schwanberg reiht sich hiermit in eine Art von Befestigungen ein, die insbesondere in der 1. Hälfte des 10. Jahrhunderts an unterschiedlichen Plätzen in Bayern als Schutz gegen die Gefahr der Ungarn errichtet wurden. Der umliegenden Bevölkerung bot das Schwanbergplateau mit 125 ha Fläche einen ausgezeichneten Schutz.

Der Schwanberg mit seinen vorgeschichtlichen und wenigstens drei frühmittelalterlichen Befestigungssystemen spiegelt so neben der zentralörtlichen Bedeutung dieses Platzes durch alle Zeiten hindurch auch die Herrschaftsgeschichte des Iffgaues von der jüngeren Merowingerzeit bis in das Spätmittelalter wider. Die Lokalsage, nach der König Pippin vom Schwanberg aus das Land beherrschte und von hier das Kloster von Kitzingen gründete, könnte so nach den archäologischen Quellen durchaus ein Körnchen Wahrheit enthalten.

P. Ettel

Schwertknauf des 9. Jahrhunderts (1), gleicharmige Bronzefibel (2), Zierscheibe der spätmerowingischen/frühkarolingischen Zeit (3) sowie Schwertortband des 11./12. Jahrhunderts (4).

Literatur:
Ch. Pescheck, Ausgrabungen auf dem Schwanberg. Mainfränkisches Jahrbuch für Geschichte und Kunst 12, 1960, 1 ff.
B.-U. Abels, Die vor- u. frühgeschichtlichen Geländedenkmäler Unterfrankens. Materialhefte der Bayerischen Vorgeschichte 6 (Kallmünz 1979) 111 f.
L. Wamser, Zur Bedeutung des Schwanberges im frühen und hohen Mittelalter. In: L. Wamser (Hrsg.), Aus Frankens Frühzeit. Festschrift für P. Endrich. Mainfränkische Studien 37 (Würzburg 1986) 164 ff.
R. Koch, Ein durchbrochenes Schwertortband vom Schwanberg bei Rödelsee. In: L. Wamser (Hrsg.), Aus Frankens Frühzeit. Festschrift für P. Endrich. Mainfränkische Studien 37 (Würzburg 1986) 193 ff.

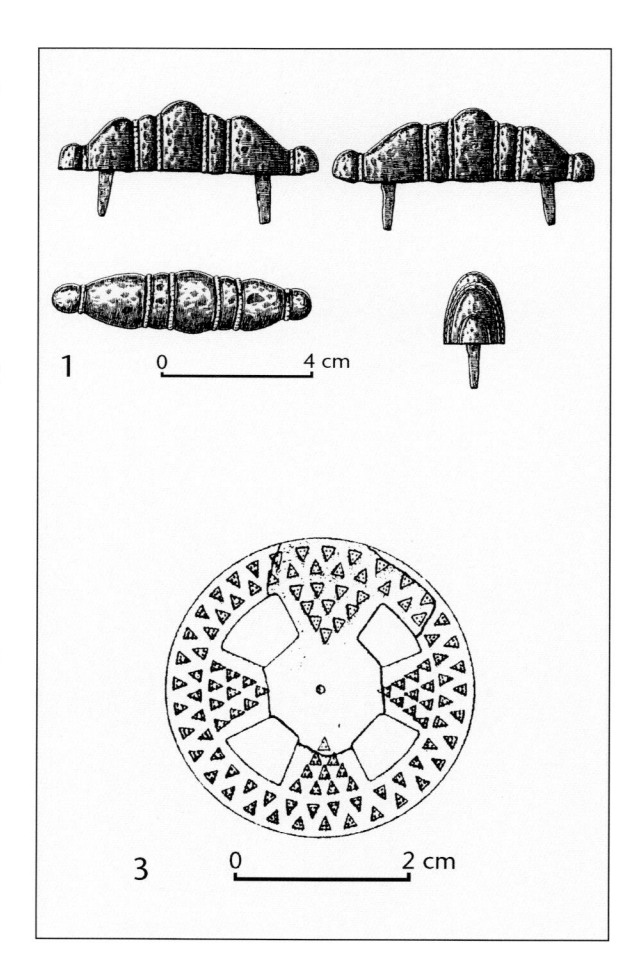

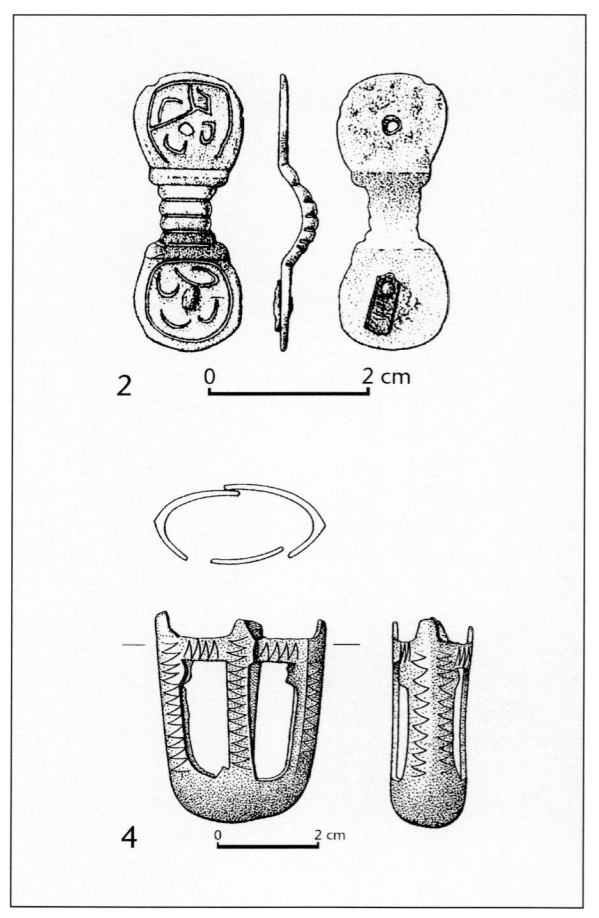

Marienberg in Würzburg
vom frühkeltischen Fürstensitz zum Sitz der Würzburger Fürstbischöfe

Der Marienberg hat, bedingt durch seine günstige topographische und verkehrsgeographische Lage, als Standort einer Burg wie kaum ein anderer Platz in Bayern eine sehr lange Tradition. Der landschaftsbeherrschende Bergsporn mit Steilhängen nach Norden, Osten und Süden ist für die Anlage einer Befestigung geradezu prädestiniert. Dazu kommt die Lage des Berges an wichtigen Verkehrswegen, insbesondere dem Main, die in den letzten Jahrtausenden seit der Urnenfelderzeit wiederholt zur Anlage befestigter Siedlungen auf dem Marienberg führte. Auf die erste, mutmaßlich befestigte Höhensiedlung der Urnenfelderzeit (1200 bis 800 v. Chr.) folgte im Bereich der mittelalterlichen Kernburg eine Befestigung der späten Hallstattzeit (600 bis 480 v. Chr.), deren Befestigungssystem mit Terrassierung der Hangböschung auf Vorbilder des Mittelmeerraumes hinweist. Die Beziehungen zu den südlichen Hochkulturen werden schließlich im Fundgut mit seltenen griechischen Keramikscherben attisch schwarzfiguriger Keramik von zwei großen Krateren und drei Trinkschalen ersichtlich, die den Marienberg in den Rang eines frühkeltischen Fürstensitzes heben, vergleichbar z. B. der Heuneburg in Baden-Württemberg. Im Umkreis des Marienbergs liegen mehrere Tumuli mit Durchmessern von bis zu 90 m, die an Bestattungen, wie das Fürstengrab von Hochdorf, denken lassen. Der Marienberg stellt den nordöstlichsten Vertreter zeitgleicher, frühkeltischer Fürstensitze dar, die ansonsten vor allem in Südwestdeutschland, Ostfrankreich und der Schweiz verbreitet sind. Dies verdeutlicht die Bedeutung des Marienberges für die bayerische Burgengeschichte.

Auch in den anschließenden Zeiten der älteren und jüngeren Latènezeit, genauso der Kaiser- und Völkerwanderungszeit (*civitas Uburzis*?), hatte der Marienberg, den Funden im Untergrund nach, 1962 bei einer Grabung geborgen,

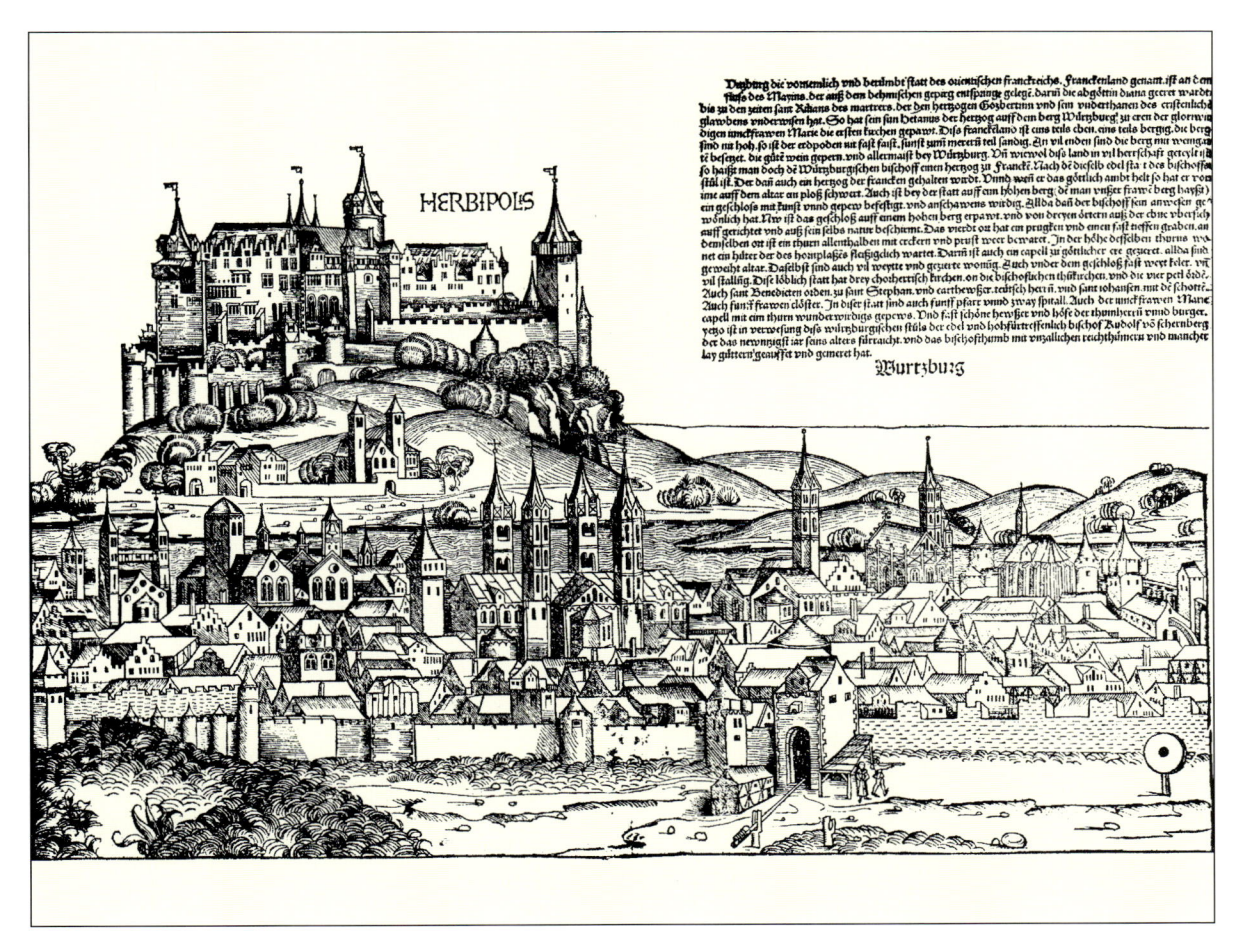

links:
Würzburg und die Burg Marienberg. Holzschnitt aus Hartmann Schedels Weltchronik von 1493 (Ausschnitt).

unten:
Historische Topographie.
1 Frühmittelalterliche Höhenbefestigung auf dem Marienberg; 2 Befestigte Talsiedlung mit Kirchen St. Andreas/ St. Burkard.

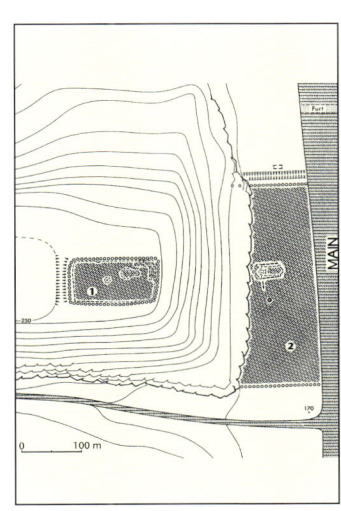

Das Scherenbergtor und der Kiliansturm aus der Vogelperspektive, rechts oben im Bild das Alte Zeughaus (Artilleriebau).

Grundrißplan Festung Marienberg.
1. Neutor
2. Schönborntor
3. Maschikuliturm
4. Werk Höllenschlund
5. Äußeres und Inneres Höchberger Tor
6. Mainfränkisches Museum
7. Echtertor und -bastei
8. Pferdeschwemme
9. Scherenbergtor
10. Kiliansturm
11. Bergfried
12. Fürstengarten
13. Randersacker Turm
14. Marienturm
15. Brunnen
16. Fürstenbau
17. Marienkirche
18. Bibliotheksbau (Gaststätte).

sicherlich eine wichtige Funktion inne. Deutlicher sichtbar wird seine Rolle dann im frühen Mittelalter. Im ausgehenden 7. Jahrhundert wird man sich eine zweiteilige Anlage, eine Höhenburg auf dem Marienberg und eine befestigte Talsiedlung im Burkarderviertel darunter, auf dem besiedelten, verkehrsgünstigen Uferstreifen vorstellen dürfen. Es handelte sich also mit über 6 ha um eine sehr große Befestigung, *castellum Wirciburg*, das die irischen Glaubensboten Kilian, Kolonat und Totnan 686 nach der Legende vorgefunden haben. 706 ließ Herzog Heden II. auf dem *mons Wirziburg* eine Marienkirche erbauen, vielleicht Vorgängerin der zu Beginn des 11. Jahrhunderts errichteten Rundkirche auf dem Marienberg. In der Marienkirche wurden lange Zeit die Eingeweide der Würzburger Fürstbischöfe beigesetzt, ihr Leichnam im Dom, ihre Herzen in Kapseln beim Hochaltar in Ebrach. Auf dem Marienberg soll außerdem das Kloster der Herzogstochter Immina gestanden haben. 704 stellte Herzog Heden in *castello Virteburh*, die älteste Nennung Würzburgs, eine Urkunde für den angelsächsischen Missionar Willibrord aus. 717/19 erfolgte der Sturz Hedens, 741/42 richtete Bonifatius in *castello quod dicitur Wirzaburg* den Sitz des Bistums Würzburg ein.

In der Folgezeit verlor der Marienberg gegenüber dem aufstrebenden rechtsmainischen Gebiet, das wohl bereits um 900 eine erste Stadtbefestigung erhielt, etwas an Bedeutung. In der Zeit der Feindschaft zwischen Bischof Konrad von Querfurt und König Philipp wurde der Marienberg als sichere Zufluchtsstätte wieder wichtig. Die Feste war von 1253 bis 1720 ohne

Unterbrechung der ständige Sitz der Würzburger Fürstbischöfe. Der Bau der Feste begann 1201 unter Bischof Konrad von Querfurt, zuvor Kanzler zweier Stauferherrscher. Die Burg wurde in der Spätgotik ausgebaut und nach einem Brand 1600 von Julius Echter in ein Renaissanceschloß verwandelt. Das heutige Bild der Feste Marienberg mit Marienturm im Nordosten ist sein Werk.

In den Bauernkriegen konnte die Feste mit mehr als 500 Verteidigern den Angriffen der Bauernheere widerstehen: „Die Burg wurde stark beschossen, so Max H. von Freeden, aber die Sturmangriffe der Bauern – unter ihnen Götz von Berlichingen – fanden in den Gräben ihr blutiges Ende. Der abenteuerliche Versuch der Bauern, den Burgfelsen zu unterminieren und zu sprengen, mußte auch aufgegeben werden". Tilman Riemenschneider übrigens, der wie viele andere Bürger mit den aufständischen Bauern sympathisiert hatte, wurde 1525 auf der Feste im Randersacker Turm, 1308 erbaut von den Würzburgern in Zwangsarbeit für einen fehlgeschlagenen Aufstand, in Haft gehalten. Dagegen unterlag die Burg dann im Oktober 1631 der Belagerung durch die Schweden. Die 200 Mann starke Burgbesatzung wurde bis zum letzten Mann niedergemacht, nachdem es den Schweden gelungen war, bis zum Echtertor, das den zweiten Burghof abschließt, vorzudringen und es aufzusprengen.

Die Schweden machten immense Beute, unter anderem kam die Bibliothek Julius Echters nach Uppsala. 1724 zogen die Bischöfe dann endgültig in die rechtsmainische Residenz um. 1866 wurde die Festungseigenschaft aufgehoben, nachdem sich gezeigt hatte, daß die Befestigung mit Bastionen und Maschikuliturm der modernen Artillerie der Preußen nicht standhalten konnte.

P. Ettel

Aus dem Nebel im nördlichen Maintal ragt der Marienberg mit seiner Festung imposant hervor.

Literatur:
M. H. v. Freeden, Festung Marienberg, Würzburg 1982.
L. Wamser, Die Würzburger Siedlungslandschaft im frühen Mittelalter. In: J. Lenssen u. L. Wamser (Hrsg.), 1250 Jahre Bistum Würzburg (Würzburg 1992) 39 ff.
D. v. Endert, Der Marienberg in Würzburg zur späten Hallstattzeit und sein archäologisch-historisches Umfeld. In: Luxusgeschirr keltischer Fürsten (Würzburg 1995) 111 ff.

Karlburg am Main
von der karolingischen Königsburg zur bischöflichen Burg

Die auf einem Sporn gelegene Burg ist durch ihre überörtlich bedeutende Topographie und verkehrsgünstige Lage im fränkischen Altsiedelland am Main ausgezeichnet, erschloß der Main doch Verbindungswege nach Süden, Norden und Westen zu den Zentren des fränkisch-karolingischen Reiches. Eine in Sichtweite der Karlburg gelegene Furt sowie eine weitere zu ihren Füßen erschlossen darüber hinaus wichtige Ost-West-Verbindungen in das bereits zur Merowingerzeit dicht besiedelte Werntal und das Grabfeldgebiet. Karlburg gehörte bereits zur Erstausstattung des von Bonifatius 741/42 neugegründeten Bistums Würzburg, in dessen Gründungskontext von zwei Schenkungsakten berichtet wird. In einer ersten Schenkung übergab der karolingische Hausmeier Karlmann dem Bistum ein Marienkloster in einer *villa Karloburgo,* 751/53 dann König Pippin dem ersten Bischof Burkard, vielleicht für seine Verdienste im Zusammenhang mit der Krönung Pippins, Burg und Königshof *castellum cum fisco regali* in Karlburg. Nach der schriftlichen Überlieferung bestand in Karlburg also spätestens zwischen 741/42 und 750/51 eine Burg in königlicher Hand, die König Pippin dann 751/53 an Würzburg schenkte. Die historischen wie archäologischen Quellen schweigen darüber, ob die Burg erst in karolingischer Zeit, vielleicht unter Karl Martell, oder bereits in spätmerowingischer Zeit, vielleicht unter Obhut der Hedene, errichtet wurde.

Die karolingische Anlage der frühen Würzburger Bistumszeit mit 125 x 120 m, etwa 1,3 ha Innenfläche war mit einem 5 m breiten und 2 m tiefen Graben umwehrt, der den Sporn bogenförmig abschloß, dahinter stand eine Mörtelmauer, womit Karlburg zu den frühesten Burgen mit Mörtelmauerwerk in Süddeutschland gehört. Im Innenraum der Karlburg fanden sich in dem kleinen Sondageschnitt Pfostenstellungen und Siedlungsgruben, die auf eine intensive Bebauung und Nutzung der Burg hinweisen. Der Fund eines vielleicht frühmittelalterlichen, verzierten Beinplättchens, wohl von einem Kästchen, bezeugt die Anwesenheit einer sozial gehobenen Personenschicht auf der Burg.

In ottonischer Zeit, um 900 oder in der 1. Hälfte des 10. Jahrhunderts in der Zeit der Ungarneinfälle, wurde diese Befestigung aufgegeben, der Graben eingefüllt und eine neue, größere Anlage mit 1,7 ha errichtet. Die neue Befestigung setzte sich nach den Grabungen von K. Schwarz in den 70er Jahren aus einem mit Steinen und Erdreich geschütteten Wall von 10 m Breite und Graben zusammen, wie es für sogenannte Ungarnwälle typisch ist. Am Wall-

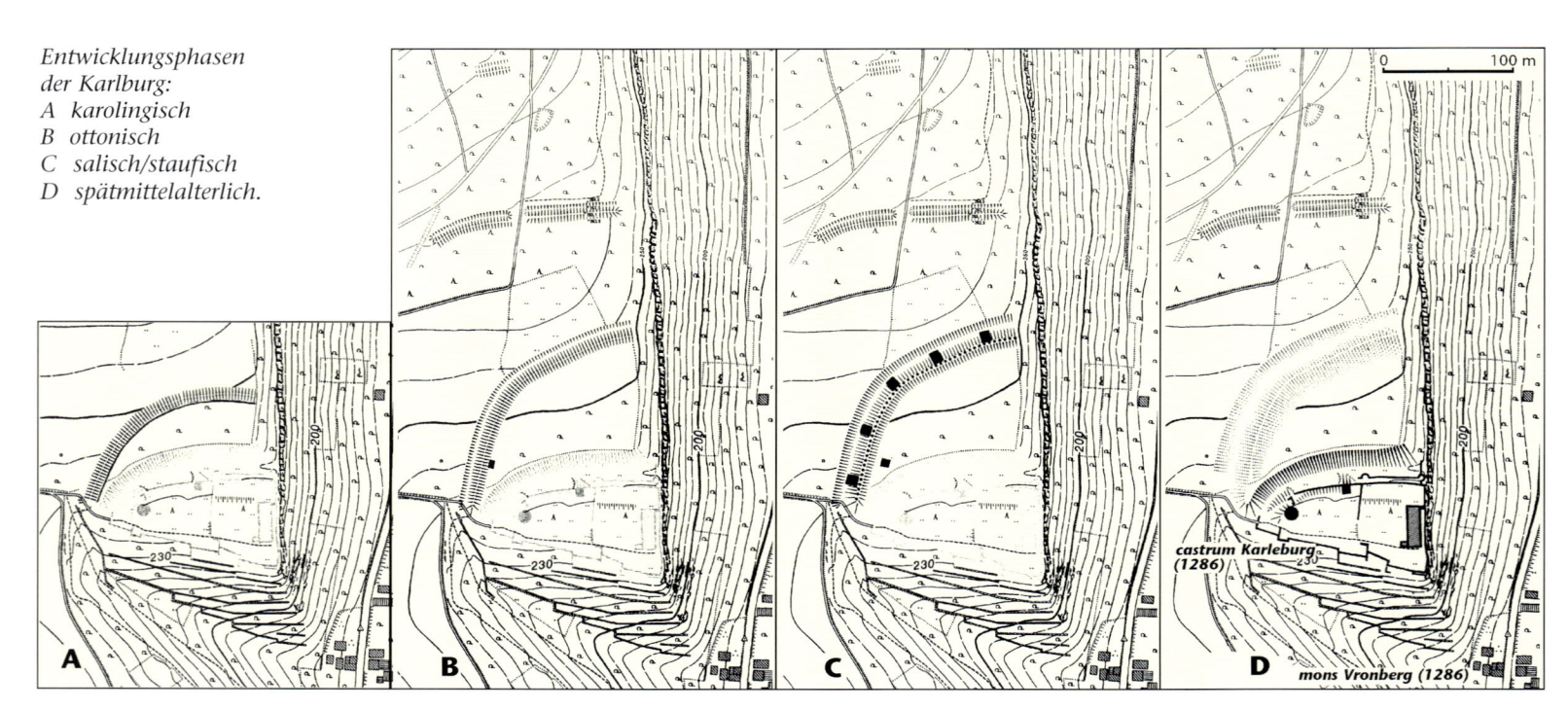

Entwicklungsphasen der Karlburg:
A karolingisch
B ottonisch
C salisch/staufisch
D spätmittelalterlich.

Die Karlburg von Osten gesehen. Die Reste des gotischen Palas thronen noch etwa 90 m hoch über dem Maintal.

fuß stand ein Pfostenhaus von 6 x 5 m mit sechs Pfosten, Bretterboden und einer gemauerten Herdstelle. Im Vorfeld errichtete man in 100 und 200 m Entfernung Wall-Graben-Sperren von 40 und 150 m erhaltener Länge, die auf dem nach Norden hin ansteigenden Vorgelände wirksame Annäherungshindernisse gerade für Reiter darstellten.

In salisch/staufischer Zeit erhielt der Wall dann eine Bekrönung mit einer gemörtelten Mauer und vorgesetzten Türmen, die man mit der Vorderfront in den Graben gesetzt hatte. Die Mauerbreite der Türme betrug durchschnittlich 1,6 m, die Frontmauern waren 7 m lang. Die Türme besaßen eine Höhe von mindestens 7 m, sollten sie vom ansteigenden Vorgelände aus nicht einsehbar sein. Die Befestigung wies insgesamt fünf, in gleichmäßigen Abständen von 30 bis 35 m errichtete Türme gleicher Bauart und Größe auf. Der Turm im Südwestbereich schützte den hier zu vermutenden, von der spätmittelalterlichen Toranlage überbauten Torbereich vor dem Steilabfall. Der Graben erreichte eine endgültige Breite von 12 m und 4,5 m Tiefe, die Bewehrung mit Graben, Wall und Mauer war jetzt insgesamt 25 m breit. Hufeisen, Hufnägel und Sporen weisen auf die Anwesenheit berittener Truppen hin.

Diese Burg bestand etwa bis zur Mitte des 13. Jahrhunderts, zu dieser Zeit erfolgte die Errichtung der spätmittelalterlichen, auf den südöstlichen Spornbereich beschränkten, wesentlich

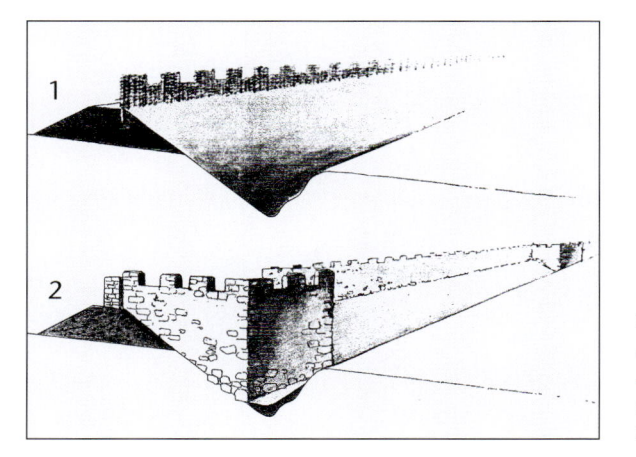

1 Rekonstruktion des geschütteten Walles mit Graben der Phase B;
2 Rekonstruktion der steinmauerbewehrten Befestigung mit Türmen der Phase C.

Die Karlburg von Südwesten.

Aus der frühmittelalterlichen Siedlung stammt ein Zierbesatz aus Bronze mit dreipaßförmigem Flechtbandmuster aus Perldraht und Emaileinlagen.

kleineren Burg. Sie zerteilte mit einem tiefen und 30 m breiten Abschnittsgraben das ältere Burgareal. Von der Burg sind heute noch Reste romanischer Bauteile und des gotischen Palas 90 m hoch über dem Main erhalten, die insbesondere von der Mainseite her ein imposantes Bild bieten. Diese spätmittelalterliche Baupha-se fand erst in den Bauernkriegen zwischen dem 15. Mai und dem 3. Juni 1525 ihr gewaltsames Ende.

Zur Burg gehört die unterhalb gelegene, weniger als 1000 m entfernte Talsiedlung, der 741/42 bezeugte Königshof mit Marienkloster. Die Siedlung erstreckte sich, nach Luftbildern und surveys zu schließen, ehemals über 1 km Länge und 200 m Breite, hatte also eine Gesamtausdehnung von etwa 20 ha. Schon die Größe läßt die Bedeutung dieser frühmittelalterlichen, vom 7. bis in das 13. Jahrhundert hinein bestehenden Großsiedlung erahnen und erlaubt Vergleiche mit frühstädtischen Anlagen bzw. Entwicklungen. Mit den Grabungen 1991–1998 von L. Wamser, M. Hoppe, P. Ettel, die bislang freilich erst einen Ausschnitt der Talsiedlung erfaßten, war es erstmals möglich, Strukturelemente eines Königshofes mit Kloster in Franken wenigstens ansatzweise zu fassen. Die Talsiedlung erwies sich als ein bedeutender Zentralort mit Arealen ebenerdiger Pfostenbauten für Wohnbauten oder Ställe bzw. Scheunen sowie Grubenhäusern für handwerklichgewerbliche Tätigkeiten, die nachweislich mit Textilherstellung, Landwirtschaft und insbesondere der Metallverarbeitung in den verschiedensten Ausprägungen belegt sind. Die Talsiedlung war für die Versorgung der Burg wichtig, sei es mit tierischen und pflanzlichen Nahrungsmitteln, Proviant oder mit handwerklichen Produkten, wie Textilien, Metallprodukten und mehr. Qualitätvolle Einzelstücke bezeugen die Anwesenheit einer sozial herausgehobenen Personengruppe mit Verbindungen in das Rheingebiet, Friesland und weiter. Der topographisch gegenüber der Mainfurt gelegene Bereich des heutigen Karlburg stellte sich als Zentrum heraus mit Schiffslände und Bereich des Marienklosters. In dem Kloster verbrachte Immina, Tochter Herzogs Heden, die ihr Kloster auf dem Marienberg in Würzburg mit dem Marienkloster in Karlburg tauschte, ihren Lebensabend und wurde 750 von Burkard in der Kirche bestattet, die der Legende nach einst die heilige Gertrud von Nivelles erbaut hatte.

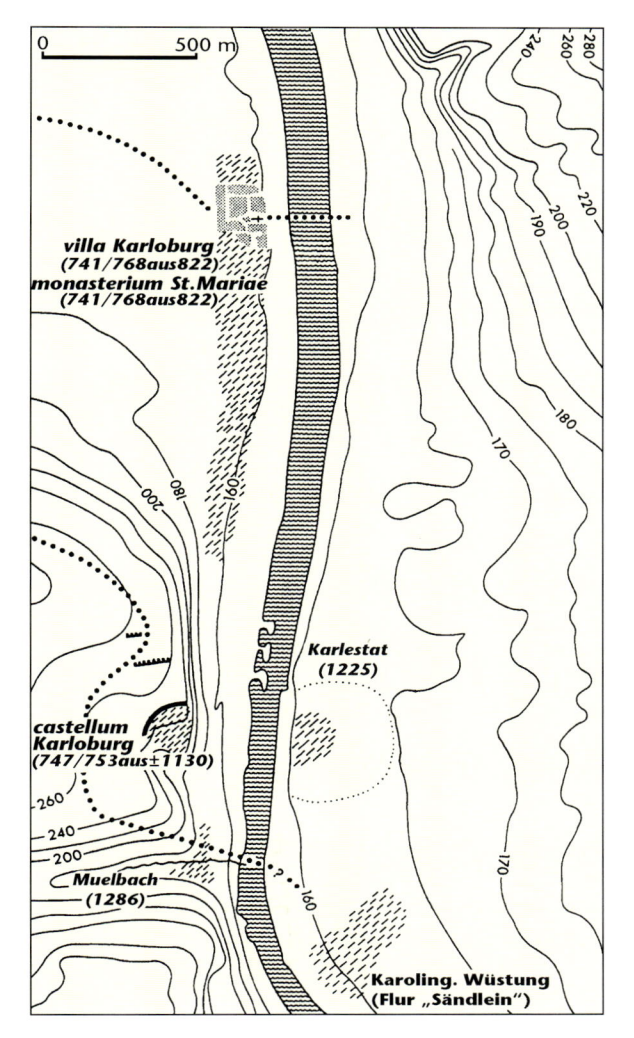

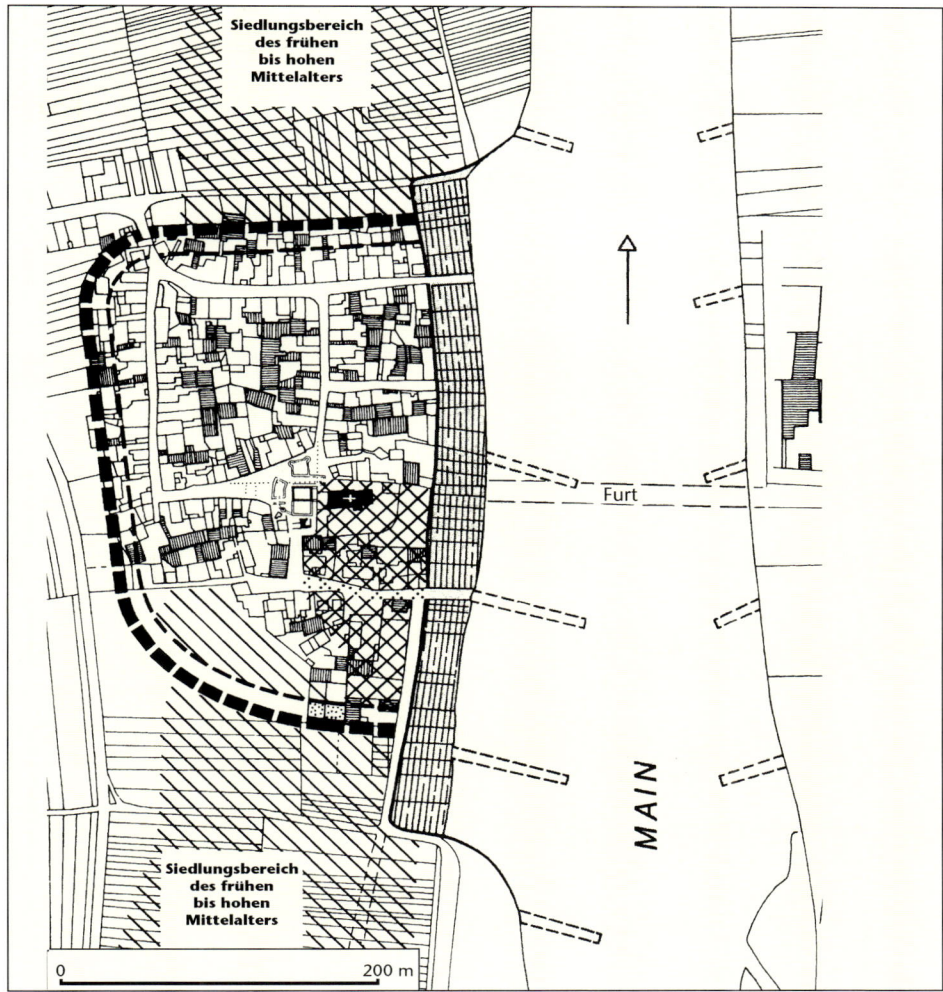

Für die spätmerowingisch-karolingische Zeit zeichnet sich der Ort Karlburg durch überwiegend fränkisch geprägtes Fundgut aus und läßt auch in der Struktur der Talsiedlung mit handwerklichem Bereich, ebenerdigen Bauten, Kernbereich mit Marienkloster und Schiffslände sowie der Burg auf der Anhöhe als militärischen, machtpolitischen Stützpunkt an eine planmäßige Gründung fränkischer Kolonisten denken. Die Burg bildete an einer der wichtigsten Verkehrsadern der damaligen Zeit, dem Main, den machtpolitischen Hintergrund, unter deren Schutz sich die Talsiedlung mit Marienkloster, zunächst in königlicher, ab 741/42 in bischöflicher Hand, entwickeln konnte. In der regionalen Siedlungsentwicklung bildete die Burg, die zu den frühesten historisch belegten Burgen Mainfrankens gehört, gleichsam den machtpolitischen Angelpunkt, bot sie doch dem Umland mit dem zentralen, frühmittelalterlichen Königshof und dem Marienkloster darin genauso Schutz wie später dann Karlstadt auf der gegenüberliegenden Mainseite.

P. Ettel

Zentrum der Talsiedlung Karlburg mit Bereich des Marienklosters (Kreuzschraffur), Schiffslände, Befestigung des 10. Jahrhunderts.

Historische Topographie von Karlburg mit Burg und Talsiedlung.

Literatur:
P. Ettel, Karlburg – Roßtal – Oberammerthal. Studien zum frühmittelalterlichen Burgenbau in Nordbayern. Frühgeschichtliche und provinzialrömische Archäologie. Materialien und Forschungen Bd. 3 (Espelkamp 1999).
L. Wamser, Zur archäologischen Bedeutung der Karlburg Befunde. In: J. Lenssen/L. Wamser (Hrsg.), 1250 Jahre Bistum Würzburg. (Würzburg 1992) 319 ff.

Der Michelsberg in Neustadt a. Main
mit Ringwall und Kirche St. Michael

Nach der historischen Überlieferung gründete Megingaud, Würzburgs zweiter Bischof, 768/69 das Kloster Neustadt, *Rorinlacha*, wohin er sich nach seiner Abdankung zurückgezogen hat. Megingaud, der bis zu seinem Tod am 26. September 783 Abt war, unterstellte das mit karolingischem Königsgut ausgestattete Kloster königlichem Schutz. Neustadt am Main gehört so zu den ältesten Klöstern Frankens, in dem bereits im ausgehenden 8. Jahrhundert 50 Mönche gelebt haben sollen, und das neben Würzburg und Amorbach insbesondere bei der Missionierung Sachsens eine wichtige Rolle spielte, als nämlich 810 bis 829 drei Neustädter Äbte – Spatto, Thanco und Harud – als Bischöfe von Verden an der Aller eingesetzt waren.

Der früh- und hochmittelalterliche Zentralort Neustadt mit mehreren Bau- und Bodendenkmälern liegt bezeichnenderweise an einem alten Mainübergang am Ostrand des Spessarts und ist mit der Altsiedellandschaft am Mittelmain verbunden. Die karolingische Siedlung *Rorinlacha*, Vorgängerin von Neustadt, befand sich im Tal am Fuße des Michelsberges wohl im Bereich des Klosterkomplexes St. Michael und St. Gertrudis, der ehemaligen Benediktinerabteikirche südlich der Kirchen St. Peter und Paul.

Die vermutlich zum Schutz der Talsiedlung und des Klosters errichtete Befestigung auf dem Plateau des Michelsberges wird zum Main hin durch einen Steilhang begrenzt. Die annähernd rechteckige Anlage hat eine Ausdehnung von etwa 120 x 100 m, der Südostteil wird von der Michaelskirche mit angrenzendem Friedhofsgelände eingenommen. Auf dem Michelsberg fanden bereits 1914 und 1934 durch G. Hock erste Ausgrabungen statt, denen weitere 1974 durch W. Sage und in den 80er Jahren durch L. Wamser und W. Janssen folgten, die Aufschluß über die Baugeschichte der Befestigung und der St. Michaels-Kirche erbrachten. Demnach besaß die heutige, im Kern romanische St. Michaels-Kirche zwei Vorgänger, die beide bereits in Stein errichtet waren. Kirche 1 mit 10,5 m langem und 5,5 m breitem Saalbau und kleiner Apsis war dabei größer ausgeführt als der wesentlich einfacher ausgeführte Nachfolgebau – Kirche 2 – von 8,8 x 4,6 m Ausmaß, der vielleicht nur einen Behelfsbau und Ersatz für den in einer Katastrophe zerstörten ersten Kirchenbau darstellt.

Die Befestigung war ebenfalls mehrphasig. In einer ersten Bauphase, gegen Ende des 8. oder 9. Jahrhunderts, zu der zeitgleich vielleicht der Kirchenbau 1 entstand, wurde der Michelsberg mit einer einfachen Holz-Erde-Mauer mit drei parallelen Pfostenreihen als Fundament sowie vorgelagertem Graben bewehrt. In der nächsten Phase, vermutlich aus der 1. Hälfte des 10.

rechts:
Historische Topographie:
1 frühmittelalterliche Talsiedlung mit Klostergebäuden
2 heutige Ortschaft
3 St. Peter und Paul
4 St. Michael und Gertrudis
5 St. Michael
6 Befestigung auf dem Michelsberg.

rechts innen:
Ringwall und Kirche St. Michael mit Grabungsbereichen.

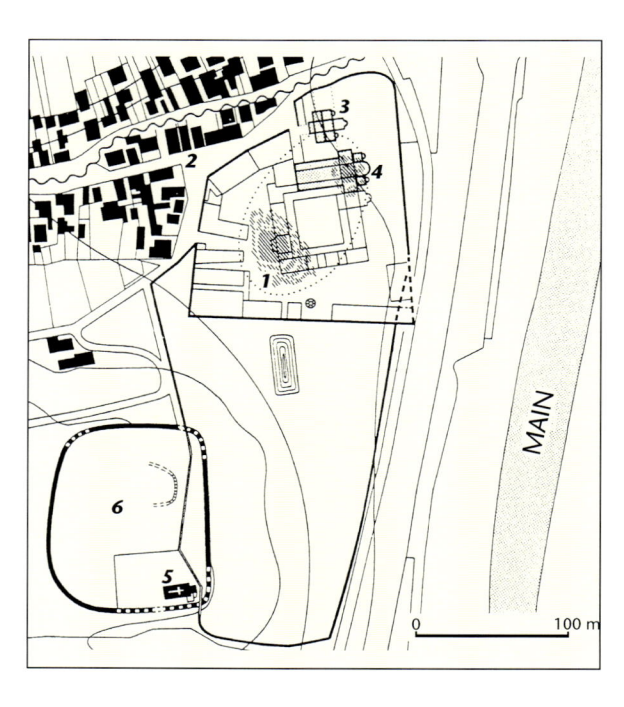

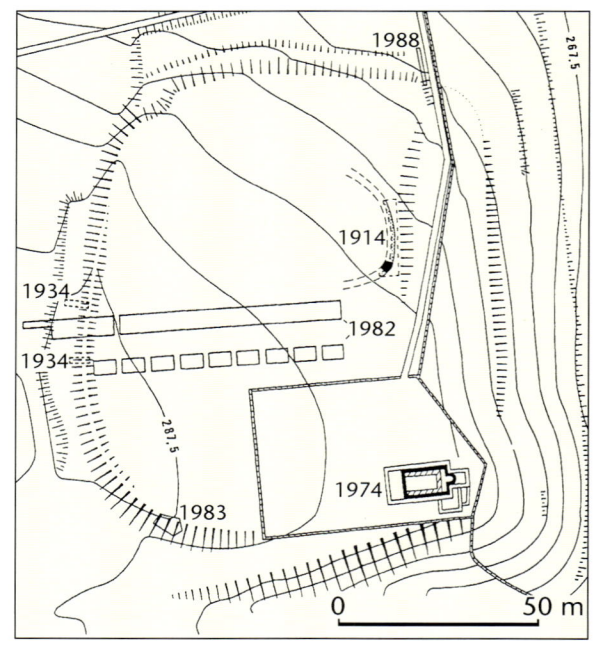

Der Michelsberg mit der St. Michaelskapelle von Süden, darüber Neustadt am Main, rechts am Mainufer der Klosterkomplex, unter dem die Talsiedlung „Rorinlacha" liegt.

links unten: Rekonstruktionsvorschlag der jüngeren Befestigung auf dem Michelsberg.

Jahrhunderts, errichtete man eine 5,2 m breite Konstruktion aus Erde und Holz mit rampenartig auslaufendem Wallfuß sowie vorgesetzter Trockenmauerfront, der später eine 1,50 m bis 1,6 m breite Mörtelmauer vorgeblendet wurde. Vor der Front verlief eine 3,6 bis ursprünglich 4,6 m breite Berme, davor ein 2,2 m tiefer und 7,5 m breiter Spitzgraben.

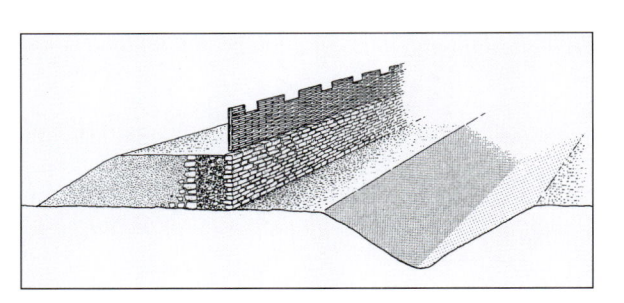

Wie die Grabungsschnitte im Innenraum der Anlage zeigten, standen hier wohl vermutlich keine Bauten, so daß zumindest dieser Bereich des Burgareals als unbesiedelt angesehen werden muß. Das Fehlen von Funden verweist darauf, daß die befestigte Anhöhe auf dem Michelsberg wenn überhaupt, vielleicht nur teilweise ständig genutzt wurde und vor allem als Fluchtburg für die Bewohner der klösterlichen Ansiedlung im Tal diente.

P. Ettel

Literatur:
W. Janssen, L. Wamser, Neue Ausgrabungen auf dem Michelsberg, Neustadt am Main. Das Archäologische Jahr in Bayern 1982, 135 ff.
L. Wamser, Erwägungen zur Topographie und Geschichte des Klosters Neustadt a.M. und seiner Mark. Versuch einer Annäherung der archäologischen und historischen Quellenaussagen. In: J. Lenssen/L. Wamser (Hrsg.), 1250 Jahre Bistum Würzburg (Würzburg 1992) 163 ff.
W. Sage, Die Kirche auf dem Michelsberg bei Neustadt a. M., Landkreis Main-Spessart. In: J. Lenssen/L. Wamser (Hrsg.), 1250 Jahre Bistum Würzburg (Würzburg 1992) 209 ff.

Salz, Bad Neustadt a. d. Saale
790 fuhr Karl der Große zu seiner Pfalz an der Saale

Salz an der oberen Saale bildete einen wichtigen Zentralort am Ostrand des karolingischen Reiches, an dem zahlreiche Könige und Kaiser weilten, weshalb Geschichte und Lokalisierung des Königsgutbezirkes Salz *(fiscus Salz)* und der gleichnamigen Pfalz seit langem Gegenstand der historischen und archäologischen Forschung sind. Erstmals wird Salz im Jahre 742 genannt, als das neugegründete Bistum Würzburg von Karlmann neben der Königskirche St. Martin in Brend den Zehnten von 26 Königsgütern, darunter auch von Salz, erhielt. Karl der Große baute den Königshof zur Pfalz – *palatium* – mit Mauern aus, die er 790, nach dem Bericht seines Chronisten Einhard und des Poeta Saxo, auf dem Wasserweg aufsuchte, indem er von Worms auf dem Rhein, dem Main und der Saale zu seiner Pfalz Salz fuhr. Karl der Große hielt sich wiederholt in Salz (793, 794, 803) auf, ebenso Ludwig der Fromme (826, 832, 840) und Ludwig der Deutsche (841, 842). Wenngleich Aufenthalte von Konrad (927, 931) und Otto dem Großen (940, 941, 947, 948) belegt sind, verlor Salz in ottonischer Zeit durch die Pfalz Forchheim mehr und mehr an Bedeutung. Im Jahre 1000 schenkte Otto III. die Pfalz mit großem Waldbesitz und dem Königsgutbezirk Salzgau dem Würzburger Bischof Heinrich I.

Die Bedeutung der Pfalz und ihres Standortes erklärt sich schon durch ihre verkehrsgeographische Lage, einerseits am Weg vom Rhein über Main und Saale nach Thüringen, andererseits an der Verbindung von Fulda nach Würzburg und Regensburg. Zudem mögen die salzhaltigen Quellen um Salz ein Grund zur Anlage der Pfalz gewesen sein. Der karolingische Königshof, die spätere Pfalz, der vergleichbar anderen Anlagen wohl selbst unbefestigt gewesen ist, wird vermutlich im näheren oder weiteren Bereich des heutigen Dorfes Salz gelegen haben, wo sich durch Grabungen 1979 an verschiedenen Stellen eine Siedlungsschicht des 8./9. bis 11. Jahrhunderts nachweisen ließ. Zugehörig ist vielleicht auch eine 1983/1984 entdeckte und teilweise ausgegrabene Siedlung

rechts:
Plan der weitgehend verebneten Befestigung auf dem Veitsberg, Bad Neustadt a.d. Saale.

rechts innen:
Topographie von Salz im frühen und hohen Mittelalter.

unten:
Fibelgußform aus der vorwallzeitlichen Siedlung auf dem Veitsberg, M. 2:3.

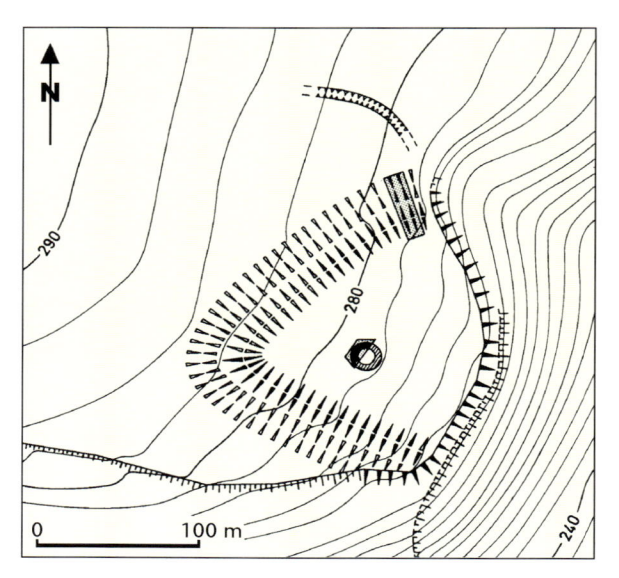

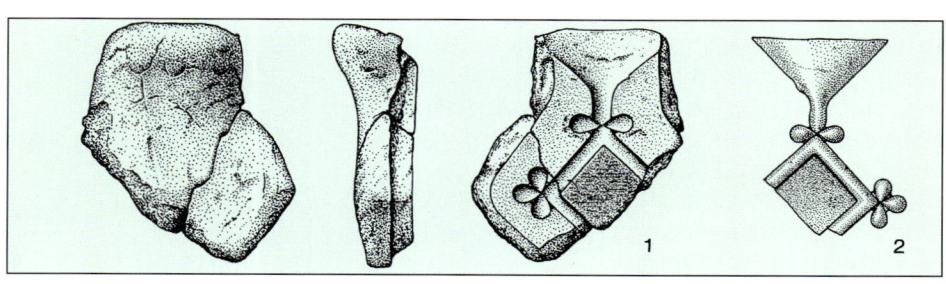

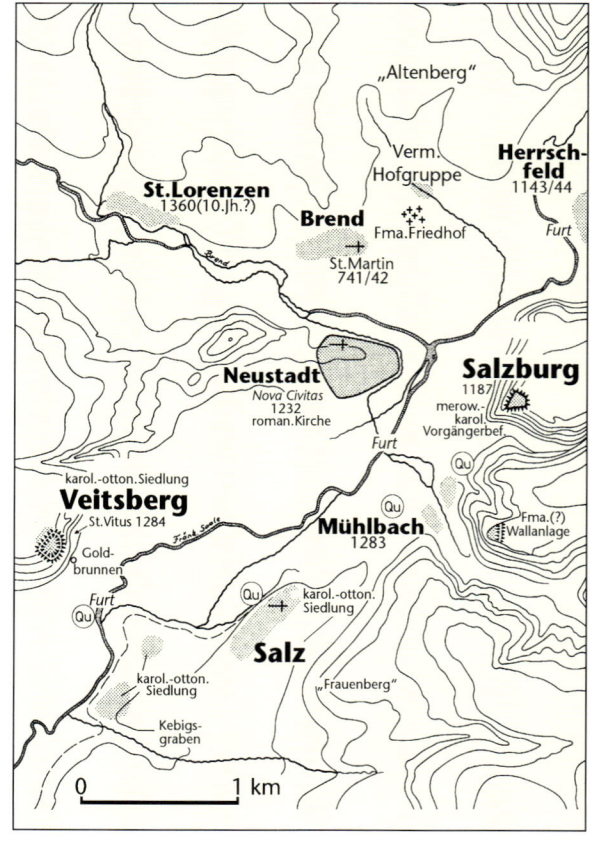

links:
Auf dem Veitsberg ist der Grundriß des Rundturmes und der Graben noch als Bewuchsmerkmal im heranreifenden Getreidefeld zu erkennen.

unten links:
Plan der ehemaligen Abschnittsbefestigung am Platz der hochmittelalterlichen Salzburg bei Bad Neustadt a.d. Saale.

der karolingisch-ottonischen Zeit auf dem Veitsberg gegenüber von Salz, von der ein 15 x 8,5 m großes, mehrgliedriges Haus mit gemauerter Herdstelle sowie als Nachweis handwerklicher Tätigkeit eine Tonform für den Guß von Rechteckfibeln bekannt sind. Diese auf einer Bergnase gelegene Siedlung wurde wohl in ottonischer Zeit, in der Zeit der Ungarneinfälle, mit einem Erdwall, der möglicherweise eine steinerne Brustwehr trug, und einen 16 m breiten und 4,3 m tiefen Spitzgraben davor geschützt. Eine Steinrotunde im Zentrum ist vermutlich der im Hochmittelalter mehrfach bezeugten Ministerialenfamilie von Salz zuzuschreiben.

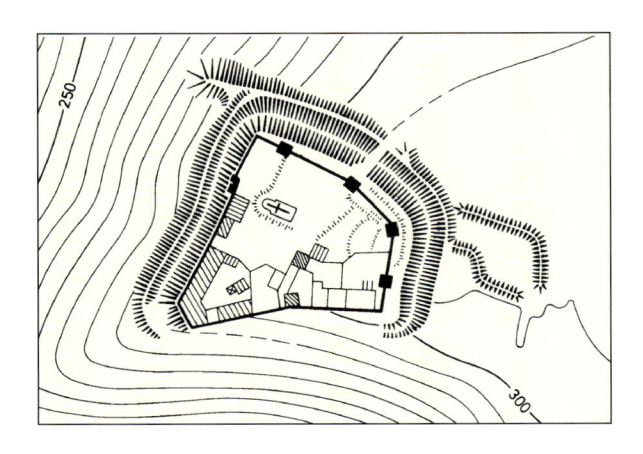

Eine kleine, frühmittelalterliche Abschnittsbefestigung befindet sich ferner auf einem zum Saaletal vorspringenden Bergsporn, der Luitpoldhöhe, die vielleicht als Fluchtburg für den Königshof im Tal diente. Die 940 in einer Urkunde Ottos I. genannte *civitas Salz* bzw. das 1000 genannte *castellum Salz* wird hingegen auf der Salzburg, gleichfalls ein Sporn über dem Saaletal, zu lokalisieren sein. Nach archäologischen Untersuchungen 1984 bestand hier vielleicht eine merowingisch-karolingische Vorgängerbefestigung. Die hochmittelalterliche Salzburg (1187) wird um die Mitte des 12. Jahrhunderts entstanden sein und gehört zum Burgentyp der sogenannten Ganerbenburgen mit eigenem Wohnbezirk innerhalb der Burganlage für jede der einzelnen Ganerben-Familien (siehe S. 180).

P. Ettel

Literatur:
K. Weidemann, Frühmittelalterliche Burgen als Zentren der Königsherrschaft an der Fränkischen Saale und im Grabfeld. Führer vor- u. frühgesch. Denkmäler 28 (Mainz 1977) 70 ff.
G. Haseloff, Die karolingische Pfalz Salz. Führer vor- u. frühgesch. Denkmäler 28 (Mainz 1977) 162 ff.
L. Wamser, Neue Befunde zur mittelalterlichen Topographie des ficus Salz im alten Markungsgebiet von Bad Neustadt a. d. Saale, Lkr. Rhön-Grabfeld, Unterfranken. Das Archäologische Jahr in Bayern 1984, 147 ff.
H. Wagner, Zur Topograhie von Königsgut und Pfalz Salz. In: L. Fenske (Hrsg.), Deutsche Königspfalzen. Beiträge zu ihrer historischen und archäologischen Erforschung. Veröff. Max-Planck-Inst. Gesch. 11,4 (Göttingen 1996) 149 ff.

Oberammerthal
Die Zerstörung der markgräflichen Burg Amardela 1003

Im Jahre 1003 erscheint die Burg Ammerthal, wenige Kilometer westlich von Amberg auf der Jurahochfläche am Rand eines 40 m steil nach Südwesten zum Ammerbach hin abfallenden Talsporns gelegen, zum ersten Mal in der historischen Überlieferung, sie wird im Zusammenhang mit der Zerstörung der Burgen des Markgrafen von Schweinfurt genannt. Die Schweinfurter besaßen neben ihrer Stammburg auf der Peterstirn/Schweinfurt weitere Burgen in Banz, Kronach, Burgkunstadt, Creußen und ebenso in Ammerthal, hatten Grafenrechte im bayerischen Nordgau inne und beherrschten somit den Bereich des östlichen Frankens und fast der gesamten heutigen Oberpfalz. Nach der Auflehnung des Markgrafen Heinrich belagerte und zerstörte König Heinrich II. dessen Burgen, darunter Ammerthal. Bischof Thietmar von Merseburg berichtet darüber in seiner zwischen 1012 und 1018 entstandenen Chronik. „Als dann der König nach Hersbruck zog, konnte ihm des Grafen Ritter Magnus mit seinen Leuten den gesamten, vorausgesandten Schatz rauben; man teilte untereinander und kehrte voller Freude in die Burg Ammerthal heim. Der König nahm sofort die Verfolgung auf, begann die Belagerung, ließ das Sturmgerät bereitmachen und veranlaßte sie durch vertrauenswürdige Vermittler, gegen die Bitte um ihr Leben Burg und Leute zu übergeben. Die Feste wurde von Grund auf gebrochen, die zahlreichen Polen verteilte er unter die Seinen." Demnach wurde die *civitas Amardela*, die der Ritter Magnus mit zahlreichen Polen als Hilfstruppen verteidigte, nicht eingenommen, sondern übergeben und dann vollständig zerstört.

rechts innen:
Rekonstruktionen der Bewehrung von Oberammerthal:
A Mauer 1 der Vorburg,
B Mauer 4 mit Turm 2 der Vorburg,
C Tor der Hauptburgbefestigung.

rechts und unten:
Topographische Pläne der Burg von Oberammerthal.

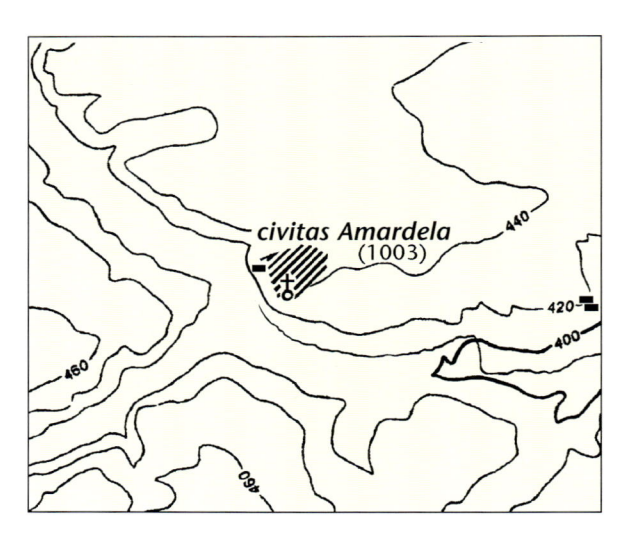

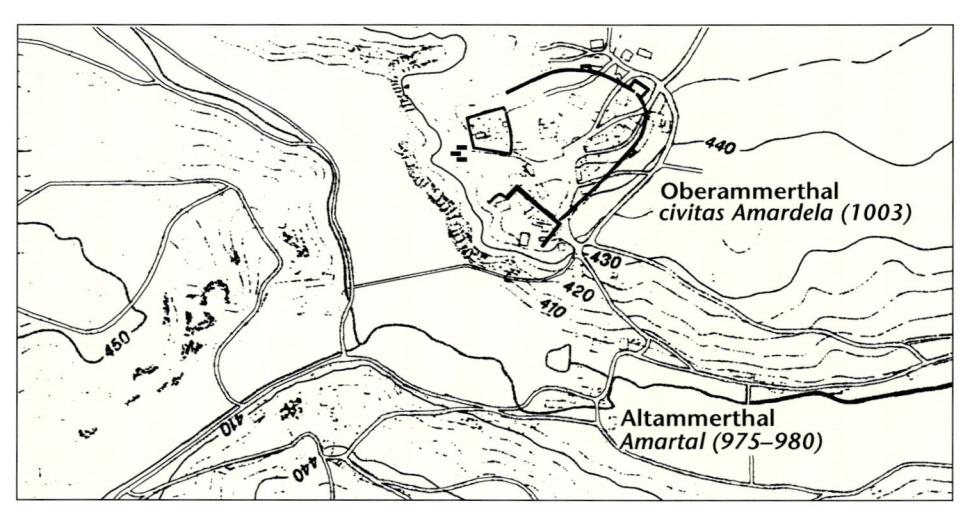

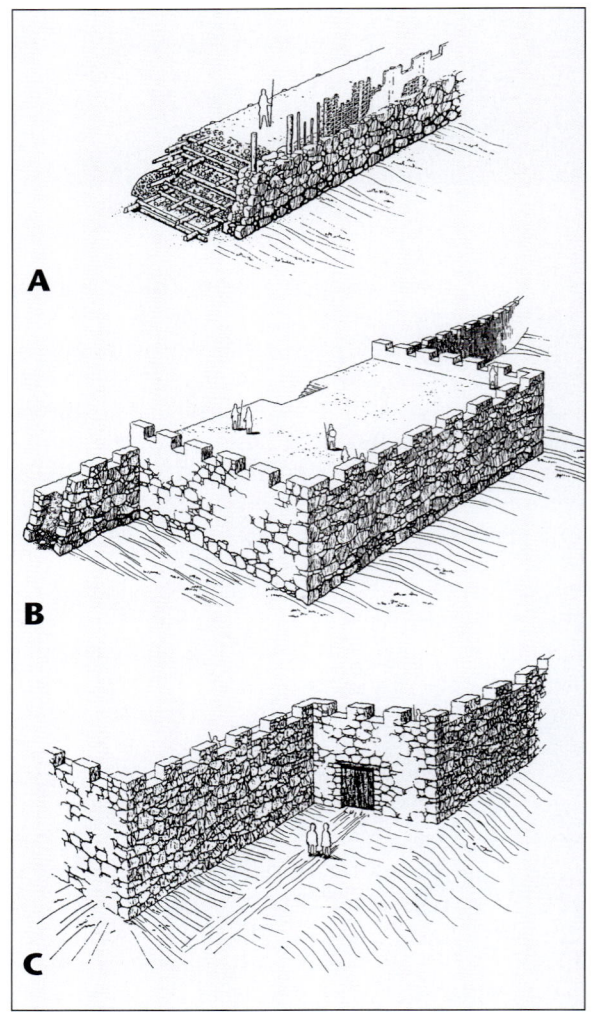

Nach den archäologischen Befunden und Funden, Grabungen von K. Schwarz fanden 1961 bis 1976 statt, muß die Burg um 800 errichtet worden sein, dafür spricht auch die Lage in ihrem archäologisch-historischen Kontext, im karolingischen Ausbaugebiet. Die karolingische Burg mit 2,2 ha Innenfläche umschloß hufeisenförmig einen im Südosten durch einen Steilabhang geschützten Talsporn, die Befestigung bildete vergleichbar Roßtal eine Holz-Erde-Konstruktion mit vorgeblendeter Trockenmauer von durchschnittlich 3 m Breite. Die Befestigung erfuhr in ottonischer Zeit einen gravierenden Um- und Ausbau. Zum einen wurde die alte Befestigung verstärkt bzw. neu errichtet, nun als 1 bis 2 m breite Schalenmauer in Mörtelbauweise und mit Türmen von 6 x 9 m bzw. 12 x 19 m Ausmaß gesichert. Zum anderen riegelte man den südwestlichen Teil des Talsporns rechtwinklig ab und gliederte so das vormals 2,2 ha große Burgareal jetzt in eine 0,2 ha große Hauptburg und eine 1,9 ha große Vorburg. Auch die durchschnittlich 3 m breite Hauptburgmauer errichtete man als Mörtelmauer in Schalenbauweise. Im Nordwestbereich befand sich in der Quermauer ein Tor, durch das ein 2 m breiter Weg mit dichter Steinrollierung in die Hauptburg führte.

Im Vorburgareal lag ein Gräberfeld, die bislang bekannten 35 Bestattungen mit teils wertvollen Beigaben, wie Emailscheibenfibeln, verteilen sich auf zwei bis drei Gruppen. Die Bestatteten lagen in meist ovalen Grabgruben, bei einigen sind Totenbretter und rechteckige Holzsärge

Der heutige Ort Oberammerthal verrät nicht mehr viel über seinen geschichtsträchtigen Untergrund. In der Bildmitte links steht die Liebfrauenkirche, rechts darüber der Standort der St. Nikolaus-Kirche.

Baugeschichte der Liebfrauenkirche von Oberammerthal mit Rekonstruktion:
A Bauphasen:
1: 10. Jahrhundert
2: 11. Jahrhundert
3: spätes 11./12. Jahrhundert
4: 13./14. Jahrhundert.

B Rekonstruktion der Liebfrauenkirche des 11. Jahrhunderts.

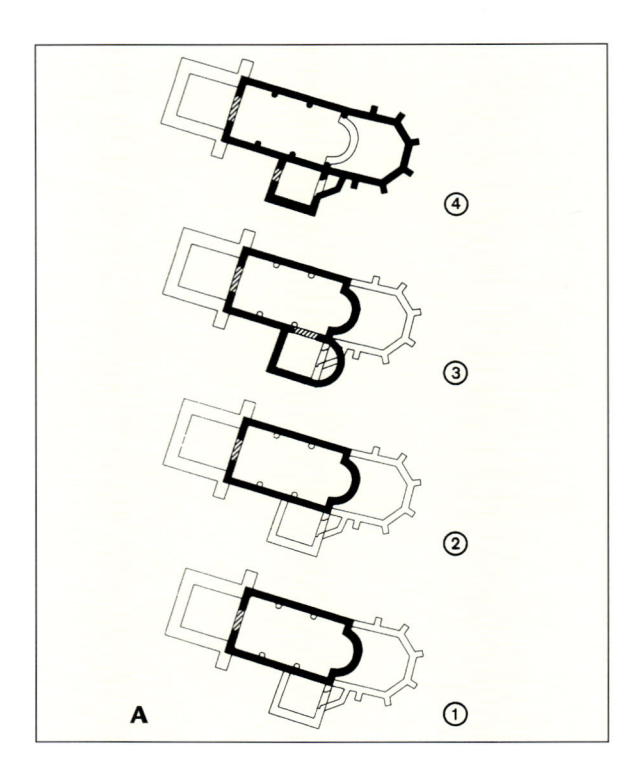

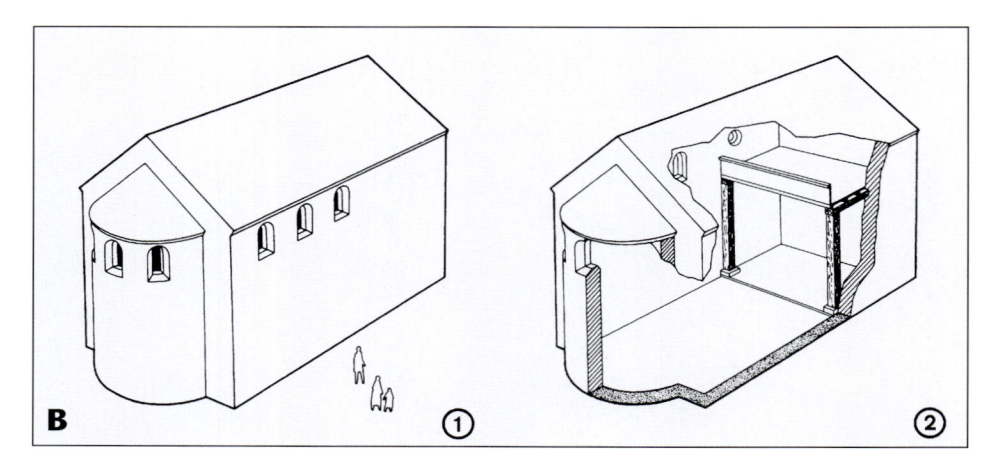

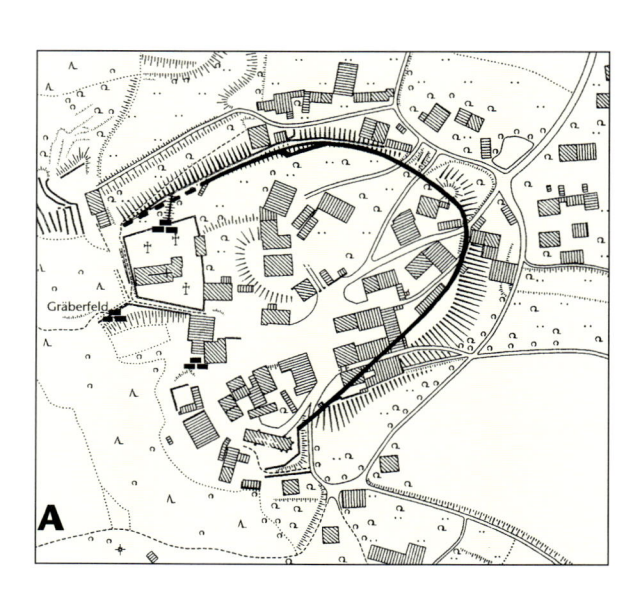

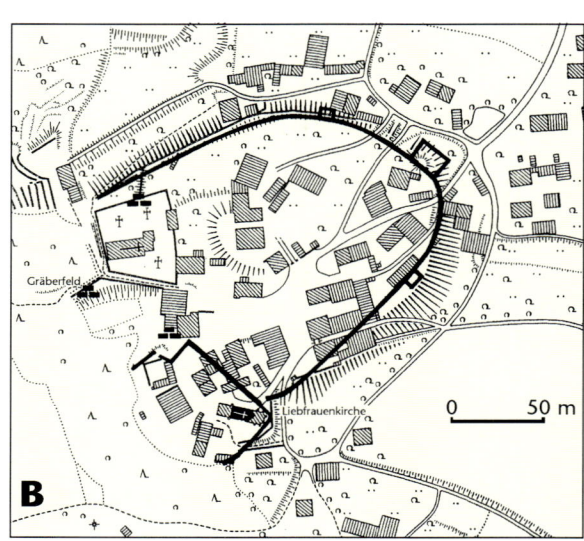

Entwicklung der Burg von Oberammerthal.
A Karolingische Burg,
B Ottonische Burg mit Haupt-, Vorburg und Kirche,
C Hofbezirk mit Kirche nach 1000,
D Spätmittelalterlicher Ort mit Schloß, St. Nikolaus- und Liebfrauenkirche.

überliefert. Grab 6 enthielt eine runde Scheibenfibel mit roten und dunkelblauen Emaileinlagen, Grab 7 eine quadratische Fibel mit dunkelblauen und grünlichen Emaileinlagen. Darüber hinaus zeigen Pfostenstellungen eine ebenerdige Bebauung mit Pfostenbauten an, vielleicht für Handwerkersiedlungen oder Truppenunterkünfte und Vorratsmöglichkeiten. In der Hauptburg ist für die ottonische Zeit eine Kirche belegt, ein in Stein ausgeführter Hallenbau mit halbrunder Apsis von 5,8 x 10 bis 10,4 m Innenraum. Sie stellte das kirchliche Zentrum in der Schweinfurter Grafenburg Oberammerthal dar und stand bezeichnenderweise in etwas erhöhter Lage vor dem Steilhang in der Hauptburg. Bei der Einnahme der Burg 1003 wurde auch die Kirche eingerissen, worauf ein Brandhorizont hinweist, bald darauf wurde sie jedoch in den gleichen Grundmaßen wieder neu errichtet. Im Planiermaterial der ersten Burgkirche unter dem Laufniveau der zweiten Kirche fand sich ein zwischen 1039 und 1042 in Regensburg geprägter Denar Heinrichs III., der den Wiederaufbau der Kirche datiert. Erst im späten 11. oder 12. Jahrhundert erfuhr die Kirche dann eine Erweiterung durch einen südlichen Kapellenanbau.

Sicherlich darf man sich in der Hauptburg neben der Kirche und anzunehmenden Verwaltungsgebäuden auch noch Wohngebäude für die gräfliche Familie und vielleicht auch einen Saalbau vorstellen, gehörte Ammerthal doch spätestens in der 2. Hälfte des 10. Jahrhunderts den Grafen von Schweinfurt. Ammerthal, ihre südlichste Burg an einem Zufluß der Vils, bildete einerseits für die Schweinfurter eine wichtige Verbindung zum Bistumssitz Regensburg, wo sie weiteren Besitz hatten, andererseits das machtpolitische Rückgrat ihrer Markgrafenschaft im bayerischen Nordgau, den sie seit 939 innehatten. Dies erklärt auch den machtvollen Ausbau der Burg in dieser Zeit mit einer Mörtelmauer und Türmen davor, die Errichtung einer abgetrennten Hauptburg mit Kirche.

Die archäologischen Quellen, auf der Burg fanden langjährige Grabungen statt, vermitteln ein eindrucksvolles Bild von der Eroberung und Schleifung der Burg. So sind flächige Brandspuren im Bereich der Vorburgmauer, insbesondere in Turm 2, zu nennen, ferner noch im Nordwestbereich vor der Hauptburgmauer ein Brandhorizont, der teilweise von der jüngeren Hofmauer überbaut war. In der Brandschicht lag ein Silberdenar König Heinrich II. 1002/ 1009 aus der Münzstätte Regensburg, der mit dem historisch überlieferten Zerstörungsdatum übereinstimmt. Darüber hinaus zeigen die Funde aus dem nördlichen Vorburgareal an, daß hier die Nutzung des Geländes mit dem 10. Jahrhundert weitgehend endet, d. h. dieser Bereich wurde nach der Zerstörung aufgegeben. Zudem bestätigen im Hauptburgbereich die nachfolgende Befestigung und der Wiederaufbau der Kirche diesen Zeitansatz, so daß die Eroberung und Schleifung der Burg 1003 gesichert ist.

Nach der Auflehnung gegen den König wurde die Herrschaft der Schweinfurter zerschlagen und ihre Burgen zerstört. Mit ihrem Niedergang war auch das Schicksal der Oberammerthaler Burg besiegelt, auch wenn es wohl unter dem letzten Schweinfurter Otto – *Mit Haus saz er datz Ammerthal* – noch zu einer neu errichteten Befestigung kam. Diese wurde jedoch stark reduziert und bedeutend schwächer ausgeführt, sie erfüllte jetzt sicherlich keine landespolitischen Aufgaben mehr und diente nach dem Tod Ottos 1057 nachweislich im Dienste verschiedener Adelsgeschlechter als Ministerialensitz.

Der Hofbezirk bestand bis in das 13./14. Jahrhundert hinein. Wenig später errichtete man die Pfarrkirche St. Nikolaus und gründete im ehemaligen Vorburgareal das Schloß als neuen Herrensitz.

P. Ettel

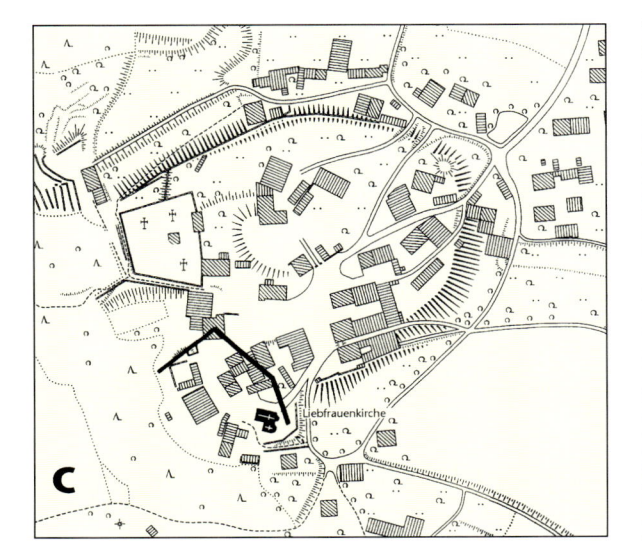

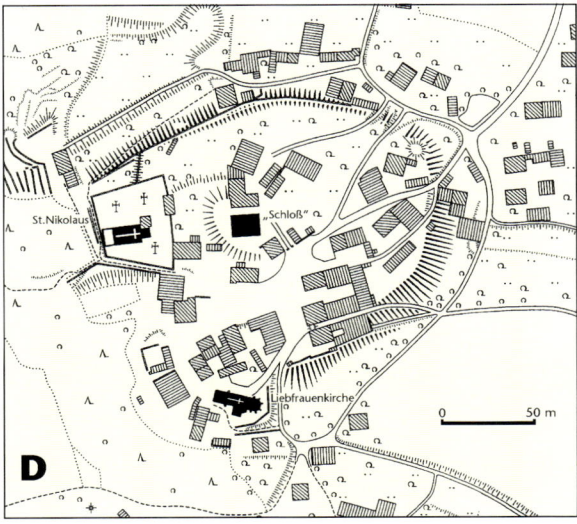

1 bronzene Adlerfibel aus Vorburgbereich,
2 Bronzene Rechteckfibel mit blauen und grünen Emaileinlagen aus Grab 7,
3 Bronzene Scheibenfibel mit roten und blauen Emaileinlagen aus Grab 6,
4 Prägefrischer Denar Heinrich III., geprägt 1039 und 1042 in Regensburg aus Planierschicht der ersten Burgkirche (Liebfrauenkirche),
5 Denar König Heinrich II., geprägt zwischen 1002 und 1009 in Regensburg aus Brandschicht vor Hauptburgmauer, M. ca. 1:1.

Literatur:
K. Schwarz, Die frühmittelalterlichen Anfänge im Ldkr. Amberg-Sulzbach nach den archäologischen Quellen. In: Im Spiegel der Zeiten. Der Landkreis Amberg-Sulzbach (Amberg 1978) 59 ff.
P. Ettel, Karlburg - Roßtal - Oberammerthal. Studien zum frühmittelalterlichen Burgenbau in Nordbayern. Frühgeschichtliche und provinzialrömische Archäologie. Materialien und Forschungen Bd. 3 (Espelkamp 1999).
P. Ettel, Die Eroberung der Schweinfurter Burgen in historischer und archäologischer Überlieferung. Château Gaillard 1998 (im Druck).

Reichsburg und Lamberg bei Cham
Sammel- und Rückzugsort in den Böhmenfeldzügen

Thietmar von Merseburg nennt zum ersten Mal Cham im Zusammenhang mit den Böhmenfeldzügen 976, als Kaiser Otto II. sich nach seiner Niederlage bei Pilsen in die *civitas Camma* zurückzog. 64 Jahre später, nämlich 1040, sammelte beim *castrum Kamb* Kaiser Heinrich III. sein Heer gegen die Böhmen. Die Bedeutung des Standortes Cham in den Unternehmungen gegen Böhmen, die Lage an der wichtigen Handels- und Heerstraße nach Pilsen und Prag tritt dabei deutlich zutage. Wie Nabburg besaß auch Cham eine Münzstätte, denn aus der Zeit Heinrichs II. sind Denare mit der Aufschrift *Champa civitas* bekannt. Schließlich war Cham Mittelpunkt der zunächst von den Schweinfurtern, später von den Diepoldern verwalteten Grenzmark marcha Champie (1056), bereits 1050 als *pagus Campriche* überliefert. Schon um die Mitte des 8. Jahrhunderts bestand hier eine *cella ad Chambe*, das spätere Chammünster, dessen Land 740 oder 748 Herzog Odilo dem ersten Regensburger Bischof Gaubald übergab. Eine Markbeschreibung liegt von 819 vor.

Die ehemalige Reichsburg Cham, Mittelpunkt der *civitas Camma,* ist auf dem Südhang des Galgenberges über dem Steilufer des Chamb- und Regentales zu lokalisieren. Ein bis zu 7 m hoch erhaltener Wall mit vorgelagertem Graben umschließt eine Fläche von 300 x 180 m. Die Baugeschichte verlief nach den Grabungen von 1938 durch K. H. Wagner und 1976 durch K. Schwarz, wenngleich noch nicht endgültig abgesichert, wohl mehrphasig. Etwa um 800 befestigte man das Areal mit einer über 2 m breiten Mauer, die später, vielleicht in der Zeit der Ungarneinfälle oder im 11. Jahrhundert, mit einem breiten Erdwall überschüttet wurde. Lesefunde vom Galgenberg datieren in das 9. bis 12. Jahrhundert, im Nordostbereich fand sich 1982 ein Hortfund von Bleirohlingen. Im Südostbereich der Burg entdeckte man 1938 einen kleinen, quadratischen Steinbau, die mutmaßliche, 1210 belegte Kapelle St. Georg, nach der 1283 der Burgbereich Sankt Georgsberg genannt wird. Spätestens 1204, als die Mark in die Hand der Wittelsbacher gerät, wird die Reichsburg ihre ursprüngliche Bedeutung verloren haben.

In welchem Verhältnis zur Reichsburg die Befestigungen auf dem Lamberg südlich der Regen standen, ist bislang immer noch ungeklärt. Es handelt sich hierbei um eine hoch gelegene, mehrphasige, von H. Wulf 1965 entdeckte Ringwallanlage, von der eine Sichtverbindung bis zur Schanze bei Traitsching besteht. Die älteste Anlage I mit einer Fläche von etwa 22 ha, ebenso die baugeschichtlich jüngere Anlage II mit 4 ha, sind bisher nicht näher datierbar, ein vorgeschichtliches Alter ist nicht auszuschlie-

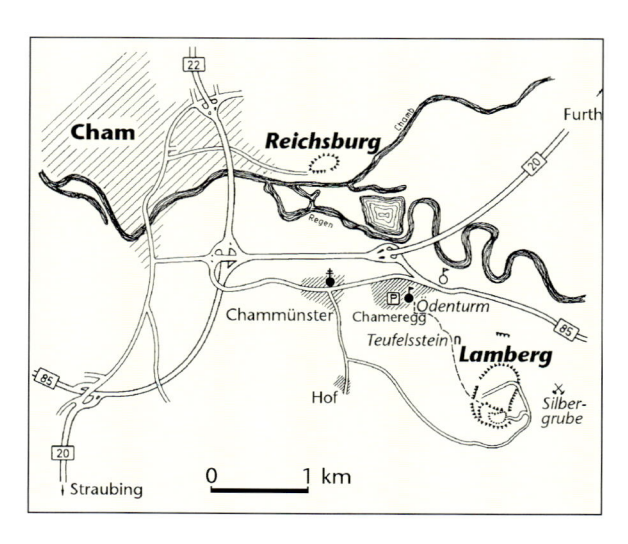

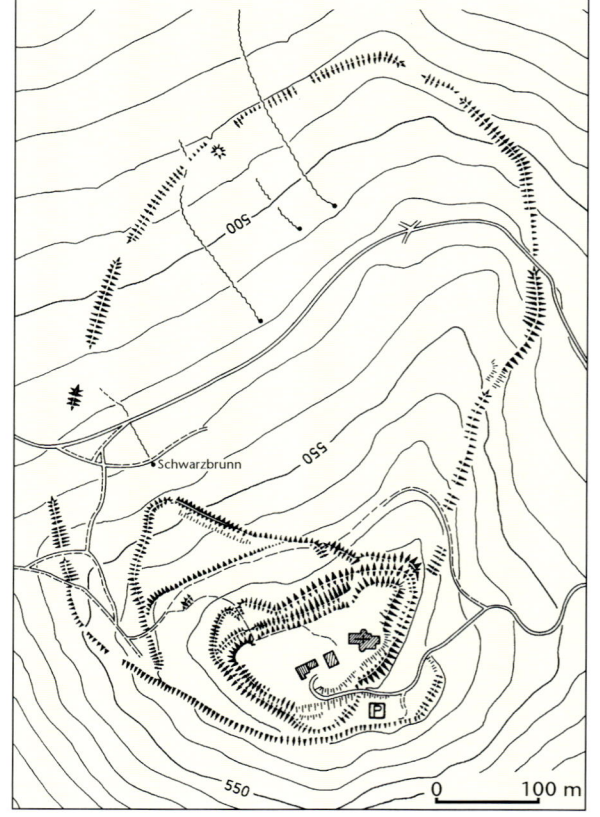

rechts innen:
Plan der Ringwallanlagen auf dem Lamberg.

rechts:
Übersichtsplan zu Cham mit den beiden Befestigungen Reichsburg und Lamberg.

Am unteren linken Bildrand befindet sich die Reichsburg, die das Regental (Bildmitte) und den Weg nach Böhmen beherrschte.

links unten:
Plan der Reichsburg Cham auf dem Galgenberg mit eingetragenen Grabungsschnitten von 1938 und 1976.

ßen. Die Befestigung III, auf dem Gipfel des Lamberges mit 165 x 75 m Ausdehnung, ringsum steil abfallenden Seiten, doppelten Wällen, Mörtelmauer, Hanggräben und Zangentor im Nordwesten, ist dagegen nach Form und Funden sicherlich in frühmittelalterliche, vermutlich spätkarolingisch-/ottonische Zeit zu datieren. Obgleich der Lamberg in der Markbeschreibung von 819 nicht eigens genannt wird, ist die Befestigung auf dem Lamberg vielleicht in Verbindung mit dem 2 km entfernten Kloster Chammünster als deren Schutz zu sehen, soll die Klosterzelle Cham doch während der Ungarneinfälle zerstört worden sein. Zu Beginn des 12. Jahrhunderts spielte die Befestigung auf dem Lamberg keine entscheidende Rolle mehr. Spätestens 1135 geriet der Lamberg in den Besitz des Benediktinerklosters Reichenbach, eine Urkunde von 1359 nennt dann die Wallfahrt *Sand Walpurgen*, eine entsprechende Kapelle der hl. Walpurgis auf dem *purkstall Lamperc* ist erstmals 1470 belegt.

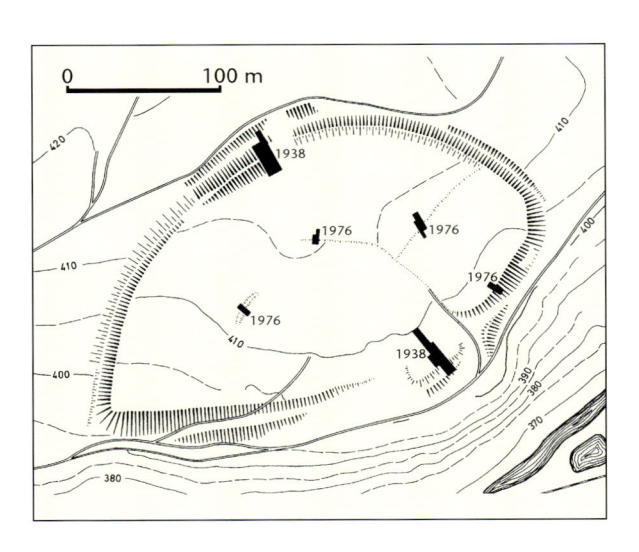

P. Ettel

Literatur:
H. Wolf, Die Ringwallanlagen am Lamberg bei Cham in der Oberpfalz. Verhandlungen des Historischen Vereins für Oberpfalz und Regensburg 107, 1967, 139–160.
Ders., Der Galgenberg bei Cham in vor- und frühgeschichtlicher Zeit. Der Bayerwald. Zeitschrift des Bayerischen Waldvereins 63/2, 1971, 52–63.
A. Stroh, Die vor- und frühgeschichtlichen Geländedenkmäler der Oberpfalz. Materialhefte zur bayerischen Vorgeschichte. B 3 (Kallmünz/Opf. 1975) 146–147; 319.
R. Koch, Ein Hortfund von Bleirohlingen aus der Schwedenschanze bei Cham, Lkr. Cham. Jahresbericht der bayerischen Bodendenkmalpflege 34/35, 1993/94, 240–247.

Schloßberg
Burg und Hauskloster der Grafen von Ebersberg

Ebersberg liegt im bayerischen Voralpenland etwa 35 km östlich von München.
Eiszeitliche Ablagerungen alpiner Gletscher zeigen sich heute als rippen- oder wallartige Erhebungen im Gelände. Bei Ebersberg führte diese Endmoränenbildung zur natürlichen Versteilung des Schloßberges auf drei Seiten, so daß ein rippenartiger Bergsporn entstand. Dieser Höhenzug bot später nahezu ideale Voraussetzungen für die Errichtung einer Befestigung. Die gesamte Ostseite des Schloßberges fällt um ca. 30 m gegen die Niederung des Ebrachtales ab. Der auf der Südseite noch heute steil abfallende Sporn war im 10. Jahrhundert vermutlich über seine gesamte West- und Nordseite durch einen mächtigen, bis zu 5 m breiten Halsgraben abgeriegelt. Die Burg der Ebersberger Grafen zählte im 10. Jahrhundert zu einer Gruppe großer Dynastenburgen, wie sie etwa auch in Bamberg, Schweinfurt oder Sulzbach mit vermörtelten Massivmauern bewehrt waren. Anders als bei den sogenannten Ungarnrefugien ist von einer ständigen Belegung dieser Anlagen auszugehen.

Die unter Abt Williram (1048–1085) im Ebersberger Hauskloster entstandenen Traditionen bieten ungewöhnlich gute Möglichkeiten zur Verknüpfung der archäologischen Befunde mit den schriftlichen Quellen. Sie erwähnen einen *Sigihard* als Spitzenahn des Grafengeschlechtes von Sempt/Ebersberg. Aus genealogischen Erwägungen könnte ihm ein zwischen 837–855 genannter Graf *Ratolt* vorausgehen. *Sigihard* ist mehrmals als *Consanguineus* (Blutsverwandter) des späteren Kaisers Arnulf von Kärnten (899) belegt und erhielt von ihm das königliche Fiskalgut Sempt an der noch 1050 als „halwec" bezeugten Salzstraße. Im 9. Jahrhundert hatte *Sigihard* im Gebiet nördlich und südlich des Ebersberger Forstes schon eine beträchtliche grundherrschaftliche Machtkonzentration erreicht, und seinen Nachfolgern gelang es dann, durch den Erwerb der Markgrafschaft Kärnten diese Position noch zu stärken.

1978/79 wurden Ausgrabungen auf dem Sporn südlich der Sebastianskirche durchgeführt. Die wichtigsten Ergebnisse betreffen die ottonischen Befestigungen der Burg und die Klausur des ersten Klosters.

In die Zeitspanne unmittelbar nach der Gründung der Burg Ebersberg, die vielleicht mit den Nennungen des ersten Grafen *Ratolt* zusammenfällt, sind Holzpfosten und Pfostengruben mit Steinverkeilung, ein eingetieftes Holzhaus sowie ein Bestattungshorizont zu datieren. Die Mehrzahl der Gräber, die auch eine frühe Burgkirche unter St. Sebastian vermuten lassen, enthielt weder Beigaben noch Trachtbestandteile. In Grab 24 fand sich allerdings ein Paar bronzener Schläfenringe, die durchaus schon in der Frauentracht des 8. Jahrhunderts üblich waren. Man wird deshalb von einer frühen Kirche und wohl auch von einer ersten hölzernen Befestigung des Platzes in karolingischer Zeit ausgehen dürfen. Die in der Ebersberger Chronik erwähnte erste Befestigung des Schloßberges, der dort als *„flexa silva munitur"* bezeichnet wird, deutet sich möglicherweise in einigen mächtigen Pfosten an der westlichen Hangkante an. Ein in dieser ersten Phase vor 928/934 errichtetes Holzgebäude fällt durch seine ungewöhnlichen Ausmaße von ca. 10 m x 7 m auf. Bei seiner Errichtung wurde es mindestens teilweise in der Art eines Grubenhauses eingetieft. Die Orientierung dieses Holzbaus wurde von den späteren Konventsgebäuden übernommen. Im Südwesten und Osten der Anlage schließt eine Brandschicht die ältesten Befunde ab. Dabei könnte es sich um eine Zerstörung im Zuge der Ungarneinfälle handeln. Das Ende der Holzbauphase wäre dann aus historischen Gründen wohl um 910/915, spätestens aber vor 926, anzusetzen.

Graf Eberhard ließ 928 einen Kirchenneubau beginnen, der schon 934 vollendet werden konnte. Für 933/34 berichtet die Chronik auch vom Ausbau der Burgbefestigung gegen die Ungarngefahr.

Von der ersten steinernen Burgbefestigung war noch ein ca. 2 m breiter Fundamentstreifen aus vermörtelten Rollsteinen erhalten. Sie verlief auf der Westseite des Schloßberges in nordwestsüdöstlicher Richtung parallel zum Halsgraben. Bald nach der Errichtung muß es zu statischen Problemen an der neuen Wehrmauer gekommen sein, die mindestens teilweise zum talseitigen Abrutschen der ersten Steinmauer führten. Daraufhin wurde durch Abplanierung der ältesten Schichten der Hang künstlich versteilt. Anschließend wurde die zweite, etwa 1,5 m breite Wehrmauer auf einer Abtreppung im Versturz der ersten Mauer errichtet. Stellenweise war sie noch bis zu drei Lagen hoch erhalten, wobei die beiden Außenschalen aus behauenen

Übersichtsplan der Burg von Ebersberg.

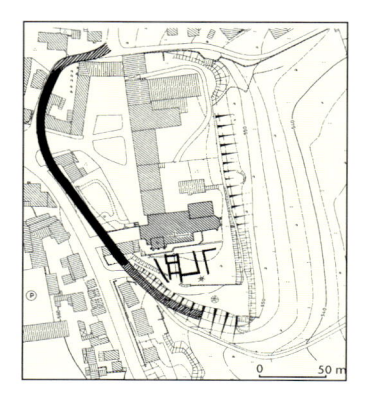

Bronzener Schläfenring aus Grab 24; Dm. 3,2 cm.

Im heutigen Ortskern von Ebersberg sind zwar noch Reste der spätmittelalterlich-barokken Klosteranlage zu finden, aber von der frühmittelalterlichen Burganlage zeugen nur noch unterirdische Spuren.

Tuffsteinen aufgeführt waren. Auf der Innenseite der Wehrmauer wurde ein 2,5 m breiter, gepflasterter Burgweg angelegt.

Der Ausbau der Burgbefestigung in Ebersberg fällt zeitlich mit der Burgenordnung König Heinrich I. (919–936) und dem Waffenstillstand des sächsischen Königs mit den Ungarn (926–935) zusammen. Ihre Ausführung als massive, vermörtelte Steinbefestigung unterstreicht die herausgehobene Bedeutung des Platzes in einer Zeit, in der Holz-Erde-Befestigungen und andere Mischbauweisen vielerorts noch das Bild des mitteleuropäischen Befestigungsbaus dominieren. Die vermörtelte Massivbauweise bleibt weitgehend königlichen Burgen und Pfalzen (Magdeburg), gräflichen Mittelpunktsburgen und bedeutenden Reichsklöstern (Hersfeld) vorbehalten. Selbst in der 974 als „curtis imperatoria" bezeichneten Pfalz Tilleda existieren am Ende des 10. Jahrhunderts Steinbefestigungen neben Holz-Erde-Konstruktionen.

Ab 928 erfolgte der Neubau der Klostergebäude auf der Südseite von St. Sebastian. Im Ebersberger Cartular wird Graf Eberhard I. als „primus institutor Eberspergensis monasterii" und damit als eigentlicher Gründer des Klosters bezeichnet. Die Wahl der Patrozinien Maria, Sebastian, Cyriacus, Vitus und Martin zeigt Bezüge zu fränkischen bzw. sächsischen Kirchenpatronen und spiegelt die herausgehobene Stellung und Orientierung der Grafen von Ebersberg innerhalb des ottonischen Reichsadels. Der Grundriß der Klausurgebäude konnte in Ausbruchgruben und vermörtelten Geröllfundamenten weitgehend wiedergewonnen werden. Die zwischen 934 und 970 errichteten Konventsgebäude gruppierten sich demnach um einen Kreuzgang mit einem im Osten anschließenden, größeren Gebäude, das eventuell als Kapitelsaal anzusprechen ist.

Das neugegründete Kloster wurde zunächst wohl mit Kanonikern ohne feste Regel besetzt. Erst 970 gelang es Graf Ulrich, die Kirche des Hausklosters in angemessener Weise weihen zu lassen. Seit 990 bekannte sich der Konvent zur Regel des hl. Benedikt, und als 1039/40 Kaiser Heinrich III. ihm „Immunität und freie Wahl von Abt und Vogt" bestätigte, hatte das Kloster seine größte Blütezeit erreicht.

Schon wenig später büßte die Burg ihre überregionale Bedeutung ein. Der Tod Adalberos II. (1045), dessen Ehe mit der Welfin Richlind kinderlos geblieben war, bedeutete das Ende des Ebersberger Geschlechtes im Mannesstamm. Schon ihm schreiben die älteren Quellen die Schleifung der Burgbefestigung und das Niederlegen der ersten Klosteranlage zu. Tatsächlich kam es aber erst im 14. Jahrhundert zur Verfüllung des mächtigen Halsgrabens. 1314 waren die alten Regalien verloren und an die Wittelsbacher Herzöge gefallen. *J. Haberstroh*

Literatur:
W. Sage, Ausgrabungen in der ehemaligen Grafenburg zu Ebersberg, Oberbayern, im Jahr 1978. Jahresber. Bayer. Bodendenkmalpfl. 21, 1980, 214–229.
Ders., Ausgrabungen an mittelalterlichen Burgen Südbayerns. Arch. Korrbl. 11, 1981, 255–271.

Roßtal
die königliche Burg *Horsadal*

Die über 5 ha große Burg Roßtal ist durch ihre Topographie auf einem Terrassensporn und ihre verkehrsgünstige Lage an einem Zufluß der Rednitz ausgezeichnet. Die Rednitz bot einen, wie historisch belegt, auch von Karl dem Großen genutzten Verbindungsweg nach Süden über den Karlsgraben zur Donau mit dem 719 zum Bistumssitz erhobenen Regensburg. Die historischen Quellen belegen erst für 954 eine Burg namens *Horsadal* in Roßtal, die in luidolfingischer Hand der Belagerung König Ottos I. widerstand. Diese Schlacht um *Horsadal* fand am 17. Juni 954 statt. Nach Ausweis der archäologischen Quellen, in der Burg fanden in den 60er, 70er von K. Schwarz und 90iger Jahren von R. Koch großflächige Grabungen statt, bestand die Burg aber bereits sicherlich in karolingischer Zeit, sie dürfte um 800 errichtet worden sein, dafür spricht auch das Umfeld und die Lage der Burg im karolingischen Ausbaugebiet. Die Bewehrung der karolingischen Burg bildete eine Holz-Erde-Stein-Konstruktion mit vorgeblendeter Trockenmauer, davor ein Spitzgraben. Die Bewehrung setzte sich im Kern aus einer auf der alten Oberfläche errichteten Holz-Erde-Konstruktion von 4,4 m Breite zusammen, von der an mehreren Stellen noch Holzverfärbungen beobachtet werden konnten. Die Hölzer verliefen rechtwinklig zur Mauerfront parallel zueinander, Querhölzer riegelten die Holzkonstruktion auf der Rückfront zum Innenraum hin ab. Auf der Rückseite schloß sich ein rampenähnlicher Erdsockel von 1,1 m Breite und 0,6 m Höhe an, in den die Holzkonstruktion hineinreichte. Auf der Vorderfront war eine Trockenmauer von durchschnittlich 0,8 m Breite vorgeblendet. Die hölzernen Queranker reichten bis in diese Trockenmauerfront hinein und stabilisierten so die Konstruktion mit einer mittleren Gesamtbreite von 6 m. Die Bewehrung entlang der Steilböschung hatte man in gleicher Art und Weise errichtet, doch mit einer durchschnittlichen Breite von 5 m etwas schmäler ausgeführt als an der besonders gefährdeten Stelle im Südosten. Vor der Mauer im Südostbereich verlief eine durchschnittlich 5,5 m breite Berme, davor ein etwa 12 m breiter und 3,5 m tiefer Spitzgraben.

In der 1. Hälfte des 10. Jahrhunderts wurde die Befestigung verstärkt, indem man der alten Trockenmauerfront eine ca. 1,1 m breite Mörtelmauer vorblendete. Es handelte sich um eine

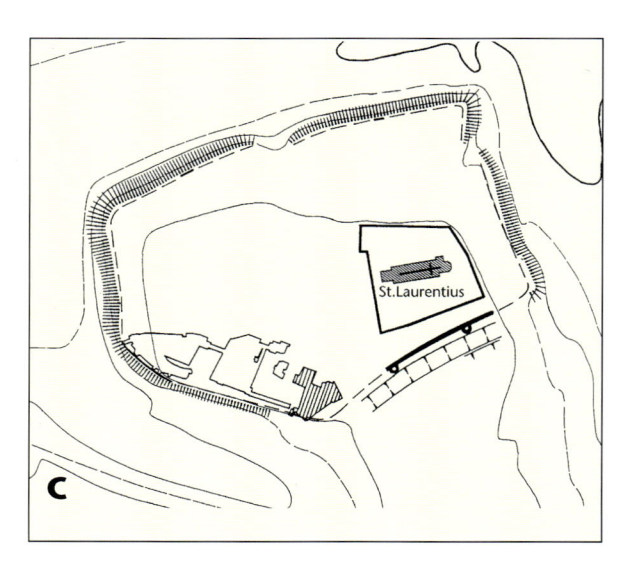

Die Burg von Roßtal:
A karolingisch.,
B ottonisch. Pfostenbebauung (schwarz), handwerklich genutzter Bereich (schraffiert),
C Nutzung nach 1000 (schraffiert), St. Laurentius-Kirche.

Zweischalenmauer mit einer massiven, gemörtelten Außenfront aus einreihig gesetzten, größeren Steinen, die als innere Schale, soweit noch intakt, die Front der alten Trockenmauer weiternutzte. Den Zwischenraum verfüllte man mit kleinen Steinen in lockerem Lehm-Mörtel- oder auch reinem Mörtelguß. Die gesamte Breite der steinernen Mauerfront vor der Holz-Erde-Konstruktion betrug nun zwischen 1,7 und 2 m. Gleichzeitig mit Erbauung der Mörtelmauer ging eine Verbreiterung auf der Rückfront einher mit einer einfachen, gleichmäßig von der älteren Mauer zum Innenraum hin abfallenden Erdanschüttung. Im Südosten erreichte die rückwärtige Mauerverbreiterung 3 m, entlang der Randbefestigung fiel diese Verbreiterung mit 2,2 bis 2,6 m etwas geringer aus. Die Gesamtbreite der Mauerkonstruktion erreichte bei der Plateaubefestigung im Südosten durchschnittlich 10 m, im Bereich der Randbefestigung knapp 9 m. Im besonders gefährdeten Bereich zur Hochfläche hin errichtete man zusätzlich einen Turm von 10 x 8 m, verbreiterte den Graben auf 15 m und hob noch einen vorgelagerten, zweiten Graben aus.

Diese jüngere Befestigung wird Otto I. nach der Reichsversammlung am 16. Juni 954 im 12 km nördlich gelegenen Königshof von Zenna (Langenzenn) vorgefunden und in der Schlacht am 17. Juni 954 belagert haben. Nach dem Geschichtsschreiber Widukind von Corvey stieß König Otto bei der Verfolgung Liudolfs auf Roßtal, und hier kam es dann zu einer harten Schlacht, die infolge der Nacht unentschieden endete. Niemand habe je einen härteren Kampf *circa murum* gesehen. Die Verluste waren auf beiden Seiten groß, der unentschiedene Kampf dauerte bis in die Dunkelheit hinein. Am nächsten Morgen führte Otto I. das schwer angeschlagene Heer nach Regensburg weiter. Vielleicht haben auch die Ungarn diese große Befestigung ein Jahr danach (955) berannt, wie Veit Arnpeck berichtet.

Der Innenraum der Burg war bereits in karolingischer Zeit großräumig genutzt und strukturell gegliedert. In großflächig aufgedeckten Gra-

Von der mächtigen frühmittelalterlichen Burg ist heute im Stadtbild von Roßtal nichts mehr zu erkennen.

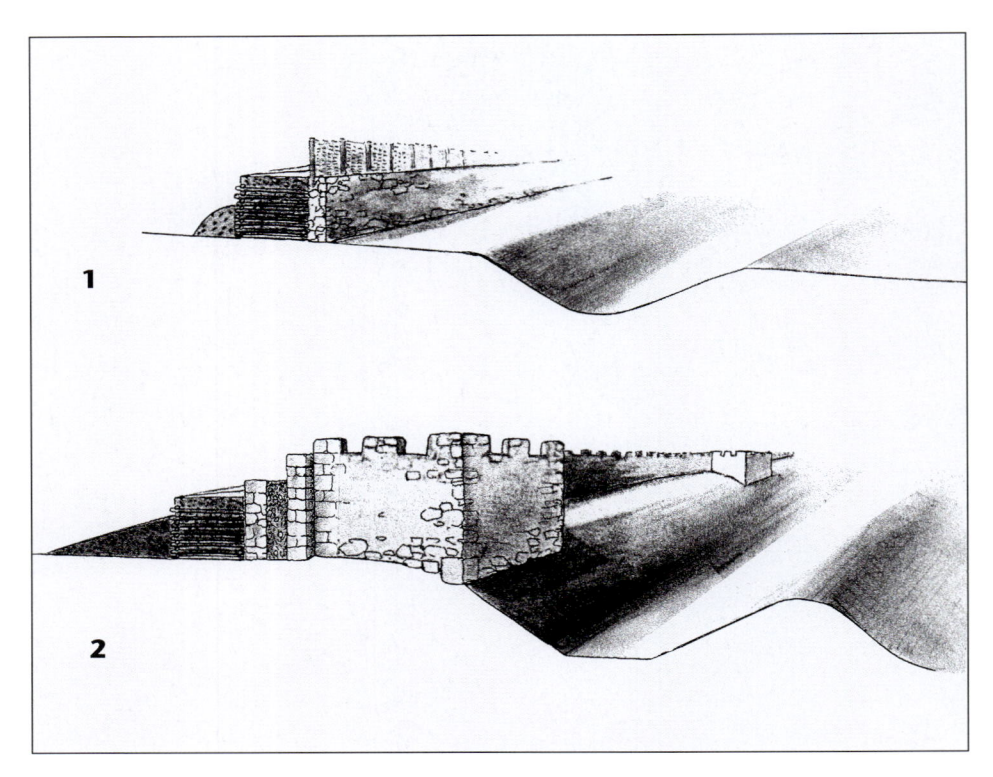

oben: Rekonstruktion der karolingischen (1) und ottonischen (2) Befestigungsphase.

rechts oben: 1 Zwei Gefäße bei Grubenhaus 1. – 2 Silberpfennig aus dem 16. Jahrhundert. – 3 Silberdenar Otto I. und Erzbischof Bruno, geprägt zwischen 962 und 973 in Köln. – 4 Silberdenar Bischof Bruno, geprägt zwischen 1034 und 1040 in Würzburg. – 5 sogenannter Händleinspfennig, etwa aus der Zeit Karls IV. (1347-1378) geprägt in Schwäbisch-Hall.
1 M. etwa 2:5; 2–5 M. 2:1.

Literatur:
K. Schwarz, Der frühmittelalterliche Landesausbau in Nordost-Bayern – archäologisch gesehen. In: K. Böhner (Hrsg.), Ausgrabungen in Deutschland 1950–1975. Monogr. RGZM 1,2 (Mainz 1975) 338 ff.
P. Ettel, Karlburg – Roßtal – Oberammerthal. Studien zum frühmittelalterlichen Burgenbau in Nordbayern. Frühgeschichtliche und provinzialrömische Archäologie. Materialien und Forschungen Bd. 3 (Espelkamp 1999).

bungsarealen zeigt sich eine funktionale, planmäßig angelegte Gliederung des Innenraums mit vor allem handwerklich genutzten Bereichen – Grubenhäusern und Arbeitsgruben, darunter eine Werkstätte für Geweihbearbeitung – und Arealen mit ebenerdiger Pfostenbebauung. Radial von der Rückfront der Mauer wegführende Zaungräbchen gliederten das Flächenareal im Südwesten in drei funktionale Bebauungseinheiten mit Heuspeichern oder Wohnbauten, Speichern und vielleicht Ställen/Scheunen, die man über die gesamte Nutzungszeit mit einer mindestens dreiphasigen Bebauung bis zur Aufgabe in der 2. Hälfte des 10. Jahrhunderts beibehielt. Im Zentrum der Burg wird eine später bezeugte Kirche gestanden haben, in diesem Burgareal wird man sich die verwaltungsmäßigen Einrichtungen der Burg vorzustellen haben, zu denen neben verschiedenen Gebäudekomplexen für administrative Handlungen sicherlich auch Repräsentationsgebäude aus Stein gehört haben dürften. Ein Gräberfeld fand sich außerhalb der Befestigung auf dem südlichen Teil des zum Hinterland sich öffnenden Terrassensporns, in dessen Bereich vermutlich ein Weg durch eine Toranlage in die Burg führte.

Was mit Roßtal nach der Belagerung durch Otto I. geschah, darüber schweigen die historischen Quellen für das ausgehende 10. Jahrhundert und das frühe 11. Jahrhundert. Nach Ausweis der archäologischen Befunde und Funde bestand die Burg nach 954 nicht mehr allzulange, große Areale der Burg wurden sicherlich aufgegeben. Ein weiterbestehender Kern konzentrierte sich aber um den Standort der St. Laurentiuskirche, die den historischen Quellen nach zwischen 1024 und 1040 von Irmingard von Hammerstein gegründet wurde und im späten Mittelalter und der beginnenden Neuzeit wegen ihrer schönen und prächtigen Ausstattung gerühmt und aufgesucht wurde. In den Quellen ist nun nicht mehr von einer Burg die Rede, sondern nur noch von einem *praedium* (1048/51) bzw. *villicus* (1138–1152), einem agrarwirtschaftlichen Gut Roßtal, das als Teil eines größeren, bereits aufgeteilten Versorgungskomplexes wohl ehemals zur Burg gehörte und in der 1. Hälfte des 12. Jahrhunderts von Ministerialen im Dienste der Abenberger verwaltet wurde.

P. Ettel

Die Befestigungen am Weltenburger Frauenberg

Im nordwestlichsten Teil Niederbayerns befindet sich die malerische, cañonartige Weltenburger Enge, an deren Beginn die Donau auch den Frauenberg beim Kloster Weltenburg umspült.

Namengebend für den Frauenberg soll ein Frauenkloster sein, dessen letzte Überreste man in der romanischen Frauenbergkapelle oberhalb des Klosters vermuten. Laut der auf Aventinus zurückgehenden Inschrift an der Empore der Oberkirche soll 575 n.Chr. der hl. Rupert dort eine erste, angeblich über einem römischen Minervatempel errichtete Kapelle geweiht haben.

Der steile Donaudurchbruch in der Weltenburger Enge hat im südlichen, westlichen und nördlichen Teil des Frauenberges eine geradezu klassische Spornlage geschaffen. Das maximal 450 x 150 m große Plateau des Frauenberges liegt durchschnittlich etwa 50 m über dem Wasserspiegel der Donau, die Größe des Siedlungsgebietes beträgt etwa 7 ha. Dieses natürlich geschützte Areal wird im Südosten von dem 200 m langen, 35 m breiten und maximal 13 m hohen Wolfgangswall abgegrenzt. Der nach dem hl. Wolfgang (Bischof von Regensburg 972–994 n.Chr.) benannte, bis zu 13 m hohe Abschnittswall gehört mit seinem heutigen Erscheinungsbild jedoch nicht zu der vorgeschichtlichen Höhensiedlung, er datiert nach W. Sage in die Zeit der Ungarneinfälle des 10. Jahrhunderts n. Chr.

Dem Wolfgangswall sind drei weitere Wallanlagen vorgelagert, die ein über 50 ha umfassendes Areal eingrenzen. Vom zweiten, dem Wolfgangswall unmittelbar vorgelagerten Wall, ist im Gelände nichts mehr zu erkennen. Wesentlich besser ist der etwa 300 m lange dritte Wall auf dem Wurzberg erhalten. Er ist im Durchschnitt ca. 15 m breit und ca. 1 m hoch. Der vierte Abschnittswall bildet die äußerste Umwallung der Höhenbefestigung; bogenförmig umschließt er den Arzberg auf einer Länge von ca. 1,4 km. Dieser vierte Wall weist im Gelände noch eine Höhe von maximal 5 m auf, die Wallbasis ist durchschnittlich noch ca. 20 m breit. Spuren des Grabens haben sich nur als seichte Rinnen erhalten. Toranlagen lassen sich nicht erkennen.

Im bewaldeten Bereich des Wurzberges befindet sich innerhalb der Wallanlagen ein etwa 800 m langes und bis zu 150 m breites Schürfgrubenfeld. Da die Schürfgruben z. T. in die Wallsubstanz eingegraben sind, ist ein jüngeres Alter anzunehmen. Der Abt Maurus II. Cammermayr ließ dort nachweislich noch 1764 nach Eisenerz graben, was den vorzüglichen Erhaltungszustand des Schürfgrubenfeldes erklären könnte. Die Erforschung des Weltenburger Frauenberges im niederbayerischen Landkreis Kelheim, der zu den imposantesten Höhenbefestigungen Bayerns zählt, reicht bis in das vergangene Jahrhundert zurück.

Älteste Funde vom Frauenberg sind schon in der „Bairischen Chronik" von Aventinus (1477–1534) überliefert. 1909 legten Schefbeck und Maurer im Bereich des Klosterkreuzganges und der Schreinerei bei Grabungsarbeiten für eine Wasserleitung neben mittelalterlichen Bestattungen drei frühlatènezeitliche Körperbestattungen und im Klostergarten Siedlungsspuren der Bronze- und Latènezeit frei. Die Skelette der drei Gräber waren größtenteils durch die Aushubarbeiten schon gestört, lediglich die Nord-Süd-Ausrichtung der Toten ließ sich noch feststellen. An Bronzebeigaben kamen vier Gewandnadeln und mehrere Hals-, Arm- und Fingerringe sowie Keramikbeigaben zutage.

Im Klostergarten entdeckte J. Maurer im Oktober 1909 einen rechteckigen Siedlungsbefund, den er seinerzeit als „Wohnstätte" bezeichnete, und dessen Datierung durch Fundvermischung sehr zweifelhaft erscheint.

Die erste Plangrabung führte W. Krämer 1938 im Auftrag des Bayerischen Landesamtes für Denkmalpflege an der nordöstlichen Hangkante des Frauenbergplateaus durch; wieder fanden sich bronzezeitliche Siedlungsspuren in einer 11 x 6 m großen Grabungsfläche und die Nordwest–Südost orientierte Hockerbestattung eines 6-jährigen Mädchens, das sich anhand der Beigaben in die Frühlatènezeit (5./4. Jahrhundert v. Chr.) datieren läßt.

1966 ergab sich am Südwestende des Wolfgangswalles die Möglichkeit einer weiteren archäologischen Untersuchung, die W. Sage leitete. Am dort bereits verflachten Wallkörper legte man eine steinerne Toranlage frei, die Sage in die Zeit des historisch überlieferten Ausbaues der Befestigungsanlage, d. h. in die Zeit der Ungarneinfälle, datiert. Die Frage nach der Datierung des Wolfangswalles ist letztlich immer noch nicht eindeutig geklärt. Der Abt Benedikt Werner beschreibt in seiner Chronik des Klosters Zerstörungen durch die Ungarn für die Zeit um 907 n. Chr. Da die Amtszeit des hl. Wolfgangs erst 972 begann, kann er den Ausbau des Wolfgangswalles kaum in Auftrag gegeben haben, denn es ist schwer vorstellbar, daß nach der Schlacht auf dem Lechfeld 955 noch größere Zerstörungen durch die Ungarn stattgefunden haben sollen, die solch einen enormen Wallausbau gerechtfertigt hätten. Dennoch scheint der Wall in seiner letzten Ausbauphase mittelalterlich zu sein, da sich auf der Wallkrone Reste einer gemörtelten Mauer befinden.

Unter Leitung von K. Spindler fanden zwischen 1978 und 1980 drei Grabungskampagnen statt, die außer einigen vorgeschichtlichen Siedlungsgruben vor allem die Fundamente eines heute in Grundzügen rekonstruierten, rechteckigen Mauerbefundes erbrachten. Dieses 15 x 41 m große Gebäude hält Spindler für die Überreste eines spätantiken Kleinkastells. Besonders bemerkenswert ist die Mauertechnik. In den bis zu 1,5 m breiten Fundamentgraben legte man zunächst eine Lage sehr großer, unregelmäßiger Kalkblöcke, die mit einem Mörtelbett abgedeckt die Grundlage für regelmäßige, horizontal gemauerte Lagen ortsfremder Plattenkalke bildeten; aufgehendes Sichtmauerwerk hat sich leider nicht erhalten. Die mächtigen Mauerfundamente in der Nordecke des Gebäudes veranlaßten Christlein und Spindler zur Rekonstruktion eines Turmes, der durch seine Überhöhung eine Sichtverbindung Richtung Eining schafft. Das Gebäude datiert Spindler wegen bautypologischer Ähnlichkeiten und eines im Mörtel steckenden Reibschalenbruchstücks in die Spätantike (4./5. Jahrhundert n. Chr.).

Ein fehlender Graben in unmittelbarer Umgebung des Steingebäudes verleitete Spindler zu der Ansicht, daß es sich hierbei nur um den Teil einer weitaus größeren, spätantiken Befestigungsanlage handelt, zu der auch der Kern des Wolfgangswalles gehören soll. Er bezweifelt die Gleichzeitigkeit von Torturm und auf dem Wolfgangswall verlaufender Kronenmauer und spricht sich „als zukünftige Arbeitshypothese"

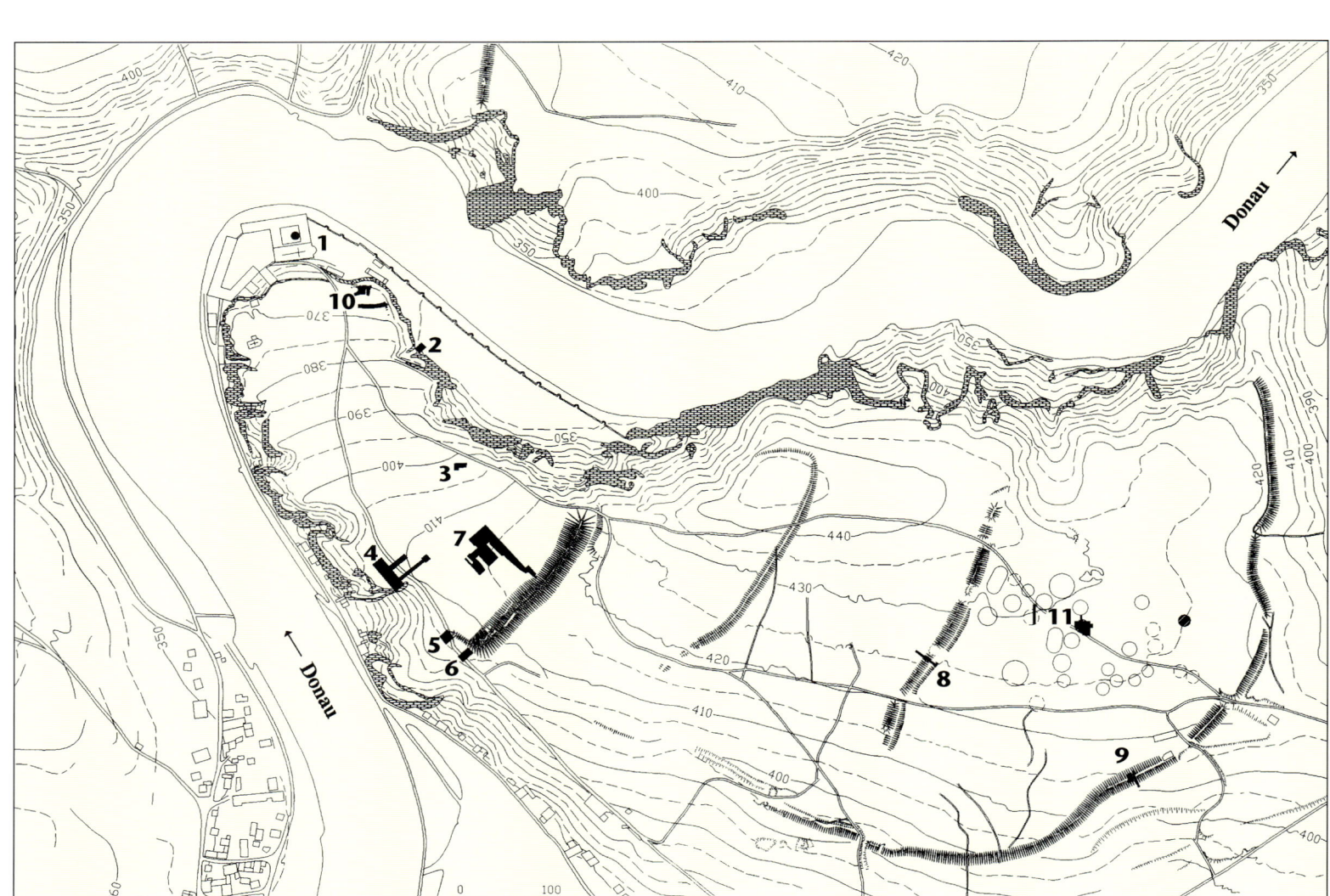

Lage der Grabungsflächen in der befestigten Höhensiedlung von Weltenburg: Ausgrabung Schefbeck/Maurer 1909 (1, 2), Krämer 1938 (3), Spindler 1978-80 (4, 5), Sage 1966 (6), Rind 1990-95 (7-9), 1997 (10) und 1998 (11).

für eine spätrömische Datierung des von Sage ergrabenen Torbaues und der Torgasse aus.

Die Kreisarchäologie Kelheim führt seit 1990 Rettungsgrabungen auf dem Frauenberg durch. Der Schwerpunkt dieser Grabungen lag zunächst in dem akut durch landwirtschaftliche Nutzung gefährdeten Bereich am Fuße des Wolfgangswalles, wo zwischen 1990 und 1995 eine Fläche von ca. 1.600 qm untersucht werden konnte. Allein in dieser Fläche kamen etwa 500 Gruben, Gräben und Pfostenstandspuren zutage, die Siedlungsfunde aus der späten Frühbronzezeit (etwa 1700–1600 v.Chr.), der Urnenfelderkultur (etwa 1200–1000 v.Chr.) und der Frühlatènezeit (etwa 500–400 v.Chr.) erbrachten. Außerdem fand sich ein umfangreicher Fundkomplex der Jungsteinzeit mit Funden der Münchshöfener Gruppe (um 4000 v. Chr.).

In den Jahren 1994 und 1995 fanden zum ersten Mal auch Ausgrabungen am dritten und vierten Abschnittswall im Bereich des Wurz- und Arzberges statt; erste Vorberichte der archäologischen und bodenkundlichen Untersuchungen sind bereits publiziert.

1994 wurde ein kleiner Wallschnitt am dritten Abschnittswall durchgeführt. Die Gesamtbreite von Wall und Graben im Grabungsschnitt 1994 beträgt 17,5 m, die Höhendifferenz zwischen Grabensohle und Wallkrone liegt bei 3,75 m. Der dem Wall unmittelbar vorgelagerte Sohlgraben ist 5,5 m breit und 0,75 m tief. Hinweise auf Holzkonstruktionen oder Mauerwerk fehlen bis auf eine unscheinbare Pfostenstandspur auf der Wallkrone. Offensichtlich sind solche Spuren, falls sie vorhanden waren, durch Ausbesserungsarbeiten am Wall oder durch Erosion zerstört worden. Die Wallkonstruktion basiert auf einer 9,25 m breiten und 1,25 m hohen Wallschüttung, unter der sich eine max. 0,5 m dicke Kulturschicht befindet, die bis zum anstehenden Malmkalk reicht. Funde grobkeramischer Ware mit Fingertupfenleisten aus dieser Kulturschicht gehören wohl in die Urnenfelderzeit. Im Inneren wird die Wallschüttung von sandig-lehmigem Sediment überlagert, das sich nach dem Bau der Befestigungsanlage dort eingelagert hat. Ein Radiocarbondatum aus dieser Schicht, die den Fuß

Der Frauenberg von Süden. Auf der rechten Seite des Bergrückens ist die kleine Grabungsfläche (11) zu erkennen, die keinen Nachweis für die zunächst vermuteten vorgeschichtlichen Grabhügel erbringen konnte.

Rekonstruktionsversuch des spätrömischen Kleinkastells auf dem Frauenberg bei Weltenburg.

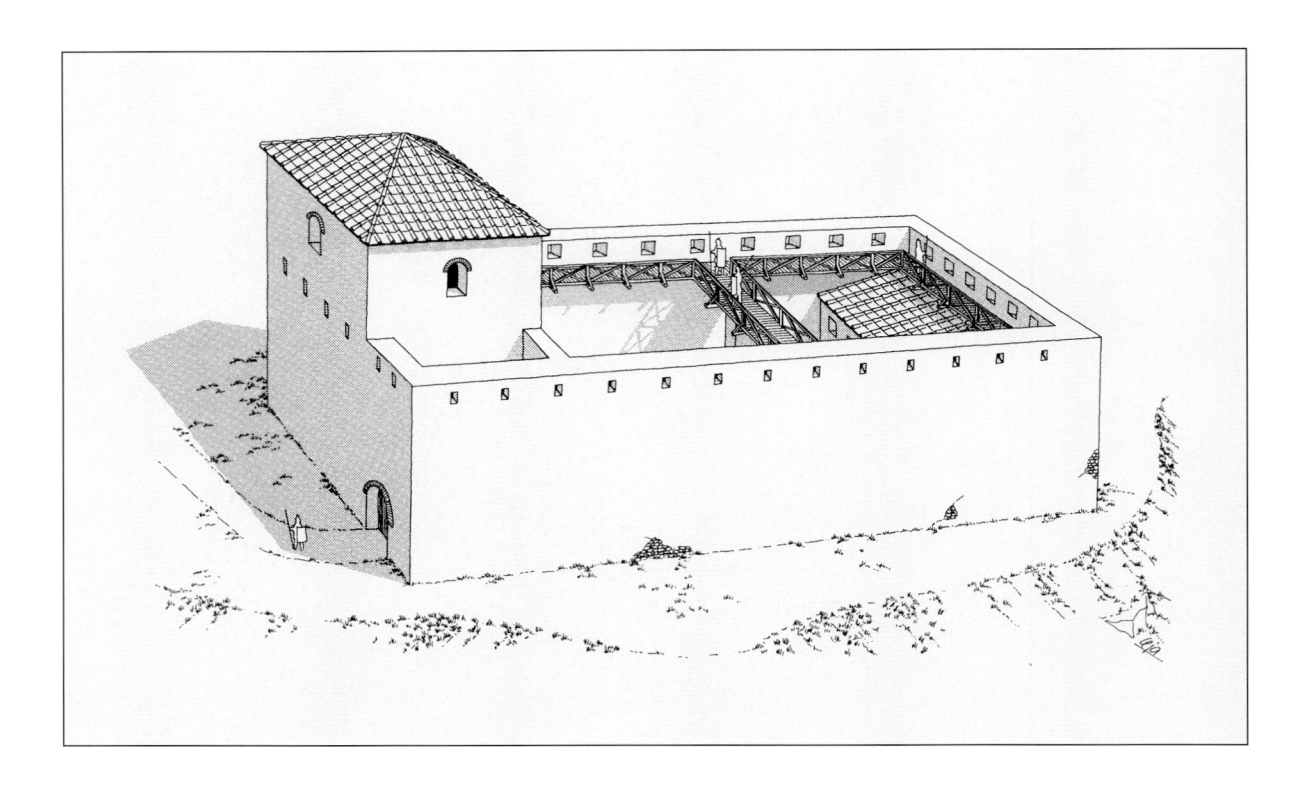

Literatur:
K. Spindler, Die Archäologie des Frauenberges von den Anfängen bis zur Gründung des Klosters Weltenburg (Regensburg 1981).
H. Koch, Die keltischen Siedlungen vom Frauenberg über Kloster Weltenburg, Stadt Kelheim, und von Harting (Neubaugebiet Süd), Stadt Regensburg. Internationale Archäologie 3 (Buch am Erlbach 1991).
M. M. Rind, Der Frauenberg bei Weltenburg – Agonie eines Denkmalensembles. In: Vorträge des 12. Niederbayer. Archäologentages (Deggendorf 1994) 149–168.
M. M. Rind, Ausgrabungen an den Wallanlagen der befestigten Höhensiedlung von Weltenburg 1994–1995. In: M. M. Rind (Hrsg.), Von Keltenkriegern und Kirchenmäusen – Archäologie im Landkreis Kelheim 2 (1994–1996) (Regensburg 1997) 78–81.
K. Heine, Th. Nuber, H.-P. Niller, Geomorphologisch-pedologische Befunde zur Landschaftsgeschichte des Bogenberges und des Frauenberges in Niederbayern. Arch.Korrbl. 27, 1997, 443–456.
M. M. Rind, Die vorgeschichtliche Besiedlung des Weltenburger Frauenberges im Spiegel alter und neuer Funde. In: Archäologische Forschungen in urgeschichtlichen Siedlungslandschaften (Festschrift G. Kossack). Regensburger Beiträge zur prähistorischen Archäologie 5 (Regensburg 1998) 281–315.

der inneren Wallschüttung überlagert, liegt im Bereich der älteren bis mittleren Urnenfelderzeit.
Wall und Graben sind beim vierten Abschnittswall im Bereich der Grabungsflächen 1994–1995 max. 14 m breit. Die Höhendifferenz zwischen Grabensohle und Wallkrone beträgt dort 5,7 m.
Die Wallschüttung im Wall 4 aus lehmig-sandigen Schichten ist 9 m breit und 0,9 m hoch. Darüber liegt der Versturz einer Trockenmauer. Von der Mauer selbst fanden sich im Grabungsschnitt 1994 keine Steine mehr, lediglich die Ausbruchszone und die Hinterfüllung der auf der Wallschüttung liegenden Trockenmauer haben sich erhalten. Nach der offensichtlich durch Brandeinwirkung zerstörten Mauer muß es eine neue Ausbauphase der Befestigung gegeben haben. Von dieser zweiten Phase zeugen einige Pfostenstandspuren und eine Holzkohleschicht.
Der Graben ist an der Grabungsstelle von 1994 max. 3,2 m breit und 0,7 m tief. Zwischen dem Graben und der Wallschüttung zeichnet sich wohl ein schwach geneigter Absatz (Berme) ab, der von der verlagerten Wallschüttung heute zum Teil überdeckt wird.
Die jüngste Wallphase ließ sich in einer kleinen Flächengrabung von 1995 besonders gut beobachten. Dort kamen verkohlte Holzbretter zutage, die vermutlich von einem hölzernen Umgang zeugen. Hier lassen die bisher beprobten Eichenbohlen anhand der ^{14}C-Daten auf

urnenfelderzeitliche Datierung schließen; für dendrochronologische Untersuchungen waren die Hölzer leider ungeeignet. Graphitierte Gefäßfragmente, verzierte Grobkeramik und typische Verzierungselemente auf den kleinteiligen Scherben bestätigen den Ausbau der Befestigungsanlagen in der Urnenfelderzeit.
Vor allem anhand der Wallgrabungen konnte H.-P. Niller die vom Menschen beeinflußte Landschaftsentwicklung rekonstruieren. All diese Beobachtungen lassen schon jetzt den vorläufigen Schluß zu, daß der vorgeschichtliche Mensch durch Raubbau aller Ressourcen seine Umwelt stärker beeinflußt hat, als man bisher annehmen konnte. Nach solchen Phasen intensiver Besiedlung war eine erneute Nutzung des Platzes durch den Menschen vermutlich nahezu unmöglich, und der Ort brauchte seine Zeit, um wieder ins Gleichgewicht mit der Natur zu gelangen.
Die letzte Flächengrabung oberhalb des Klosters Weltenburg am Bergsporn des Frauenberges wurde 1997 durchgeführt, wo sich deutlich die gewaltigen Ausmaße der vom Menschen verursachten Erosion in bis zu 1,2 m mächtigen Kolluvien zeigte. Dort fanden sich auch Überreste von vier Öfen, die sich Radiocarbondaten zufolge in das 10. Jahrhundert n. Chr. datieren lassen. Zahlreiche Fließ- und Schmiedeschlacken sowie sehr viele Tondüsenfragmente belegen eine lokale Eisenverarbeitung in der unruhigen Zeit der Ungarnkriege.

Zwischen der dritten und vierten Abschnittsbefestigung sind Geländeunebenheiten auf dem Arzberg bisher immer als Grabhügel interpretiert worden. Bereits vor 1808 untersuchte Forstmeister Schmid aus Kelheim angeblich dort mehrere Grabhügel, in denen er auch zwei späturnenfelderzeitliche Schwerter fand. Das Grabhügelfeld ist heute durch die Landwirtschaft völlig verebnet, in der topographischen Aufnahme konnte man 1959/1960 nur noch zwei Grabhügel genau lokalisieren, weitere 26 Grabhügel ließen sich nicht mehr exakt einmessen.

Ausgrabungen in diesem vermeintlichen Grabhügelfeld erbrachten 1998 nicht die erwarteten Grabfunde. Für den bisher dort ergrabenen Bereich lassen sich keinerlei Grabbauten nachweisen. Es scheint derzeit unwahrscheinlich, daß sich dort jemals Gräber befunden haben.

M. M. Rind

Von Westen fällt der Blick auf den Frauenberg, das Kloster Weltenburg und den Donaudurchbruch. Links liegt das Oppidum Alkimoennis, im Hintergrund die Befreiungshalle und die Stadt Kelheim.

Der Hetzleser Berg
bei Neunkirchen am Brand

Der Hetzleser Berg ist ein großer Tafelberg, dessen Nordwestecke zungenförmig vorgeschoben ist. Im Norden, Westen und Süden fallen die Hänge des Sporns kräftig zu einer tiefer gelegenen Terrasse ab, unterhalb derer das Gelände wieder steil geböscht ist. Die durchschnittlich 300 m breite Bergzunge ist auf einer Länge von 730 m mehrfach befestigt. Der äußerste Abschnittswall überquert nahezu geradlinig den ganzen Bergrücken. Etwa in seiner Mitte weist er eine 25 m lange Lücke auf, bei der es sich um ein Tor gehandelt haben mag. Im nördlichen Wallbereich ist der Rest eines vorgelagerten Grabens erkennbar. 180 m weiter westlich überquert ein zweiter, stärker gebogener Wall den Bergsporn, der z. T. noch bis zu einer Höhe von 1,4 m erhalten ist. Ein vorgelagerter Graben läßt sich nicht erkennen. Weitere 370 m westlich liegt ein inneres, dreiteiliges Befestigungssystem, das die Spitze des Bergsporns, also auch im Hangbereich, ganz umschließt. Der innerste Bereich der Befestigung ist von einem halbkreisförmig verlaufenden, 1 m hohen Wall umgeben, der eine Fläche von etwa 70 x 50 m umwehrt. In seiner Südhälfte ist der Wall gedoppelt und wird auf der Innenseite von einem Materialgraben begleitet. Bei der 10 m breiten Lücke in der Wallmitte handelt es sich um das Tor. Diesem Wall ist im Abstand von 20 bis 30 m ein flacher Wall mit Graben vorgelagert, der in seinem nördlichen Abschnitt in die Hangbefestigung einmündet. Nahe der Südwestflanke des Bergsporns knickt der Wall kurz vor Erreichen der Hangkante nahezu rechtwinklig nach innen und bildet so eine 10 m lange, etwa 3 m breite Torgasse. Im Abstand von durchschnittlich 65 m folgt schließlich ein weiterer, bogenförmig verlaufender Wall. Die nördlich gedoppelte Befestigungshälfte mündet wiederum in einen Hangwall. Die Südhälfte des Wallsystems ist bis kurz vor Erreichen der Südwestflanke des Bergsporns zum größten Teil, wohl rezent, abgetragen. In diesem Bereich muß ein Tor gelegen haben. 30 m von der Hangkante entfernt setzt der Wall wieder ein und geht in eine kräftige Hangbefestigung über. An den Wallrest schließt sich ein gerader, nach innen parallel zur Hangbefestigung laufender Wall an, dem z. T. ein Graben vorgelagert ist. Der Wall endet kurz vor Erreichen des

rechts:
Winteraufnahme des Hetzleser Berges von Südwesten.

gegenüberliegende Seite oben:
Der Hetzleser Berg ragt aus dem Nebel hervor; im Hintergrund die Ehrenbürg als langgestreckte Insel im Nebelmeer.

Literatur:
B.-U. Abels, Archäologischer Führer Oberfranken (1986), 141–143.
B.-U. Abels, Ringwall und Abschnittsbefestigung auf dem Hetzleser Berg. Führer zu archäologischen Denkmälern in Deutschland – Fränkische Schweiz 20 (1990), 173–176.

Tores im zweiten Wall, so daß in diesem Befestigungssystem ein zusätzlicher Torschutz gesehen werden muß.

Neben einigen urnenfelder-, hallstatt- und frühlatènezeitlichen Funden stammt der Großteil des Materials aus dem 10. Jahrhundert n. Chr. Die gesamte Befestigung macht einen frühmittelalterlichen Eindruck. Da sich auch die beiden weit vorgelagerten Abschnittswälle logisch in das Befestigungssystem einfügen, dürften auch sie frühmittelalterlich sein. Trifft diese Feststellung nur mit Vorbehalt für den äußeren Wall zu, so gewiß für den folgenden, bogenförmig verlaufenden Abschnittswall. Eine Ausnahme hiervon macht die sehr kleine, nachträglich eingebaute Anlage an der westlichen Spornspitze, bei der es sich wohl um eine spätmittelalterliche Anlage handelte.

Größe und Aufbau der Befestigung sprechen für eine Anlage des 10.–11. Jahrhunderts, was durch das Fundmaterial bestätigt wird. Bei ihr handelt es sich um die größte Wehranlage dieser Zeitstellung in Oberfranken. Ihre Lage ermöglichte es, das Regnitztal mit der von Süden nach Norden verlaufenden Handelsstraße zu kontrollieren.

B.-U. Abels

Plan des Hetzleser Berges mit seiner früh- und hochmittelalterlichen Befestigung.

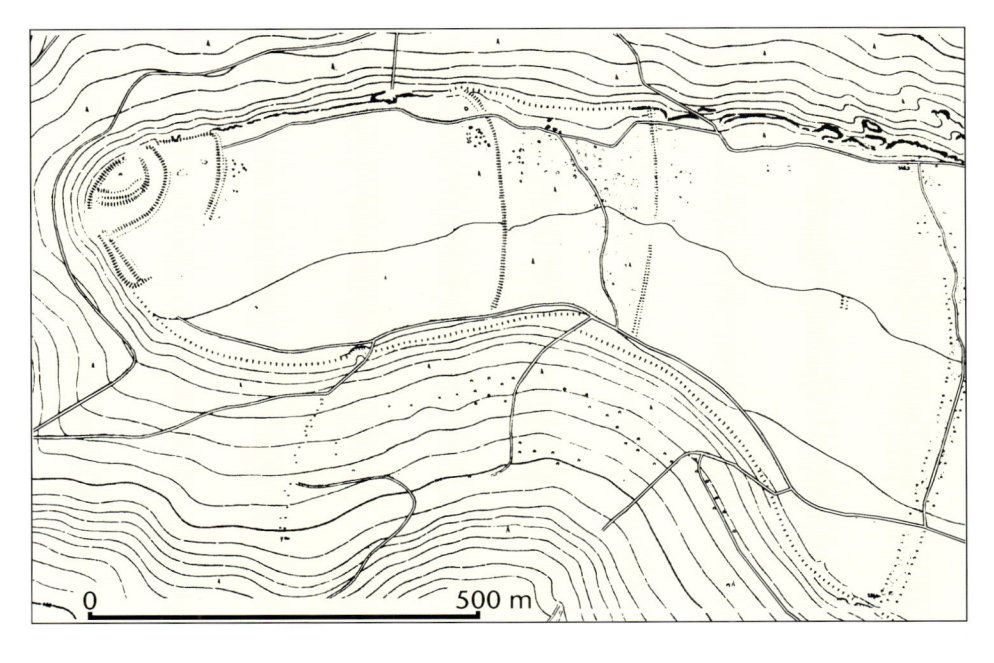

Die Ringwälle auf dem Hesselberg

Der langgestreckte, etwa 6 km lange Hesselberg am Nordrand des Rieses überragt mit 689 m NN weithin das Vorland. Der sich von Ost nach West erstreckende Rücken gliedert sich in fünf Gipfelplateaus, davon weisen die drei mittleren Kuppen – Gerolfinger Berg, Ehinger Berg und Röckinger Berg – mehrere Befestigungssysteme auf. Auf dem Gerolfinger Berg sind nur bescheidene Reste eines Randwalles erhalten, der ein Areal von etwa 1,3 ha eingrenzt. Der östliche Abschluß mit dem gratartigen Sattel zum Ehinger Berg hin ist wegen Zerstörung durch Steinbrüche unklar. Von der Plateaufläche sind zudem keine Funde bekannt, so daß eine nähere Beurteilung, insbesondere der Bezug zu den Anlagen auf dem Ehinger Berg, bislang nicht möglich ist. Weit besser erhalten sind die Befestigungen auf dem Röckinger Berg bzw. der Osterwiese, die mit 71 ha Größe von einem randlichen, teilweise noch 1,5 m hoch erhaltenen Randwall mit zwei Eingängen auf der Südseite umzogen wird und auf der Westseite im Sattel zum Ehinger Berg durch einen 6,5 m hoch erhaltenen, 30 m breiten und von Hang zu Hang 45 m langen Wall mit westlich vorgelagertem Graben gegenüber dem Ehinger Berg abgeriegelt wird. Auf dem Ehinger Berg lassen sich die randlichen, durch das Sperrwerk geschnittenen Wälle weiterverfolgen. Der Gipfel des Ehinger Berges, die höchste Stelle des Hesselberges, wird dann von einer vierseitigen Befestigung mit einem Innenraum von 110 x 60 m und vorgelagertem Wall-Graben-Hindernis im Osten eingenommen.

Grabungen fanden auf dem Hesselberg mehrfach statt, 1907 bereits durch P. Reinecke und F. Hertlein, in den 30er Jahren durch H. Eidam und H. Hornung sowie in den 60er und 70er Jahren durch Ch. Pescheck und F. R. Herrmann. Der Hesselberg wurde den Funden nach bereits im Jungpaläolithikum aufgesucht und dann mit Beginn der Metallzeiten mehr oder minder kontinuierlich genutzt bis zum Ende der Urnenfelderzeit. In der Spätbronzezeit wurde der Hesselberg – Röckinger Berg und wohl auch Ehinger Berg – mit einer Holz-Erde-Stein-Mauer bewehrt. Eine handwerkliche und hauswirtschaftliche Produktion sind z. B. durch Gußformen, Spinnwirtel, Webgewichtsfragmente etc. nachgewiesen. Auf die Anwesenheit einer sozialen Oberschicht weisen Waffenfunde wie Schwert- und Panzerfragmente hin, auf die religiöse Bedeutung als Opferplatz bzw. sakralen Ort zahlreiche Hortfunde und entsprechendes Symbolgut. Mit der ausgehenden Urnenfelderzeit endet die Besiedlung, wie auf den meisten Höhensiedlungen in Bayern, auch auf dem Hesselberg. Aus der Latène- und Kaiserzeit sind nur Einzelfunde bekannt.

Eine wichtige Rolle spielt der Hesselberg dann wieder im Frühmittelalter. Der Ehinger Berg erhält eine zweifrontige, 5 bis 6 m breite Holz-Erde-Stein-Befestigung. In Abständen von 2 m gesetzte Pfostenreihen waren mit waagrechten Querankern und Längsbalken miteinander verbunden, die Fronten bestanden aus gesetzten Kalksteinen. Vor der Mauer verlief eine 3 m breite Berme, davor ein flacher, etwa 6 m breiter Graben. Aus dem Graben stammt Keramik des ausgehenden 8. und 9. Jahrhunderts, so daß die Errichtung der in Form und Größe (0,6 ha) zur Eiringsburg vergleichbaren Befestigung

Rekonstruktion der Befestigung auf dem Ehinger Berg.

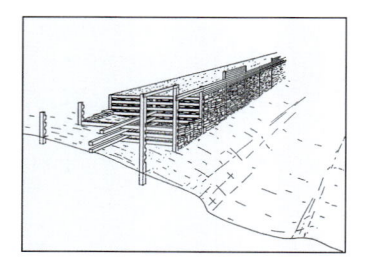

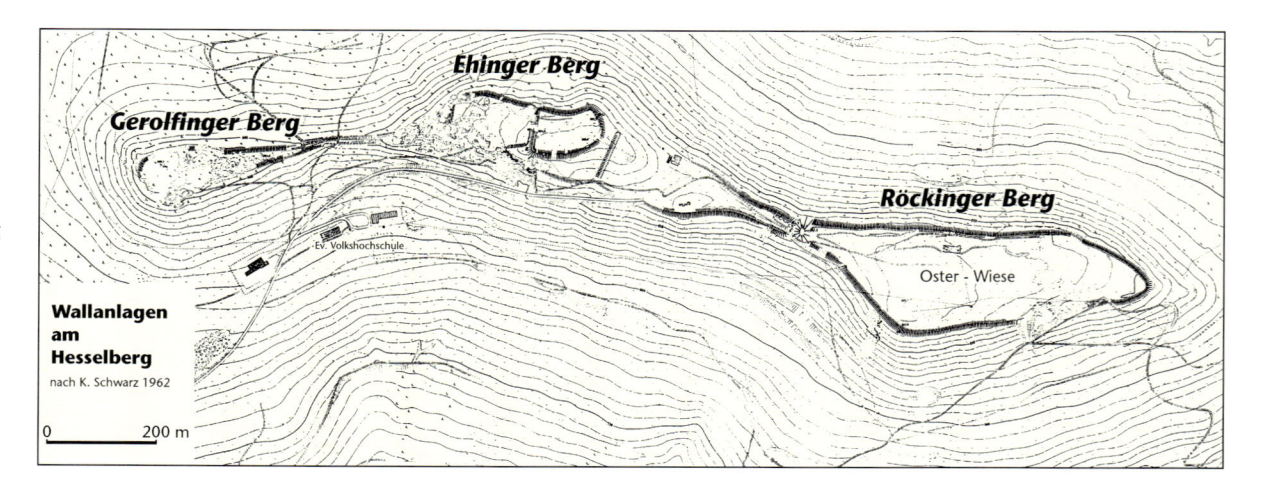

Literatur: K. Schwarz, Führer zu bayerischen Vorgeschichts-Exkursionen. 1. Limes – Karlsgraben – Gelbe Bürg – Hesselberg im Raum Ansbach – Weißenburg – Dinkelsbühl (1962) 68 ff. F.R. Herrmann, Eine Notgrabung am Wall auf der Kuppe des Hesselberges (Ehinger Berg) im Jahre 1972. Bayerische Vorgeschichtsblätter 39, 1974, 55 ff. A. Berger, Der Hesselberg. Funde und Ausgrabungen bis 1985. Materialhefte zur Bayerischen Vorgeschichte 66 (Kallmünz 1994).

auf dem Ehinger Berg ebenfalls in karolingischer Zeit erfolgt sein wird. Diese Befestigung ging letztendlich in einer Brandkatastrophe zugrunde.

In der Zeit der Ungarneinfälle in der 1. Hälfte des 10. Jahrhunderts wurde einerseits die Befestigung auf dem Ehinger Berg zusätzlich durch ein einfaches Wall-Graben-System verstärkt, andererseits der Röckinger Berg mit einem hohen Wall und Graben davor eigens geschützt und abgeriegelt. Daß der Hesselberg wohl auch tatsächlich mit ungarischen Reitertruppen zu tun hatte, zeigen mehrere Funde ungarischer Pfeilspitzen, eine davon in einer Bestattung, die zu einer kleinen Gräbergruppe in der Vorburg auf dem Ehinger Berg gehört und mutmaßlich in der 1. Hälfte des 10. Jahrhunderts von magyarischen Kriegern angelegt wurde.

P. Ettel

Blick vorbei am Sendemast auf dem Ehinger Berg zur Wallanlage auf der Osterwiese am Röckinger Berg.

Wallanlagen und Grabungsschnitte auf dem Ehinger (links innen) und Röckinger Berg (unten).

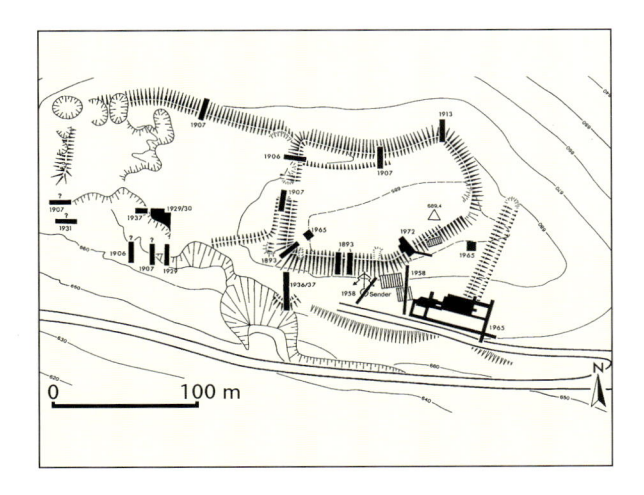

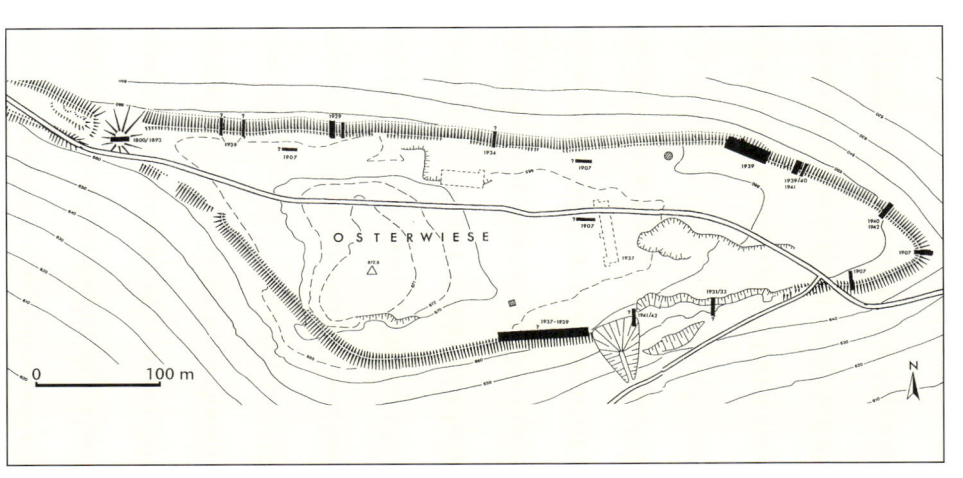

Eiringsburg
Burg eines freien Franken namens Iring

Die Eiringsburg liegt auf einem nach Westen vorgeschobenen Bergsporn, dessen Spitze sich 50 m über die ihn auf drei Seiten umgebenden Täler erhebt – das Tal der Fränkischen Saale im Norden und Westen sowie das Tal des Arnshauser- oder Loll-Baches im Süden. Nach Osten geht der vordere Bergteil mit einer leichten Einsattelung in den Hauptteil des Berges über. Der flache Rücken hat hier eine Breite von 50 bis 60 m. Der Nordhang fällt sehr steil ab, der Südhang und die Bergnase im Westen sind etwas sanfter geneigt, aber trotzdem noch so steil, daß sie einen guten natürlichen Schutz gewähren.

Über den Aufbau der Befestigung wissen wir durch Ausgrabungen von G. Hock 1910 und K. Schwarz 1974 recht gut Bescheid. Die Burg mit 0,45 ha besitzt, charakteristisch für eine Burg dieser Zeitstellung, einen leicht trapezförmigen Grundriß von 120 x 65 m. Die weitgehend geradlinige Mauerführung, die den westlichen Sporn mit etwa 20 m abschneidet, zeigt, daß der Verlauf dieser Befestigung nicht mehr in dem Maße der natürlichen Geländegestaltung angepaßt ist wie noch bei vorgeschichtlichen Befestigungen. Eine zweischalige, 2,5 m breite Trockenmauer von ehemals etwa 3 m Höhe umzieht den Bergsporn, auf der West- und Südseite wird die Befestigung zusätzlich durch einen Hanggraben gesichert. Die Befestigung weist zwei Zangentore mit sich verjüngenden Torgassen auf. Eines befindet sich auf der Südseite, das andere auf der durch den Zugang über den Bergrücken am stärksten gefährdeten Ostseite mit einem 4 m breiten Graben davor. Die hier 8,2 m lange und 4,2 m breite Torgasse verengt sich nach innen auf 2,6 m.

Nach den historischen Quellen gehörte die Eiringsburg vermutlich einem freien Franken namens Iring, dessen Besitz wohl bis in den Raum von Kassel reichte und der im Südteil der 801 genannten Mark Kissingen Besitz unterhalb der Eiringsburg hatte, den er 822 an Fulda schenkte. Hierbei wird es sich sehr wahrscheinlich um das abgegangene Lullebach und das 950 belegte Iringshausen gehandelt haben. Die Fläche der Burg mit 0,45 ha spricht dafür, daß sie nicht übergeordneten, landespolitischen Aufgaben diente, sondern, vergleichbar Castell, vor allem die Funktion eines Refugiums für die herrschaftliche Familie und deren Umfeld erfüllte.

P. Ettel

A und B: Topographie der Eiringsburg.

Literatur:
K. Schwarz, Der frühmittelalterliche Landesausbau in Nordost-Bayern - archäologisch gesehen. In: K. Böhner (Hrsg.), Ausgrabungen in Deutschland 1950-1975. Monogr. RGZM 1,2 (Mainz 1975) 390 f.
K. Weidemann, Frühmittelalterliche Burgen als Zentren der Königsherrschaft an der Fränkischen Saale und im Grabfeld. Führer zu vor- u. frühgeschichtlichen Denkmälern 28 (Mainz 1977) 52 ff.
B.-U. Abels, Die vor- u. frühgeschichtlichen Geländedenkmäler Unterfrankens. Materialhefte der Bayerischen Vorgeschichte 6 (Kallmünz 1979) 72 f.

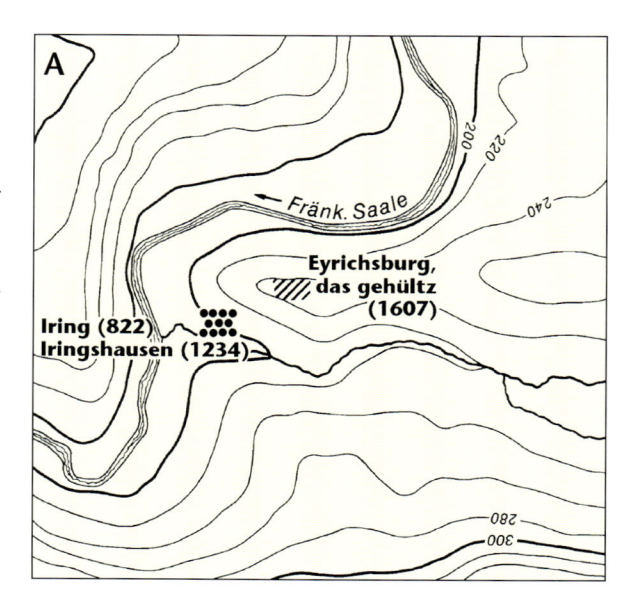

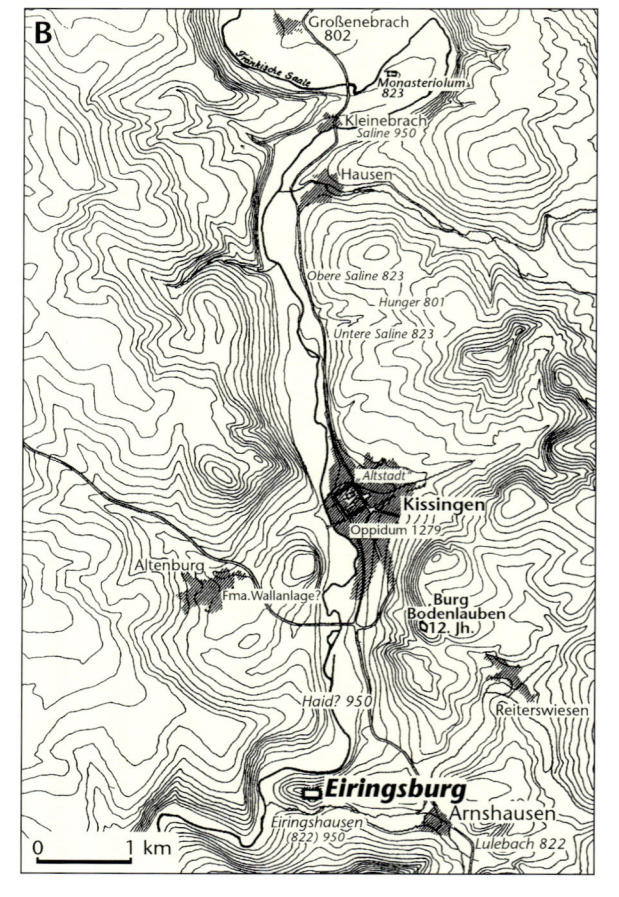

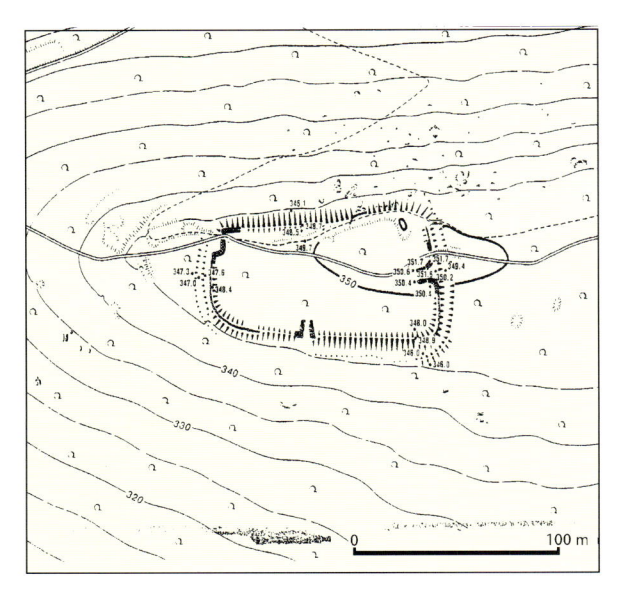

oben:
Blick von Westen auf die bewaldete Eiringsburg. Im Hintergrund liegt Arnshausen.

links innen:
Plan der Eiringsburg.

links:
Rekonstruktion der zweischaligen Trockenmauer auf der Eiringsburg.

Der Ringwall „Schwedenschanze"
im Rottensteiner Forst bei Hofheim

Am Westrand der Haßberge liegt eine eindrucksvolle Befestigung, der Ringwall bei Hofheim, mit einem Areal von 330 m Länge und 170 m Breite. Im Norden und Westen ist die Anlage durch Steilhänge geschützt, im Norden fällt der Hang wesentlich schwächer ab, und im Osten setzt sich das Gelände nahezu eben fort. Der eingrenzende Ringwall ist 1 bis 2 m hoch und 5 m breit, vor dem 4 m breiten Graben verläuft ein bis zu 3 m breiter und bis 1 m hoch erhaltener Vorwall. Im Westen schließt an den Ringwall eine kleine Vorburg an mit Wall, Graben und Außenwall. Ein Tor ist einerseits im Norden an der Stelle zu vermuten, wo der Vorburgwall an den Wallring anschließt, andererseits im südöstlichen Wallbereich.

1907 von G. Hock und 1972 von Ch. Pescheck durchgeführte Grabungen im Wallbereich erbrachten urnenfelder- sowie hallstatt- und frühlatènezeitliche Funde, die darauf hinweisen, daß der Platz bereits in vorgeschichtlicher Zeit genutzt, vielleicht auch schon befestigt war. Das Grabungsprofil ließ zwei ältere Holz-Erde-Stein-Mauern erkennen. Nach der Form der Anlage mit Hanggraben und Bauweise wird die jüngste Befestigungsphase mit einer zwei-

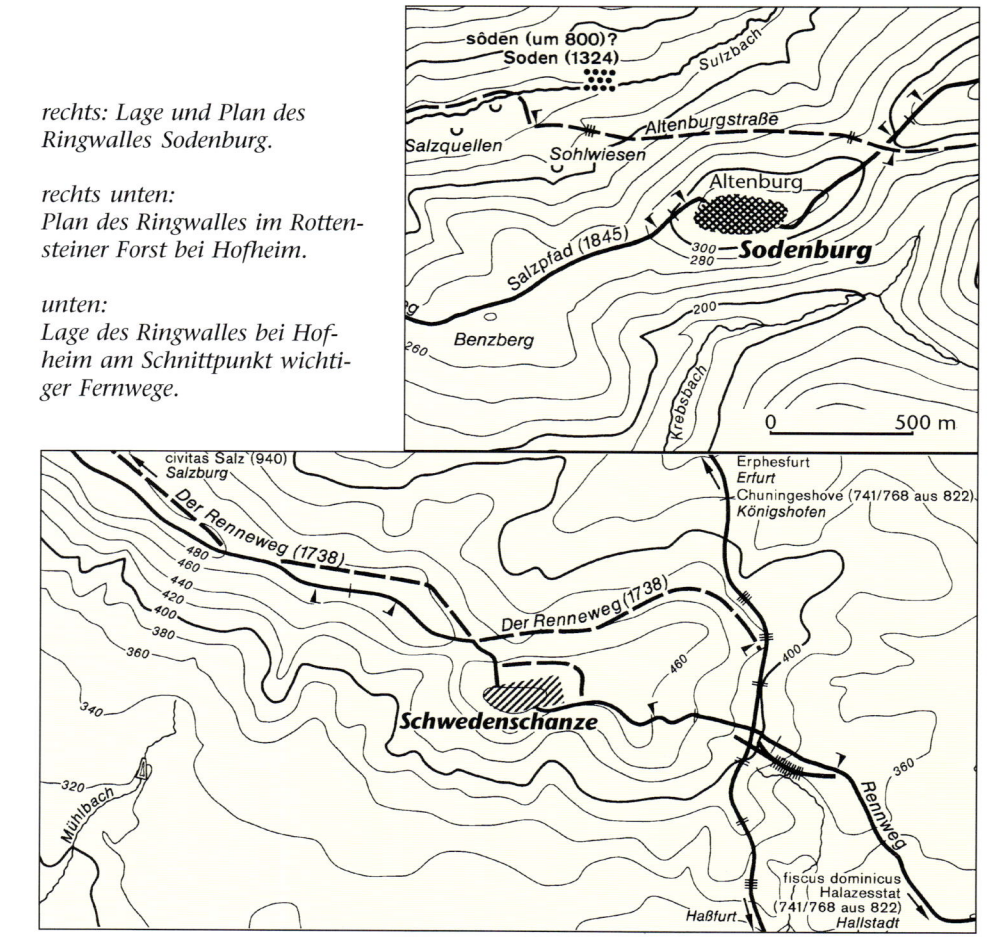

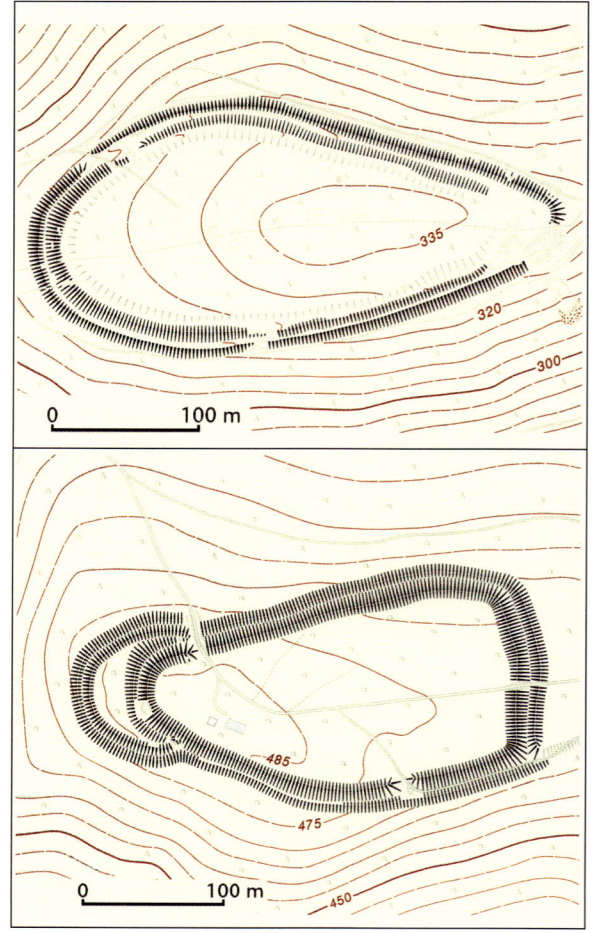

Vom Nadelwald bedeckt liegt der Ringwall Sodenburg in Spornlage.

rechts: Lage und Plan des Ringwalles Sodenburg.

rechts unten: Plan des Ringwalles im Rottensteiner Forst bei Hofheim.

unten: Lage des Ringwalles bei Hofheim am Schnittpunkt wichtiger Fernwege.

Der Ringwall im Rottensteiner Forst bei Hofheim grenzt die Höhe ein, die der Aussichtsturm markiert. Über den Höhenrücken verlief eine wichtige Fernverkehrsstraße.

frontigen Mauer von etwa 2,8 m Breite und einer Holzkonstruktion dahinter aber in frühgeschichtlicher Zeit, vermutlich in karolingisch-ottonischer Zeit, entstanden sein. Der Name „Schwedenschanze" erklärt sich wohl so, daß im Dreißigjährigen Krieg die Bevölkerung in den damals noch besser sichtbaren Wällen vor den Schweden Zuflucht suchte.

Wie K. Schwarz herausstellen konnte, liegt der Ringwall bei Hofheim am Schnittpunkt wichtiger, mittelalterlicher Fernwege, einerseits am Rennweg, der von Fulda kommend, den Höhenrücken der Haßberge überquert und in Richtung Bamberg/Hallstatt und weiter nach Regensburg führt, andererseits an der Fernverkehrsstraße von Oberschwaben über Hofheim nach Königshofen und Erfurt. Der Ringwall bei Hofheim diente vielleicht primär der Absicherung dieser bedeutenden Verkehrswege, wie es vergleichbar auch bei der Altenburg bei Soden im Spessart am Ostrand des Rhein-Main-Gebietes, der Grünburg bei Stadtsteinach (s. S. 110) an der Westabdeckung des Frankenwaldes im Obermaingebiet und dem Schanzberg bei Traitsching vor dem Böhmerwald im Chamer Becken zu vermuten ist. An diesen Plätzen konnte leicht eine Kontrolle des Verkehrs bewirkt, im Bedarfsfall auch unterbrochen werden. Verkehrswege bildeten seit eh und je die Kommunikationslinien in politischer, kirchlicher, kultureller und ökonomischer Hinsicht. Hier wird eine überregionale Funktionsgruppe frühmittelalterlicher Wehranlagen erkennbar, die unmittelbar auf oder an Fernwegen lagen und primär der Absicherung und Kontrolle bedeutender Verkehrswege dienten.   P. Ettel

unten:
Luftbild des Ringwalles bei Traitsching.

Literatur:
Ch. Pescheck, Die Schwedenschanze in den Hassbergen bei Hofheim. Wegweiser zu vor- und frühgeschichtlichen Stätten Mainfrankens 4 (Würzburg 1973).
K. Schwarz, Jahresbericht zur Bayerischen Bodendenkmalpflege 11/12, 1970/71, 218
K. Schwarz, Der frühmittelalterliche Landesausbau in Nordost-Bayern - archäologisch gesehen. In: K. Böhner (Hrsg.), Ausgrabungen in Deutschland 1950–1975. Monogr. RGZM 1,2 (Mainz 1975) 338 ff.
Ch. Pescheck, Die Schwedenschanze in den Haßbergen bei Hofheim i. Ufr. Führer zu vor- u. frühgeschichtlichen Denkmälern 28 (Mainz 1977) 192 ff.
B.-U. Abels, Die vor- u. frühgeschichtlichen Geländedenkmäler Unterfrankens. Materialhefte der Bayerischen Vorgeschichte 6 (Kallmünz 1979) 97.

Die Grünbürg bei Stadtsteinach

Der Ringwall „Grünbürg" liegt auf einer Bergkuppe, die die Niederung um durchschnittlich 150 m überragt. Die Hänge der Bergkuppe fallen nach Westen, Süden und Osten steil ab. Im Norden geht die Bergkuppe, 40 m ansteigend, in die Hochfläche des Frankenwalds über. Die ovale Ringwallanlage, die zu den schönsten ihrer Art in Mainfranken gehört, weist eine dreifach gestaffelte Bewehrung auf. Der oberste und damit auch innerste Wall schließt eine Fläche von 155 x 85 m ein. Der Wall, der eine durchschnittliche innere Höhe von 1 m erreicht, ist nach außen steil geböscht und fällt 4 m tief zu einer künstlich angelegten Geländestufe ab, die außer im Norden die ganze Bergkuppe als zweite Bewehrung einschließt. Von dieser Geländestufe fällt eine künstlich abgesteilte Böschung durchschnittlich 4 m tief zu der dritten Bewehrung ab, die aus einem Hanggraben und einem durchschnittlich noch 0,5 m hohen, vorgelagerten Hangwall besteht. Beide setzen im nördlichen Bereich der Anlage aus. Die Burg hat zwei Zugänge. Im Norden liegt eine Wallunterbrechung mit leicht zueinander versetzten Wallenden, bei der es sich wahrscheinlich nur um eine Pforte handelt. Das eigentliche Tor liegt im Süden, wo der heutige Weg die Höhe des Berges erreicht. Im untersten Wall läßt sich eine kleine Einziehung der Wallenden erkennen, im obersten sind beide Wallenden zangenförmig umgebogen und bilden so eine 5 m breite und 5 m lange Torgasse.

Außer einigen vorgeschichtlichen Scherben wurden auch mittelalterliche Keramikbruchstücke gefunden. Die Konstruktion der Befestigung mit ihren gestaffelten Wehranlagen, dem ovalen Grundriß und dem kleinen Zangentor weist auf eine Entstehung in karolingisch-ottonischer Zeit hin.

Andere typische Anlagen mit ähnlichen Konstruktionsmerkmalen, wie der Schloßberg bei Drügendorf oder die Burg bei Kemmern, gehören in die gleiche Periode. Handelt es sich bei einigen Burgen, wie derjenigen in Drügendorf, wohl um kleine Adelssitze, so diente die Burg bei Kemmern, die ihren abschließenden Ausbau im 10. Jahrhundert erfuhr, sowie die Grün-

Literatur:
B.-U. Abels, Archäologischer Führer Oberfranken (1986), 169–171.
K. Schwarz, Der frühmittelalterliche Landesausbau in Nordostbayern archäologisch gesehen. Ausgrabungen in Deutschland, Teil 2 (1975), 338–409.

rechts innen:
Plan der Grünbürg mit ihrem gestaffelten Befestigungssystem.

rechts:
Plan der Befestigung bei Kemmern.

unten:
Plan des Schloßberges bei Drügendorf.

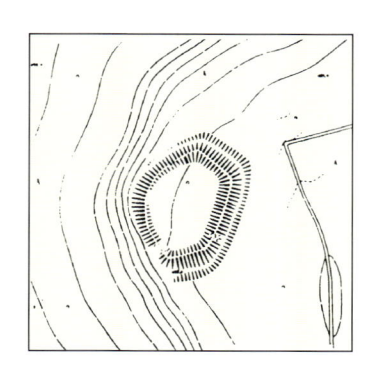

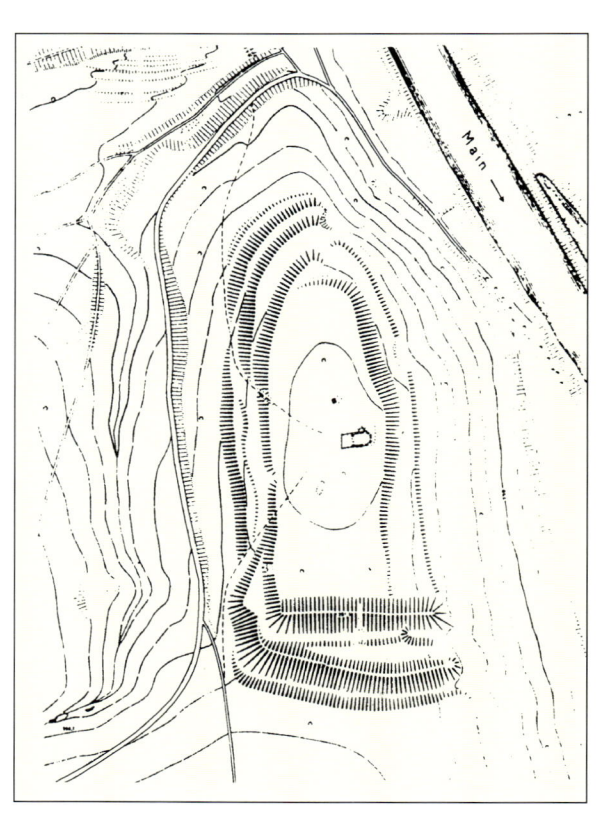

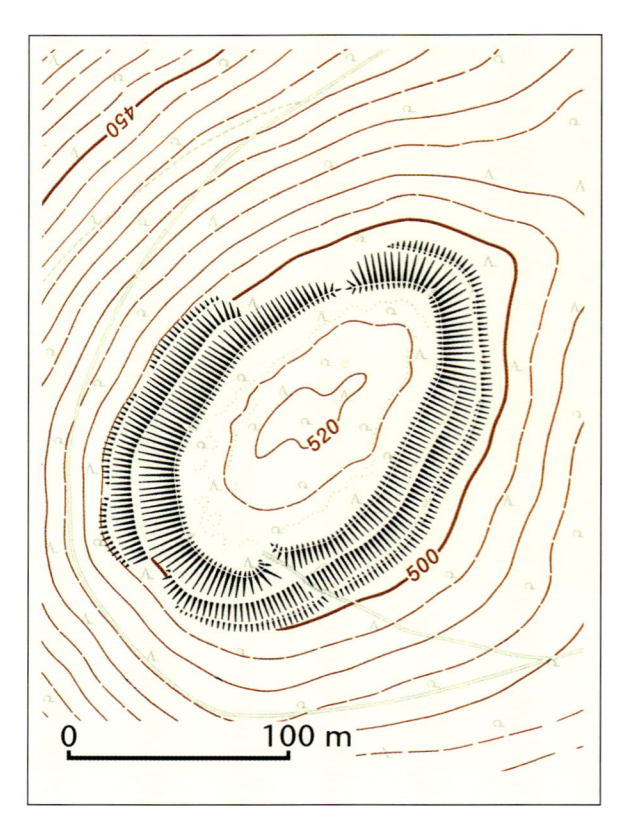

bürg eher als Wehranlagen zur Überwachung von Handelswegen und als Grenzbefestigungen.
Insgesamt gibt es 38 Burgen dieser Zeitstellung in Oberfranken, deren östliche Verbreitungsgrenze, von wenigen Ausnahmen abgesehen, sich entlang der Linie Kronach – Kasendorf – Pottenstein erstreckt und hiermit den karolingisch-ottonischen Landesausbau verdeutlicht.

B.-U. Abels

Die Wallanlage Grünbürg bei Stadtsteinach.

Die Burgflur
bei Bayreuth-Laineck

Der Ringwall liegt auf einer nahezu ebenen Terrasse, die im Süden vom Roten Main und im Norden von der Steinach umschlossen ist. Im Nordwesten, Südwesten und Südosten fallen die Hänge der Terrasse steil zu den Flußläufen ab. 300 m nordöstlich des südwestlichen Steilhangs überquert ein kaum noch wahrnehmbarer Wallrest das Gelände. Er ist etwa 20 m breit und besteht aus ortsfremdem Muschelkalkstein.

Die Hangkanten der Terrasse sind von einem 2 m breiten und 0,6 m hohen Randwall eingefaßt. Ihm ist eine an manchen Stellen deutlich erkennbare Hangterrasse vorgelagert, bei der es sich wohl um einen verfüllten Hanggraben handelt. Auf der nordwestlichen Flanke ist der Befestigungsverlauf nicht mehr deutlich nachweisbar.

Drei Bauphasen erbrachten zwei Grabungsschnitte im östlichen Abschnittswall: Phase 1 bestand aus einem Holzrahmenwerk, das wohl mit Erde gefüllt war; die Breite dieser Mauer betrug 4 m. Von Phase 2 konnte eine dreireihige Pfostensetzung nachgewiesen werden, die auf eine zweifrontige, 3 m breite Mauer schließen läßt. Front und Rückseite waren offenbar mit einer Holzverschalung verkleidet. Dieser Phase 2 war ein oben 15 m breiter, bis zu 4,5 m tiefer Doppelspitzgraben vorgelagert, der durch eine 4 m breite Berme von der Mauer getrennt wurde. Die dritte und jüngste Phase war am besten erhalten: In derselben Flucht wie die beiden Vorgänger errichtete man eine sorgfältig gesetzte, etwa 0,5 m breite Trockenmauer ohne Pfostensetzung; die dahinter anzunehmende Erdrampe ließ sich wegen der starken Überackerung des Geländes nicht mehr nachweisen. Auch über die Mauerhöhe läßt sich noch nichts aussagen, doch dürfte sie 2 m nicht wesentlich überschritten haben. In der Mauer zeigten sich in regelmäßigen Abständen von ca. 25 cm Löcher, auf die quer zur Mauer liegende Holzanker hinführten, so daß lediglich der Ankerkopf in der Mauerfront sichtbar war. Auch dieser Mauer war an gleicher Stelle wie ihrem Vorgänger im Abstand von 4 m ein einfacher, 15 m breiter, 4,5 m tiefer Spitzgraben vorgelagert. Alle drei Bauphasen liegen an der gleichen Stelle, so daß die Erbauer der jeweils folgenden Phase den Vorgänger gekannt haben müssen. Deshalb dürfte der zeitliche Abstand zwischen den einzelnen Phasen nicht sehr groß gewesen sein. Aufgrund der Gewaltigkeit der Gräben müssen die beiden jüngsten Phasen in das 10. Jahrhundert datiert werden. Auch die älteste Anlage dürfte kaum vor dem 10. Jahrhundert errichtet worden sein.

St. Johannes, unmittelbar unterhalb der Burgflur gelegen, ist identisch mit dem im Giechburgvertrag von 1143 erwähnten Vetus Treb-

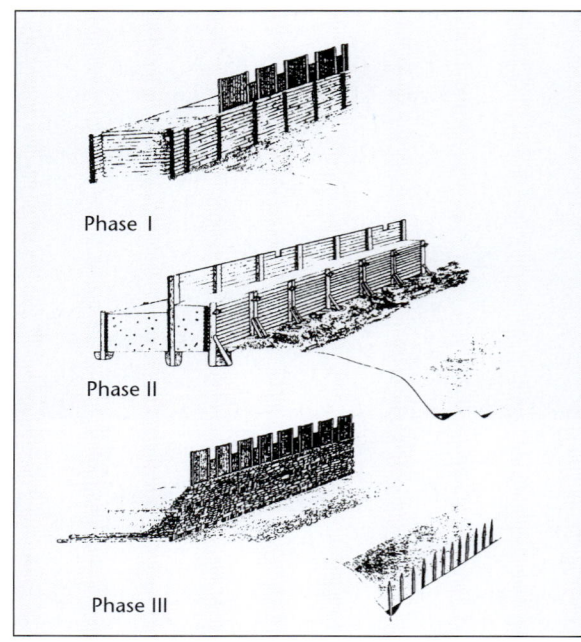

rechts:
Mauer der jüngsten Bauphase, 10. Jahrhundert n. Chr.

rechts innen:
Rekonstruktion der drei Bauphasen.

gast, das im Besitz des Grafen Poppo von Andechs-Plassenburg war. In dem Vertrag zwischen Poppo und dem Hochstift Bamberg heißt es unter anderem: *„Vetus Trebgast non edeficabitur in castrum"*. Hierbei handelt es sich wohl um den Schloßbereich von St. Johannes. Unsere Anlage könnte vielleicht eine Burg der Schweinfurter Grafen gewesen sein, die bis 1057 in diesem Raum tonangebend waren. Vor allem die jüngste Bauphase weist deutliche Parallelen im slawischen Burgenbau auf, so daß man wohl davon ausgehen kann, daß unsere Befestigung durch slawische Baumeister für die Schweinfurter Grafen errichtet wurde.

B.-U. Abels

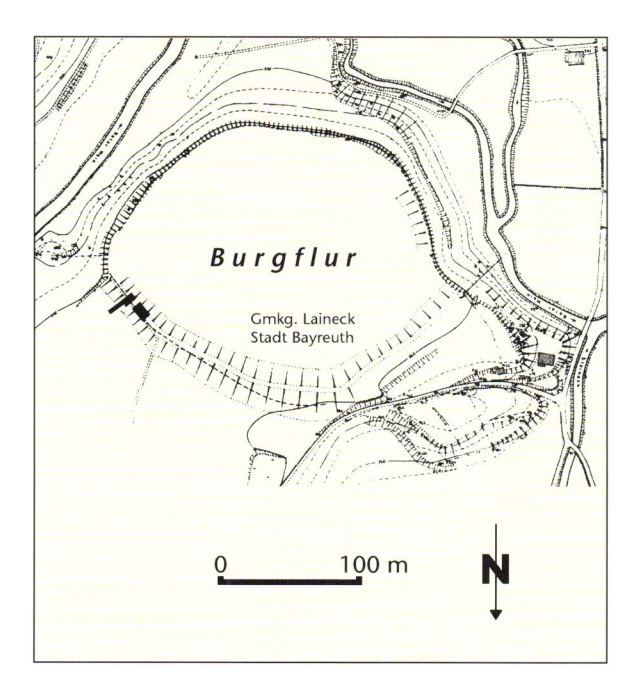

oben:
Die Burgflur bei Laineck von Norden.

links:
Plan der Befestigungsanlage mit den Ausgrabungsschnitten.

Literatur:
B.-U. Abels, Archäologischer Führer Oberfranken (1986), 113–115.
B.-U. Abels u. H. Losert, Eine frühmittelalterliche Befestigungsanlage in Laineck; Stadt Bayreuth. Bayer. Vorgeschichtsbl. 51, 1986, 285–308.

„Birg"
Ringwallanlage und Abschnittsbefestigung

Literatur:
H. Dannheimer, Epolding-Mühltal. Siedlung, Friedhöfe und Kirche des Frühmittelalters. Münchner Beitr. Vor- und Frühgesch. 13 (1968).
Ch. Pescheck, Wichtige Neufunde von der Birg bei Hohenschäftlarn. Bayer. Vorgeschbl. 54, 1989, 219–229.
K. Schwarz, Die Birg bei Hohenschäftlarn. In: Führer zu vor- und frühgesch. Denkmälern 18 (1971) 222 ff.

Für das Isartal im Voralpenland südlich von München liefern die Traditionen des zwischen 760 und 764 in Peipinbach gegründeten Klosters Schäftlarn zahlreiche frühe Ortsnennungen. Darunter befindet sich mit dem als *Ehapoldinga* genannten Epolding-Mühltal ein Platz, der durch archäologisch-historische Untersuchungen bereits seit den 60er Jahren ungewöhnlich gut erforscht ist.

Für die auf der gegenüberliegenden, westlichen Isarseite im Waldgebiet gelegene Birg fehlen dagegen sowohl gesicherte schriftliche Nachrichten wie auch moderne archäologische Untersuchungen. Etwa 1 km nördlich des Klosters Schäftlarn ragt hier ein nach Nordosten gerichteter Sporn aus einem eiszeitlichen Endmoränenrücken und erreicht eine Höhe von ca. 640 m ü. NN. Auf drei Seiten fällt das Gelände um bis zu 90 Höhenmeter gegen das Isartal steil ab und bietet damit ideale Bedingungen für die Errichtung einer Befestigung.

Eine im Gelände noch heute beeindruckende Abschnittsbefestigung überquert die Hochfläche auf einer Länge von ca. 300 m in nordwest-südöstlicher Richtung und riegelt damit einen Innenraum von ca. 8 ha ab. Da moderne Ausgrabungen noch immer fehlen, besteht nach wie vor Unklarheit darüber, ob sich unter dem Ringwall oder der Abschnittsbefestigung vorgeschichtliche Wehrbauten in Resten erhalten haben. Neben bronzezeitlichen Scherben sind auch wenige frühlatènezeitliche Einzelfunde seit langem bekannt. Ein Stabgürtelhaken spricht immerhin für eine Begehung des Platzes in spätkeltischer Zeit, den Paul Reinecke schon 1930 zu den spätlatènezeitlichen Oppida in Südbayern rechnete.

So wie sich die Befestigungen noch heute als Wälle und Gräben im Gelände ablesen lassen, ist allerdings der größte Teil in das frühe bzw. hohe Mittelalter zu setzen.

So bildet ein mächtiger Abschnittswall mit zwei vorgelagerten Gräben den Kern der Abschnittsbefestigung. Von der Wallkrone zur Sohle des ersten vorgelagerten Grabens erreicht der Wall eine Höhe von bis zu 10 m. Zum Innenraum beträgt die maximale Höhe immerhin noch 5 m. Bei diesem Wall dürfte es sich um einen geschütteten Erdwall handeln, wie er für das 10. Jahrhundert typisch ist. Auch das doppelte Grabenwerk und eine im Südwesten vorgelagerte Zone aus in mehreren Reihen versetzt angeordneten Gruben bestätigen diese Datierung. Die vorgelegten Erdwerke, die zur Hochfläche hin von einem weiteren kleineren Wall abgeschlossen werden, sollten in der Zeit der Ungarneinfälle als Annäherungshindernisse für die gefürchtete Reiterei der Magyaren dienen. Ob dagegen ein dem doppelten Grabenwerk im Süden vorgelagerter, kleiner Wall ebenfalls erst in ottonischer Zeit aufgeschüttet wurde, ist ohne Ausgrabung nicht zu entscheiden. Ebenso gut könnte es sich hier um den Rest einer älteren Befestigung handeln, der in der 1. Hälfte des 10. Jahrhunderts als zusätzliches Annäherungshindernis erneut genutzt wurde.

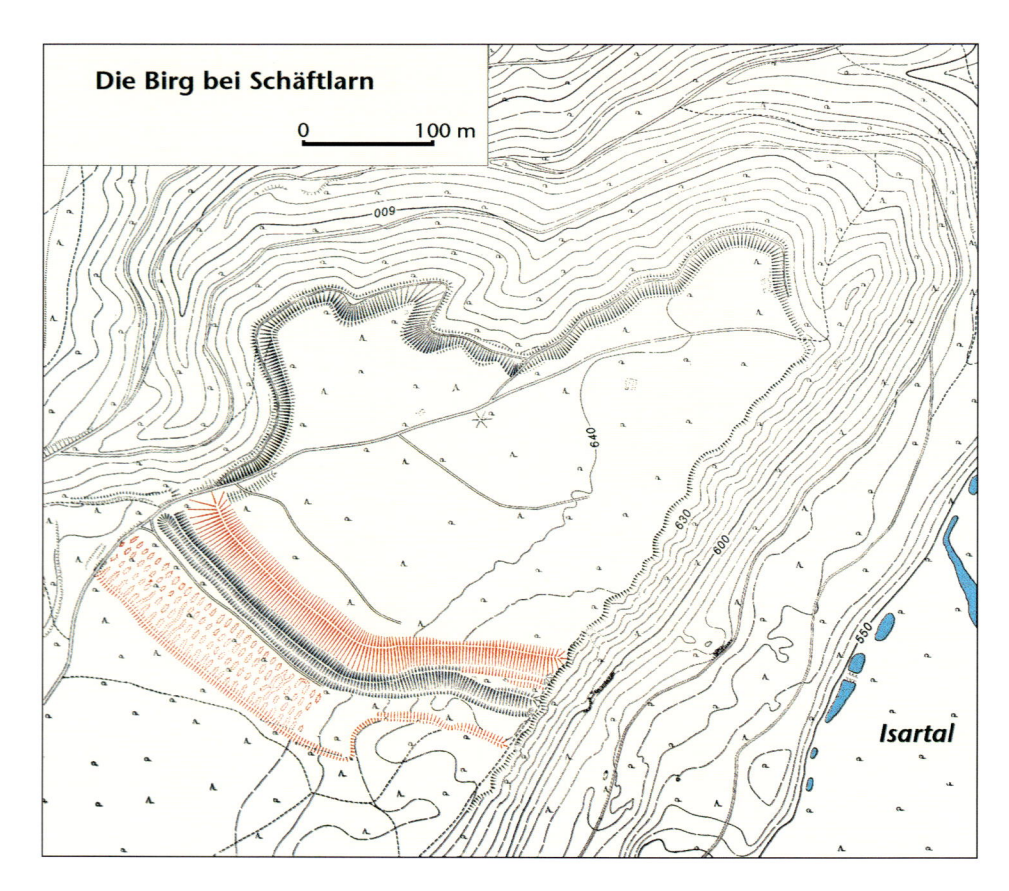

Am nördlichen Ende des großen Abschnittswalls führt heute ein Weg parallel zur Hangkante von der Hochfläche in den Innenraum der Befestigung. Hier stoßen die Teile des gestaffelten Befestigungswerks auf einen im Westen und Norden die Hangkante begleitenden Randwall. In diesem Wall sind die Reste einer Trockensteinmauer oder einer Holz-Erde-Befestigung vielleicht auch mit vorgeblendeter Trockenmauer zu vermuten. Die besonders steil abfallende Ostseite zeigt keine Spuren einer solchen Randbefestigung. Nahezu im rechten Winkel führt vom Ende des mächtigen Abschnittswalls ein kleiner Wall parallel zu Weg und Randbefestigung auf einer Länge von ca. 40 m nach Nordosten in den Innenraum. Der Abschnittswall überlagert die hier auslaufende Randbefestigung und muß daher jünger als diese sein. In der Südwestecke lagen zweifellos auch die Toranlagen sowohl für die Abschnittsbefestigung in der heute noch sichtbaren Form wie auch für eine an gleicher Stelle zu vermutende, ältere Abschnittsbefestigung, die gleichzeitig mit dem Randwall den Sporn abgesperrt haben muß. Etwa 5 m unterhalb des Plateaus, wird die Randbefestigung von einem meist nur noch als Stufe erkennbaren Hanggraben begleitet, bei dem es sich um ein charakteristisches Merkmal frühmittelalterlicher Befestigungsanlagen handelt. Vom Torbereich aus führt die Fortsetzung des Hanggrabens als Geländestufe noch ca. 70 m nach Westen, um dann auszustreichen. Datierte Beispiele dieses Befestigungselementes gehören, wie etwa auf der Eiringsburg bei Bad Kissingen oder dem Banzer Berg, Lkr. Lichtenfels, fast ausschließlich in karolingische Zeit.

J. Haberstroh

Die Birg bei Hohenschäftlarn von Nordwesten. Etwa 90 m über die Isar erhebt sich der befestigte Bergsporn.

Castell
Ein früher Adelssitz in Mainfranken

Der Ort Castell mit Burg und Siedlung liegt am östlichen Rande einer alterschlossenen Siedellandschaft zwischen Main und Steigerwald, die bereits in der Frühgeschichte eine bedeutende Rolle spielte, wie die zahlreichen merowinger- und karolingerzeitlichen Siedlungen, die 741/42 überlieferten Königshöfe und Königskirchen sowie die von der Archäologie erschlossenen Siedlungsfunde und Gräberfelder zeigen.

Castell tritt im März 816 zum ersten Mal ins Licht der Geschichte, als ein *illuster vir comes*, ein Graf Megingaud und seine Gemahlin Imma unter anderem Besitz zu Castell an das von ihnen errichtete Kloster Megingaudeshausen im Iffgau übergaben. Ob mit diesem Namen nun eine Siedlung oder schon eine Befestigungsanlage zu verbinden ist, blieb lang umstritten. Auch wenn sich der Zusammenhang mit dem Begriff *castellum* aufdrängt, sieht man insbesondere in der Namensnennung vergleichbare Anlagen wie *castellum Karloburg, castellum Virteburch, castellum Hamulo*. Nach 816 schweigen die historischen Quellen lange über Castell, der Name erscheint dann als Stammsitz der Herren von Castell erst wieder zum Ende des 11. Jahrhunderts und dann vor allem im 12./13. Jahrhundert. Die Namengebung nach dem Ansitz, der „Stammburg", wird jetzt üblich.

Nach der Grabung von 1989 wird man die erste, 816 zur Siedlung Castell gehörige Burg in Sichtweite auf dem Herrenberg oder/und dem Oberschloß annehmen dürfen, in Analogie zu Karlburg oder Würzburg oder dem Schwanberg über Iphofen. Die Grabung von 1996 hat diese Annahme bestätigt für den Herrenberg, einen topographisch herausgehobenen, runden Bergkegel mit künstlich abgeflachter Kuppe von 40 m Durchmesser, dessen heutiges Erscheinungsbild von hundertjährigen Kastanien geprägt wird. Keramikfunde zeugen von einer kontinuierlichen früh- und hochmittelalterlichen Nutzung des Herrenberges, die mehrheitlich aus jüngeren Bau- und Planierschichten, aber insbesondere auch aus in den Fels gehauenen Gruben stammt, in denen Pfosten von Holzbauten oder -befestigungen standen. Diese bislang ältesten Baubefunde lassen aufgrund der Topographie des Herrenberges auf eine frühe Burg, vielleicht in Holzbauweise, in früh- und hochmittelalterlicher Zeit vor dem historisch überlieferten Datum 1258 schließen. Castell fügt sich so zwanglos in die frühmittelalterliche Burgengeschichte ein, werden doch ab Beginn des 9. Jahrhunderts neben großen und sehr großen Befestigungen jetzt verstärkt auch kleine und sehr kleine Burgen mit z.T. deutlich weniger als 1 ha Gesamtfläche errichtet, wie wir es auch mit Castell mit ca. 0,2 ha für eine älteste Burg auf dem Herrenberg mit guten Gründen annehmen dürfen. Sie war vor allem für das Schutzbedürfnis einer adeligen Familie, vielleicht mit der dazugehörigen Talsiedlung und dem umliegenden Besitz, ausge-

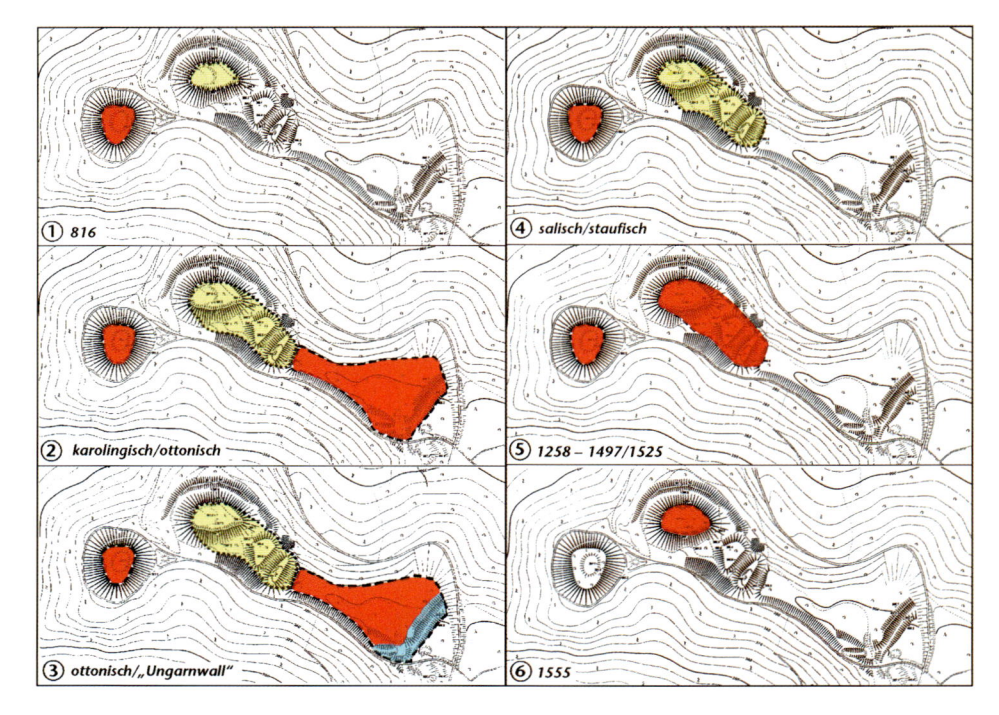

rechts unten:
Die Burgen Castell nach der Wildbannkarte von 1497, oben der Herrenberg.

unten:
Entwicklung der Burgen zu Castell:
rot: mit Grabungen erschlossen;
gelb: aufgrund historisch-archäologisch-topographischer Kriterien erschlossen;
blau: Ungarnwall.

① 816
② karolingisch/ottonisch
③ ottonisch/„Ungarnwall"
④ salisch/staufisch
⑤ 1258 – 1497/1525
⑥ 1555

Die Burgen zu Castell, oben der Herrenberg.

legt. Burgen dieser Art, vergleichbar der Eiringsburg, stellen eine der Wurzeln zur Entstehung der früh- und hochmittelalterlichen Adelsburg dar. Castell gehört zu den wenigen Orten in Franken und darüber hinaus, wo früher Adel als Burgenbauer sowohl historisch als auch archäologisch in Erscheinung tritt.

In karolingisch-ottonischer Zeit vergrößerte man das Burgareal auf eine Gesamtfläche von 1,8 ha. Die am meisten gefährdeten Befestigungsbereiche im Osten wurden in der Ungarnzeit, d. h. in der 1. Hälfte des 10. Jahrhunderts, wohl dann mit einem geschütteten Wall und breiten, tiefen Graben davor verstärkt sowie der Torbereich zusätzlich nochmals gesichert. Im östlichen Bereich kam es aber zu keiner ständigen, festen Nutzung. Dieser Teil wurde wohl auch schon bald wieder aufgegeben, spätestens als man die 1258 genannten Burgen errichtete.

1258 werden für Castell gleich zwei Burgen genannt, das *castrum dictum Kastel* auf dem Herrenberg und die *purch ze Kastel* auf dem Oberschloß. Die auf dem unteren, dem Herrenberg gelegene, hat als ältere zu gelten, sie wird auf einer Wildbannkarte von 1497 bereits als Altkastell bezeichnet, der 1057 genannte Rupert, der erstüberlieferte Casteller, dürfte hier seinen Sitz gehabt haben. Nach historischer Überlieferung wird man neben einer Kapelle auf einen Turm, ein zweigeschossiges Gebäude und einen Keller schließen dürfen.

1258 wird die Grafschaft geteilt, am 28. Juli 1321 verpfändete der verschuldete Graf Hermann III. den Herrenberg an den Burggrafen von Nürnberg, der dann bis Ende des 17. Jahrhunderts in burggräflicher Hand verblieb. Am 6. November 1497 kam es zu einer Zerstörung Herrenbergs durch die Guttenberger. Im Bauernkrieg 1525 wurde die Burg abermalig zerstört, brannte aus und wurde nicht mehr aufgebaut, während man das obere Schloß nach der Zerstörung im Bauernkrieg wieder errichtete. Die *purch ze Kastel* wurde 1554 sogar nochmals verstärkt und umgebaut, der Graben zwischen Schloß und zweiter Vorburg verbreitert und somit die beiden Vorburgen aufgegeben. Im Dreißigjährigen Krieg dann teilweise zerstört, stand die Burg im 18. Jahrhundert aber noch großenteils und wurde vermutlich erst 1818/19 bei Bewaldung des Schloßberges abgetragen.

Heute zeugt von der vierhundertjährigen Geschichte dieses Burgplatzes nur noch der erhaltene, 16 m hohe, viergeschossige Renaissancetreppenturm.

P. Ettel

Literatur:
O. Meyer, H. Kunstmann, Castell. Landesherrschaft – Burgen – Standesherrschaft (Castell 1979).
P. Ettel, Die Burgen zu Castell und ihre Bewertung im Rahmen des frühmittelalterlichen Burgenbaus in Nordbayern. In: Das Land zwischen Main und Steigerwald im Mittelalter. Symposium Castell 1996, Erlanger Forschungen (im Druck).

Hochmittelalter, Spätmittelalter und Frühe Neuzeit

Geschichtlicher Abriß

Wenngleich Grundelemente des modernen Bayern schon im Mittelalter geschaffen wurden, ist das heutige Bayern in Wirklichkeit das Endprodukt eines komplizierten Prozesses von etlichen Erweiterungen und Schrumpfungen, von Teilungen und Annexionen, von politisch-territorialen Um- und Neustrukturierungen.

Mit Kaiser Heinrich II. beginnt die hochmittelalterliche Geschichtsschreibung Bayerns, das fortan mit dem Reich eng verbunden blieb. Heinrich II. gründete 1007 das Bistum Bamberg (siehe Bamberg, Domberg) und schuf damit eine weitere wichtige Territorialmacht im Nordosten Bayerns. Unter der von den Königen und Kaisern beabsichtigten Schwächung der bayerischen Herzogsmacht erwuchsen im 11. Jahrhundert hochadelige Familien wie die Grafen von Andechs, die Grafen von Bogen, die Grafen von Sulzbach (siehe Flossenbürg), die Diepoldinger und vor allem die Wittelsbacher zu großer Macht, indem sie sich geschlossene Herrschaftsterritorien schufen.

Ähnlich umsichtig agierte Herzog Welf I. (1070–1101), der die Wirren des Investiturstreites so geschickt zum Ausbau der Hausmacht seiner Familie nutzte, daß diese daraufhin über fünf Generationen lang die bayerischen Herzöge stellte. Zu dieser Zeit, vor allem aber im 12. Jahrhundert, vollzog sich auch der gesellschaftliche Aufstieg der für den späteren Burgenbau so wichtigen unfreien und niederadeligen Dienstmannen zu privilegierten Reichsministerialen. Nach dem Niedergang der Welfen verlor Bayern Österreich endgültig an die Babenberger.

Als Kaiser Friedrich I. 1180 das Stammesherzogtum Bayern zerschlug und weiter reduzierte, entstand ein von den Landesfürsten getragener Territorialstaat. In Franken verhinderte dies ein zu dichtes Nebeneinander von unterschiedlichsten Machtfaktoren, wie Fürstbistümern (Würzburg, Bamberg, Eichstätt), Reichsstädten (Nürnberg, Rothenburg, Schweinfurt), hochadeligen Familien (anfangs vor allem die Andechs-Meranier, die Grafen von Orlamünde, von Abenberg, die Schlüsselberger und Walpoten; dann die Hohenzollern – auf die wir unter anderem auf den Burgen Nürnberg, Cadolzburg und Abenberg stoßen) und die „Fränkische Reichsritterschaft", in der sich zahlreiche, kleinere Territorialherren zu einem Bündnis zusammenschlossen. Hier kam es in der Folge zu einer extremen territorialen Zersplitterung. Eine besondere Vormachtstellung versuchte der Bischof von Würzburg zu erlangen (siehe Salzburg und Feste Marienberg).

In Schwaben hatten die Wittelsbacher nicht zuletzt durch das Konradinische Erbe ab 1268 (siehe Neuschwanstein und Falkenstein) ihre Macht beträchtlich ausgebaut, doch bildeten sich im Laufe der Jahre auch zahlreiche weltliche (Grafen von Oettingen, Werdenberg, Kirchberg, Montfort; Herren von Pappenheim, Rettenberg-Hohenegg etc.) und geistliche (Hochstift Augsburg, Fürststift Kempten, Abtei Ottobeuren) Herrschaften heraus, abgesehen von den vielen reichsunmittelbaren Städten (Augsburg, Kaufbeuren, Kempten, Lindau, Memmingen, Nördlingen etc.). Ganz im Süden griff zusätzlich die Grafschaft Tirol in den bayerischen Raum hinein (siehe Falkenstein, Eisenberg und Hohenfreyberg).

Mit Otto von Wittelsbach, der 1180 zum Bayerischen Herzog gekürt wurde, begann der unaufhaltsame Aufstieg des Hauses Wittelsbach, das durch kluges Taktieren seinen Privatbesitz enorm vergrößern konnte. Dies gilt uneingeschränkt für Herzog Ludwig I. (1183–1231), der nicht nur Territorialzugewinne im Osten und Norden verbuchen konnte, sondern auch noch die Pfalzgrafschaft am Rhein erhielt. Seine Residenzburg war die 1204 gegründete Burg Landshut (siehe S. 188), mit Einschränkungen

Nördlingen gehörte auch zu den reichsunmittelbaren Städten.

auch Burghausen. Die Verwaltung des Landes oblag nun den erstarkten Ministerialen. Bayern war um 1255 zum mächtigsten Territorialherzogtum im Deutschen Reich erwachsen, als es aus erbrechtlichen Gründen erstmals zweigeteilt wurde in zwei neue Herzogtümer, die zuerst auf der einen Seite Oberbayern, den Nordgau und die Rheinpfalz, auf der anderen Seite Niederbayern, später dann aber Nordgau und Rheinpfalz sowie Ober- und Niederbayern umfaßten. Trotz dieser Teilung erreichte Ludwig IV. von Wittelsbach (1294–1347) im Jahr 1314 als Ludwig von Bayern die Königswürde. Unter seinen Nachfolgern kam es zu zahlreichen Teilungen, wodurch bis zu vier verschiedene Teilherzogtümer entstanden. Durch diesen Zersetzungsprozeß kam es letztlich zum Landshuter Erbfolgekrieg von 1504/05, der Herzog Albrecht IV. (1460–1508) als alleinigen Sieger sah und das wittelsbachische Kernland wieder weitgehend zusammenführte, wenngleich damals das neue Fürstentum Pfalz-Neuburg kreiert wurde.

Anders sah es in Franken aus, wo damals die zollernschen Markgrafen von Ansbach und Kulmbach (siehe Cadolzburg, Nürnberg, Plassenburg und Wülzburg), der Bischof von Würzburg und die Reichsstadt Nürnberg dominierten. Die Kräftezerplitterung war noch krasser in Schwaben, wo sich eine Vielzahl von Kleinstherrschaften die Macht teilte.

Fortifikatorisch gesehen, wirkten sich im frühen 15. Jahrhundert die Hussiteneinfälle auf den nördlichen, nordöstlichen und östlichen Teil des Bayerns impulsgebend aus, als vor allem die geistlichen Herrschaften große Anstrengungen unternahmen, ihre Städte, Märkte, Burgen und Kirchen besser zu befestigen (Lichtenstein). Ende dieses Jahrhunderts wuchs die Angst vor den in Osteuropa eingefallenen Türken, denen Greuelgeschichten vorauseilten. Als sich 1525 auch noch die Bauern erhoben, kam es an zahlreichen Burgen und Festen Plätzen zu Modernisierungen der Wehrarchitektur. Die Reformation führte zu weiteren blutigen Auseinandersetzungen, wie den Schmalkaldenkrieg 1546/47. Hinzu kam im nördlichen Teil Bayerns der Zweite Markgrafenkrieg, durch den Markgraf Albrecht Alcibiades von Kulmbach sich ein eigenes Herzogtum Franken zu schaffen versuchte.

Schließlich litt ganz Bayern fürchterlich unter den Kriegswirren des Dreißigjährigen Krieges (1608–1648), der vor allem in Franken und Ostschwaben zu katastrophalen Verwüstungen führte, und der endgültig zeigte, daß die mittelalterlichen Burgen als territorialpolitische und militärische Machtfaktoren ausgedient hatten. Die neuen Machtfaktoren waren nun die großen Städte und Landesherren, die sich mit gewaltigen Festungswerken und großen Heeren vor der immer effizienter werdenden Artillerie schützen konnten.

Geologisch-topographischer Abriß

Bayern ist ein geologisch höchst vielseitiges Land. Im Nordwesten herrscht Buntsandstein vor, im Norden Basalt, im Osten Granit und Gneis, im Zentrum Jurakalk, im Süden Kalk und Nagelfluh. Im Voralpenland erstrecken sich Moor- und Lößebenen. Der geologische Untergrund spiegelt sich in den Baumaterialien Sandstein, Basaltstein, Granit und Gneis, Kalkstein und Nagelfluhstein sowie Backstein. Da vor allem der Sandstein ein vorzüglich zu bearbeitender Stein war, taucht hochqualitatives Mauerwerk mit schönen Schmuckformen vor allem im fränkischen Raum auf. Auch der Tuffstein, den wir oft im süd- und ostbayerischen Raum antreffen, konnte leicht behauen, ja sogar gesägt werden, war dafür aber noch witterungsanfälliger als der ohnehin weiche Sandstein.

Widerspenstige Baumaterialien waren zweifelsohne die nur schwer behaubaren Nagelfluh, Granit und Gneis, die aufgrund ihrer Beschaffenheit Schmuckformen kaum zuließen. Wer finanzkräftig genug war, behalf sich mit importierten Steinen.

Da die Geologie auch die Topographie bestimmt, finden wir auch alle gängigen Burgentypen in Bayern: extrem exponierte Höhen- und Gipfelburgen in den Alpen (Falkenstein, Eisenberg, Hohenfreyberg) – „klassische" Spornburgen und Gipfelburgen in der Ober-

Zu den „klassischen" Spornburgen zählt die Burg Neideck in der Fränkischen Schweiz. Luftaufnahme von Norden. Gut erkennbar die Lage der Burg auf einem Vorgebirge in einer Schleife des Flusses Wiesent. Links vorne die Kernburg mit ihrem Wohnturm, daneben die innere Vorburg mit ihren beiden Artillerierondellen, darüber die äußere Vorburg.

Neuschwanstein. Weit entfernt von mittelalterlicher Realität, aber dem romantischen Burgenverständnis des 19. Jahrhunderts sehr nahe.

nächste Seite rechts: Lichtenstein in Unterfranken. Grundrisse und Rekonstruktionsversuche der drei wichtigsten Bauphasen.
A: Bauphase I (um 1200–1230). Gründungsburg mit Bergfried, Palas und Nebengebäude.
B: Bauphase II (um 1340/50). Ausbau zu einer dreiteiligen Ganerbenburg.
C: Bauphase III (1427–36). Hussitenzeitliche Verstärkung und Umbauten. Bau von zwei neuen Burgtoren, Bewehrung durch Hakenbüchsenturm (rechts), Neubau der Nordwand (im Hintergrund mitte), Neubau des Palas (Hintergrund links).

pfalz (Burglengenfeld, Flossenbürg, Stockenfels), im Bayerischen Wald (Oberhaus und Niederhaus in Passau), im Steigerwald, in der Fränkischen Schweiz (Neideck), in der Rhön (Salzburg), in den Haßbergen (Lichtenstein), im Odenwald (Wildenberg), in den Tälern von Altmühl (Prunn), Donau (Donaustauf), Salzach (Burghausen), Regnitz (Bamberg) und Main (Rothenfels) – Wasserburgen und Weiherhäuschen in Bayerisch-Schwaben (Seeg-Burk), in den fränkischen, oberbayerischen und niederbayerischen Ebenen (Lauf; Haag) – Höhlenburgen und Felsburgen in den Felswänden der Alpen, in den Felsklötzen des Chiemgauer Landes (Stein an der Traun), der Haßberge und der Oberpfalz.

Burgenkundlicher Abriß

Die Wissenschaft um die Burgen, die sogenannte Burgenkunde, hat immer mit Burgenforschung zu tun: erfolgt keine kompetente Burgenforschung, kann auch keine kompetente Burgenkunde entstehen. Für Bayern sah es bis in die 1980er Jahre burgenmäßig ganz schlecht aus, denn die Burgenforschung war bis dahin ein Tummelplatz begeisterter Laien, die mit viel Engagement, Eifer und gutem Willen forschten, aber ohne das notwendige Fachwissen. Dabei hatten sowohl die Bauforschung unter Gert Mader (Landesamt für Denkmalpflege in München) als auch die 1981 erstmalig für Deutschland an der Universität Bamberg etablierte Mittelalterarchäologie unter Walter Sage gerade in Bayern ab den 1980er Jahren neue Maßstäbe in der Dokumentation von Baubefunden und Bodenbefunden erarbeitet und gesetzt. Die neue Methodik ermöglichte in weit stärkerem Maß die Erfassung datierender Details. Sie konnte endlich baugeschichtliche Entwicklungslinien aufzeigen, ermöglichte funktionale Zuordnungen von Räumen und Baueinrichtungen und gestattete eine Rekonstruktion des alltäglichen Burgenlebens auf allen sozialen Niveaus. Insbesondere die Mittelalterarchäologie hat unser Wissen um das Mittelalter in vielen Facetten bedeutend erweitert, indem sie bei geeigneten Bodenverhältnissen selbst die einfachsten Holzbauten und Lebensumstände wieder ans Licht der Geschichte zurückbefördert. Denn wir müssen uns darüber im klaren sein, daß uns die zeitgenössischen Schrift- und Bildquellen, mit denen wir wieder intensiv arbeiten, immer nur das höfische Leben in der Gipfelzone der mittelalterlichen Adelspyramide zeigen, uns an die Höfe der Könige, Kaiser, Herzöge, Fürsten und geistlichen Oberhäupter entführen, nicht aber in die Burg eines weniger begüterten Dynasten oder eines Ministerialen, geschweige denn in die bauernhofähnliche Holzburg eines armen Landadeligen.

Dies war einer der zwei großen Fehler der traditionellen Burgenforschung, die nicht erkannt hatte, daß sich die Mittelzone unserer Burgenpyramide aus den einfachen mittelgroßen Burganlagen der Ministerialen zusammensetzt, die weit breitere Sockelzone aber aus den noch kleineren Burgen des armen Land- und Dorfadels. Da man quasi den Gipfel des Eisberges irrtümlich für den Eisberg selbst hielt, entstand ein völlig verfälschtes, hinsichtlich des Wohnkomforts und der Zahl der Burginsassen total überzogenes Bild des mittelalterlichen Burglebens.

Der zweite große Fehler der traditionellen Burgenforschung bestand darin, die wahre Funktion der Burg nicht erkannt zu haben. Dadurch daß sich das 18. und 19. Jahrhundert ein in gleichem Maße düsteres und blutrünstiges wie romantisch-mystisch verklärtes Mittelalter frei ausgedacht hatten, verkamen die Burgen zu reinen Militärbauten. Sie waren dem damaligen Verständnis entsprechend als gewaltige, sich himmelwärts türmende Riesenbauten voller Türme, Erker, Zinnen und Schießscharten zu rekonstruieren. Keine Burg illustriert besser als Neuschwanstein, wie weit sich das 19. Jahrhundert von der mittelalterlichen Realität entfernt hatte, denn König Ludwig II. ließ eine der mächtigsten Burgruinen Bayerns komplett beseitigen, um ein Schloß „im echten Styl deutscher Burgen" neu zu errichten. Das, was in der

Folge anstelle der echten Burg hier entstand, empfand man damals ironischerweise als „echter"...

Man packte die Burg also voll mit Kriegsknechten, Knappen und Rittern, mit Wurf- und Schleudergeschützen, versah sie mit einer Unzahl an Schießscharten, Gußerkern und Pechnasen, mit Geheimgängen, Pechküchen, Verliesen und Folterkammern, ließ sie Täler, Furten, Landstriche sperren und beherrschen, miteinander Burgenketten und Sperrsysteme bilden, und machte sie damit viel wehrhafter als sie jemals war.

Heute hinterfragen wir all diese Vorstellungen kritisch und gelangen damit zu ganz anderen Ergebnissen. Die Burg war in militärischer Hinsicht lediglich ein Schutzbau, der keine offensive Kriegswirkung entfalten konnte: zu klein die Besatzungen, zu teuer das große Kriegsgerät. Die Burg war in erster Linie ein elementares, weithin sichtbares Herrschaftszentrum, von dem aus verwaltet, regiert, Recht gesprochen und Kleinhandel getrieben, wo höfische Kultur gepflegt wurde. Die Burg diente in der Regel nicht zur Unterwerfung des Landes, sondern zu dessen Befriedung. Sie schützte ihren eigenen Wirtschaftshof und Siedlungen, die sich in ihrem direkten Umfeld gebildet hatten.

Burgen wurden demzufolge – entgegen der landläufigen Meinung – nicht in jenen Zeiten errichtet, die besonders unsicher und kriegerisch waren, sondern vielmehr in Zeiten der Stabilität als Garanten eines dauerhaften Friedens. Dies macht auch Sinn, wenn wir uns überlegen, was für eine immense finanzielle Investition der Bau einer selbst mittelgroßen Burganlage darstellte. Sie waren bezeichnenderweise auch weit weniger umkämpft, als man uns Glauben macht: Nur ausnahmsweise stoßen wir auf eine Burganlage, die man schon während des Hochmittelalters belagerte (Donaustauf); ansonsten fallen fast alle Belagerungen in das Spätmittelalter (Passau, Stockenfels) und vor die Frühe Neuzeit, als Hussiteneinfälle, Markgrafenkriege, Landshuter Erbfolgekrieg, Bauernaufstände und Dreißigjähriger Krieg den Burgen und befestigten Plätzen übel zusetzten. Eine Ausnahme stellen jene stadtnahen Burgen dar, die wiederholt in das Spannungsfeld zwischen Bischof und Städtern oder Reichsstädtern gerieten (Bamberg, Donaustauf, Passau, Würzburg).

War bis 1990 die Burgruine (Ober-)Wittelsbach noch die einzige großflächige Burgengrabung Bayerns, so konnte sich dies im letzten Jahrzehnt nur positiv ändern. Mit dem archäologischen Großprojekt auf dem mindestens seit dem 9. Jahrhundert befestigten Bamberger

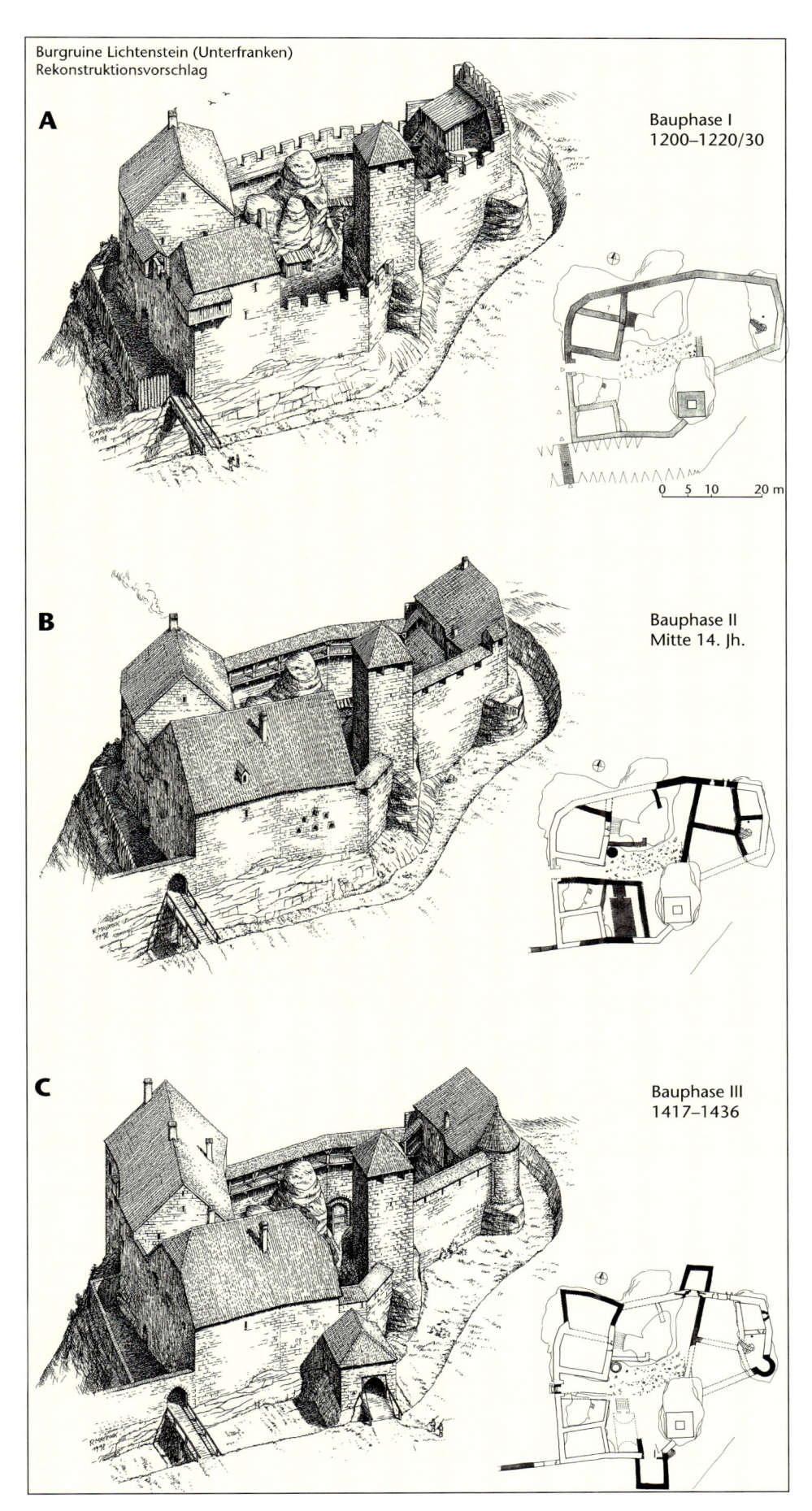

Burgruine Lichtenstein (Unterfranken)
Rekonstruktionsvorschlag

A Bauphase I
1200–1220/30

B Bauphase II
Mitte 14. Jh.

C Bauphase III
1417–1436

Die Burgruine Trimberg im Landkreis Bad Kissingen gehört zu den burgenkundlich nur unzureichend erforschten Objekten.

Domberg entstand ab 1987 am Lehrstuhl für Archäologie des Mittelalters und der Neuzeit an der Universität Bamberg in Zusammenarbeit mit dem Lehrstuhl für Bauforschung und dem Aufbaustudiengang Denkmalpflege ein Forschungsschwerpunkt „Burgenforschung", der spürbar in die bayerischen Lande hineinwirkte. Mittlerweile sind in Bayern zahlreiche Burgen sehr gut – teilweise auch interdisziplinär – erforscht (Lichtenstein, Raueneck, Schmachtenberg, Tüschnitz, Epprechtstein, Loifling, Neukirchen bei Hl. Blut, Sulzbach-Rosenberg, Flossenbürg, Stockenfels, Biebelried, Nürnberg, Hilpoltstein, Abenberg, Treuchtlingen/Obere Burg, Cadolzburg, Burgthann, Hohenfreyberg, Alt-Trauchburg, Nesselburg, Langenegg, Sulzberg, Burgberg, Hugofels, Amerang, Stein an der Traun, Murnau, Auerburg, Werdenfels, Saunstein), während an sehr vielen anderen Burgen kleinere Dokumentations- und Forschungsarbeiten durchgeführt wurden (z. B. Chameregg/Ödenturm, Warberg, Amberg, Wolfstein, Alteglofsheim, Schenkenschloß, Hofberg, Treuchtlingen/Stadtschloß, Salzburg, Neuburg a. d. Donau, Burghausen, Landshut/Trausnitz, Untergriesbach, Passau/Oberhaus, Altnußberg, Poikam, Plassenburg ob Kulmbach, Rosenberg ob Kronach, Friesen, Haßlach bei Kronach, Hochstadt am Main, Veste Coburg, Hof, Durach/Neuenburg etc.).

Dennoch trügt dies offenbar eindrucksvolle Bild: Man ist in Bayern noch immer weit entfernt von irgendeiner Form systematisch betriebener Burgenforschung. Dies verdeutlicht der Umstand, daß es kein einziges Bayerisches Burgenbuch gibt, das gehobenen wissenschaftlichen Ansprüchen gerecht wird und alle Erkenntnisse der modernen Burgenforschung miteinbezieht. Ganz im Gegenteil wird der Markt immer wieder malträtiert von schlechten Burgenbüchern über Einzelobjekte oder bestimmte Burgenregionen – ausgenommen ein Dutzend seriöser und qualitätvoller Burgenmonographien.

Wer in Bayern burgenkundlich arbeitet, muß zwangsweise immer wieder zurückgreifen auf die Bände des Kunstdenkmälerinventars, die zwar sachlich-nüchterne Information bieten, leider aber zumeist völlig veraltet sind und zudem unter den unterschiedlichen Qualifikationen ihrer zahlreichen Bearbeiter leiden. Viele berühmte Burg- und Schloßanlagen, wie die Trausnitz ob Landshut, Burghausen, das Hohe Schloß in Füssen, die Festen Marienberg über Würzburg und Rosenberg ob Kronach, die Plassenburg ob Kulmbach, die Willibaldsburg über Eichstätt, Schloß Mespelbrunn, Schloß Lauenstein, die Burgen Oberhaus und Unterhaus in Passau, Prunn, Burglengenfeld und Rieneck, die Harburg und selbst solch großartige Burgruinen wie Homburg und Trimberg, sind allesamt unzureichend erforscht und können daher burgenkundlich hier nicht optimal eingebracht werden, manche davon überhaupt nicht.

Die Auswahl der in diesem Buch präsentierten mittelalterlichen Burgen kann bei der extrem begrenzten Anzahl von reproduzierbaren Objekten, denen eine unglaubliche Vielzahl und

Vielfalt an bayerischen Burgen gegenübersteht, nur eine subjektive sein. Viele werden in diesem Werk vergebens „ihre" Burg suchen, sie aber ebenso geeignet finden wie andere hier behandelte Objekte. Die erste Auswahlliste war 4,5 Seiten lang, das Streichen auf dreißig Objekte ein schwieriger und mühsamer Prozeß, der zwangsweise viele Wünsche offen lassen muß. Maßgebliche Kriterien für die Auswahl waren vor allem der burgenkundliche Aussagewert und die topographische Situation, die der Luftphotographie besonders zuträglich ist.

Es sind namhafte Burgen und Schlösser aufgrund ihrer schlechten burgenkundlichen Erforschung ausgeklammert worden (siehe oben): Hohenaschau, Staufeneck, Neubeuern, Nassenfels, Ingolstadt, Hirschberg, Elkofen, Neu-Falkenstein, Tittmoning, Marquardstein, Hohenwaldeck, Kirnstein in Oberbayern – das Hohe Schloß in Füssen, Mindelheim, Hochhaus und Niederhaus, Hohenburg, Laubenberg-Stein in Bayrisch-Schwaben – Neuburg, Saldenburg, Runding, Hilgartsberg, Natternberg, Fürsteneck, Mitternfels und Weißenstein in Niederbayern – Kallmünz, Wörth, Leuchtenberg, Vilseck, Falkenstein, Ehrenfels, Randeck, Rosenburg und Riedenburg, Schwarzenburg, Kürnberg, Schweppermannsburg, Falkenberg und Neuhaus in der Oberpfalz – Lisberg, die Bernecker Burgruinen, Stein, Giechburg, Niesten, Pottenstein, Waischenfeld, Aufseß, Zwernitz, Nordeck, Rabeneck, Kunreuth, Thurnau, Hiltpoltstein und Egloffstein in Oberfranken – Colmberg, Veldenstein, Vorder- und Hinterfrankenberg, Pappenheim, Wernfels, Leonrod, Willibaldsburg in Eichstätt und Lichtenau in Mittelfranken – Homburg, Marienberg über Würzburg, Trimberg, Miltenberg, Kollenberg, Prozelten, Osterburg, Burgsinn und Lichtenburg in Unterfranken.

Andere Burgen und Burgruinen, wie Burgberg, Nesselburg, Durach/Neuenburg, Langenegg, Hugofels, Wittelsbach, Zusameck, Amerang in Bayrisch-Schwaben – Auerburg, Alt-Falkenstein, Werdenfels in Oberbayern – Saunstein, Obergriesbach in Niederbayern – Wolfstein, Heimhof, Abbach, Chameregg/Ödenturm, Loifling in der Oberpfalz – Tüschnitz, Epprechtstein, Hochstadt am Main in Oberfranken – Scharfeneck, Hilpoltstein, Hofberg und Burgthann in Mittelfranken – das Schenkenschloß, Raueneck, Rotenhan und Schmachtenberg in Unterfranken –, sind war gut erforscht, geben aber „luftoptisch" zu wenig her.

Schließlich sind noch eine Reihe von Burgen und Burgruinen anzuführen, die durch intensive moderne Überbauung oder durch unansehnliche Sanierungen sowohl an Burgenästhetik als auch an burgenkundlicher Aussagekraft stark verloren haben: Sulzberg und Kemnat in Bayrisch-Schwaben – Murnau und Starnberg in Oberbayern – Weißenstein, Altnußberg, Winzer, Mitterfels in Niederbayern – Laaber, Sulzbach-Rosenberg, Brennberg in der Oberpfalz – Giechburg, Gößweinstein, Rabenstein, Wolfsberg in Oberfranken – Osternohe/Schloßberg, Stauf, Burgthann, Mörnsheim, Treuchtlingen/Oberburg in Mittelfranken – Bramberg in Unterfranken, um nur einige zu nennen.

Bei einigen Objekten, die trotz moderner Zubauten in dieses Buch aufgenommen wurden, besitzen die erhaltenen mittelalterlichen Bauten zu große burgenkundliche Bedeutung, um sie ausgrenzen zu können (Rieneck in Unterfranken – Nürnberg, Abenberg und Cadolzburg in Mittelfranken – Bamberg/Domberg in Oberfranken – Burglengenfeld in Oberpfalz); dies gilt gleichermaßen für jene Burganlagen, die keine pittoreske Silhouette bieten, aber hochinteressante Baukörper enthalten (Donaustauf in Oberpfalz, Lauf in Mittelfranken).

Rothenfels in Unterfranken schließlich fand nicht nur Aufnahme wegen seiner sehr gut erhaltenen hochmittelalterlichen Bauteile, sondern um aufzuzeigen, wie schwierig es sein kann, trotz einer reichhaltigen Bausubstanz eine zuverlässige Datierung zu erarbeiten.

Eine kurze bayerische Burgenkunde kann lediglich die wesentlichen Entwicklungslinien in groben Zügen schildern und dabei nur die allerwichtigsten Objekte einbringen.

Daß es schon im 9./10. Jahrhundert Burganlagen mit Zwingern und Flankierungstürmen

Bamberg, Domberg, ehemalige Babenburg. Rekonstruktion eines eingetieften hölzernen Turmhauses des 9./10. Jahrhunderts nach archäologischem Befund.

Abenberg in Mittelfranken. Rekonstruktionsversuch der Grafenburg um 1140.

aus gemörtelten Steinmauern gegeben habe, wie postuliert für die Burg der Babenberger auf dem Bamberger Domberg oder die Karlburg, muß nach den neuesten Forschungserkenntnissen negiert werden. Die Bastionen der Karlburg müssen inzwischen in das 13. Jahrhundert datiert werden, während jene auf dem Bamberger Domberg vermutlich überhaupt nicht existierten. Dort bildete ein eingetieftes, großes, hölzernes Turmhaus einen Hauptbau. Gemörtelte Ringmauern gab es dagegen schon an einigen landesherrlichen oder dynastischen Burgen, wie dem Turmberg in Kasendorf, der Karlburg, der Burg Ebersberg und dem Michaelsberg bei Kipfenberg. Innerhalb der Festung Sulzbach-Rosenberg – einer vom 10. bis 13. Jahrhundert offensichtlich hochbedeutenden Grafenburg – standen im späten 10. Jahrhundert schon ein Saalbau und zwei Wohnbauten. Natürlich blieben das gesamte 11. und 12. Jahrhundert hindurch auch traditionell-konventionelle Befestigungsweisen aus Erde, Holz und/oder Trockenstein in Gebrauch.

Vor allem der Hochadel wurde damals zum Bauträger fortschrittlicher, da massiv gemauerter Burganlagen, deren Zweischalenmauerwerk kleine, sorgfältig behauene und versetzte Quadern, sogenannte „Handquadern" zeigte.

Schon vor 1050 hatte Kaiser Heinrich III. den Burgberg zu Nürnberg mit einer massiv aufgeführten Burg, die unter anderem auch ein mauerbündiges Saalgebäude umfaßte, befestigen lassen. Auch die nahe Burg Sulzbach wurde ab 1050 mit einer neuen Ringmauer, einem großen Saalbau, einem kleinen Gebäude mit Unterbodenheizung und einem achteckigen Turmhaus ausgestattet. Die Burg Burglengenfeld scheint um 1100 aus einer Ringmauer, einem dominierenden runden Turmhaus, Palas und kleinem Torbau bestanden zu haben, ergänzt bald darauf durch ein weiteres, diesmal viereckiges Turmhaus. Auch auf der Burg Donaustauf beobachten wir eine für diese Zeitstellung typisch großflächige Burganlage mit einer steinernen Ringmauer und einem Torturm mit schöner Kapelle; alle anderen Baulichkeiten wie der obligatorische Saalbau sind verlorengegangen. Auf der Burg Zusameck sollen um 1100 ein Burghaus und ein Turmhaus nebeneinander gestanden haben. Und auch jene Burg, die Bischof Otto der Heilige von Bamberg im 1. Drittel des 12. Jahrhunderts in Kronach erbauen ließ, umschrieben zeitgenössische Schriftquellen als steinernes Haus mit Turm: Ein aktueller Grabungsbefund aus Aichelberg nahe Kronach mit zwei turmähnlichen Massivbauten wird mit diesen Baulichkeiten in Verbindung gebracht.

Offenbar völlig turmlos geriet der Neubau der Stammburg der Wittelsbacher in Oberwittelsbach im frühen 12. Jahrhundert, wo archäologisch eine gemörtelte Ringmauer mit mauerbündigem Palas, ein kleines Grubenhaus, eine Filterzisterne und eine Mörtelmischanlage ergraben wurden. Gleichfalls turmlos erhob sich vermutlich ursprünglich die Gipfelburg Karlstein, die als Hauptbauten einen mauerbündigen Palas und eine kleine Saalkirche mit eingezogenem Chor aufwies.

Die extreme Großflächigkeit mancher dieser frühen Dynastenburgen – wie Bamberg/Domberg, Karlburg, Burglengenfeld, Donaustauf, Sulzbach-Rosenberg – läßt sich durch vorgeschichtliche Vorgängeranlagen erklären – was auch auf spätere Burgen, wie die Salzburg, Kallmünz oder Veste Coburg, zutrifft. Fester Bestandteil dieser Burganlagen war der Saalbau, ergänzt durch weitere Wohnbauten. Er konnte schon damals nicht frei im Burghof stehen, sondern sich mauerbündig an die Ringmauer lehnen. Bei besonders bedeutenden Burgen wurde der Saalbau zusätzlich durch ein Turmhaus ergänzt – das eigentliche Herrschaftssymbol.

Manche frühe Steinburgen des 11./12. Jahrhunderts besaßen ein solches Turmhaus als Hauptgebäude, dicht ummantelt von einer Ringmauer. Die Dimensionen dieser frühen, zumeist viereckigen (Abenberg, Treuchtlingen/Stadtschloß, Treuchtlingen/Oberburg, Nennslingen, Schwangau/Neuschwanstein, Biebelried, Burgberg, Sulzberg, Altfalkenstein bei Flintsbach, Murach), aber bisweilen auch schon runden Turmhäuser (Hirschberg, Alt-Berneck, Veitsberg) fielen zumeist beachtlich aus mit Seitenlängen oder Durchmessern kaum unter 10 m. Jenes Turmhaus, das sich die mächtigen Grafen von Abenberg wohl um 1140 als herrschaftlichen Residenzbau und Statussymbol errichteten, maß stolze 15,6 x 14,6 m, besaß 2,3 bis 2,5 m dicke Mauern aus Handquadern und einen kleinen Anbau nach Norden. Ein sehr frühes Massivgebäude des frühen 12. Jahrhunderts steckt auch in den Fundamenten des Hochschlosses von Stein an der Traun, das zu dieser Zeit von einem Wallgraben mit steinerner Ringmauer umwehrt wurde.

Alternative Turmformen sind noch selten und treten in großer Vielfalt und Vielzahl erst ab dem frühen 13. Jahrhundert und vor allem in der 2. Hälfte des 13. Jahrhunderts und im 14. Jahrhundert auf. Besonders bemerkenswert ist der Achteckturm aus dem späten 11. Jahrhundert, der innerhalb der Dynastenburg Sulzbach-Rosenberg ergraben wurde, und der schon bald, um 1150–70, einen Nachbau im nahen Ebermannsdorf erfuhr. Um 1160/70 entstand auch der sogenannte Siebeneckturm auf der Burg Rieneck, wohingegen der Fünfeckturm der Burg Nürnberg nach neuesten Forschungen erst den Jahren um 1200 angehört.

Alternativ zu den Turmhäusern konnte das Hauptgebäude einer frühen Steinburg auch aus einem Festen Haus bestehen – ein Burgtyp, der offenbar im westlichen und nördlichen Europa sehr beliebt war. Das Feste Haus unterschied sich vom Turmhaus durch seine länglichere Baugestalt und seine niedrigere Höhe (drei Geschosse). Ein gut erhaltenes Exemplar des frühen 12. Jahrhunderts steht in Flossenbürg, eines der Zeit um 1270/80 auf dem Falkenstein bei Pfronten (dort stets fehldatiert in die Mitte des 11. Jahrhunderts!).

Daß es damals auch schon Höhlenburgen gab, verwundert nicht, galt doch die Höhle dem Menschen von Anfang an stets als bevorzugter Schutzbau. Die Burg Lueg bei Oberaudorf im Inntal bestand gegen Mitte des 12. Jahrhunderts aus einer Höhle, die durch eine massiv gemauerte Frontwand verschlossen wurde. Entgegen aller Behauptungen stammt dagegen die Höhlenburg von Stein a. d. Traun nicht aus dem 11. oder 12. Jahrhundert, sondern vielmehr erst aus dem frühen 14. Jahrhundert.

Wohl während der 1. Hälfte des 12. Jahrhunderts kam in Bayern als neuer Burgtyp die Motte auf – ein künstlich innerhalb eines Ringgrabens aus dessen Aushub aufgeworfener Erdhügel, dessen Gipfelfläche eine Palisade umfriedete. Innerhalb dieses Palisadenzaunes erhob sich der herrschaftliche Wohnbau – ein hölzernes Turmhaus oder Festes Haus. Vorgelagert und mit der Motte durch einen Steg bzw. eine Rampe verbunden, erstreckte sich die gleichfalls graben- und palisadenumwehrte Vorburg mit ihren hölzernen Gesinde-, Wirtschafts- und Handwerkshäusern. Dieser Burgtyp war relativ kostengünstig sehr rasch aufzurichten, hatte aber natürlich etliche materialbedingte Nachteile: er war recht kurzlebig, leicht in Brand zu stecken und wenig stabil. Schwere Steinaufbauten konnte der zumeist künstlich aufgeworfene Erdhügel nicht tragen, oft genug zerfloß der Hügel unter dem zu großen Gewicht der Steinaufbauten und riß diese dann auseinander.

Wo eine Motte dennoch größere Steinbauten trägt, müssen wir damit rechnen, daß entweder in ihrem Kern Fels oder ältere Baukörper stecken, die überschüttet wurden, oder daß der Steinaufbau in Wirklichkeit bis auf den Grund hinabreicht und die Motte erst nachträglich gegen den Kernbau angeschüttet wurde – ein Vorgang, den man als „Einmotten" bezeichnet. Dies wiederum bedeutet, daß auch diese vermeintlich simplen Erdhügelburgen auf komplizierte Bauvorgänge zurückgehen können. Motten sind folglich nur archäologisch ergründbar, zumal die hölzernen Aufbauten nur durch fachgerechte Bodenforschung nachgewiesen

Trausnitz im Tal, Oberpfalz. Luftansicht von Westen. Die gegen Mitte des 13. Jahrhunderts entstandene Burg ist ein schönes Beispiel für eine mittelgroße, kompakte Burganlage mit Bergfried und Palas.

Nesselburg bei Pfronten. Rekonstruktionsversuch der Schildmauerburg um 1300.

Eisenberg bei Pfronten. Rekonstruktionsversuch der Mantelmauerburg Mitte des 16. Jahrhunderts.

werden können. Leider erfolgte in ganz Bayern bis dato noch immer keine einzige aussagekräftige, großflächige und kompetent geführte Mottengrabung – anders als in Nordrhein-Westfalen oder Hessen. Ein besonders schönes und anschauliches Exemplar von Motte steht in Seeg-Burg (siehe S. 182).

Vermeiden sollte man den deutschsprachigen Begriff „Turmhügelburg", weil dieser fälschlicherweise einen Turm als Aufbau impliziert. Man sollte die Motte auch nicht pauschalisieren als „Arme-Adeligen-Burg", denn von anderen Bundesländern wissen wir, daß gelegentlich auch Dynasten durchaus Motten erbauten. Doch die Dimensionen der Motten unterscheiden sich so beträchtlich, daß wir bei den zahlreichen kleinen Motten doch eher auf Ministerialenburgen schließen können.

Die „klassische" Burgenbauzeit begann Mitte des 12. Jahrhunderts, als erstmals und noch ganz selten miteinander das Buckelquadermauerwerk und die Zweiteilung in Palas und Bergfried auftauchten. Diese Komponenten bestimmten ab dem späten 12. Jahrhundert den Burgenbau. Schöne Beispiele hierfür bilden Wildenberg und Rothenfels, die verschiedenen Ansitze der Salzburg, die Harburg und auch Burghausen. Der Palas als repräsentatives Wohn- und Residenzgebäude erfuhr nun eine schmuckvolle, bauornamentale Ausstattung (Wildenberg, Salzburg (sog. Münze), Rothenfels, Cadolzburg, Bamberg), ebenso die Burgkapelle (Landshut/Trausnitz, Burghausen, Rieneck, Wildenberg und vor allem die Doppelkapelle in Nürnberg). Trutzig wirkende, jedoch wenig wehrhafte Bergfriede mit kraftvollem Buckelquadermauerwerk entstanden (Harburg, Lichtenstein, Pappenheim, Prunn, Salzburg, Wildenberg). Sie waren die wahren Herrschaftssymbole des Mittelalters. Ihre angeblichen Funktionen als Verliese oder letzte Zufluchtsorte sind weder funktional noch schriftlich bis zum 15. Jahrhundert generell belegt und fast immer eine frühneuzeitliche Zutat.

Während des 13. Jahrhunderts erschienen vereinzelt, wohl übermittelt durch die Kreuzzüge, Flankierungstürme, Schießscharten, Zugbrükken, Wurferker und Zwinger, wurden dann bis zum 15. Jahrhundert verbessert und weiterentwickelt. „Gußerker" und „Pechnasen" gab es nicht bei uns, denn die Verteidigung durch Pech, siedendes Wasser und heißes Öl gehört zu den Phantastereien des 18. und 19. Jahrhunderts. In Wirklichkeit blieb die Hauptverteidigungswaffe noch bis in das 15. Jahrhundert neben Pfeil und Bogen sowie der Armbrust der simple „Wurfstein".

Die großen quadratischen Turmbauten dünnten im Laufe des 13. Jahrhunderts immer mehr aus (Haag, Langenegg, Murnau) und wurden allmählich durch länglich-rechteckige Wohntürme verdrängt (Passau/Oberhaus). Letztere erlebten schließlich im 14. Jahrhundert noch-

Auch die Burg Trausnitz in Landshut hatte im 16. Jahrhundert eine turmbewehrte Zwingeranlage.

links:
Lichtenstein in Unterfranken. Sog. „spätromanischer Pfeilschartenturm", in Wirklichkeit ein „Hakenbüchsenturm" aus dem Jahr 1430. Rekonstruktion der Innenansicht nach steingerechtem Aufmaß.

mals eine richtiggehende Hochkonjunktur (Lichtenstein/Südburg, Neideck, Reussenberg, Heimhof, Kürnberg, Saldenburg, Loifling, Dachsbach etc.). Sie konnten frei stehen oder wurden integriert in kleine, kompakte, fast symmetrisch ausgerichtete Burganlagen, wie die um 1340 erbauten Stockenfels.

In der 2. Hälfte des 13. Jahrhunderts prägte sich auch endgültig jene Formenvielfalt aus, die die Burgbauten des 14. Jahrhunderts kennzeichnete. Nachdem bei Burgen wie Wildenberg die Konzeption der Schildmauerburg, die, in Spornlage errichtet, dem Feind eine ungewöhnlich dicke und hohe Mauer „wie einen Schild" entgegenstellt, durch leicht verstärkte Frontmauern schon vorweggenommen wurden, erschienen zu dieser Zeit die ersten voll ausgeprägten Schildmauerburgen. Ein feines Beispiel hierfür ist die gegen 1280/90 errichtete Nesselburg bei Pfronten. In diese Entwicklungsreihe modifizierter, älterer Burgtypen gehört auch die um 1315 errichtete Mantelmauerburg Eisenberg.

Das 15. Jahrhundert gab der Burgenarchitektur nochmals wesentliche Impulse. Es war die Zeit der „reichen Herzöge", die unter anderem ihre Burgen in Landshut und Burghausen schloßartig zu großen Residenzen ausbauten. Mittlerweile hatten die Artilleriewaffen vermehrt Einsatz gefunden, so daß angesichts der Hussiteneinfälle im frühen 15. Jahrhundert die ersten artillerietauglichen Wehrbauten entstanden (Lichtenstein, Stockenfels, Veste Coburg, Nürnberg), die ihrerseits offenbar auf frühe hussitische Artilleriebefestigungen wie in Tabor (Böhmen) zurückgriffen. Mitte des 15. Jahrhunderts waren schon zahlreiche Burgen, Städte und Kirchen mit flankierenden Rundtürmen oder sonstigen Fortifikationen, die Schlüsselscharten und Spatenscharten aufwiesen, bewehrt (Schmachtenberg, Kötzting, Loifling, Reichelsberg, Hohenfreyberg). Anfang des 16. Jahrhunderts besaßen fast alle wichtigen Burgen turmbewehrte Zwingeranlagen (Landshut, Burghausen, Willibaldsburg ob Eichstätt, Veste Coburg, Plassenburg ob Kulmbach, Rosenberg ob Kronach, Würzburg/Marienberg, Harburg, Cadolzburg, Füssen/Hohes Schloß, Donaustauf, Eisenberg, Haag, Neideck). Bisweilen kam es sogar zum Bau wuchtiger Artilleriebollwerke mit mächtigen Rundbastionen (Plassenburg ob Kulmbach zwischen 1528 und 1553).

Die geeignete Antwort auf die Artilleriewaffen waren aber nicht Rondelle und Zwingeranlagen, sondern die in Italien entwickelten, gedrungenen, massiven oder kasemattierten, zugespitzten Bastionen, die flankierend von den Ecken vorsprangen, offene Geschützplattformen und dossierte Wände trugen und von vorgelagerten Verteidigungswerken sowie extrem weiten Gräben gesichert wurden. Das bastionäre System wurde in Bayern erstmals durch die

Füssen, Hohes Schloß. Nordflügel mit Illusionsmalereien. Um 1500.

Reichsstadt Nürnberg praktiziert, die ihre Stadtbefestigung 1538–45 unter dem italienischen Festungsingenieur Fazuni Malthese verstärken und kurz darauf die vorgeschobene Festung Lichtenau in ähnlicher Manier errichten ließ. Konzeptionell perfektioniert wurde das bastionäre System schließlich an der fünfeckigen Festung Wülzburg, die ab 1588 in strategisch günstiger Lage durch Markgraf Georg Friedrich von Brandenburg über der Stadt Weißenburg erbaut wurde. Die Wülzburg leitete den barocken Festungsbau ein und beschloß den mittelalterlichen Wehrbau endgültig.

Atmete der Ausbau des Hohen Schlosses in Füssen 1486-1503 durch Fürstbischof Friedrich von Hohenzollern mit seinen großartigen Illusionsmalereien noch spätgotischen Charakter, so hielt die Renaissance in der 2. Hälfte des 16. Jahrhunderts Einzug in die Plassenburg und in die Burg Trausnitz ob Landshut. Ab 1609 schuf der Augsburger Baumeister Elias Holl die eindrucksvolle Zweiturmfassade der Willibaldsburg ob Eichstätt, während fast zeitgleich Johann Schweickard von Kronberg, Erzbischof von Mainz, die Burg von Aschaffenburg zu einem herrlichen Vierflügelschloß umbauen ließ. Der Schritt von der Burg zum Residenzschloß hatte sich hier ebenso vollzogen wie jener von der Burg zur Festung an der Wülzburg. *J. Zeune*

In einer ihrer letzten Ausbauphasen erhielt auch die Harburg eine turmbewehrte Zwingeranlage.

Burg Abenberg
"die Krone des Rangaues"

Literatur:
J. Zeune, Burg Abenberg – eine hochmittelalterliche Dynastenburg. In: Die Burg Abenberg im Hochmittelalter. In: Heimatkundliche Streifzüge (Schriftenreihe des Landkreises Roth), Heft 16, 1997, S. 39–49.
J. Zeune, M. Dunn, P. Dresen, Abenberg und Cadolzburg – zwei Hohenzollernburgen. In: Burgen und Schlösser 1997/I, S.16–26.

Bauphasenplan der Burg Abenberg.

Die südwestlich von Schwabach von einem Hangausläufer hoch über dem gleichnamigen Städtchen weithin sichtbar aufragende Burganlage trägt ihren Titel „Krone des Rangaues" endlich wieder zu Recht. Denn nach einer langen Zeit der Verwahrlosung präsentiert sich die sanierte, restaurierte und auch revitalisierte Burganlage heute wieder als stolzes, schmuckvolles Bauwerk staufischer, spätgotischer und moderner Prägung, das neben einer Gaststätte gleich zwei Museen – das „Haus fränkischer Geschichte" und das Klöppelmuseum – beherbergt. Im Zuge des Ausbaues zu einem Museum wurden hier zuerst 1988–92 umfangreiche archäologische Grabungen und dann ab 1995 burgenkundliche Forschungen unternommen, so daß die Burg Abenberg zu den besterforschten Burgen Bayerns zählt. Die Ergebnisse dieser Forschungen bilden einen der Schwerpunkte des Hauses fränkischer Geschichte.

Die Geschichte der Burg reicht zurück ins 11. Jahrhundert, als das Geschlecht der Abenberger im Licht der geschriebenen Geschichte auftaucht. Graf Adalbert II. (vor 1040 – nach 1059) soll der namengebende Erbauer einer ersten Burg gewesen sein. Die Abenberger waren vor allem im 12. Jahrhundert als Grafen des Radenz- und Rangaues sowie als Hochstiftsvögte des Bistums Bamberg hochrangige Dynasten, die sich um 1130/40 wohl unter Graf Rapoto (1122–72) eine der imposantesten Steinburgen Bayerns erbauten. Diese Burg kam gegen 1200 durch Erbgang vom letzten nachweisbaren Abenberger, Graf Friedrich II., an die Hohenzollern, damals Burggrafen von Nürnberg. Sie ersetzten die salierzeitliche Burganlage durch einen Neubau, den sie den Itineraren zufolge aber kaum benutzten. Für sie hatte die neue Burg eher verwaltungstechnischen und machtsymbolischen Wert. Daher verwundert nicht, daß sie die Burg schon 1296 an das Bistum Eichstätt verkauften, das hier umgehend ein bischöfliches Pflegamt installierte. Damit waren ab 1467 unter dem baufreudigen Bischof Wilhelm von Reichenau, vor allem aber im 16. und 17. Jahrhundert zahlreiche Neubau-, aber auch erste Abbruchmaßnahmen verbunden. So legte man z. B. im Jahr 1662 etliche Baulichkeiten innerhalb der Burg ein, darunter wohl auch das salische Turmhaus und der staufische Palas. 1799 stürzte die bereits 35 Jahre zuvor baufällige St. Otmars-Kapelle ein. 1806 in Besitz der Burg gekommen, verkaufte das Königreich Bayern die verfallende Burg auf Abbruch. Erst der Münchner Kunsthändler K. J. Zwerschina rettete die Burg 1875 vor der totalen Zerstörung und führte sogar erste Wiederaufbauarbeiten durch („Luginsland", „Otmarstürmchen", „Stilla-Türmchen"), die ihm als Staffage für einen mittelalterlich-historisierenden Lebensstil dienten. Sein Werk führte der Kammersänger Anton Schott fort, der den heute dominanten „Schott-Turm" und außerhalb der Burg eine Burgkapelle errichtete. Fast hundert Jahre später – 1982/84 – erwarb die Stadt Abenberg die erneut vernachlässigte Burganlage und begann gemeinsam mit dem Landkreis Roth, dem Bezirk Mittelfranken, dem Zweckverband und Förderkreis, die Burg zu revitalisieren.

Tatsächlich reicht die älteste aufgefundene Keramik in die Zeit von Adalbert II. zurück, der einigen Pfostenlöchern und einem älteren Graben zufolge hier eine erste, weitgehend wohl hölzerne Burg errichtete.

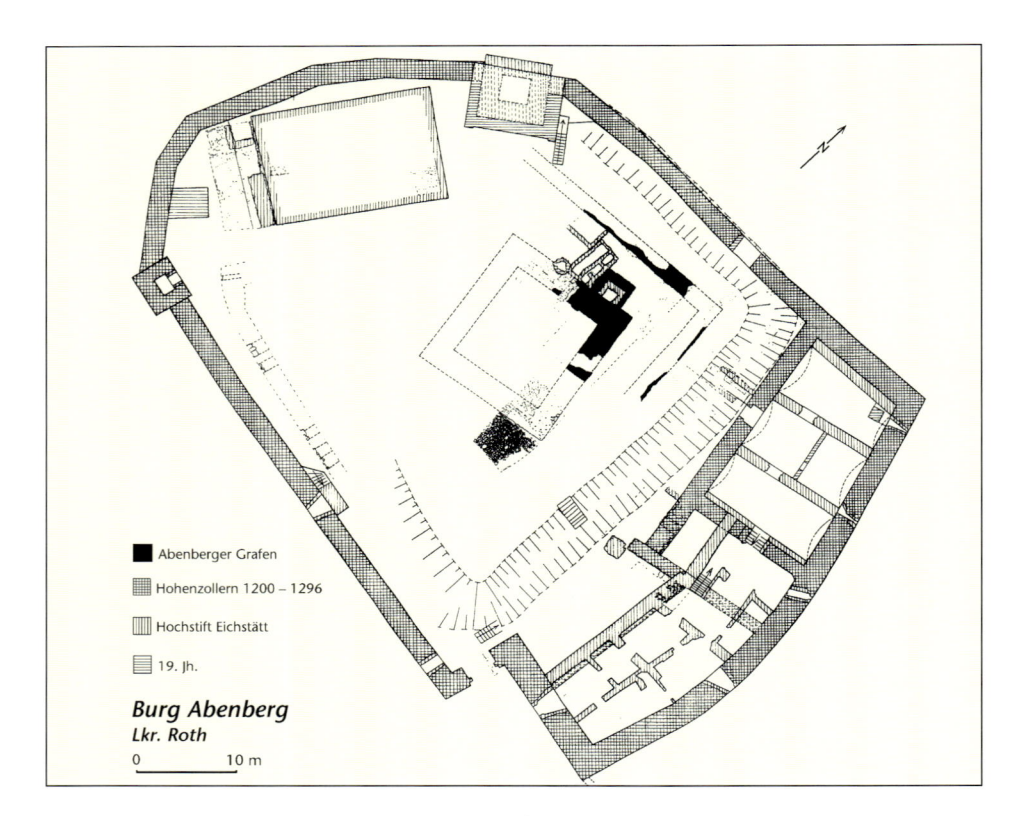

Jene Steinburg, die sich Rapoto hier um 1130/40 erbaute, konnte archäologisch weitgehend ergraben werden. Sie bestand aus einer etwa 40 x 40 m großen Hauptburg, deren Kernbau ein mächtiges Turmhaus von 15,6 x 14,6 m Größe bildete. Dessen Mauerwerk war 2,3 bis 2,5 m stark, zweischalig, mit einer Außenschale aus mittelgroßen Sandsteinquadern und einer Innenschale aus kleinen Sandsteinquadern. An der Nordseite des Turmhauses stand ein kleiner Anbau von 2,8 x 2,8 m, der sicherlich nicht als Abortturm diente, eventuell ein Oratorium aufnahm. Vor der massiven Ringmauer lagen eine breite Berme und ein weiter Sohlgraben.

Direkt südlich der Hauptburg erstreckte sich ein großer Anger, der Wolfram von Eschenbachs 1205 verfaßtem „Parzifal" zufolge noch im späten 12. Jahrhundert als Turnierwiese diente. Damit ist der Abenberger Anger die einzige, auf einer bayerischen Burg nachweisbare Turnierwiese (siehe auch Lichtenstein). Hangaufwärts bzw. östlich war eine kleine Vorburg vorgelagert.

1230–50 wurde die salierzeitliche Ringmauer abgebrochen und die Hauptburg auf doppelte Größe erweitert. Die exponierte Frontseite wurde dabei schildmauerartig verdickt, wobei ein einspringender Winkel im Südosteck das eher ornamentale, denn wehrhaft ausgebildete Burgtor aufnahm. Mittig und mauerbündig erhob sich in der Südseite der neue Palas, während sich an der Ringmauer mehrere Burgmannenhäuser entlangreihten, mit einem größeren Gebäude am Nordosteck. Über dem Südwesteck erhob sich ein kleiner, schlanker Bergfried – der spätere „Luginsland". Dominanter Baukörper blieb aber weiterhin das frei im Hof stehende salische Turmhaus.

Steinmetzzeichen an den staufischen Buckelquadern bezeugen, daß die Steinmetze danach zu den anderen, nahegelegenen Hohenzollern-Burgen Wernfels und Cadolzburg weiterzogen und dort ähnliche Burgbauten errichteten.

Schon bald nach 1296 verstärkte das Bistum Eichstätt das schwach befestigte Nordwesteck durch einen Viereckturm, der allerdings nicht lange Bestand hatte. Ab 1467 wurde die Ostfront mit neuen Pflegerbauten versehen, während im Burginneren neue Scheunen, Stallungen und Wirtschaftsbauten entstanden. Doch unterblieb eine effiziente Umrüstung auf Verteidigung durch Artilleriewaffen. *J. Zeune*

Ansicht von Südwesten. Links der nach 1875 erhöhte „Luginsland", daneben das Klöppelmuseum, in der Bildmitte der 1884 erbaute „Schott-Turm", rechts der Pflegertrakt des späten 15. und 17. Jahrhunderts mit dem Neubau und dem nach 1875 erbauten „Otmarsturm" (hinten rechts); vor dem Osttrakt der einspringende Winkel mit dem Burgtor und dem gleichfalls nach 1875 erbauten „Stilla-Türmchen"; links im Vordergrund der Turnieranger, überblickt vom ehemaligen Palas (Fenstergruppe in der Mitte der vorderen Ringmauer).

Bamberg
„die Hauptstadt der Welt, die Wiege jeglichen Ruhmes"

rechts unten:
Rekonstruktion der Domburg Mitte des 11. Jahrhunderts nach archäologischem Befund. Ansicht von Südosten.
© Lehrstuhl für Archäologie des Mittelalters und der Neuzeit, Universität Bamberg 1993.

unten:
Ostansicht der Alten Hofhaltung bzw. des Alten Palatiums, mit der 1568 erbauten Neuen Kanzlei, direkt vor dem teilweisen Abbruch von 1777. Links die Andreaskapelle, rechts die "hohe Warte" mit der Thomaskapelle im Untergeschoß. Kolorierte Federzeichnung von J. G. Kauffmann 1777.

Die heimliche Hauptstadt Oberfrankens gilt Kennern und Liebhabern historischer Architektur und gemütlicher Plätze als Geheimtip, obgleich mittlerweile alljährlich als Weltkulturerbe von Hunderttausenden von Touristen überflutet. Sie liegt zwischen mehreren Flußarmen, wird deshalb oft mit Venedig, seiner vielen Hügel und Kirchen wegen aber auch mit Rom verglichen.

Dicht an die Altstadt und Regnitz schiebt sich der Domberg hinan, seinerseits überragt von dem dominanten Michelsberg. Die Besiedlungs- und Baugeschichte des Domberges wurde durch ein archäologisches Großprojekt von 1986 bis 1993 abgeklärt, nachdem die 1969/70 im Dom durchgeführten Grabungen interessante Fragestellungen aufgeworfen hatten.

Obwohl schon seit dem 6./7. Jh. slawisch-fränkisch besiedelt, tritt uns Bamberg erst im Jahr 902 historisch gegenüber, als Graf Adalbert mit seinen Brüdern *ex castro, quod Babenberh dicitur...* in die schicksalhafte Schlacht gegen die Konradiner zog. Diese für die Stadt namengebende Burganlage erhob sich auf dem heutigen Domberg und beanspruchte früheren Behauptungen entgegen nur das Areal des Domplatzes mit Alter Hofhaltung, Residenz und Dom. Im Jahr 964 wurde in ihr das italienische Königspaar Berengar und Willa gefangengesetzt, so daß es sich um keine unbedeutende Burganlage gehandelt haben kann. Von ihr fanden sich Fundamente einer älteren Kirche und die Bestattungen eines zugehörigen Friedhofes, Reste von Massivbauten und die Grube eines massiven, hölzernen Turmhauses. Von der zugehörigen Umwehrung ließ sich nur ein Spitzgraben nachweisen, nicht aber jenes Befestigungssystem aus Ringmauer, Zwingermauer und Flankierungstürmen, das ein Ausgräber 1972/73 freigelegt zu haben glaubte, und das die Babenberg zu einer der fortschrittlichsten Befestigungen ihrer Zeit gemacht hätte.

Mit der Gründung des von Anfang an reich ausgestatteten Bistums Bamberg durch König Heinrich II. im Jahr 1007 war der Ausbau zu einer 7,6 ha großen Domburg mit Dom, Bischofspfalz, Domkloster, der berühmten Domschule, einem Markt und einer geräumigen Vorburg, die nach Osten bis fast zur Jakobskirche reichte, verbunden. Damals beschrieb der Hofdichter Gerhard von Seeon die turmreiche Bischofs- und Königsresidenz euphorisch als die „Hauptstadt der Welt, die Wiege jeglichen Ruhmes", zu deren Fuß sich schon früh Handwerker und Händler ansiedelten. Der Domberg war nun mit einer steinernen Mauer mit vorgelagertem Sohlgraben bewehrt. Zwei Tortürme mit Obergeschoßkapellen öffneten sich Richtung Talsiedlung und Hangsiedlung. Am unteren Ende des Domberges stand der

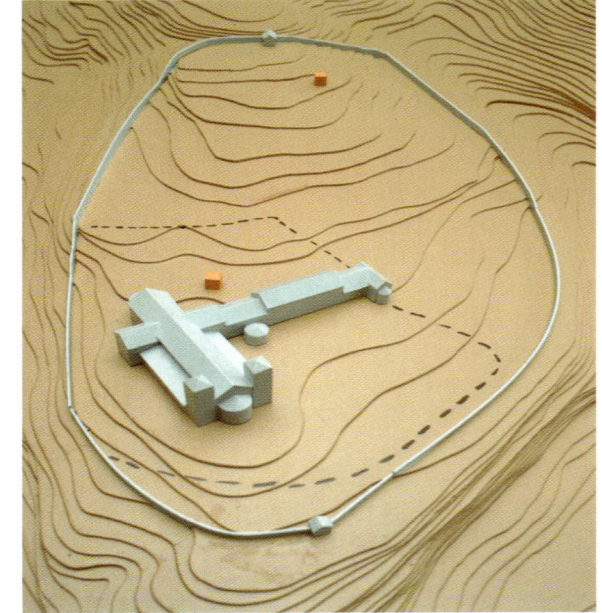

Luftansicht von Bamberg. Im Vordergrund unten links das Kloster Michelsberg, daneben im Bildzentrum der Domberg mit Dom, Neuer Residenz und Domplatz. Die langgezogene Gebäudezeile unterhalb des Domes markiert die südliche Umwehrung der alten Domburg. Oberhalb des Domes die Altstadt mit der Regnitz, die früher näher an den Domberg hinanreichte. Im Hintergrund der Kanal.

prachtvolle Dom, dessen Querhaus direkt in das 60 m lange Palatium überging. Dieses mündete nach Norden in die Thomaskapelle, während sich am südlichen Ende die doppelgeschossige, achteckige Andreaskapelle, zentralbauartig 30 bis 40 cm vor die Ostwand des Palatiums gestellt, erhob. Das Palatium besaß – ähnlich wie bei der Königspfalz Goslar – ein teilunterkellertes Untergeschoß und einen prunkvollen Saal im Obergeschoß, mit Freitreppe zum Hof hin und schönen Fensterarkaden. Als der Dom erstmals 1081 niederbrannte, beschränkte sich der Schaden nur auf das Sakralgebäude – anders als 1185, als ein Großbrand nachweislich den gesamten Domberg – *tot ambitu urbis* – und benachbarte Teile der Talsiedlung verwüstete. Kurz nach 1200 begannen der Neubau des Domes und die Wiederherstellung des bischöflichen Palatiums. Der neue Dom war nun viertürmig und etwas größer. Das Palatium wurde hofseitig um 5 m erweitert und mit einer zweitürmigen Nordfront versehen, stand aber nun isoliert vom Dom. Die von der Feuersbrunst völlig zerstörten Holzgebäude der Vorburg wurden erneuert oder durch jene Domherrenhöfe ersetzt, die in ihren spätgotischen Ausbauten noch immer das Bild des Domberges weitgehend prägen. Diese Baumaßnahmen zogen sich bis in die Mitte des 13. Jahrhunderts hin.

Als sich ab 1275 die Beziehungen zwischen Bürgerstadt, Domkapitel und Bischof zunehmend verschlechterten, zogen sich die Bischöfe auf die stadtnahe Altenburg zurück, was zwangsläufig zur Vernachlässigung der Bischofspfalz führte.
Erst unter den Fürstbischöfen Philipp von Henneburg und Heinrich III. Groß von Trockau kam es zwischen 1475/76 und 1489 zum Neubau der Alten Hofhaltung in der heute sichtbaren Form. Hierbei wurde der ältere Palas peu à peu in eine Vierflügelanlage integriert, die schließlich Residenzflügel, einen Wirtschaftsflügel, den Marstall, Gewölbekeller und eine Badestube umfaßte. Die dem Domplatz zugewandte Seite wurde im Laufe des 16. Jahrhunderts mehrfach umgebaut und aufgestockt, vor allem 1568 beim Bau der „Neuen Kanzlei".
Unter den Fürstbischöfen Lothar Franz von Schönborn, Friedrich Karl von Schönborn und Adam Friedrich von Seinsheim erfolgte im 18. Jahrhundert eine radikale Umgestaltung des Domplatzes, indem die Topographie abgesenkt und großflächig mittelalterliche Bauten abgerissen wurden, um unter anderem Platz zu schaffen für die Neue Residenz. Ganz bedauerlich sind der Abbruch der Andreaskapelle, der „Tattermannsäule" sowie die Reduzierung der Thomaskapelle und des Bergfriedes der Pfalz, der „Hohen Warte".

J. Zeune

Literatur:
W. Burandt, Zur Baugeschichte des Südflügels der Alten Hofhaltung. In: Historisches Museum Bamberg (Hrsg.), Geschichte aus Gruben und Scherben. Archäologische Ausgrabungen auf dem Domberg in Bamberg (Bamberg 1993) 99-108;
H. Mayer, Bamberger Residenzen (München 1951);
J. Zeune, Die Bamberger Bischofspfalz. In: Die Andechs-Meranier in Franken. Katalog (Mainz 1998) 203–207;
J. Zeune, Die Babenburg des 9./10. Jahrhunderts. In: Geschichte aus Gruben und Scherben (wie oben) 43–51;
J. Zeune, Domburg und Palatium von der Bistumsgründung bis zum Dombrand von 1081. In: Geschichte aus Gruben und Scherben (wie oben) 63–73;
J. Zeune, Domburg und Palatium zwischen den Dombränden von 1081 und 1185. In: Geschichte aus Gruben und Scherben (wie oben) 79–80;
J. Zeune, Domburg und Palatium nach dem Dombrand von 1185. In: Geschichte aus Gruben und Scherben (wie oben) 83–87;
J. Zeune, Domburg und Alte Hofhaltung von 1470/80 bis zum Barock. In: Geschichte aus Gruben und Scherben (wie oben) 93–97;
J. Zeune, V. Schultze, Der Domberg in der Barockzeit. In: Gruben und Scherben (wie oben) 127–128.

Burghausen
die längste Burganlage Deutschlands

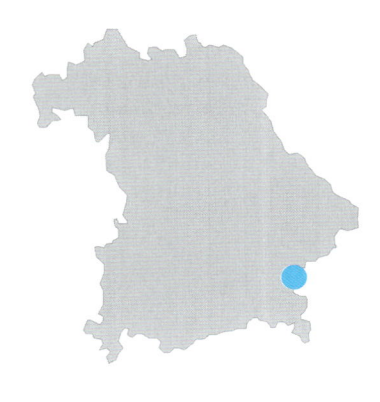

Oberhalb des malerischen Städtchens Burghausen mit seinen dicht aneinandergereihten Händlerhäusern erstreckt sich zwischen der Salzach und einem Altwasserarm, dem Wöhrsee, ein nach drei Seiten abfallender, schmaler, langgestreckter Bergsporn, den eine über einen Kilometer lange, vorzüglich erhaltene Burganlage krönt – eine schier endlose Aneinanderreihung von Burgbauten.

Wie bei fast allen unserer großen, gefeierten und bekannten Burgen, ist trotz zahlreicher Publikationen und Führer die tatsächliche Baugeschichte dieser riesigen Burg weitgehend ungeklärt und spekulativ, da umfangreiche, moderne, burgenkundliche Bauuntersuchungen noch immer fehlen.

Direkt an einem alten Flußübergang gelegen, den Fluß als alten Handelsweg unter sich, kam diesem Platz zweifelsohne schon früh große strategische Bedeutung zu. Wie weit diese in das Frühmittelalter („Ungarnrefugium") oder gar in die Vorgeschichte zurückreicht, ist ungesichert. 1025 wird erstmals *Purchusen* als eine reichseigene *curtis* erwähnt. Im 11. Jahrhundert beggnen wir auch den Grafen von Burghausen, die dem damals mächtigen Pfalzgrafengeschlecht der Aribonen entsprangen. Schon 1130 erfahren wir von einem befestigten Platz – *urbem Burchusen* –, als Erzbischof Konrad I. von Salzburg für seine Schiffe eine Zollfreiheit erreichte. Die mit diesem Platz verknüpften Zoll- und Mautrechte stellten interessante Einkunftsquellen dar und machten den Besitz der Burg sehr attraktiv. 1147 endlich wird ein *castrum Purchusin* spezifiziert. Mit dem Aussterben der Grafen von Burghausen um 1164 und der Ächtung von Herzog Heinrich dem Löwen gingen Burg und Siedlung gegen 1180 an die Wittelsbacher, die offenbar aber erst ab 1255 mit dem Neubau bzw. Ausbau der Burg begannen. Aus dieser Zeit stammen noch Teile der Kernburg, die grob dreieckig ausgebildet war und der Zugangsseite eine massive Schildmauer entgegenstellte, flankiert von einem runden Bergfried. Am äußersten Ende der Kernburg erhob sich der trapezförmige Palas, dessen Erdgeschoß noch aus der Zeit von Herzog Heinrich XIII. (1255–90) stammt. Wenngleich zweifelsohne in diesen Mauern auch ältere Bausubstanz steckt, gelang es bis heute nicht, sie präzise zu lokalisieren, so daß wir über das genaue Aussehen der hochmittelalterlichen Burganlage nichts wissen. Heinrich XIII. stiftete auch die innere Burgkapelle St. Elisabeth.

Für die Wittelsbacher wurde Burghausen neben Landshut für die nächsten 250 Jahre zur wichtigsten Residenz. Nach 1307 verband Stadt, Burg und Vorstadt St. Johann eine gemeinsame Umwehrung, die 1335 als *neue ringmauer* beurkundet wurde. Schon 1388 hatten Stadt und Burg ihre heutige Nord-Süd-Ausdehnung erreicht. Die Burg könnte schon damals ihre fünf Vorburgen erhalten haben, die sich als eigenständige, halsgrabenbewehrte Abschnittsbefestigungen lückenlos zusammenfügten.

Herzog Heinrich der Reiche ließ im frühen 15. Jahrhundert einige kleinere Umbaumaßnahmen durchführen, darunter auch die Umgestaltung der Kapelle St. Elisabeth. Bald darauf baute Herzog Ludwig der Gebartete in der Kernburg eine Dürnitz ein, in deren neuer großer Stube – *in stuba nova maiori* – er 1446 eine Urkunde signierte.

rechts:
Luftansicht von Süden. Im Vordergrund die Kernburg, darüber die fünf Vorburgen. Links der Burg die mitbefestigte Vorstadt St. Johann und der Altwasserarm der Salzach, rechts der Burg die Stadt Burghausen mit der Salzach.

unten:
Die Hauptburg von Osten um 1700. Stich Michael Wening.

Luftansicht der Kernburg von Nordwesten. Vorne die Kernburg, im Hintergrund die Altstadt mit ihren malerischen giebelständigen Händlerhäusern. An der Kernburg links die Schildmauer mit Tor und dem nach 1482 erneuerten Bergfried; rechts schließt die Kemenate an, von der eine Mauertraverse zur Vorstadt hinabläuft. Am rechten Ende der Burg der Palasbau.

Doch die umfangreichsten Ausbaumaßnahmen erfolgten erst unter Herzog Georg dem Reichen (1479–1503), wiedergegeben auf dem berühmten Burgmodell des Jakob Sandtner von 1574. Angesichts der damals immer stärker werdenden Türkenbedrohung rüstete man die Burg auf Artillerieverteidigung um und versah sie mit trutzigen Geschützrondellen und Zwingeranlagen. Das exponierte Nordende erhielt ein – heute leider völlig beseitigtes – gewaltiges, zweitürmiges Bollwerk mit einem vorgelagerten, vieltürmigen Zwinger. Dutzende von halbrunden oder hufeisenförmigen Flankierungstürmen sicherten die beiden Längsfronten und die einzelnen Abschnittstore, während das Westeck der Vorstadtumwehrung mit einem wuchtigen Batterieturm, dem Eggenbergturm, effizient bewehrt wurde. Zugleich stattete man die Burg aber auch prunkvoll und geräumig aus, da sie als Hauptresidenz der Herzoginnen einen aufwendigen Hofstaat aufzunehmen hatte. Die Vorburgen füllten sich mit Wirtschaftsgebäuden, Scheunen, Stallungen, Magazinen, Handwerkerhäusern, Wohnhäusern für die Hofbeamten und das Gesinde, Brauhaus und Pfisterei, der sehr schönen, äußeren Burgkapelle St. Hedwig und einer Roßschwemme. Für diese spektakuläre Großbaustelle wurden aus ganz Bayern im Sommer 1488 Maurer, Steinmetzen, Arbeiter und Hilfskräfte zusammengezogen; ähnliches ist auch für 1484 belegt, als auch eine neue Schatzkammer entstand. Unter der ab dem Jahr 1506 in Bayern regierenden Münchner Linie der Wittelsbacher wurde Burghausen zur östlichen Grenzveste degradiert, wenngleich sie aus militärstrategischen Gründen gut bestückt blieb. 1533 zählte man in der Burg stolze 134 Geschütze und schwere Büchsen sowie 185 weitere Geschütze und Steinbüchsen im burgeigenen Zeughaus.

In der 2. Hälfte des 16. Jahrhunderts kam es punktuell zu Renaissance-Einbauten, wobei vor allem die Freitreppe zur inneren Burgkapelle hervorzuheben ist.

Aufgrund der wichtigen strategischen Lage Burghausens wurden die Verteidigungsanlagen im 17. und 18. Jahrhundert modernisiert und durch Schanzanlagen verstärkt. Kaiser Franz II. und Napoleon inspizierten in den Jahren 1800 bzw. 1809 die Festungswerke. Abbruchmaßnahmen und Instandsetzungsarbeiten wechselten sich schließlich im 19. Jahrhundert ab, um einerseits eine hier untergebrachte Garnison zu beherbergen, und andererseits die Burgmauern dem neuen Kriegswesen anzupassen.

Heute beherbergt die Vorburg zahlreiche Privatwohnungen und eine Jugendherberge, während die Kernburg ein Museum mit einer bedeutenden Gemäldesammlung beinhaltet. Die Burg ist heute Eigentum der Bayerischen Verwaltung der staatlichen Gärten, Schlösser und Seen.

J. Zeune

Literatur:
G. Hager, Die Kunstdenkmäler von Bayern, Regierungsbezirk Oberbayern 8: Bezirksamt Altötting (München 1905).
W. Meyer, Burgen in Oberbayern (Würzburg 1986) 29–35.
E. D. Schmid, Burg zu Burghausen (München 1991).
M. M. Weithmann, Inventar der Burgen Oberbayerns (München 1994) 99–106.
J. Zeune, Burg Burghausen, Haus Burg 30. Archäologische Grabungen 1996 (unpubliziert).

Burglengenfeld
eine salische Riesenburg?

Hoch über dem Ort und dem Fluß Naab thront majestätisch und eindrucksvoll auf einem steilen Bergrücken eine riesige Burganlage, die nicht nur eine der großflächigsten Burgen Bayerns darstellt, sondern darüber hinaus vielleicht auch eine der ältesten.

Die offenbar überaus reich begüterten Grafen von Lengenfeld tauchen gesichert erstmals Mitte des 11. Jahrhunderts auf. 1119 ging Lengenfeld durch Erbschaft an Pfalzgraf Otto V. von Wittelsbach, der sich folglich auch *Palatinus de Lengenfeldt* nannte. Die zu dieser Zeit zweifelsohne schon existente Burg wird kurz vor 1172 erstmals als *castrum in Lenginvelt* direkt erwähnt. Im Jahr 1287 feierte man *in castro Lengenvelt* die Verlobung von Herzog Otto von Braunschweig mit Mathilde, der Tochter des Herzogs Ludwig von Bayern. Damals muß die Burg demzufolge noch immer ein bedeutender und prachtvoller Bau gewesen sein. 1361 werden Bauarbeiten an der Burg überliefert. Von 1505 bis 1806 wurde Burglengenfeld Pfalz-Neuburgisch. 1633 und 1641 wurde die viel zu große Burg problemlos von den Schweden eingenommen, jedoch nicht beschädigt. Dies geschah erst ab 1806, als die Burg zum Verkauf von Baumaterial teilweise abgebrochen wurde – eine Aktion, die 1814 glücklicherweise gestoppt werden konnte. Die intakt gebliebenen Räumlichkeiten dienten 1938–45 der Hitler-Jugend als Jugendheim. Seit 1968 ist ein heilpädagogisches Jugendheim in der Burg untergebracht, das sich im Laufe der Jahrzehnte über das gesamte Burgareal ausgebreitet hat. Denkmalpflegerisch betrachtet, ist dabei freilich nicht alles ideal verlaufen.

Wenngleich eine eingehende Bauforschung noch aussteht, so lassen die bestehenden Burgreste doch vermuten, daß beträchtliche Teile der Burg noch bis in die Jahre um 1100 und das frühe 12. Jahrhundert zurückreichen.

Das von der Ringmauer umfriedete Burgareal fällt mit 1,8 ha für eine hochmittelalterliche Burganlage ungewöhnlich großflächig aus und legt den Schluß nahe, daß die Ringmauer dem Wall einer vor- oder frühgeschichtlichen Befe-

rechts innen:
Ansicht des Rundturmes von Westen, mit jüngerer Vorblendung, originalem Hocheingang und moderner Turmkrone.

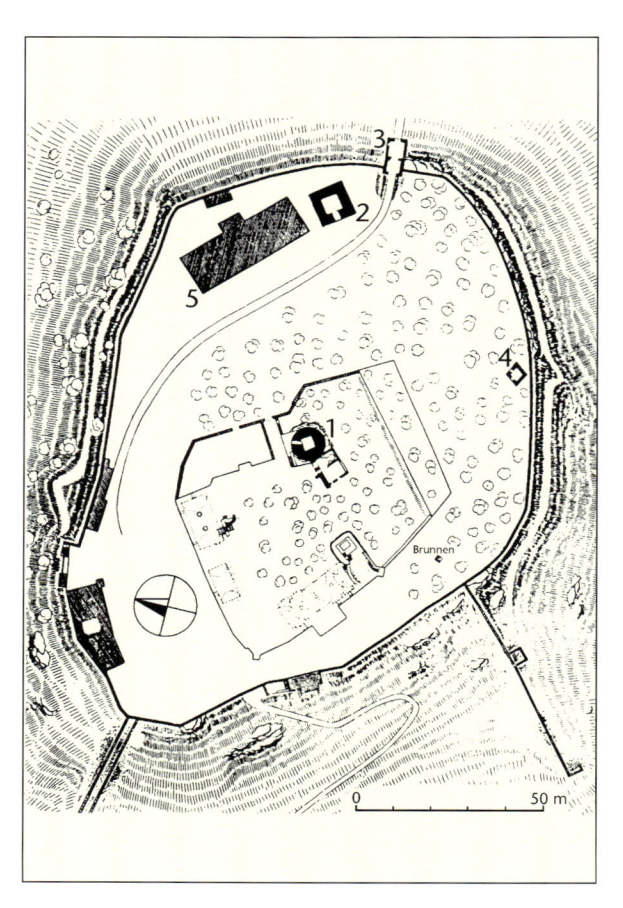

Grundriß der Gesamtanlage. Nr. 1: Hoher Rundturm; Nr. 2: „Sinzenhofer Turm"; Nr. 3: Torturm; Nr. 4: Pulverturm; Nr. 5: Zehntkasten.

Luftansicht von Westen. Im Zentrum der weitläufigen Burg der hohe Rundturm (Nr. 1) mit der Kernburg. Darüber in der Vorburg der mächtige Viereckturm des „Sinzenhofer Turmes" (Nr. 2), mit dem Torturm (Nr. 3, gleich rechts daneben) und dem ehemaligen Zehntkasten (Nr. 5, links). Am rechten oberen Eck der Vorburg der Pulverturm (Nr. 4). Die schulische Nutzung hat sich deutlich über die ganze Burg ausgebreitet.

stigung aufsitzt – ähnlich wie bei der Salzburg. Innerhalb der Ummauerung erheben sich zwei Haupttürme: im Osten – direkt neben dem Torbau – ein mächtiger Viereckturm (der sogenannte Sinzenhofer Turm), und zentral im Burghof ein hoher, schlanker Rundturm. Beide Türme stehen ungewölbt und zeigen – wie auch Teile der Ringmauer und des Torturmes – kleinste, gut geschichtete Quader. Dies und einige typologische Überlegungen haben dazu geführt, daß schon 1906 für diese Bauteile eine sehr frühe Datierung in die Jahrzehnte um 1100 ernsthaft in Betracht gezogen wurde. Wenngleich das Mauerwerk in der Tat charakteristisch für solch ein frühes Baudatum ist, irritieren doch einige andere Aspekte, wie der Umstand, daß der Rundturm innen viereckig ausgeformt ist und seine Schlitznischenstürze aus Holzbalken bestehen. Die dominante Lage des Rundturms im Burgzentrum innerhalb der kleinen Kernburg spricht dafür, daß dieser Bau gemeinsam mit der Ringmauer zum Erstbestand der Burg gehörte, d. h. in die Jahre um 1100. Der Sinzenhofer Turm könnte erst 1119 durch die neuen Burgherren, die Wittelsbacher, zur Sicherung des Burgtores hinzugefügt worden sein.

Jünger sind in jedem Fall der Pulverturm und die auf gotische Bausubstanz zurückgehenden Gebäude des Zehntkastens und Zeughauses sowie das Kastenamt. Um 1500 rüstete man die Burg auf Artillerieverteidigung um und versah den Torturm mit einer kleinen Barbakane.

Obwohl die um 1600 genannten Schloßkapelle, Alte und Neue Dürnitz, Stallungen, Fürstenzimmer und Neubau samt weiteren Fortifikationen heute restlos verschwunden sind, ist das, was von dieser bedeutenden Burg noch steht, ein absolutes Muß für jeden Burgenfreund.

J. Zeune

Literatur:
G. Hager, Die Kunstdenkmäler in Bayern, Regierungsbezirk Oberpfalz 5: Bezirksamt Burglengenfeld (München 1906) 22–43.
J. Zeune, Salierzeitliche Burgen in Bayern. In: H. W. Böhme (Hrsg.), Burgen der Salierzeit, Band 2 (Sigmaringen 1991) 215f., 219f., 227f.

Cadolzburg
Die stolze Rangauburg

Am 17. April 1945 forderte der Zweite Weltkrieg einen weiteren, sinnlosen Tribut, als wenige Tage vor Kriegsende die ob ihres vorzüglichen Baubestandes vielgerühmte Cadolzburg in einem Flammenmeer unterging. Heute ist sie baulich gesichert und wieder unter Dach, wenngleich leerstehend, da zum geplanten Museumsausbau das Geld fehlt.

Die Cadolzburg erhebt sich vom Rand eines niedrigen Vorgebirges, den zugehörigen, bergseitig vorgelagerten Ort dabei kaum überragend, vom Tal aus aber durchaus imposant anzusehen.

Mit einem *Helmericus de Kadoldesburc* tritt die Burg erstmals 1157 historisch in Erscheinung. Dieser Helmericus stand damals vermutlich im Dienst der Grafen von Abenberg. Mit Abenberg teilt die Cadolzburg eine fast analoge Baugeschichte, zumal nachweislich ab etwa 1250 jene Steinmetze hier tätig waren, die zuvor den Neubau der Burg Abenberg durchgeführt hatten. Die Burg des Helmericus konnte 1988 und 1996 archäologisch erfaßt werden. Sie war größer als die heutige Burganlage und überdeckte einen etwas älteren Friedhof. Vermutlich gehörte zu dieser Burg auch das Untergeschoß der späteren Burgkapelle, das sich bei Bauforschungen als älter herausstellte.

Gemeinsam mit der Burg Abenberg ging auch die Cadolzburg um 1200 an die Hohenzollern, Burggrafen von Nürnberg, die hier kurz vor 1250 einen kompletten Neubau erstellten, der zu einem ihrer wichtigsten Domizile wurde. Schon 1256 urkundeten sie auf ihrer neuen Burg, die eine ähnliche Konzeption zeigte wie ihr Abenberger Neubau: eine sehr hohe, mehrfach polygon gebrochene Ringmauer mit kraftvollen Buckelquadern und einem schlanken Torturm, der eine Art „Ersatz-Bergfried" darstellte - ähnlich wie der Abenberger Luginsland; der Palas lehnte sich ans Nordosteck und war, einem erhaltenen Biforienfenster zufolge, sehr prachtvoll ausgeführt gewesen. Die ältere Burgkapelle wurde adaptiert.

Vereinzelte Bautätigkeiten sind für das 14. und 15. Jahrhundert überliefert und im Baubestand des „Neuen Schlosses", das durch eine Erweiterung des alten Palas entstand, punktuell noch erkennbar.

Burggraf Friedrich VI. von Hohenzollern, der 1415 mit der Markgrafschaft Brandenburg belehnt worden war, versah die Westseite des Burghofes mit einem neuen Palas, in dessen Keller sich Spuren einer um 1430 urkundlich belegten Alchemistenküche erhalten haben. Kurfürst Albrecht Achilles verschönerte zwischen 1460 und 1480 die beiden Festsäle des Westpalas durch prachtvolle Gewölbedecken und Pultdacherker und schloß die Lücke zwischen Westpalas und Burgkapelle, wodurch je-

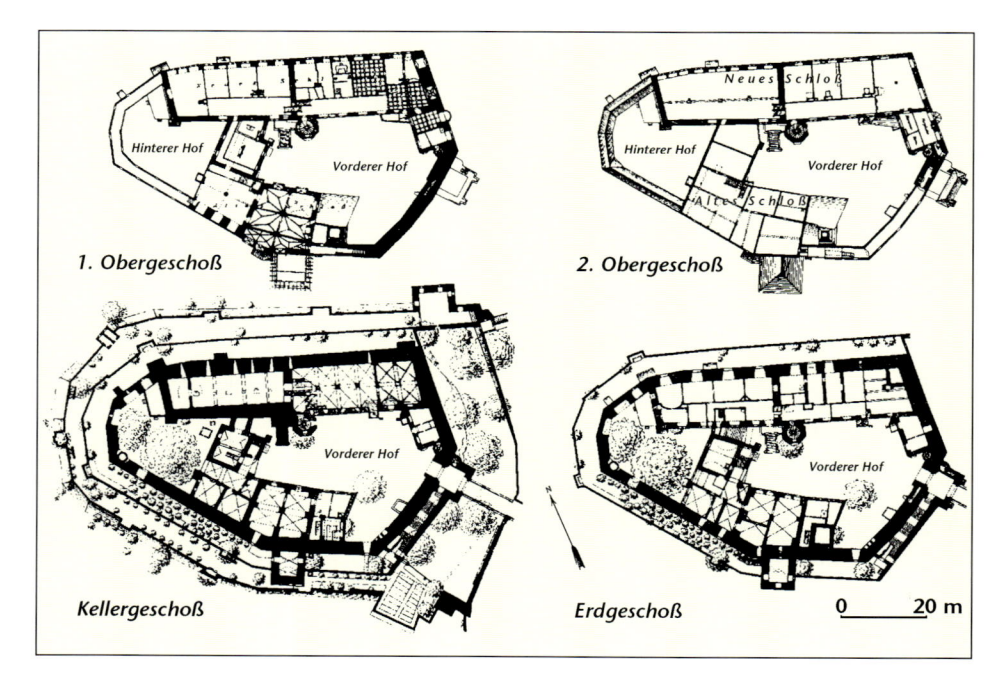

unten rechts:
Luftansicht der Gesamtanlage von Süden. Im Vordergrund die ausgedehnte, halbkreisförmige Vorburg, die direkt an die Marktbefestigung anschließt. Dahinter die kompakte Kernburg.

unten:
Verschiedene Grundrißebenen der Cadolzburg.

Luftansicht der Kernburg von Osten. Vorne der Halsgraben mit dem Torturm, rechts der langgezogene Gebäudetrakt des „Neuen Schlosses" mit seinen renaissancezeitlichen Ziergiebeln, der im Bereich des Treppenturmes tatsächlich Baureste des stauferzeitlichen Palas enthält. Gegenüber des Treppenturmes das „Alte Schloß" mit dem Pultdach des Küchenbaues und dem „Ochsenschlot" (unten). „Altes Schloß" und „Neues Schloß" verbindet der Querriegel des Kapellenbaues. Am oberen Burgende der kleine „Hintere Hof". Beachtenswert sind die doppelten Zwingeranlagen aus der Zeit von ca. 1460/80 bis 1550.

ner Gebäudetrakt entstand, der heute irrtümlicherweise den Namen „Altes Schloß" trägt – gleichwohl sich die ältere Bausubstanz im „Neuen Schloß", d. h. im gegenüberliegenden Ostflügel, befindet.

Zwischen 1460/80 und der Mitte des 16. Jahrhunderts dürfte auch die bergseitig vorgelagerte Vorburg verstärkt und die Hauptburg mit dem doppelten Zwinger versehen worden sein. Im frühen 16. Jahrhundert erweiterte man den Westflügel um ein großes Küchengebäude mit riesiger Herdstelle, die um 1580 mit einem gewaltigen Pyramidenschlot, dem „Ochsenschlot", versehen wurde. Baudatiert mit 1527 sind sekundäre Einwölbungen einiger Keller.

In den Jahren um 1584 gestaltete man die Burg im Stil der Renaissance um. Vor allem der Ostflügel bzw. das „Neue Schloß" erhielt schmuckvolle Ziergiebel, Prunkerker und weite Fenster. Zugleich baute man den Küchenbau um. Eine weitere Modernisierung erfolgte um 1605. Nun endlich hatte die Cadolzburg endgültig ihr heutiges Gesicht erhalten.

Dennoch war sie schon 1720/30 etwas verwahrlost, als Kurfürst und Markgraf Friedrich Wilhelm die Cadolzburg zu seiner neuen Sommerresidenz erkor und nochmals Umbauten vornehmen ließ. Die Cadolzburg erlebte dadurch bis 1759 nochmals, und letztmals, große Tage.

Nach diversen Nutzungen, die nicht immer zum Vorteil der alten Bausubstanz gereichten, und nach der Zerstörung von 1945, als ein SS-Kampfzug die Burg unnötigerweise als Gefechtsbunker genutzt hatte, begann die Bayerische Verwaltung der staatlichen Schlösser, Gärten und Seen ab 1971 mit der Restaurierung des maroden Gebäudes, wobei allerdings angesichts der verbauten Betonmassen öffentliche Kritik nicht ausblieb.

Bis in die 1960er Jahre hinein herrschte ein heftiger Disput darüber, ob zwei Aquarelle Albrecht Dürers den Innenhof der Cadolzburg oder der Innsbrucker Hofburg darstellten. Mittlerweile steht völlig außer Zweifel, daß Dürer tatsächlich den Innenhof der Innsbrucker Hofburg zeichnete.

J. Zeune

Literatur:
H. W. Kress, Helmericus de Kadoldesburc und die zollerischen Burggrafen von Nürnberg. In: Der Bleistift (Heimatblätter des Heimatvereins Cadolzburg und Umgebung), 5. Jg., 1995/2.
H. Thiersch, Das Hohenzollernschloß Kadolzburg bei Fürth in Bayern. In: Zeitschrift für Bauwesen, Jg. LX, H. VII–IX, 1910.
J. Zeune, Cadolzburg, „Altes Schloß". Bauhistorische Untersuchung 1996, unter Einbeziehung der archäologischen Erkenntnisse (unpubliziert).
J. Zeune, M. Dunn, P. Dresen, Abenberg und Cadolzburg – zwei Hohenzollernburgen. In: Burgen und Schlösser 97/I, 16–26.

Veste Coburg
Die „Krone Frankens"

Die Veste Coburg erhielt aufgrund ihrer turmreichen Silhouette auf einem 167 m hohen Hügel den Beinamen „Krone Frankens" verpaßt. Obwohl sie zu den bekanntesten Burganlagen Deutschlands zählt, fand auch in ihr moderne Burgenforschung kaum statt, so daß wir nur wenig Konkretes zu ihrer Baugeschichte wissen.

Archäologische Funde belegen eine Besiedelung zwischen 1300 und dem 1. Jahrhundert v. Chr., als das ausgedehnte Gipfelplateau vermutlich eine Wallburg trug. In diese wurden vor 1060 eine Kapelle St. Peter und Paul und eine Klosteranlage hineingebaut, der ein Vogt zugeordnet war. 1941 und 1990 wurden im westlichen Burghof Bestattungen aufgedeckt, die eine Friedhofsbelegung vom späten 11. bis zum frühen 13. Jahrhundert nahelegen.

Der sakrale Platz wurde von einer steinernen Burganlage abgelöst, die 1225 erstmals direkt als *sloss* Erwähnung findet. Der *mons coburg* war kurz zuvor in Besitz der mächtigen Herzöge von Andechs-Meranien gekommen, ging aber schon bald nach 1248 an die Grafen von Henneburg, die den Platz mit kurzer Unterbrechung bis 1353 hielten. Ausschlaggebend für die Errichtung einer Burg war wohl die strategisch günstige Lage an einer wichtigen Handelsstraße von Nürnberg nach Leipzig, wobei die Burg eher zur baulichen Absicherung von Zoll- und Herrschaftsrechten diente.

Die Burg des 13. Jahrhunderts läßt sich nur schwer rekonstruieren. Vermutlich war das Gipfelplateau randlich von einer Ringmauer umfriedet und zweigeteilt in eine Vorburg im Westen sowie eine Hauptburg im Osten. Der Zugang erfolgte wohl von Westen her durch den „Blauen Turm". Direkt hinter dem Mauerzug, der Vorburg und Hauptburg voneinander trennte, erhob sich ein gewaltiger, runder Bergfried, der eventuell erst nach 1248 durch die Henneberger zugefügt wurde. Am Nordwesteck stand der alte Palas, dem östlich die Burgkapelle angebaut war.

1353 kam die Burg durch Erbgang an die Wettiner Markgrafen, 1486 an deren ernestinische Linie. Diese erbauten kurz darauf das Hohe Haus und die mit acht Türmen bewehrte, äußere Ringmauer. Infolge eines Brandes im Jahr 1500 wurden Fürstenbau (=Palas) und Burgkapelle 1501-08 neu errichtet sowie der heutige Tunneleingang an der Südostseite angelegt. Die schon zur Zeit der Hussiteneinfälle um 1420/30 modifizierte Umwehrung wurde 1533 durch den Bau der Hohen Bastei weiter verstärkt.

Als bald darauf die landesherrliche Residenz in die Stadt hinunter verlagert wurde, begann der Ausbau der Burg zur Festung, in dessen Zuge man die Burg ab 1614 mit einem einfachen bastionären System versah. Obwohl 1669 und 1671 zwei neue Portale angelegt und die Außenbefestigungen ausgebessert wurden, war der militärische Niedergang der Veste nicht mehr abzuwenden: 1782 eignete sie sich nur noch als Zuchthaus, Krankenhaus und Irrenanstalt, 1827 wurden Festungswall und Festungsgraben eingeebnet.

unten:
Ansicht der Burg im Jahr 1506. Detail aus dem Holzschnitt „Martyrium des Heiligen Erasmus" von Lucas Cranach d. Ä.

rechts unten:
Nachzeichnung eines Grundrisses der Veste aus dem Jahr 1553.

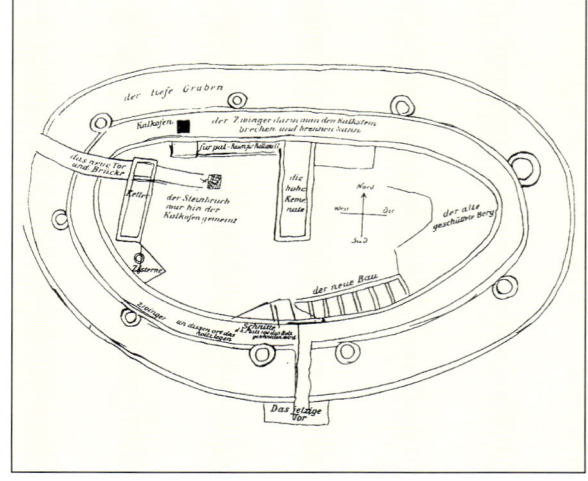

Luftansicht von Osten. Im Vordergrund die Hohe Bastei. In der Bildmitte die Hauptburg mit dem gewinkelten Gebäudekomplex aus Fürstenbau (rechts) und Steinerner Kemenate (quer). In der oberen Bildhälfte die Vorburg mit Kongressbau (rechts), Herzoginbau mit Blauem Turm (oben mitte) und Hohem Haus (links). Am oberen, rechten Eck der Burganlage der Rote Turm, links die beiden Spitzbastionen „Rauttenkranz" und „Bunter Löwe" (unten).

Inspiriert durch die Burgenrestaurierungen am Rhein ließ Herzog Ernst I. die Veste ab 1838 durch den Architekten Karl Alexander von Heideloff im neugotischen Stil erneuern. Die daraufhin geschaffene Burgsilhouette empfand Herzog Carl Eduard als derart gräßlich, daß er 1906–1924 den bekannten Burgenarchitekten Bodo Ebhardt mit der Rekonstruktion des Vorzustandes beauftragte. Gemäß Ebhardts falscher Einschätzung der Burgen als vorrangig kriegstechnisches Instrument, gestaltete dieser die Veste nun wehrhafter, als sie es jemals im Mittelalter war.

Nach schweren Beschädigungen während des Zweiten Weltkrieges erhebt sich die Burg wieder intakt und beherbergt neben einer bedeutenden Kunstsammlung eine exzellente, unbedingt sehenswerte Waffensammlung. *J. Zeune*

Literatur:
B. Ebhardt, Coburg. In: B. Ebhardt, Deutsche Burgen, Lieferung III & IV (Berlin 1900 u. 1901) 130–166.
A. Geibig, H. Maedebach u.a., Veste Coburg (Regensburg 1996).
R. Teufel, Die mittelalterlichen Bauten der Veste Coburg. In: Jahrbuch der Coburger Landesstiftung 1956, 13–94.
G. Voss, Die Veste Coburg. In: Bau- und Kunstdenkmäler Thüringens. Heft XXXIII: Herzogthum Sachsen-Coburg und Gotha (Jena 1907).
J. Zeune, Die Baugeschichte der Veste Coburg. In: Ein Herzogtum und viele Kronen. Coburg in Bayern und Europa (Veröffentlichungen zur Bayerischen Geschichte und Kultur Nr. 35) (Augsburg 1997) 12–15.

Donaustauf
Die umkämpfte und begehrte Burg

rechts innen:
Grundriß der Kernburg und inneren Vorburg. Nr. 1: Torturmkapelle; Nr. 2: Palas; Nr. 3 u. 5: Torbauten; Nr. 4: großer Rundturm.

rechts:
Blick auf die Obergeschoßkapelle des Torturmes von Osten.

Literatur:
A. Boos, Die Burg Donaustauf. In: Donaustauf. Moderne Marktgemeinde mit großer Vergangenheit (Donaustauf 1994) 106–118.
H. Karlinger, G. Hager, G. Lill, Die Kunstdenkmäler von Bayern, Regierungsbezirk Oberpfalz 20: Bezirksamt Stadtamhof (München 1910) 37–68.
U. Osterhaus, Die vorgeschichtliche Befestigung auf dem Burgberg von Donaustauf. In: Donaustauf. Moderne Marktgemeinde mit großer Vergangenheit (Donaustauf 1994) 6–11.

Nur wenige Kilometer östlich von Regensburg erheben sich in direkter Nachbarschaft der Walhalla auf einem weit ins Donautal vorgeschobenen Bergkegel die verstreuten Reste der großräumigen Burgruine, die tagsüber problemlos zu besichtigen, abends aber versperrt ist, da sich in ihrer Vorburg ein Friedhof befindet.

Die Burg Donaustauf gehört zu den ältesten, urkundlich erwähnten Burgen Bayerns: Schon zwischen 914 und 930 hören wir von dem *castellum quod dicitur Stufo* – „der Burg, Stauf genannt". Im Jahr 1132 wird die dem Hochstift Regensburg zugehörige Burg *Tounustouphen* wegen ihrer Funktion als Zentrum einer bedeutenden Herrschaft während einer kriegerischen Auseinandersetzung durch Herzog Heinrich den Stolzen zum ersten Mal erobert, besetzt und anschließend niedergebrannt. Ähnliches widerfuhr ihr noch dreimal in den nächsten drei Jahrzehnten.

Die Regensburger Bischöfe weilten bevorzugt dann auf der Burg, wenn die Spannungen zwischen Reichsstadt und Bistum bedrohlich wurden. Doch nicht Gewalt, sondern die Finanznöte der Domkirche sorgten schließlich dafür, daß die als Pfandobjekt begehrte Burg 1301 zeitweilig in den Besitz der Reichsstadt geriet. 1385 kam die Burg von den Wittelsbachern erneut an die Reichsstadt, die sofort Befestigungsarbeiten durchführte. Knapp hundert Jahre später, 1486, sahen sich die Wittelsbacher wieder in Besitz. Zu Beginn des 17. Jahrhunderts wurde die Burg nochmals wehrtechnisch modernisiert, was sie nicht davor bewahrte, 1634 nach mehrtägigem Beschuß von den Schweden eingenommen und gesprengt zu werden. Seit damals blieb sie trotz provisorischer Wiederherstellung im Jahre 1648 ruinös.

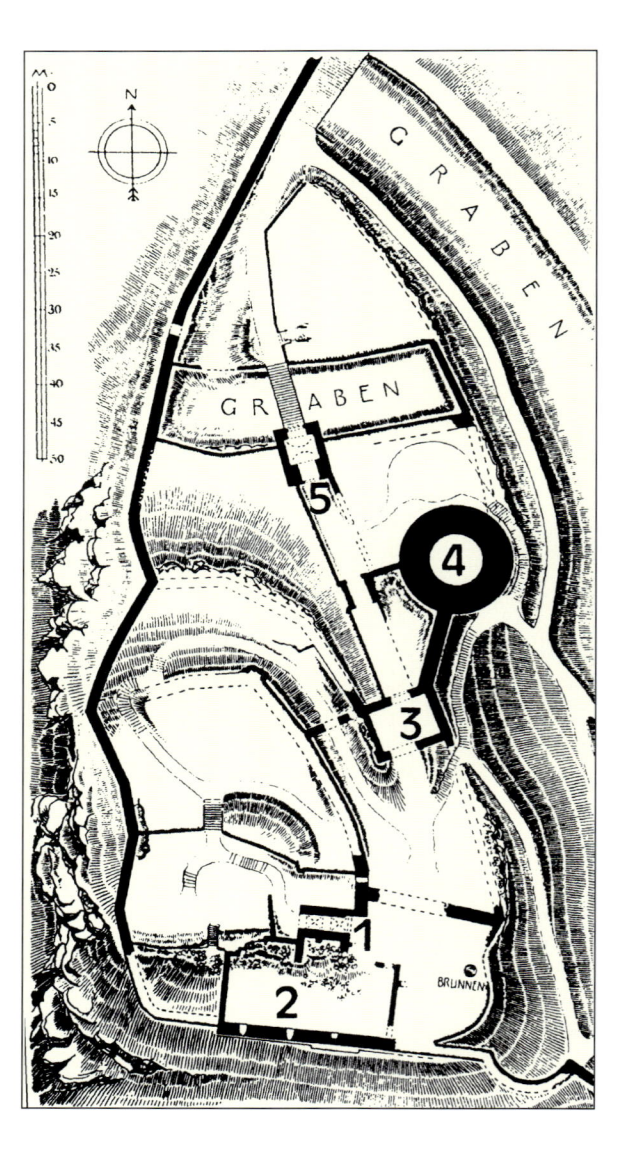

Die Geschichte dieses Platzes geht allerdings viel weiter zurück als die der Burganlage, wie Grabungen 1981/82 zeigten. Schon in der Späthallstatt-/Frühlatènezeit stand hier um 500 v. Chr. ein Fürsten- oder Herrensitz.

Die Baugeschichte der vielteiligen und ausgedehnten Burgruine ist leider nicht exakt geklärt, da moderne Bauuntersuchungen fehlen. Burgenkundlich und kunstgeschichtlich hochinteressant ist zweifelsohne die Kapelle (Nr. 1) im Obergeschoß des Torturmes der Kernburg, wenngleich nur noch in Teilstücken erhalten. Der stilgeschichtliche Vergleich mit St. Emmeram in Regensburg legt für den kleinen, quadratischen, dreischiffigen Kapellenraum ein Entstehungsdatum schon um 1060/70 nahe, das aber über den Baubefund noch abzusichern wäre. Von dem danebenstehenden Palas (Nr. 2) verbleibt nur ein Fragment mit einem sehr schönen romanischen Biforienfenster.

Besser erhalten sind die spätmittelalterlich-frühneuzeitlichen Bauten der beiden Vorburgen, wobei die innere Vorburg an den Toren (Nr. 3, 5) und in Teilen der Ringmauer romanische Bausubstanz aufweist. Nach Osten hin wird sie durch einen riesigen Rundturm (Nr. 4) mit fast 15 m Durchmesser und 5 m dicken Mauern gesichert, der aufgrund seiner Buckelquader aus der Zeit um 1200 stammen soll. Doch spricht vieles dafür, daß es sich tatsächlich um einen Neubau des 16. oder 17. Jahrhunderts handelt, bei dem unzählige Buckelquader eines zuvor abgebrochenen, staufischen Rundturmes – vermutlich eines alten Bergfriedes – wiederverwendet wurden. Dem Burgfuß nach Nordosten und Osten vorgelagert ist eine geräumige Vorburg, die heute einen kleinen Friedhof beherbergt und die vor allem im Norden dem vorgeschichtlichen Wall des keltischen Herrrensitzes aufsitzt.

J. Zeune

Luftansicht von Osten. Im Vordergrund die äußere Vorburg mit dem Friedhof. Oben die Kernburg mit der inneren Vorburg (rechts) und dem Sockel des mächtigen Rundturms. An der linken Seite der Kernburg die gewinkelte Wand der Torturmkapelle (vorne) und der Mauerzug des ehemaligen Palas (links).

Eisenberg
Die stolze Mantelmauerburg

Nur wenige Kilometer nördlich von Pfronten, in Sichtweite von Neuschwanstein und Falkenstein, erheben sich auf nebeneinanderliegenden Berggipfeln zwei der mächtigsten Burgruinen Bayerns: Eisenberg und Hohenfreyberg. Gemeinsam bilden sie ein spektakuläres Burgenensemble europäischen Ranges.

Die an ihrer hohen Wandscheibe sofort erkennbare Burgruine Eisenberg ist die ältere der beiden Burgen. Ihre Geschichte begann an einem anderen Ort, nämlich etwa 10 km südlich im heutigen Tirol, wo das mächtige Geschlecht der Edelfreien von Hohenegg einst zwei starke Burgen besaß: die Höhlenburg Loch bei Pinswang und die Turmburg Vilsegg bei Vils. Im Verlaufe der teils kriegerischen Auseinandersetzungen um das Stauferrbe Konrads V. schob sich Graf Meinhard II. von Tirol zuerst an den beiden hoheneggischen Burgen vorbei (siehe Falkenstein) und verdrängte dann, auch unter Einsatz von Gewaltmitteln, 1312/13 die Hohenegger aus diesen Burgen.

Diese zogen sich gegen 1315 in den sicheren Norden zurück und errichteten als Zentrum der gleichnamigen Herrschaft eine neue Burg auf dem *Isenberch*, die bald darauf, um 1340, dann auch erstmals in den Urkunden erscheint. 1382 verkaufte Berthold von Hohenegg die Herrschaft an Erzherzog Leopold von Österreich, der sie kurz darauf Bertholds Schwiegersohn Friedrich von Freyberg verlieh. Dessen ältester Sohn erbaute fast in Steinwurfweite 1418–32 die Burg Hohenfreyberg. 1525 beschädigte ein Bauernhaufen die problemlos eingenommene Burg Eisenberg, woraufhin Werner Volker von Freyberg zehn Jahre später Entschädigungsgelder erhielt, die er in die Burg verbaute.

Das Ende der Burg kam am 15. September 1646, kurz vor Ende des Dreißigjährigen Krieges, als die Tiroler Landesregierung angesichts der heranrückenden Schweden bzw. Franzosen den fatalen Entschluß faßte, ihre voralpinen Burgen im Zuge einer „Politik der verbrannten Erde" selbst niederzubrennen. An diesem schicksalsträchtigen Tag gingen Eisenberg, Hohenfreyberg und Falkenstein umsonst in Flammen auf, denn der Feind änderte seine Route. Heute gehört die in den 1980er Jahren durch den örtlichen Burgenverein sanierte Burgruine der Gemeinde Eisenberg.

Die um 1315 erbaute Burg besaß eine zwar zeitgemäße, doch für diese Gegend ungewöhnliche

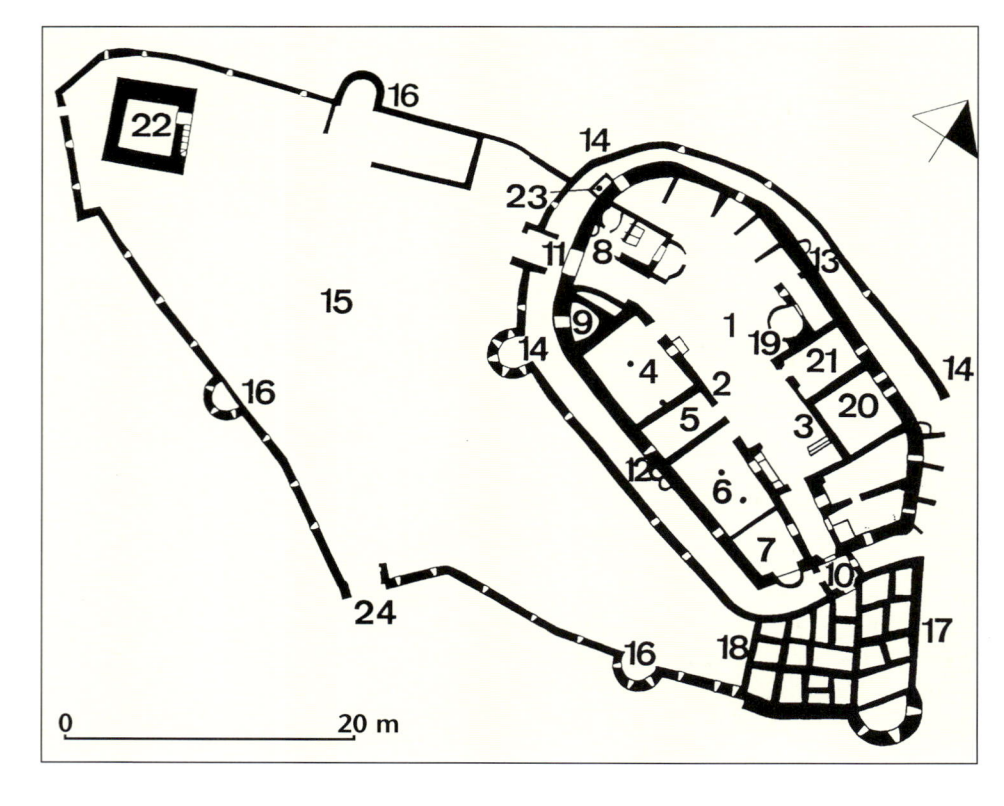

Grundriß.
1) Kernburg; 2) Palas; 3) Palas; 4) Küche mit Servierfenster; 5) Treppenhaus; 6) Lagerraum; 7) Kapelle, sekundär eingebaut; 8) Backstube, mit Badehaus im Obergeschoß; 9) Tankzisterne; 10) altes Burgtor; 11) jüngeres Burgtor; 12) Doppelabtritt; 13) Abortschacht; 14) Zwingermauer; 15) Vorburg; 16) Vorburgmauer; 17) Bastion mit Innenkammern; 18) älterer Zugang; 19) Treppenturm; 20) Lagerraum; 21) Lagerraum; 22) Auslug; 23) Abortschacht; 24) Tor Vorburg.

Luftaufnahme von Osten. Im Vordergrund das ältere Burgtor (Nr. 10) mit der vorgelagerten Artillerieplattform (Nr. 17), dahinter die eiförmige Kernburg mit ihrer hohen Mantelmauer. Rechts in der Kernburg die überdachten Kellerräume des nördlichen Palas (Nr. 3, 21, 22) mit dem überdachten Treppenturmstumpf (Nr. 19) und der überdachten Backstube (Nr. 8) am oberen Ende, links die Innenwände des südlichen Palas (Nr. 2, 4-6) mit der Kapelle am unteren Ende (Nr. 7). Im Hintergrund der Kernburg das jüngere Burgtor (Nr. 11) mit der Zwingermauer (Nr. 17), darüber die ausgedehnte Vorburg (Nr. 15) mit dem Auslugturm (Nr. 22).

Architektur, indem man sie zu einer Mantelmauerburg ausformte. Hauptelement war eine hohe Wand, die eiförmig den gesamten Berggipfel umfriedete. Sie wurde im 15. und 16. Jahrhundert nochmals zu enormer Höhe aufgestockt und mit einem unbegehbaren Zinnenkranz versehen, der hier lediglich das Recht illustriert, sich überhaupt befestigen zu dürfen. Gegen die Innenseite der Mantelmauer lehnten sich schließlich rundum Gebäude: zwei Palasse (Nr. 2, 3) mit Wirtschaftseinrichtungen an den beiden Längsseiten, Backstube und Badestube (Nr. 8), Kapelle (Nr. 7), Zisterne (Nr. 9) an den kürzeren Seiten. Der Zugang erfolgte ursprünglich neben der Kapelle durch die schmale Ostseite (Nr. 10, 18) und wurde erst im 16. Jahrhundert an die leichter erreichbare Westseite verlegt (Nr. 11). Mehrere gemauerte Abortschächte (Nr. 12, 13, 23) belegen einen gehobenen Wohnkomfort.

Im späten 15. und in der 1. Hälfte des 16. Jahrhunderts verstärkte man die Kernburg durch einen umlaufenden Zwinger (Nr. 14) und die unterhalb der Kernburg gelegene Vorburg (Nr. 15) durch eine turmbewehrte Umwehrung (Nr. 16). Damals, wohl um 1535, versah man – analog zur Nachbarburg Hohenfreyberg – eine östlich vorgelagerte Bastion (Nr. 17) nachträglich mit einem Netzwerk aus zumeist erdverfüllten Kleinkammern, um möglichen Artilleriebeschuß wirkungsloser zu machen – eine Maßnahme, die Albrecht Dürer kurz zuvor, um 1527, beschrieb.

Einen Bergfried benötigte diese Burg nicht: Hier war die hohe Mantelmauer Machtdemonstration und Machtentfaltung genug.   *J. Zeune*

gegenüberliegende Seite:
Blick von Süden auf die Burgruinen Eisenberg (vorne) und Hohenfreyberg (hinten). Im Hintergrund der einst zu Hohenfreyberg gehörige Schloßweiher.

Literatur:
B. Pölcher, A. Desing: Beschreibung und Geschichte der Burgruinen Eisenberg und Hohenfreiberg (Eisenberg 1989).
F. Schmitt, Die Burg auf dem Eisenberg (Eisenberg 1990).
F. Schmitt, Die Burg auf dem Eisenberg – eine Burg des ausgehenden Mittelalters. In: Burgen und Schlösser 1989/II, 81–85.
J. Zeune, Burgruine Eisenberg. In: J. Zeune, Burgenführer Ostallgäu und Außerfern (Marktoberdorf 1998) 16f.

145

Falkenstein
Deutschlands höchstgelegene Burganlage

Im modernen Sprachgebrauch würde man den Lageplatz der Burgruine Falkenstein zweifelsohne als „sensationell" bezeichnen. Fast das gesamte Alpenvorland überblickend, erhebt sie sich von dem 1277 m hohen Gipfel des Manzeberges direkt am Rand einer mehrere hundert Meter senkrecht abstürzenden Felswand, unglaubliche 400 m über dem Talgrund. Dieser aberwitzige Lageplatz hat allerhand Phantastereien verursacht – so daß fast alles, was über den Falkenstein geschrieben wurde, unrichtig ist.

Der Falkenstein stammt keinesfalls – wie überall behauptet – aus dem 11. Jahrhundert. Eine Burg zu Pfronten – das *castrum Phronten* – erscheint bezeichnenderweise erst 1290 urkundlich, als sich der Augsburger Bischof Wolfhard verpflichtete, die ihm von Graf Meinhard II. von Tirol anvertraute Burg auszubessern und für ihre Vogtei jährlich 20 Mark zu zahlen. Den bildhaften Burgnamen „Falkenstein", der den kühnen Lageplatz dieses Falkenhorstes versinnbildlichen sollte und nichts mit Falkenjagd zu tun hat, erhielt die Burg vermutlich erst kurz vor 1424. Erbaut hatte sie um 1270/80 Graf Meinhard II. von Tirol, der damit seine Ansprüche auf das Staufererbe Konrads V. „illustrieren" und unterstreichen wollte. Denn die Errichtung einer Burg in dieser unglaublichen Höhenlage war in der damaligen Zeit eine unübersehbare Drohgebärde Richtung Herzogtum Bayern und zugleich eine gewaltige Machtdemonstration. Dem Baubestand zufolge kam Bischof Wolfhard seiner Baupflicht rasch nach, indem er die Burghalle mit einem aufwendigen dreijochigen Kreuzgratgewölbe ausstattete. Ob erst unter ihm oder schon während der Erbauung das Feste Haus um 3 m nach Westen erweitert wurde, kann erst eine eingehende Bauuntersuchung klären.

Ab 1310 saßen augsburgische Vögte bzw. Pfleger auf der im Winter kaum bewohnbaren Burg, deren Wirtschafts- und Wasserversorgung aufgrund der extremen Höhenlage äußerst kompliziert war. In militärischer Hinsicht war der Falkenstein ohnehin ein völlig wertloser und unsinniger Bau, denn von seinem Berggipfel aus konnte die Burg weder die nahen Straßen noch das Umland kontrollieren. Allein der Weg hinab ins Tal zu den Straßen muß damals Stunden gedauert haben. Mehr als einen defensiven Militärwert, d. h. einen Schutzcharakter, kann man diesem Gemäuer nicht zugestehen. Wenn sich 1565 der damalige Pfleger beschwerte, daß die Burg kaum bewohnbar sei und er meist im darunter gelegenen Stadel leben müsse, so war dies zweifelsohne in den Jahrhunderten davor kaum anders. Obwohl man die Burg daraufhin notdürftig ausbesserte, war sie schon 1595 ein halb eingestürzter Steinhaufen. 1646 ereilte den Falkenstein das gleiche Schicksal wie Eisenberg und Hohenfreyberg.

unten rechts:
Grundriß des Gipfelplateaus mit dem Festen Haus.

unten:
Luftaufnahme von Norden. Nahansicht. Links die 1889 durch Blitzschlag zerstörte Ostwand.

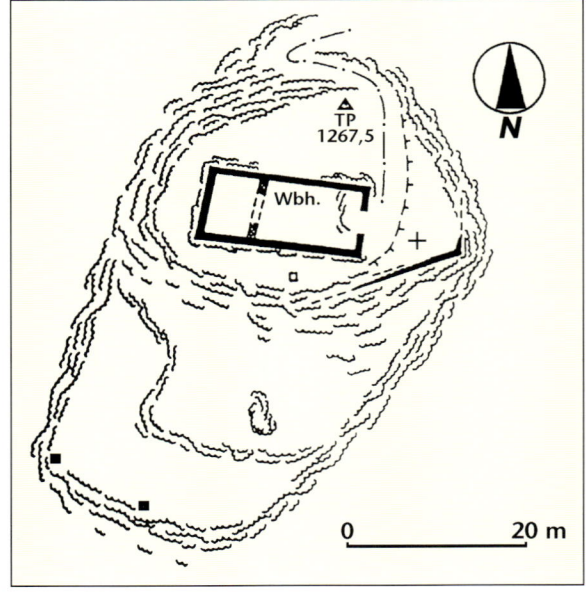

Luftaufnahme von Süden. Rechts der senkrechte Felsabsturz, darüber das Dach des Burghotels.
Im Hintergrund die 400 m tiefer gelegene Talebene.

König Ludwig von Bayern faßte 1883 den Entschluß, hier ein noch imposanteres Burgschloß als Neuschwanstein zu realisieren, doch kam das Projekt durch die Absetzung und den Tod des Königs im Jahr 1886 über verschiedene Planentwürfe und die Baustelleneinrichtung nie hinaus. Drei Jahre später zerstörte ein Blitzschlag die Ostwand. Das marode Gemäuer wurde im 20. Jahrhundert mehrfach unsensibel mit Zement „gesichert", soll aber ab 1999 behutsam saniert und erschlossen werden.

Die Burg selber bestand vor allem aus einem 18,6 m langen und 8,5 m breiten Festen Haus, das sich anfangs ungewölbt drei Hauptgeschosse hoch erhob. Über einem Erdgeschoß mit niedrigem Zwischengeschoß erstreckte sich die Halle mit großen Fensteröffnungen und Hocheingang. Darüber lag ein Dachgeschoß mit Wohnräumen. Eine größere Höhe dürfte die Blitzschlaggefahr nicht erlaubt haben. Später – wohl um 1300 – wurde die Halle nachträglich eingewölbt.

Das feste Haus war umzogen von einer recht schwächlich ausgeführten Ringmauer. Dort, wo sich heute das Burghotel erhebt, erstreckte sich früher zweifelsohne die Vorburg. Der alte Bauhof bzw. Wirtschaftshof stand einst weit unterhalb der Burg auf dem heutigen Schloßanger.
Heute lohnt sich ein Ausflug auf den Falkenstein schon allein wegen des phantastischen Panoramablickes.

J. Zeune

Literatur:
F. Schmitt, Herrschaftsbildung im Raum um Füssen von 1250 bis 1320. In: Alt Füssen 1992, 151–155.
A. u. A. Schröppel, M. Einsiedler, Schloß Falkenstein. Des Märchenkönigs letzter Traum (Pfronten 1985).
J. Zeune, Burgruine Falkenstein. In: J. Zeune, Burgenführer Ostallgäu und Außerfern (Marktoberdorf 1998) 22f.
J. Zeune, Die Burg Falkenstein aus Sicht der modernen Burgenforschung. In: Rund um den Falkenstein, Band 3, Heft 2 (1998), 37–49.

Flossenbürg
Das Feste Haus des Grafen Berengar

unten rechts: Blick vom südlichen Vorhof auf das Feste Haus des frühen 12. Jahrhunderts. Rechts daneben die etwas jüngere Mantelmauer.

unten: Grundriß der Gesamtanlage. Nr. 1-3: Kernburg, mit Festem Haus (Nr.1), Anbau (Nr. 2) und Hohem Mantel (Nr. 3); Nr. 4: in Fels gehauener Zugang zur Kernburg; Nr. 5: vorgeschobener Turm; Nr. 6: westliche Vorburg; Nr. 7: Tor zur östlichen Vorburg; Nr. 8: Batterieturm; Nr. 9 und Nr. 10: Außentore; Nr. 11: Zwischentor; Nr. 12: Hof; Nr. 13: Hof; Nr. 14: Küchen- und Saaltrakt; Nr. 15: Umfriedung der Vorburgen.

Hart an der tschechischen Grenze liegt inmitten des Oberpfälzer Waldes nur 15 km nordöstlich von Weiden der kleine Ort Flossenbürg, überragt von der auf einem kahlen Granitkegel in 732 m über Meereshöhe stehenden Burgruine. Deren gestaffelte Architektur geht eine derart grandiose Symbiose mit den kargen Felsblöcken ein, daß die Burgruine Flossenbürg zu den besonders malerischen Burganlagen Bayerns zählt.

Sie ist in Teilen aber auch sehr alt. Das Schenkungsbuch der Chorherrenpropstei Berchtesgaden erwähnt für das Jahr 1125, daß Graf Berengar I. Güter nahe „seiner Flozzen genannten Burg" – *iuxta castrum suum, quod appelatur Flozzen* – dem Kloster geschenkt habe. 1188 erwarb Kaiser Friedrich I. den Burgbezirk gemeinsam mit dem der nahen Burg Parkstein. Nach dem Tod von Kaiser Konradin V. im Jahr 1268 ging die Burg an die Wittelsbacher über und wurde mehrfach von diesen verpfändet. 1347 ließ der König Karl IV. die Burg ausbauen. Auch 1449 unter Herzog Heinrich den Reichen von Niederbayern und 1505 unter Pfalzgraf Friedrich bzw. durch Gottersich von Guttenstein wurde nachweislich an der Burg gebaut. Ein Inventar aus dem Jahr 1514 zeigt, daß man die Burg damals auf Artilleriewaffen – Schlangen, Kartaunen, Steinbüchsen, Hakenbüchsen – umgerüstet hatte. Dennoch kam ihr offenbar keine größere Bedeutung mehr zu, denn schon 1589 ließ Pfalzgraf Friedrich sie zum Bau seines Schlosses in Vohenstrauß brechen. 1621 und 1634 plünderten zuerst Mansfeldische Truppen, dann die Dragonier Herzog Bernhards von Sachsen die Burganlage, die danach endgültig in Verfall geriet und erst 1982 bis 1992 saniert wurde.

Der älteste Bauteil ist zugleich auch jener, der sofort ins Auge springt, da er die gesamte Burganlage dominiert: ein kurz nach 1100 erbautes Festes Haus hoch oben auf dem Gipfel eines steilen Granitkliffs (Grundriß Nr. 1). Dieses trapezförmige Haus wurde zwar schon spätmittelalterlich wiederholt umgebaut und zuletzt neuzeitlich als Aussichtspunkt gestaltet, bewahrt aber noch immer interessante, originale Baudetails, wie das kleinformatige, sauber geschichtete Quadermauerwerk und einen abgebrochenen Haubenkamin im Südeck des Erdgeschosses. Es umfaßte wohl zwei ungewölbte Hauptgeschosse und ein Dachgeschoß mit einem Hocheingang direkt in die ehemalige Halle des 1. Stocks. Jünger sind ein kleiner Anbau nach Südwesten (Nr. 2) und eine zur Vorburg hin vorgeschaltete Mantelmauer (Nr. 3).

Unterhalb der Kernburg erstreckt sich eine zweigeteilte, geräumige Vorburg, die in ihrem Ostteil in den Jahren um 1505 dicht überbaut wurde. Hier sicherte ein Batterieturm (Nr. 8) den Zugang (Nr. 7), der zuvor durch zwei gut befestigte Tore führte (Nr. 9 u. 10). Innerhalb

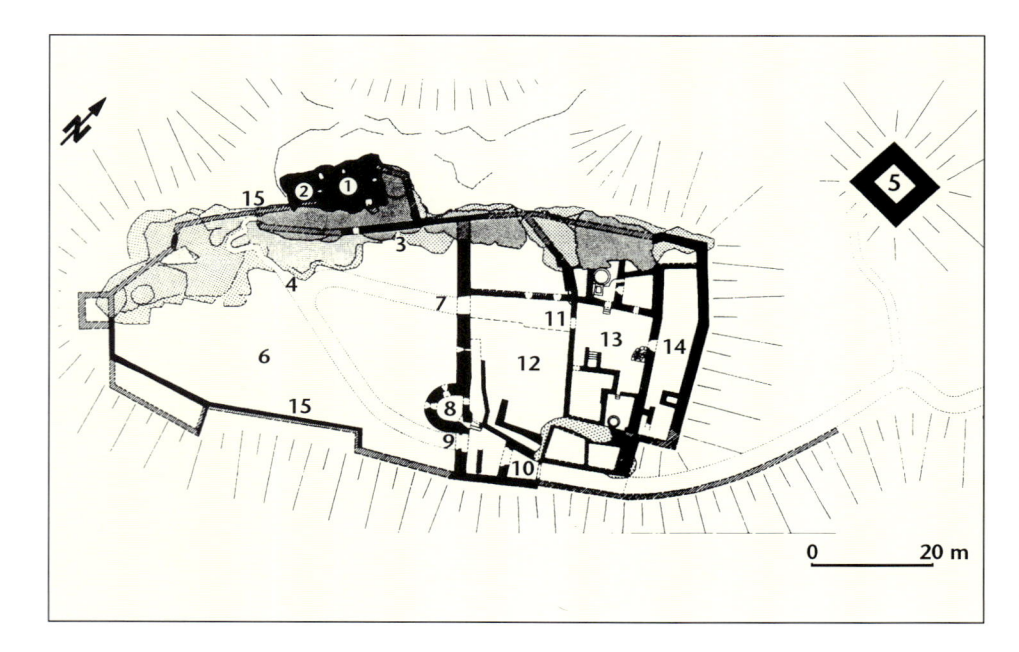

Luftansicht von Südosten. Auf dem höchsten Punkt oben im Bild das Feste Haus aus dem frühen 12. Jahrhundert mit dem Hohen Mantel direkt davor. Unterhalb der Kernburg die zweigeteilte Vorburg mit der dichten Bebauung des frühen 16. Jahrhunderts in der rechten Hälfte. Rechts davon, isoliert auf einem freistehenden Felskopf, der staufische Viereckturm.

der östlichen Vorburg befanden sich eine Brunnenstube mit Zisterne, eine Backstube mit Backofen, ein Küchen- und Saalbau (Nr. 14) sowie mehrere Wirtschafts- und Lagergebäude. Bemerkenswert ist ein der gesamten Burganlage nach Nordosten vorgelagerter, isoliert im Vorfeld aufragender Viereckturm (Nr. 5), dessen Stumpf noch sehr schöne und sehr große Buckelquader aufweist. Im Turminneren zeugen ein Eck-Haubenkamin und ein Abort von einstigem Wohnkomfort. Die Buckelquader mit 5 bis 6 cm breitem Randschlag und Zangenlöchern sprechen gemeinsam mit der feinen Steinbearbeitung für ein Erbauungsdatum im frühen 13. Jahrhundert. Auch wenn dieser Turm eine aggressive Stellung zur Gefahrenseite hin aufweist, kann sich sein militärischer Wert allenfalls auf eine Wehrplattform an der Turmkrone beschränkt haben.

Archäologische Grabungen in der Vorburg erbrachten neben Funden des 15./16. Jahrhunderts auch spärliche Hinweise auf eine salierzeitliche und staufische Nutzung des Vorburggeländes.

J. Zeune

Literatur:
A. Boos, Die Ruine Flossenbürg. Auferstehung einer Burg des Hohen und Späten Mittelalters (Flossenbürg 1993).
F. Mader, Die Kunstdenkmäler in Bayern, Regierungsbezirk Oberpfalz 9: Bezirksamt Neustadt a. W.-M. (München 1907) 33–51.
J. Zeune, Salierzeitliche Burgen in Bayern. In: H.W. Böhme (Hrsg.), Burgen der Salierzeit, Band 2 (Sigmaringen 1991) 206f.

Haag
Die stattliche Turmburg

unten rechts:
Ostansicht des Wohnturmes, mit Schnitt.

unten:
Senkrechtansicht des Wohnturmes mit der bald nach 1480 entstandenen Dachlandschaft aus Eckerkern und Polygonaldach. Im Hof gut zu erkennen sind die Fundamente der ehemaligen Innengebäude.

Etwa 50 km östlich vom Stadtzentrum München und 13 km nördlich von Wasserburg liegt der kleine Ort Haag in Oberbayern, der um eine der interessantesten Burganlagen Bayerns gewachsen ist. Die Burg erhebt sich von einem flachen Endmoränenhügel und wird dominiert von einem hohen Turm mit vier Eckerkern und steilem Pyramidendach.

Im Jahr 980 wird mit einem *Huninger de Haga* erstmals ein Ortsadel hier erwähnt. Die Edelfreien von dem Hage sollen die Burg bis um 1200, als sie an das einflußreiche Adelsgeschlecht der Gurren ging, besessen haben. Die Gurren, obwohl niederadelig, galten damals als mächtig und wohlhabend. 1245 kam die nun zu einer reichsunmittelbaren Grafschaft erhobene Herrschaft Haag an die Frauenberger, die 1509 in den Grafenstand erhoben wurden, und nur 58 Jahre später, 1567, an die Wittelsbacher. Alle diese Besitzer bauten an der Burg, die 1804 unter ersten Abbruchtätigkeiten zu leiden hatte. Bekannt war Schloß Haag bis 1960 als beliebte Jugendherberge.

Die jahrhundertelange, komplexe Baugeschichte der Burg ist ohne eingehende und kompetente Bauuntersuchungen kaum nachvollziehbar, denn wie bei fast allen spektakulären Burganlagen Bayerns fehlen auch hier mit modernen Methoden durchgeführte, burgenkundliche Forschungen. Doch auch die historischen Quellen wurden nicht neu gesichtet, so daß das Abschreiben tradierter Daten und Fakten mit großen Risiken verbunden ist.

Auf die Edelfreien vom *Hag* scheinen noch Teile jener polygonalen Ringmauer zurückzugehen, die den Turm in dichtem Abstand umfriedet. Der große Hauptturm – in der Literatur immer fälschlich als „Bergfried" bezeichnet – ist in Wirklichkeit ein stattlicher Wohnturm über quadratischem Grundriß. Seine Grundrißform und Größe (12,5 m Seitenlänge) sowie sein Kleinquadermauerwerk scheinen auf eine Entstehung kurz vor 1150 hinzuweisen, doch verweisen andere Details, wie die Buckelquader an den Ecken, die Gewölbe im Erdgeschoß, die Trichterfenster und gekuppelten Fenster, Fensterkammern mit Sitzbänken und die vielen Innenkamine, auf eine Erbauung erst im frühen 13. Jahrhundert. Erst eine sorgfältige Bauuntersuchung kann klären, ob hier nicht ein zeittypischer Wohnturm der 1. Hälfte des 12. Jahrhunderts im frühen 13. Jahrhundert und in

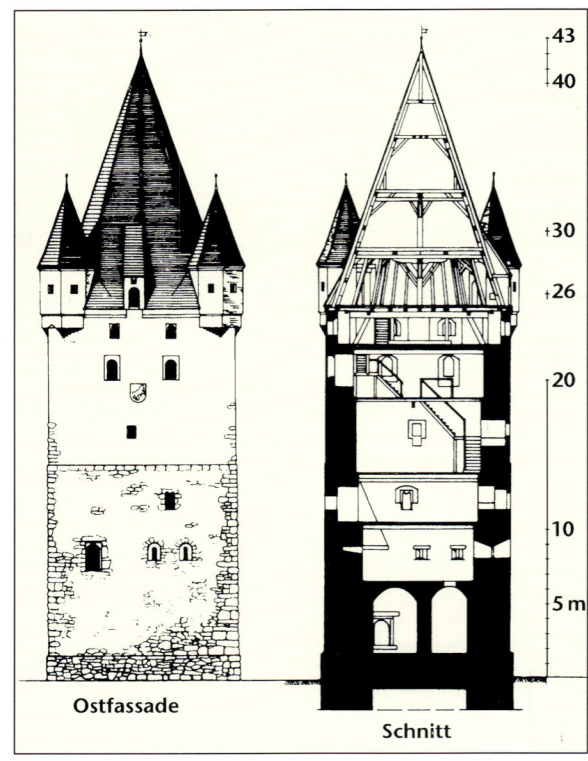

links:
Luftansicht von Osten. Im Zentrum der ovalen Umfriedung erhebt sich der eindrucksvolle Wohnturm mit dem aufgemalten Haager Wappen bzw. dem Wappen der Herren von Gurre (siehe auch Prunn). Rechts der Torturm.

unten:
Schloß Haag von Süden. Stich Matthaeus Merian um 1644.

den nachfolgenden Jahrhunderten intensiv umgestaltet wurde. „Verdächtig" sind mehrere Abstufungen in der äußeren Mauerstirn. Zudem scheint auch ein Innenumbau unter den Frauenbergern stattgefunden zu haben.
Mit Sicherheit wurde dem Turm bald nach 1480 ein neuer Abschluß verpaßt, als man ihm die sogenannten Pfefferbüchsen – die Eckerker – und ein steiles Polygonaldach aufsetzte. Aus jener Zeit stammt auch der mit Schalentürmchen bewehrte Zwinger mit der nordöstlich vorgelagerten Vorburg.
Leider sind heute alle frühen Hofinnenbauten verschwunden, so daß nur die nachträglich in die Ringmauer eingeschlagenen Fensteröffnungen verbleiben. Sicherlich standen hier aber noch weitere Wohn-, Wirtschafts- und Stallungsbauten. Interessant ist auch der kleine, mauerbündige Torturm, der sicherlich in die Zeit um 1200 zurückreicht, vielleicht aber auch noch ältere Bausubstanz beinhaltet. An ihn ist seitlich eine Burgkapelle angebaut.
Auf der Ansicht, die Matthaeus Merian um 1644 vom Schloß Haag anfertigte, sehen wir ein imposantes Burgschloß, dessen altes Turmhaus höhenmäßig noch mit anderen hohen Innenbauten konkurriert; dorfseitig erstreckt sich eine ausgedehnte Vorburg mit einer turmbewehrten Umwehrung.
1983–85 wurde der Turm renoviert. Es bleibt zu hoffen, daß uns diese großartige Burganlage weiter in diesem Zustand erhalten bleibt.

J. Zeune

Literatur:
R. Münch, Die Reichsgrafschaft Haag (Haag 1980).
M. Weithmann, Inventar der Burgen Oberbayerns (München 1994) (2. Aufl.) 149–153.
J. Zeune, Kleinfenstergruppen und Trichterfenster an mittelalterlichen Burgen. In: B. Schock-Werner, K. Bingenheimer (Hrsg.), Fenster und Türen in historischen Wehr- und Wohnbauten (Veröffentlichungen der Deutschen Burgenvereinigung, Reihe B, Band 4). (Stuttgart u. Braubach 1995) 51–60, insb. 54.

Die Harburg
Das Himmlische Jerusalem Bayerns

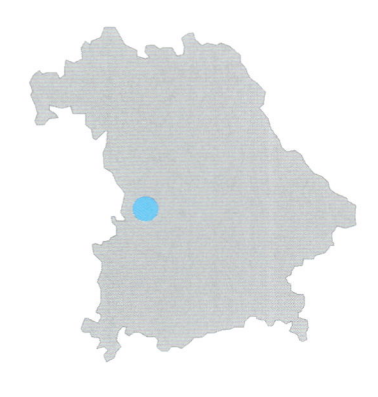

Eingebettet in die stimmungsvolle Landschaft des Ries erhebt sich über der Wörnitz von einem hohem Felsgipfel wie eine steingewordene Vision des Himmlischen Jerusalems die weitläufige, vieltürmige Silhouette der Harburg, die zu den bekanntesten Burgen Bayerns zählt. Auch hier treffen wir auf das Phänomen, daß extrem viel über diese Burg geschrieben wurde, ohne daß wir zuverlässige Erkenntnisse aus der modernen Burgenforschung besitzen. Ganz im Gegenteil: Vieles an der Baugeschichte dieser komplexen Burganlage ist spekulativ, ihr Bergfried mit dem „Verlies" im Sockel geistert leider noch immer als Idealtyp des mittelalterlichen Bergfriedes durch die Burgenliteratur und auch die schulischen Lehrmittel.

Deutlich wird die miserable Forschungslage an dem Umstand, daß die Harburg schon 1093 als *Horeburc* beurkundet wird, ohne daß sich die zugehörige Burganlage aus dem jetzigen Baubestand herausschälen läßt. Die Wiederverwendung einer vorgeschichtlichen Befestigung ist dabei nicht auszuschließen.

Um 1150 befanden sich Stadt und Burg im Besitz des staufischen Königshauses, wobei auf der Burg gleichnamige Ministerialen saßen. 1295 wurde die Burg an die Grafen von Oettingen verpfändet, die ihre Pfandschaft – *castrum et forum Horburch* – erst 1407 endgültig bestätigt bekamen und 1493 bis 1549 die Harburg vorübergehend zu ihrer Residenz machten. In der Schloßkirche hatten sie ihre Grablege. 1731 ging die Burg an die Linie der Oettingen-Wallerstein. Nach wechselhaften Nutzungen, unter anderem als Königliches Gerichts- und Polizeiamt und als Erholungsheim für die Hitler-Jugend, birgt die Veste heute sowohl die Kunstsammlung als auch die Bibliothek Oettingen-Wallerstein und ist eine echte Touristenattraktion.

Der älteste, erkannte Baubestand reicht in die Jahrzehnte nach 1200 zurück und umfaßt die innere Ringmauer, die das weite Gipfelplateau umfriedet, zwei Türme – den „Diebsturm" und den „Faulturm" –, Reste des im späteren Fürstenbau verbauten Palas und der Burgkapelle innerhalb der jüngeren Schloßkapelle. Der nachmittelalterlich in „Diebsturm" umbenannte, später aufgestockte Bergfried zeigt in seiner unteren Hälfte noch kräftiges Buckelquadermauerwerk und einen originalen, rundbogigen Hocheingang. Sein überwölbtes Sok-

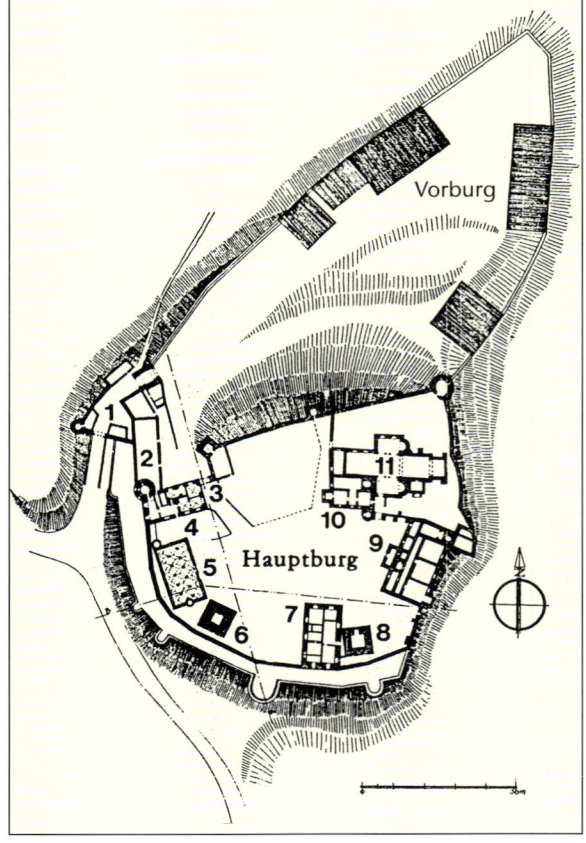

rechts unten:
Grundriß. Nr. 1: Unteres Tor; Nr. 2: Rote Stallung; Nr. 3: Oberes Tor; Nr. 4: Burgvogtei; Nr. 5: Kastenhaus; Nr. 6: Diebsturm (= alter Bergfried); Nr. 7: Saalbau; Nr. 8: Faulturm; Nr. 9: Fürstenbau (= alter Palas); Nr. 10: Pfisterbau; Nr. 11: Schloßkirche

Luftansicht von Norden. Im Vordergrund die ausgedehnte, locker bebaute Vorburg, dahinter die turmbewehrte Kernburg. Links in der Kernburg Pfisterbau und Schloßkirche (vorne) und Fürstenbau; direkt rechts davon Faulturm (mit Flachzwiebel) und Saalbau. Am rechten Ende der Kernburg zuerst der Diebsturm bzw. Bergfried, dann das Kastenhaus und die Toranlage (vorne).

kelgeschoß diente erst später als Verlies, ausgewiesen durch Angstloch und Haspelaufzug. In den meisten unserer Bergfriede lassen sich hochmittelalterliche Verliese ebenso wenig nachweisen wie Geheimgänge: Die meisten Verliese sind in Wirklichkeit entweder frühneuzeitlichen (16./17. Jahrhundert) oder erst historisierenden Ursprungs (19. Jahrhundert). Wohl erst im 14. oder 15. Jahrhundert erhielt die Harburg ihre imposante Außenbefestigung, insbesondere die turmbewehrten Zwingeranlagen nach Süden und Südwesten. Sicher nachweisbar sind Bautätigkeiten in der 2. Hälfte des 15. Jahrhunderts, als die Vorburg ausgebaut und der 1496 fertiggestellte Saalbau der Kernburg errichtet wurden. Aus dieser Zeit stammen auch die Schießscharten der Wehrgänge mit ihren drehbaren Holzkugeln, in die man die Hakenbüchsen hineinschieben konnte. Auch in der 2. Hälfte des 16. Jahrhunderts kam es nochmals zu einem Ausbau der Burg (Fürstenbau, Kastenbau, Burgvogtei, Burgtore), die nach den Beschädigungen durch den Dreißigjährigen Krieg vor allem im 18. Jahrhundert zu einer wohnlichen Schloßanlage modernisiert wurde.

Bemerkenswert ist der einst angeblich 128 m tiefe Grundwasserbrunnen (heutige Tiefe 53 m), dessen Abteufen sicherlich Jahre dauerte und ein kleines Vermögen kostete.

Auch das kleine, malerische Städtchen war einst befestigt gewesen.

J. Zeune

gegenüberliegende Seite links unten:
Luft-Nahansicht von Nordosten. Im Vordergrund die Toranlage, links davon Pfisterbau und Schloßkapelle mit Querhaus; im Hintergrund der Fürstenbau, rechts davon die Flachzwiebel des Faulturmes; davor der quergestellte Saalbau. Am rechten Bildeck der alte Bergfried bzw. Diebsturm, verdeckt durch den Kastenbau.

Literatur:
A. Diemand, Harburg. Ein Führer durch die Burg und ihre Geschichte (Regensburg).
A. Horn, Die Kunstdenkmäler von Bayern, Regierungsbezirk Schwaben 3: Landkreis Donauwörth (München 1951) 279ff.
W. Meyer, Burgen und Schlösser in Bayerisch-Schwaben (München) 49–54.

Hohenfreyberg
Anachronismus in Stein

Direkt neben der Burgruine Eisenberg erhebt sich gleichfalls in spektakulärer Höhenlage die pittoreske Silhouette einer der größten Burgruinen Bayerns, der Burg Hohenfreyberg.

Die dicht überwachsene und bizarr zerklüftete Burgruine Hohenfreyberg galt seit dem 19. Jahrhundert als Inbegriff der Burgenromantik, was zur Folge hatte, daß man ihrem Verfall tatenlos zusah. Erst nachdem zu Beginn der 1990er Jahre größere Bauschäden auftraten, leitete man eine Sanierung der äußerst maroden Mauern in die Wege. Seit 1995 wird die herrliche Burgruine behutsam mustersaniert, wobei man besonderen Wert darauf legt, weder Architekturbestand noch Silhouette der Burgruine zu verfälschen. Durch den Schirmherr dieser Maßnahme, Prinz Sadruddin Aga Khan, geriet die Mustersanierung weltweit in die Medien.

Die Burg Hohenfreyberg entstand nachweislich erst in den Jahren von 1418 bis 1432, als Friedrich, ältester Sohn des Friedrich von Freyberg zu Eisenberg, sich sein Erbteil vorab in Form einer winzigen Herrschaft auszahlen ließ und als deren neues Herrschaftszentrum die Burg errichtete. Friedrich schuf damit nicht nur einen der letzten Burgneubauten des Mittelalters überhaupt, sondern wählte zudem bewußt eine Bauform, die auf die Glanzzeit des Rittertums während der Stauferzeit zurückgriff und im frühen 15. Jahrhundert einen echten Anachronismus dargestellt haben muß – eine Burganlage hoch oben auf einem Berg, eine echte Gipfelburg, mit hohen Mauern und hohen Türmen. Mit diesem Machtsymbol versuchte Friedrich äußerlich ein Zeichen dafür zu setzen, daß es mit dem Rittertum und seiner Pracht noch nicht vorbei war.

Trotzdem mußte die Familie ihre Besitzrechte aus Geldnot um 1480 an Erzherzog Sigismund von Österreich verkaufen, der die Burg kurz darauf dem wohlhabenden Augsburger Patrizier Georg Gossembrot verpfändete. Dieser verbaute an der Burg – wie auch an der nahen Klause und Burg Ehrenberg, die er zeitgleich als Pfleger hielt – sehr viel Geld. Nicht zuletzt deswegen trotzte Hohenfreyberg 1525 aufständischen Bauernhaufen.

Ab 1538 ging die Pfandherrschaft an die Schad von Mittelbiberach und Warthausen, dann an deren Linie Ulm zu Mittelbiberach und Erbach. 1646 erlitt diese Burg das gleiche Schicksal wie Eisenberg (siehe dort) und Falkenstein. Nach mehrfachem Besitzwechsel gehört die Burg heute wieder den Freiherren von Freyberg.

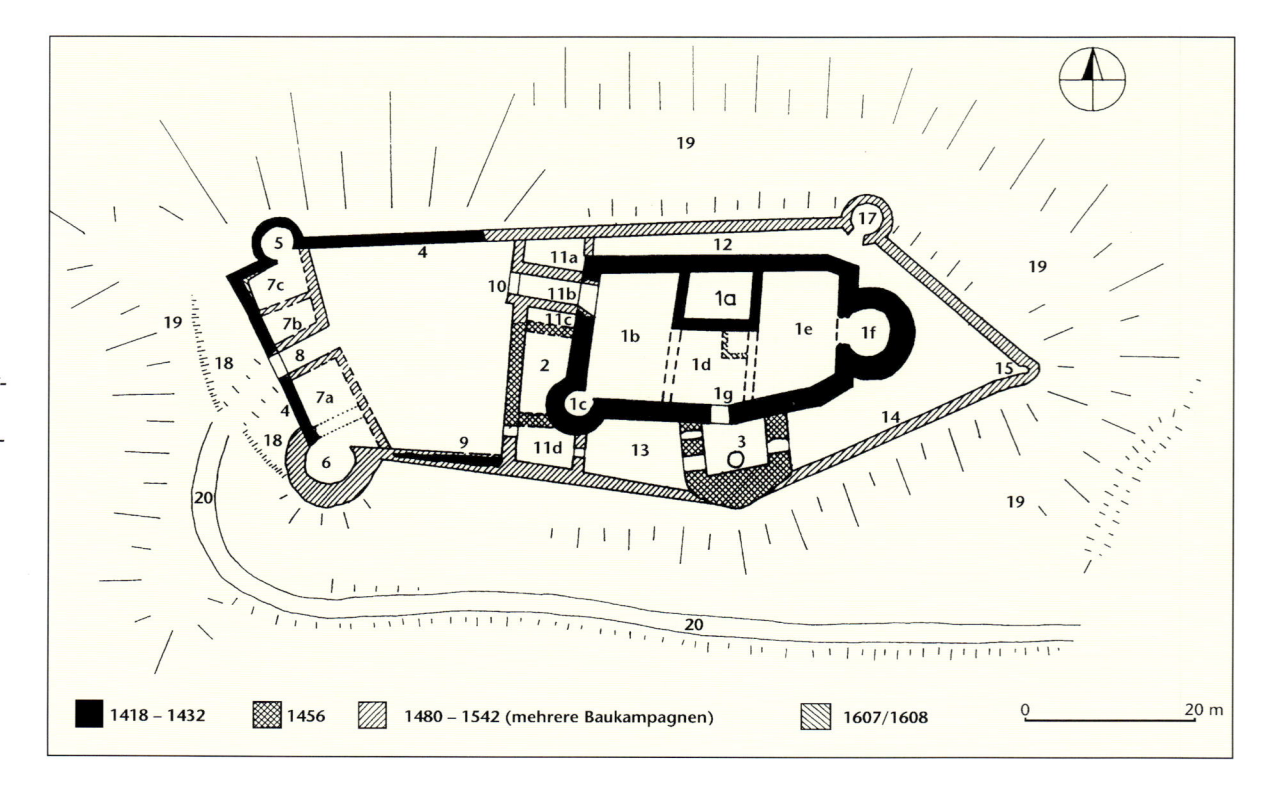

Grundriß, mit Bauphasen. Nr. 1a–1g: Kernburg; Nr. 2: „Blockhaus"; Nr. 3: Torturm, später Zisternenturm; Nr. 4: ältere Vorburgmauer; Nr. 5: älterer Flankierungsturm; Nr. 6: Artillerierondell; Nr. 7a–c: westlicher Gebäudetrakt mit Küche (Nr. 7c; später Badestube); Nr. 8: alter Eingang; Nr. 9: ältere Vorburgmauer; Nr. 10: jüngeres Burgtor; Nr. 11a–d: östlicher Gebäudetrakt; Nr. 12–17: jüngere Zwingeranlage; Nr. 18: Halsgraben; Nr. 19: alter Burgweg; Nr. 20: jüngerer Burgweg.

Luftansicht von Süden. In der rechten Bildhälfte die Kernburg mit dem hohen Bergfried (rechts) und dem Kapellenturm (Bildmitte), umgeben von der jüngeren Zwingermauer. In der linken Bildhälfte die Vorburg mit dem eingerüsteten Artillerierondell ganz links.

Da parallel zu den Sanierungsmaßnahmen eine kompetente Bauforschung durchgeführt wurde, wissen wir über die Baugeschichte dieser Burg sehr gut Bescheid. Ursprünglich war die Burg im Bereich der Kernburg (Nr. 1a–1g) etwas kleiner, umschlossen von der inneren Mauer, und reichte nur vom Kapellenturm (Nr. 1c) zum Bergfried (Nr. 1f). Den engen und dunklen Burghof begrenzten zwei Palasse nach Westen (Nr. 1b) und Norden (Nr. 1a) sowie der Bergfried (Nr. 1f) mit Altane (Nr. 1e) nach Osten. Im Süden öffnete sich der alte Haupteingang (Nr. 1g). Westlich war der Kernburg eine kleine Vorburg vorgelagert, die man von Westen her betrat (Nr. 8). Ein später sinnloser Flankierungsturm (Nr. 5) belegt, daß der erste Torweg (Nr. 19) früher die Nordseite der Burg passierte statt wie heute die Südseite. Gegen 1456 wurden die Tore mit Artilleriebauten (Nr. 2 u. 3) bewehrt. Ab 1485 begann dann unter Gossembrot der Großausbau der Burg: Die Osthälfte wurde mit einem turmbewehrten Zwinger versehen (Nr. 13–17) und das große Artillerierondell (Nr. 6) 1501 hinzugefügt. An der West- und Ostseite des Vorhofes zog man Gebäudetrakte (Nr. 7a–7c; 11a–11d) ein, einige Mauern wurden erhöht und mit neuen Wehrgängen versehen. Nun drehte man auch den Zugang (Nr. 20), den nun das wuchtige Artillerierondell bestrich.

Nach kleineren Baumaßnahmen gegen 1540, die auch die Verdämmung des östlichen Hoftraktes als Maßnahme gegen Kanonenbeschuß beinhalteten, wurde nochmals 1607 bis 1609 viel an der Burg gebaut, wobei man vor allem die Mauern ein weiteres Mal erhöhte und die Artillerischarten modernisierte.

J. Zeune

Literatur:
B. Pölcher, A. Desing, Beschreibung und Geschichte der Burgruinen Eisenberg und Hohenfreiberg (Eisenberg 1989).
J. Zeune, Hohenfreyberg bei Pfronten. Die Rettung einer Burgruine im Ostallgäu. In: Schönere Heimat 1996/Heft 3, 139–143.
J. Zeune, Burgruine Hohenfreyberg. In: J. Zeune, Burgenführer Ostallgäu und Außerfern/Tirol (Marktoberdorf 1998) 18f.
J. Zeune, Burgen – Symbole der Macht (Regensburg 1996) 166–169.

Karlstein
„Adlerhorst auf schroffem Felszahn"

Die nur wenige Kilometer westlich von Bad Reichenhall gelegene Burgruine ist vor allem wegen ihres Lageplatzes, der bisweilen auch mit einem Adlerhorst verglichen wird, sehenswert: Sie steht auf der Westhälfte eines allseitig fast 190 m steil abfallenden Felsklotzes, den ein tiefer Einschnitt in zwei Teile trennt. Auf dem östlichen Felsplateau erhebt sich die kleine Kirche St. Pankratz, die über den Fundamenten einer zweiten Burg errichtet worden sein soll. Der Tradition nach verband eine Holzbrücke einst beide Burganlagen.

Der mühsame und abenteuerliche Aufstieg lohnt sich nicht nur wegen des grandiosen Fernblickes: Von der Burg Karlstein haben sich höchst eindrucksvolle Mauerreste erhalten, darunter eine der ältesten mittelalterlichen Burgkapellen Bayerns.

Der Burg wurde aufgrund ihres Namens ein sagenhaftes Alter zugeschrieben, indem man sie auf Karl den Großen zurückführte. Tatsächlich wurde sie von jenem Karl von Peilstein erbaut, der als bedeutender Dienstmann der Grafen von Peilstein ab 1167 nachweisbar ist, aber schon den 1150er Jahren als Karl von Mandelkirchen in Erscheinung trat. Die Grafen von Peilstein, damals als Hallgrafen agierend, wollten durch den Bau dieser Burg ihre Zollstätte und den westlichen Zugang zum Reichenhaller Becken sichern. Im Jahr 1218 ging die Burg durch Verkauf an die bayerischen Herzöge, die sie zum Zentrum einer Hofmark erhoben und bis 1539 mit Pflegern besetzten, als die Burg an die Fröschl von Marzoll kam. Mit dem Aussterben der Fröschl kehrte die Burg an die bayerischen Herzöge zurück. Schon im 16. und 17. Jahrhundert erfolgten erste Instandsetzungsarbeiten, doch geriet die Burg wegen ihres unbequemen und exponierten Lageplatzes mehr und mehr in Verfall. Nach einer letzten „Sicherung" im Jahr 1671, als man die baufällige Ringmauer teilweise abbrach und mit geändertem Verlauf neu aufmauerte, kam es schon zehn Jahre später zu massiven Abbruchmaßnahmen. Erst um 1970 erfolgte eine (nicht immer geglückte) Mauerwerkssanierung.

Am Fuß des Burgfelsens, dort wo sich später die Vorburg breitmachte, stieß man 1903 auf Siedlungsspuren der Bronze- und Urnenfelderzeit, so daß anzunehmen ist, daß auch dieser Burgfels analog zu Stein a. d. Traun in vorgeschichtlicher Zeit genutzt wurde.

Die ältesten Bauteile der Burg reichen – allen bisherigen Datierungsansätzen widersprechend – in die Jahre um 1150 zurück, als man das Felsplateau mit einer dünnen Ringmauer (Nr. 2a–c) umfriedete. Der ursprüngliche Zugang (Nr. 3) befand sich am Nordosteck, das durch spätere Reparaturmaßnahmen (Nr. 7a, b) eine Umgestaltung erfuhr. An der Südseite standen Wohn- und Wirtschaftsbauten (Nr. 4). Besterhaltener Baukörper dieser Frühphase ist die dem hl. Andreas geweihte Burgkapelle (Nr. 1), die noch zweigeschossig aufragt und sich als ungewölbter, wohldimensionierter Rechteckbau mit eingezogenem Chor und fein gearbeiteten Zangenfenstern präsentiert. Nach dem Absturz der östlichen Ringmauer wurde die Ostfront im 16. und 17. Jahrhundert zurückverlegt, die Kapelle ummantelt und mit einem Pfleghaus (Nr. 8a, b) überbaut.

Das Mauerwerk der ersten Bauphase zeigt kleine, quaderhaft behauene Kalksteine und unterscheidet sich merklich von jenem des runden Bergfriedes (Nr. 5), der im unteren Bereich Großquader und darüber Bruchsteine aufweist. Dies entlarvt ihn als einen Neubau der bayeri-

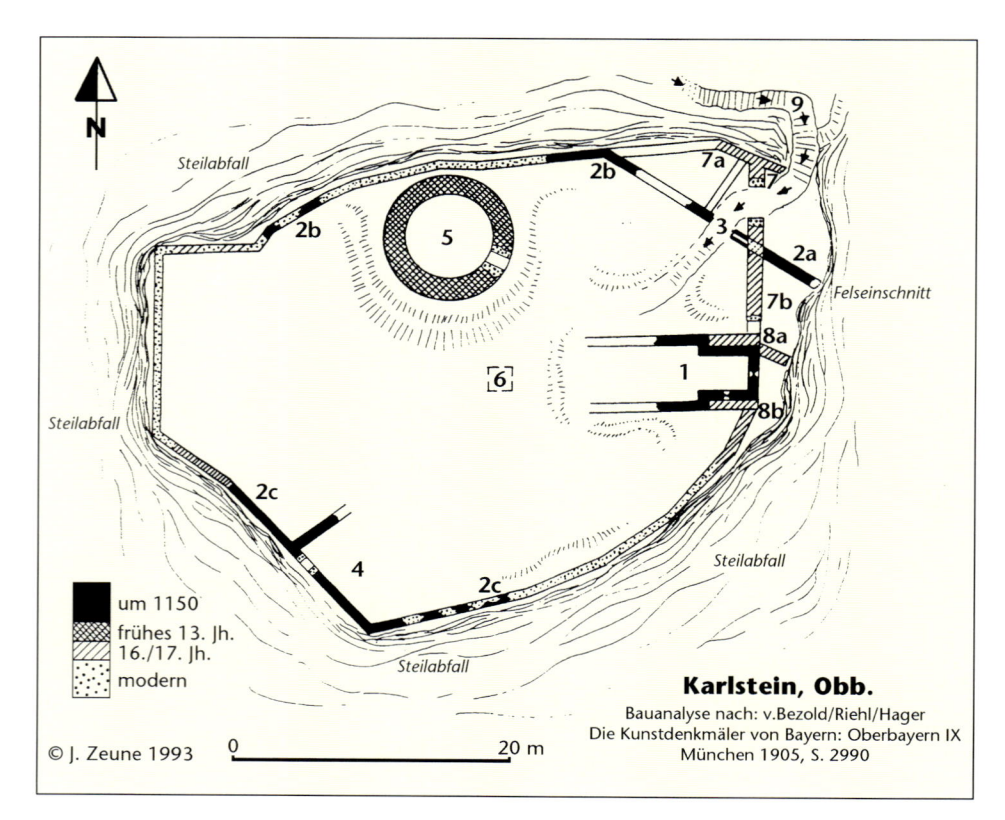

Grundriß mit Bauphasen. Schwarz: Bauphase I, um 1150; kreuzschraffiert: Bauphase II, um 1218; schrägschraffiert: Bauphase III, 16./17. Jahrhundert; gepunktet: modern. Nr.1: Burgkapelle; Nr. 2a-c: Ringmauer; Nr. 3: altes Burgtor; Nr. 4: Gebäuderest; Nr. 5: Bergfried; Nr. 6: Zisterne; Nr. 7a,b: jüngeres Nordosteck mit neuem Burgtor; Nr. 8a, b: Ummantelung Burgkapelle, neues Pfleghaus.

Karlstein, Obb.
Bauanalyse nach: v.Bezold/Riehl/Hager
Die Kunstdenkmäler von Bayern: Oberbayern IX
München 1905, S. 2990

Luftansicht von Süden. Auf dem linken Felsgipfel die Burgruine mit dem später hinzugebauten Bergfried; gleich rechts davon die ältere Burgkapelle. Auf dem rechten Felsgipfel, hart am rechten Bildrand, die barocke Kirche St. Pankratz. Deutlich wird die exponierte Lage der Burg auf einem steil abfallenden Felskegel.

unten:
Blick nach Osten in die Burgkapelle. Um 1150. Am linken Bildrand jüngeres Mauerwerk. Meterstab 100:100 cm.

Literatur:
G. Bezold, B. Riehl, G. Hager, Die Kunstdenkmäler von Bayern, Regierungsbezirk Oberbayern 9: Bezirksamt Lauffen, Bezirksamt Berchtesgaden (München 1905) 2990–2994.
G. Ferchl, Beiträge zur Geschichte des Schlosses Karlstein bei Reichenhall vom 16. Jahrhundert an. In: Oberbayerisches Archiv für vaterländische Geschichte, 47. Band (1891/92), 167–224.
H. Herrmann, Die topographische Geschichte der Stadt Reichenhall und ihrer Umgebung. In: Oberbayerisches Archiv für vaterländische Geschichte, 19. Band (1858/60), 91–166.
A. Sieghardt, Südostbayerische Burgen und Schlösser und die Salzburger Schlösser und Edelsitze (Berchtesgaden-Schellenberg 1952) 71–76.
H. Vogel, Geschichte von Bad Reichenhall. In: Oberbayerisches Archiv, 94. Band 1971.
M. Weithmann, Inventar der Burgen Oberbayerns (München 1994) (2. Aufl.) 203f.
J. Zeune, Salierzeitliche Burgen im Herzogtum Baiern. In: Jahresberichte der Stiftung Aventinum, Heft 8, 1993, 5–69, insb. 43–49.

schen Herzöge bald nach 1218, die trendgemäß die erworbene Burg mit einem eigenen Statussymbol versahen.
Die Wasserversorgung auf dieser Gipfelburg war sicherlich ein wichtiges Problem, das auch durch den Einbau von Tankzisternen (Nr. 6) nicht befriedigend gelöst werden konnte.
Die Kirche St. Pankratz wird 1427 erstmals erwähnt, wobei der heutige Kirchenbau auf einen barocken Neubau von 1689 zurückgeht. Von einer ehemaligen Burg – die angesichts der topographischen Gesamtsituation plausibel erscheint – finden sich keine aufgehenden Reste mehr. Die Holzbrücke zwischen beiden Felskegeln gehört dagegen ins Reich der Sagen und Legenden.   *J. Zeune*

Lauf
Eine neue Residenz für den Kaiser

Nur ca. 20 km nordöstlich vom Stadtzentrum Nürnberg liegt der expandierende Ort Lauf, dessen Häuser die auf einer flachen Pegnitzinsel stehende, unauffällige Burganlage fast verbergen. In den letzten Jahren unterzog man das sogenannte Wenzelschloß, das teilweise durch die Nürnberger Akademie der Bildenden Künste revitalisiert wird, einer umfassenden Restaurierung.

Lauf war zur Zeit der Staufer Reichsgut und wurde im 12. und 13. Jahrhundert von gleichnamigen Reichsministerialen gehalten. Vor 1275 kam die Burg an die Wittelsbacher, bei denen sie mit kurzer Unterbrechung bis 1353 blieb. In diesem Jahr erwarb Kaiser Karl IV. die Oberpfalz und ausgedehnte Gebiete an der Pegnitz, darunter Lauf, die er zu „Neuböhmen" zusammenfaßte. Ab 1356 ließ er an der Stelle der im Jahr 1301 zerstörten Vorgängerburg einen Burgneubau aufführen, der sich deutlich von seinen anderen, damals erbauten Burgen unterschied. Dies verwundert nicht, denn bauidentische Details an einem zeitgleichen Ausbau der Nürnberger Stadtbefestigung belegen, daß die Bauleute nicht – wie lange behauptet – aus Böhmen, sondern tatsächlich aus dem direkten Umland kamen. Karl IV. stattete sein neues Burgschloß innen mit überaus prachtvollen Gewölbedecken und Wandmalereien aus, während die Außenfassaden in überaus symbolträchtiger Manier mit Bossenquadern versehen wurden. Ein hoher Bergfried vervollständigte die hochmittelalterliche Symbolsprache, deren sich diese Burg ganz bewußt bediente. Ganz offensichtlich war die Laufer Burg als Zentrum eines größeren, aber dann nicht realisierten Territoriums geplant, zumal sie strategisch günstig an der alten Fernstraße von Böhmen nach Nürnberg lag.

1373 kam die offensichtlich noch nicht ganz vollendete Burg wieder an die Wittelsbacher zurück, und von diesen 1504 an die Reichsstadt Nürnberg, die hier 1525–1527, 1579, 1646, 1679 und 1736 baudatierte Umbauten durchführte. Obwohl intakt geblieben, beeinträchtigten all diese Baueingriffe und die jahrhundertelange Nutzung als Pflegamtssitz den originalen Baubestand der Burganlage merklich.

Die Burg, die sich Karl IV. hier in den Jahren zwischen 1356 und 1360 erbaute, mußte sich dem beengten Lageplatz auf der schmalen Pegnitzinsel anpassen und war daher klein und

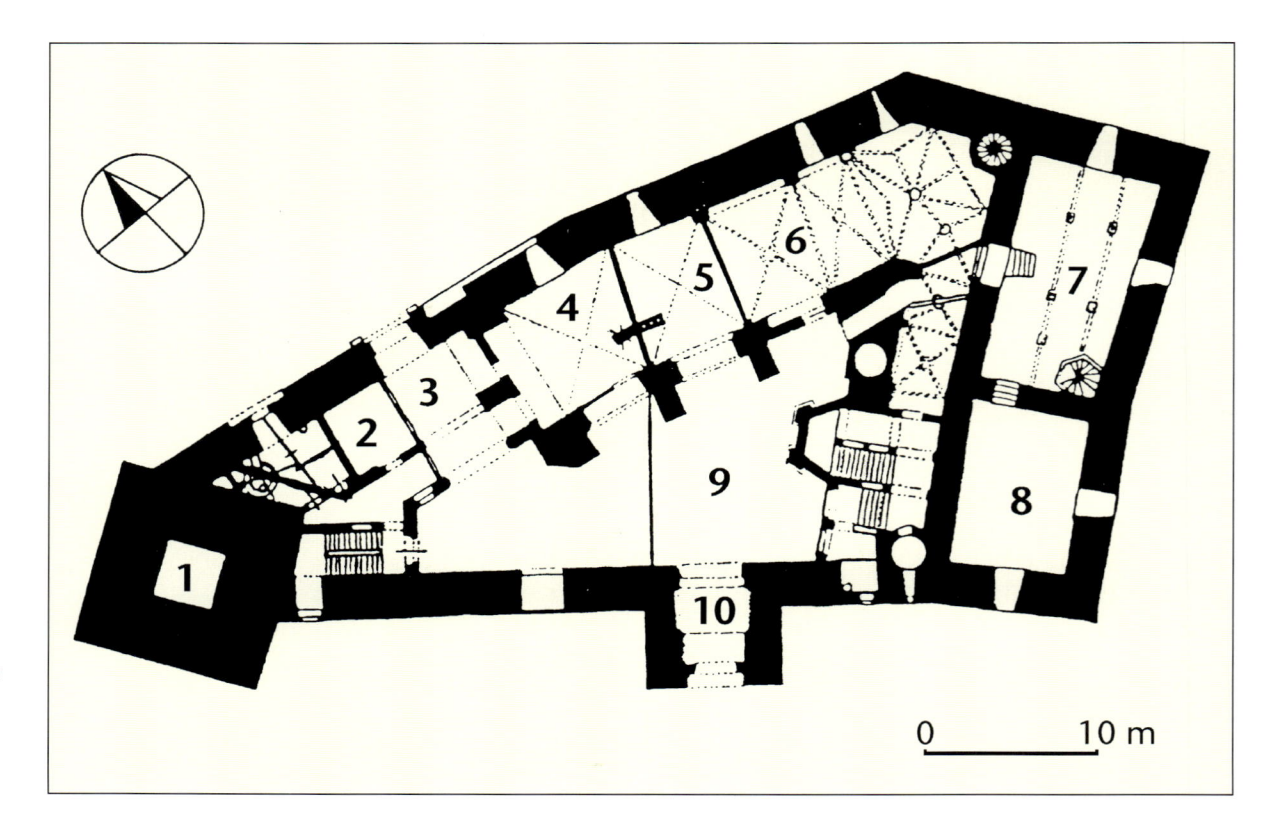

Grundriß des Erdgeschosses.
Nr. 1: Bergfried;
Nr. 2: Alte Registratur;
Nr. 3: Nordtor;
Nr. 4: Waschküche;
Nr. 5: Kohlenkammer;
Nr. 6: Kaiserstallung;
Nr. 7: Heizraum;
Nr. 8: Nebenraum, darüber im 1. Stock der Wappensaal;
Nr. 9: Innenhof;
Nr. 10: Torturm bzw. Nordturm.

Luftansicht von Osten. Deutlich erkennbar die kleine Pegnitzinsel. Am oberen Ende der Burganlage ist quergestellt der Bergfriedstumpf erkennbar, darunter das spitzkegelige Dach des Torturmes. Am unteren Ende der Burg stoßen winkelförmig die beiden Palasflügel aneinander.

kompakt. Ihre Grundform zeigt ein langgezogenes Dreieck mit einem übereck gestellten Bergfried am spitzen Westeck, dessen Kante sich der Stromrichtung zuwendet. Dieser Bergfried weist bei einer Seitenlänge von 10 m eine beachtliche Mauerdicke von 3,5 m auf, so daß seine Innenfläche relativ bescheiden ausfiel. Ganz in der Tradition staufischer Bergfriede besaß auch er einen Hocheingang. Zur Verteidigung der Insel konnte er allerdings wenig beitragen, da ihm Schießscharten und sonstige Verteidigungseinrichtungen fehlen.

An den Bergfried schloß nach Süden ein massiver Mauerzug an, von dem ein kleiner Torturm vorsprang. Die restlichen Seiten des engen Innenhofes wurden durch mehrere Gebäude gebildet, darunter der sich aus zwei Flügeln zusammensetzende Palas, der in seinem Erdgeschoß Wirtschaftsräume enthielt. Im Obergeschoß entfaltete sich dagegen eindrucksvolle Pracht, denn hier lagen die kaiserlichen Wohn- und Schlafräume.

Berühmt ist der sogenannte Wappensaal im Ostflügel, der dem Kaiser offenbar als Schlafgemach diente und der mit ursprünglich weit mehr als 116 eingehauenen und kolorierten Wappen verziert wurde. Diese Flut heraldischer Information fixiert den Entstehungszeitpunkt auf die Jahre um 1360.

J. Zeune

Literatur:
W. Kraft, W. Schwemmer, Kaiser Karls IV. Burg und Wappensaal zu Lauf. In: Schriftenreihe der Altnürnberger Landschaft, Band VII (1960), 1–111.
B. Schock-Werner, Residenz für ein neues Territorium. In: Nürnberger Zeitung Nr. 149 vom 12.07.1995.

Lichtenstein
Von der Esoterik heimgesucht

Nur 30 km nördlich von Bamberg und 5 km nördlich der ehemaligen Kreisstadt Ebern erhebt sich vom östlichen Hochrand des Weisachtales etwa 100 m über dem Talgrund die Lichtensteiner Doppelburg. Während die Südburg dank steter Bewohnung intakt blieb, wurde die ruinöse Nordburg 1994 bis 1998 durch den Landkreis Haßberge sorgsam saniert. Da zugleich an beiden Burgen interdisziplinär geforscht wurde, gehört das Burgenensemble Lichtenstein heute zu den besterforschten Burganlagen Deutschlands, eingebettet in den 1996 durch den Landkreis hier eingerichteten „Burgenkundlichen Lehrpfad".

Um 1215 erfahren wir von einem Ortsadel auf Lichtenstein, der zumindest ab 1244 in Diensten des Würzburger Bischofs stand. Da sich aber 500 m südlich der Burg ein hochmittelalterlicher Burgstall namens „Teufelsstein" (auch „Höllenfels" genannt) befindet, ist davon auszugehen, daß dieses Adelsgeschlecht schon im 11./12. Jahrhundert hier ansässig war, vermutlich noch unter einem anderen Namen. 1232 werden dann Burg und Burgkapelle von Lichtenstein erstmals ausdrücklich erwähnt.

Die Bausubstanz der Nordburg reicht in die Jahre kurz nach 1200 zurück, als man drei große Rhätsandsteinblöcke dazu nutzte, zwischen und auf sie eine kleine, aber fein gearbeitete Burganlage zu stellen. Ein Halsgraben trennte die Kernburg von der fruchtbaren Hochebene und der direkt vorgelagerten Vorburg. Die Burg umfaßte einen frontseitigen, schlanken Bergfried, eine mehreckig gebrochene Ringmauer, ein Nebengebäude und auf dem talseitigen Fels einen Gebäudekomplex aus Kapelle und Palas. Das alte Burgtor wurde 1994 archäologisch entdeckt und befand sich an der westlichen Rückseite der Burg (hierzu siehe auch S. 121).

Markante Veränderungen brachte das Jahr 1345 mit sich, als Apel von Lichtenstein seine Stammburg gegen das nahe Dorf Unfinden vertauschte. Durch gezielte Belehnung seitens des Würzburger Bischofs sowie durch Kauf und Einheiratung hielten daraufhin mehrere lokale Adelsfamilien wie die Herren von Rotenhan, Heßberg, Schaumberg oder Raueneck Besitzanteile an der Burg und bauten diese zu einer mindestens sechsteiligen Ganerbenburg aus.

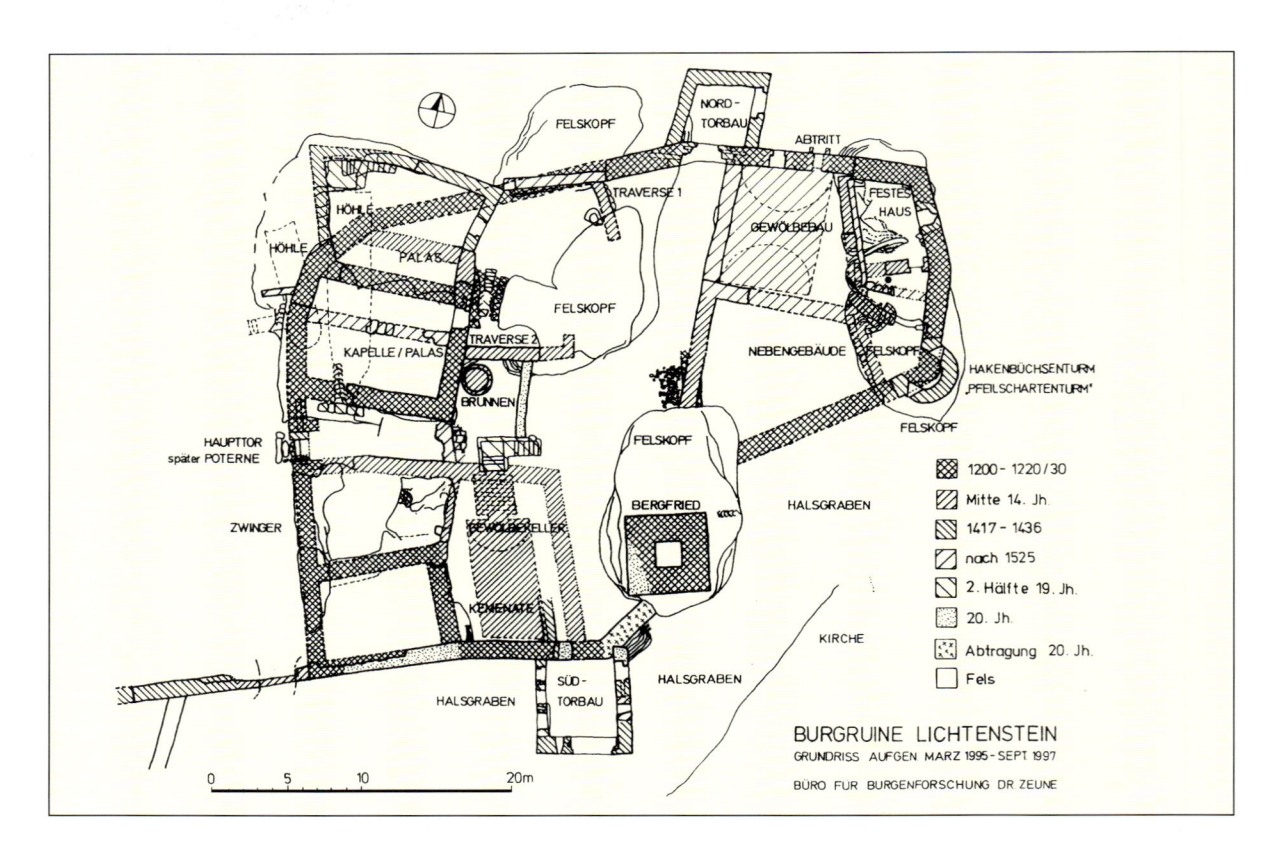

Grundriß mit Bauphasen.

Luftansicht von Osten. Gut erkennbar die seit der Mitte des 14. Jahrhunderts vorgegebene Dreiteiligkeit in Südburg, Kirche und Nordburg. Links der quergestellten Barockkirche die intakte Südburg mit ihren drei Wohntürmen (vorne, mitte, ganz hinten) und der vorgeschalteten Vorburg (ganz links). Rechts der Barockkirche die ruinöse Nordburg mit dem Bergfried (neben der Kirche), dem Hakenbüchsenturm (vorne) und dem Palas (hinten); dazwischen der nördliche Torbau.

Allein in der beengten Nordburg entstanden durch Ausbau bestehender Gebäude drei eigene Kleinburgen. Neu angelegt wurde damals anstelle der Vorburg die gleichfalls dreiteilige Südburg, deren Kernbauten aus drei Wohntürmen, sogenannten Kemenaten, bestanden. Am Platz der barocken Kirche erhob sich die allen Ganerben gemeinsam zugängliche, neue Burgkirche. Damit war Lichtenstein zu einer sehr großen Ganerbenburg geworden, wenn auch von gänzlich anderer Gestalt als die nahe Salzburg (siehe S. 180).

Die nächste große Bauphase fiel in die Jahre zwischen 1417 und 1436, als der Würzburger Bischof angesichts der Hussiteneinfälle auch die Burg Lichtenstein stärker befestigen ließ. Diese Baumaßnahmen sind durch die Kombination der Rechnungen mit der Bauanalyse exakt festzumachen: Zuerst wurden 1417 zwei neue Tore nach Norden und Süden angelegt, dann der baufällige Palas erneuert; im Jahr 1430 wurde der dorfseitige Zugang durch einen Hakenbüchsenturm bewehrt, den die traditionelle Burgenforschung fälschlicherweise für einen „spätromanischen Pfeilschartenturm" hielt; 1432 schließlich wurden die Toranlagen der Südburg ausgebaut.

Nach größeren Beschädigungen im Bauernkrieg 1525 und Zweiten Markgrafenkrieg 1552 wurde die Nordburg nur noch notdürftig instandgesetzt. Im Jahre 1565 hatten die Lichtensteiner alle Fremdanteile zurückgekauft und waren wieder Alleinbesitzer der Burg. Sie bauten nun die Südburg zu einem wohnlichen Domizil aus. Mitte des 19. Jahrhunderts kam die gräfliche Linie der Rotenhan in Besitz der gesamten Burganlage und gestaltete diese romantisierend um. Diese zeittypische Mystifizierung wurde in jüngster Vergangenheit von irregeführten Esoterikern als „keltisch" und „kultisch" fehlgedeutet.

1972 kam die Nordburg an den Landkreis Haßberge, der sie mustergültig sanierte, erforschte und erschloß. 15 Schautafeln helfen dem Besucher, die Baugeschichte und das Leben auf dieser Burg nachzuvollziehen.

J. Zeune

Literatur:
B. Ebhardt, Lichtenstein. In: B. Ebhardt, Deutsche Burgen, Lieferung 4 (Berlin 1901) 167–177.
J. Zeune, Burgruine Lichtenstein (Schnell & Steiner Kunstführer Nr. 2349) (Regensburg 1998).
J. Zeune, Symbole von Macht und Vergänglichkeit. Burgenkundlicher Lehrpfad Haßberge. (Hofheim 1996) 6–9.
J. Zeune, Lichtenstein – die vergrabene Burg. In: Das archäologische Jahr in Bayern 1994, 173–176.
J. Zeune, Esoterikvandalismus. In: Schönere Heimat 1995, Heft 1, 3–10.
J. Zeune, Vom esoterischen Mißbrauch der Burgen. In: Burgen und Schlösser 1996/II, 86–94.

Neideck
Wo die Blidenkugel Konrad v. Schlüsselberg 1347 erschlug

In einem bayerischen Burgenbuch darf die mit 172 Wehranlagen einst extrem burgenreiche Fränkische Schweiz nicht fehlen. Ihre eindrucksvollste Burg und zugleich ihr Wahrzeichen ist die Neideck, deren Wohnturm malerisch und gebieterisch von einem Steilfels hoch am Talrand der Wiesent, gegenüber der Burgruine Streitberg, nur wenige Kilometer nordöstlich von Ebermannstadt aufragt.

Leider fehlen auch auf der Neideck moderne, burgenkundliche Untersuchungen, so daß ihre Baugeschichte nur ansatzweise geklärt ist.

Der Burgname läßt sich vielleicht von dem Lageplatz auf einem „niederen Eck" ableiten, denn der Bergrücken trägt weiter oben eine zweite, mittelalterliche Burganlage.

Die Nennung eines *Heinrich de Nidecke* im Jahr 1219 scheint die Gründung der Burg um 1200 anzuzeigen, wohingegen eine Burg erstmals 1312 als Besitz der Edelfreien von Schlüsselberg direkt erscheint. Diesem Geschlecht gelang es, sich ein weitläufiges Territorium zu schaffen, dessen administratives Zentrum die Burg Neideck darstellte. Konrad II., Berater und Vertrauter des Kaisers Ludwig IV., führte die Schlüsselberger zwischen 1312 und 1347 zu solcher Macht, daß sich schließlich die Bischöfe von Bamberg und Würzburg mit den Burggrafen von Nürnberg zusammentaten, um die Burg 1347 zu belagern. Am 14. September erlag Konrad II. den Verletzungen, die ihm eine Blidenkugel – ein Wurfgeschoß – der Belagerer zugefügt hatte. Sein Tod leitete den Niedergang der Schlüsselberger ein, deren Besitzungen zwischen den verschiedenen Parteien aufgeteilt wurden. Neideck wurde bischöflich bambergischer Amtssitz.

Die Burg überstand zwar den Bauernkrieg, nicht aber 1553 den Zweiten Markgrafenkrieg. Fortan als Steinbruch genutzt, beschleunigte 1737 bis 1743 der Abbau des Burgfelsens zur Marmorgewinnung den Verfall der Ruine, der erst in den letzten Jahren durch – leider nicht immer glückliche – Sanierungsmaßnahmen gebremst wurde.

Die ausgedehnten Reste der Burg bestehen aus drei in sich geschlossenen Wehrabschnitten: einer gedoppelten Vorburg und der Hauptburg. Mehrere Tore sind schon 1348 bezeugt, so daß die Burg vermutlich schon damals ihre heutige Größe besaß. Der äußerste Verteidigungsring bestand aus einem breiten Halsgraben und einer langen, wohl um 1300 errichteten Schildmauer. Dahinter erstreckte sich die innere Vorburg, die zu Beginn des 16. Jahrhunderts an beiden Enden durch Artillerierondelle weiter befestigt wurde. Für den östlichen Rundturm käme den Schießscharten und den Archivalien zufolge ein Baudatum von 1506/07, für den westlichen eines vor 1531/32 in Betracht. Von den sehr vielen urkundlich überlieferten Wirtschaftsbauten, darunter Fischhaus, Backhaus und Badestube, und Wohnbauten, erwähnt werden vier Kemenaten, verbleiben nur überwachsene Fundamente.

Auf einem nordöstlich weit ins Tal vorspringenden Felssporn erhob sich die kleine Hauptburg, deren Kernbau – ein dreigeschossig aufragender Wohnturm – noch heute die Burg dominiert.

In Annäherung an den historischen Zustand überquert heute eine moderne Holzbrücke den tiefen Halsgraben, der wohl um 1480 durch Traversen, Torbau und Zwinger befestigt wurde. Die Kernburg enthält neben dem markanten Wohnturm einen tonnengewölbten Keller und einen Brunnen. Der stark ruinöse Wohnturm erfuhr im Laufe der Jahrhunderte derart viele Umbauten und Reparaturen, daß nur wenig originales Mauerwerk verbleibt. Unsensible moderne Sanierungseingriffe haben den Baubestand weiter verfälscht. Doch nicht nur deswegen fällt eine Zuordnung seiner ältesten Substanz in die Jahre um 1200 ausgesprochen schwer: Das aufgehende Mauerwerk gehört zum Großteil in die 1. Hälfte des 14. Jahrhunderts, mit Ausbesserungen nach den Beschädigungen von 1347 und 1553. Von der ehemaligen Bewohnbarkeit zeugen noch ein Abtritterker und ein Kragkamin.

Wie die Burg im frühen 13. Jahrhundert aussah, wie weit damals ihre Vorburg reichte – all dies könnte lediglich eine kompetente, interdisziplinär angelegte Burgenforschung klären.

J. Zeune

Luftaufnahme von Süden. Im Vordergrund die äußere Vorburg mit Halsgraben und der um 1300 errichteten Schildmauer. In der Bildmitte der zweite Halsgraben mit den beiden Artillerierondellen der inneren Vorburg. Ganz oben rechts die kleine Kernburg mit dem dritten Halsgraben, den Traversen und dem trapezoiden Wohnturm auf dem äußersten Ende des Felssporns.

Literatur:
T. Eckert, S. Fischer u. a., Die Burgen der Fränkischen Schweiz (Forchheim 1990) 100ff.
H. Kunstmann, Die Burgen der westlichen und nördlichen Fränkischen Schweiz, 1. Teil: Der Südwesten, Unteres Wiesenttal und Trubachtal (Neustadt/Aisch 1990) 37–58.
G. Voit, W. Rüfer, Eine Burgenreise durch die Fränkische Schweiz (Erlangen 1984) 120ff.
J. Zeune, Burgruine Neideck. In: Führer zu archäologischen Denkmälern in Deutschland 20: Fränkische Schweiz (Stuttgart 1990) 243f.

Neuschwanstein
Die Burg „im echten Styl" deutscher Burgen

Manch einer mag sich wundern, was Schloß Neuschwanstein – dies steinerne Manifest zwischen Kunst und Kitsch – in diesem Buch zu suchen hat. Und nicht wenige glauben, über diese Pilgerstätte des Megatourismus sei weißgott schon genug geschrieben worden. Doch Neuschwanstein verbirgt noch immer unbekannte Aspekte, die eine Aufnahme in dieses Burgenbuch durchaus rechtfertigen.

Kaum ein anderes Burgenbauwerk des Historismus verdeutlicht besser als Neuschwanstein, wie weit sich das 19. Jahrhundert von der mittelalterlichen Wirklichkeit entfernt hatte. Sowohl Funktion als auch Aussehen der Burg hatten seit dem 18. Jahrhundert eine extreme Verklärung durchlaufen, die Burg war neu definiert worden als ein reines Kriegsobjekt in einem barbarisch-finsteren, kämpferischen Mittelalter, dessen blutgetränkter Boden zugleich den idealen Nährboden abgab für Heldentum, Rittersagen und Burgenromantik. Für all dies war der junge Prinz Ludwig von Bayern höchst empfänglich. Von seiner elterlichen Burg Hohenschwangau blickte er tagträumend oft dort hinauf, wo sich heute Schloß Neuschwanstein erhebt. Was seinen Blick dort oben so magisch anzog, war die mächtige, graue Burgruine Vorder- und Hinterhohenschwangau.

Diese erhob sich von einem zweigeteilten Felsen etwa 200 m über dem Tal, weithin sichtbar das gesamte Umland dominierend, und war sicherlich eine der ältesten und größten Burganlagen des mittelalterlichen Bayerns. Schon 1090/97 wird ein *castrum Swangowe* als im Besitz von Herzog Welf d. Ä. urkundlich erwähnt. Damit ist auch zu vermuten, daß jene welfische „feste und wehrhafte Burg" – *castellum firmissimum et munitissimum* –, auf die sich der Augsburger Bischof Wigolt 1077 zurückzog, in keinem Fall der Falkenstein war (siehe S. 146), sondern die Burg Schwangau.

Glücklicherweise existieren einige Ansichten und auch eine Grundrißskizze der Burg, die uns zeigen, wie diese Burganlage vor ihrem Abriß aussah. Auf ihnen erkennen wir eine zweigeteilte Burgruine, die in dieser Form kurz vor 1397 entstand, als erstmals zwei Burgen Vorder- und Hinterhohenschwangau beurkundet werden. Damals baute man offenbar die auf dem Platz der Burg Vorderhohenschwangau gelegene Vorburg zu einer eigenen Burganlage aus. Während mehrere Gebäude die Erscheinungsform dieser Burg bestimmen, wird Hinterhohenschwangau als freistehendes, großes Turmhaus wiedergegeben, 1523 sogar als *viereggeter Thurn* beschrieben. Dieses wuchtige Turmhaus dürfte den Gründungsbau der Burg des 11. Jahrhunderts darstellen, denn aus jüngsten Forschungen zu Burgen dieser Zeitstellung wissen wir, daß eben solche Türme eine Leitform des damaligen Hochadels waren. Der Wohnturm der Burg Schwangau wird sicherlich dem der Burg Abenberg (siehe S. 130) vergleichbar gewesen sein.

1191 ging diese Burg an die Staufer. Von hier brach der letzte Stauferkönig Konrad V. 1267 zu

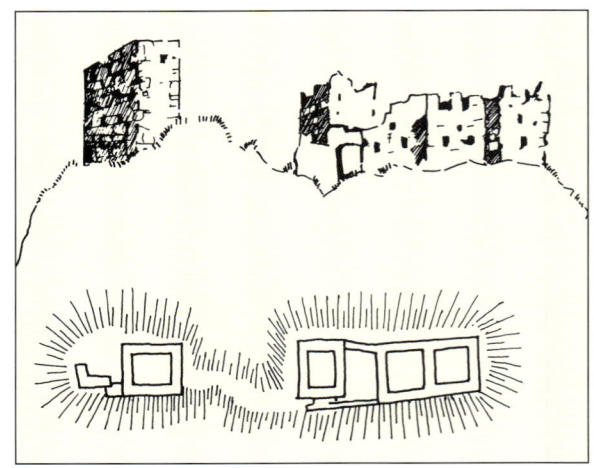

rechts unten:
Ansicht und Grundriß der Burgen Hinterhohenschwangau (links) und Vorderhohenschwangau (rechts) kurz vor 1830.

unten:
Ansicht der Burgruinen Vorderhohenschwangau (vorne) und Hinterhohenschwangau (hinten) nach 1831. Stich Karl August Lebschée nach Vorzeichnung von Domenico Quaglio.

seinem fatalen Kriegszug nach Italien auf, wo er 1268 in Neapel enthauptet wurde. Berühmtheit erlangte der Minnesänger Hiltpolt von Schwangau, der hier wohl in der 1. Hälfte des 13. Jahrhunderts lebte, dichtete und sang. 1535 erwarb der Augsburger Patrizier Johann Baumgartner die Burgen Schwangau und Schwanstein – heute Schloß Hohenschwangau –, baute aber nur letztere aus. Die Burgen Vorder- und Hinterhohenschwangau verfielen und wurden schon 1611 als ruinös beschrieben.

Ludwig, inzwischen erwachsen und König Ludwig II. von Bayern, faßte nun den Plan, diese Burgruine zu „restaurieren". Es entstand ab 1868 sein Märchenschloß – eine theatralische Kulissenburg aus neoromanischen, neogotischen, maurisch-byzantinischen Versatzelementen. Von der „restaurierten" Burgruine blieb allerdings kein einziger Stein mehr stehen, denn sie wurde 1868 weggesprengt, um eine Bauplattform für den Schloßneubau zu schaffen. König Ludwig II. rechtfertigte diesen Vorgang bezeichnenderweise im Mai 1868 mit den Worten, daß er nun eine Burg „im echten Styl der alten deutschen Ritterburgen" erbaue: Was er tatsächlich an „echter" und „alter" Bausubstanz dort oben vorfand, erschien ihm mit den gedrungenen, kahlen, massigen Mauern nicht echt genug, es entsprach in keinster Weise dem damaligen Bild der mittelalterlichen Burg. Wie man sich damals eine echte, mittelalterliche Burg vorstellte, das kann man noch heute im Maßstab 1:1 am Schloß Neuschwanstein bewundern.

Kitsch oder Kunst – das ist hier unwichtig. Neuschwanstein ist ein geniales Lehrbeispiel für die realitätsferne Burgenrezeption und Burgenforschung des 19. Jahrhunderts, die unser Bild der mittelalterlichen Burg so nachhaltig geprägt und verfälscht hat.

J. Zeune

Blick von Süden auf die Stelle, an der bis ins 19. Jahrhundert eine Burgruine zu sehen war.

Literatur:
G. Baumgartner, J. Desing u. a., Schloß Neuschwanstein (Braunschweig 1979).
A. Miller, Die Sammlung malerischer Burgen der bayerischen Vorzeit von Domenico Quaglio und Karl August Lebschée (München 1987).
M. Petzet, W. Neumeister, Ludwig II. und seine Schlösser (München 1995) (4. Aufl.).
J. Zeune, Schloß Neuschwanstein. In: J. Zeune, Burgenführer Ostallgäu und Außerfern/Tirol (Marktoberdorf 1998) 12f.
J. Zeune, Salierzeitliche Burgen in Bayern. In: H.W. Böhme (Hrsg.), Burgen der Salierzeit, Band 2 (Sigmaringen 1991) 177–233.

Nürnberg
Zankapfel zwischen Burggrafen, Reichsstadt und Kaiser

Nur wenige Burgen haben eine solche Aufmerksamkeit erfahren wie die berühmte Burg zu Nürnberg, die weltweit als Inbegriff einer echten, mittelalterlichen Burg gilt, ungeachtet dessen, daß sie teilweise einen Wiederaufbau nach der schlimmen Zerbombung im Jahr 1945 darstellt.

Viele namhafte Personen aus der Kunstgeschichte, Bauforschung und Archäologie haben vor allem seit 1942 an der Nürnberger Burg geforscht (siehe Literaturliste unten), mit dem Resultat, daß deren Baugeschichte weitgehend umgeschrieben werden muß. Zuvor aber müssen all diese diversen Erkenntnisse wie Stückchen eines Puzzlespieles mühsam Teilchen für Teilchen zusammengesetzt werden. Dies geschieht momentan im Rahmen einer noch nicht abgeschlossenen Dissertation am Lehrstuhl für Archäologie des Mittelalters und der Neuzeit an der Universität Bamberg (B. Friedel). Die Nürnberger Burg blickt auf eine sehr lange und höchst komplizierte, zum Teil nur noch archäologisch abklärbare Baugeschichte zurück. Vor allem die Grabungen von 1963/64 und 1990/91 im Palas (Grundriß Nr. 3, schwarze Einträge) legten Mauerzüge frei, die auf das 2. Drittel des 11. Jahrhunderts zurückgehen und bestätigen, daß der Burgberg schon unter Kaiser Heinrich III. um 1050, als ein Reichstag am 16. Juli in *Nuorenberg* stattfand, eine steinerne Burganlage trug. Diese Burg spielte in den nachfolgenden Jahrhunderten als Reichsburg eine wichtige Rolle, wobei vor allem Kaiser Ludwig der Bayer (1328–47) und Kaiser Karl IV. (1355–78) sehr häufig auf der Kaiserburg residierten. Die neuen Forschungserkenntnisse haben jene Behauptung revidieren können, wonach sich die Königsburg anfänglich auf die östliche Hälfte des Burgareals beschränkt hätte, sich dann auf die westliche Hälfte verlagerte, als die Burggrafen die östliche Burganlage übernommen hätten. Diese Theorie beruhte im wesentlichen darauf, daß der sogenannte Fünfeckturm der Ostburg (Nr. 22) aus dem 11. Jahrhundert stammen sollte; tatsächlich aber entstand er erst kurz vor 1200 unter den Hohenzollern. Mittlerweile steht fest, daß die salische Burganlage schon von Anfang an die gesamte Gipfelfläche umfaßte.

Heftig diskutiert wurde seit langem, wie die staufischen Palas (Nr. 3), Doppelkapelle (Nr. 7) und Heidenturm (Nr. 8) datiert werden sollen. Vor allem die großartige Doppelkapelle mit ihrem reichen Bauschmuck war Gegenstand heftiger Kontroversen zwischen Frühdatierern, die sie Friedrich I., und Spätdatierern, die sie Friedrich II. zuschreiben wollten. Neue stilgeschichtliche Vergleiche sprechen für ein Entstehungsdatum um 1180, zumal Friedrich I. 1183 eine Gesandtschaft aus Alessandria in *palacio Nurenberc* empfing, die neuen archäologischen Befunde und Funde dagegen eher für das frühe 13. Jahrhundert.

Erst als die Hohenzollern 1192 die östliche Berghälfte als Burggrafen erhielten, kam es zur heute sichtbaren Zweiteilung des Gipfelplateaus. Die Hohenzollern errichteten kurz darauf den Fünfeckturm als Gegenstück zum etwas älteren kaiserlichen Heidenturm (Nr. 8). Der heute markante Rundturm, genannt „Sinwellturm" (Nr. 13), entstammt entgegen aller Behauptungen nicht dem 12., sondern erst dem frühen 14. Jahrhundert.

Die machthungrigen Burggrafen von Hohenzollern gerieten rasch in Konflikt mit der gleichfalls expandierenden und florierenden Reichsstadt, die 1388/89 schließlich gewaltsam die Burggrafenburg besetzte. Im Jahr 1427 verkauften die Burggrafen, die ihre Machtinteressen schließlich verlagert hatten, ihre Burghälfte an die Stadt, die auch die Burghut über die Kaiserburg innehatte. Angesichts der Hussitenbedrohung wurde die Burg in das städtische Befestigungssystem integriert und wehrtechnisch verstärkt. 1440–42 gestaltete man die

Grundriß. Nr.1-16: Kaiserburg; Nr. 21-25: Burggrafenburg.

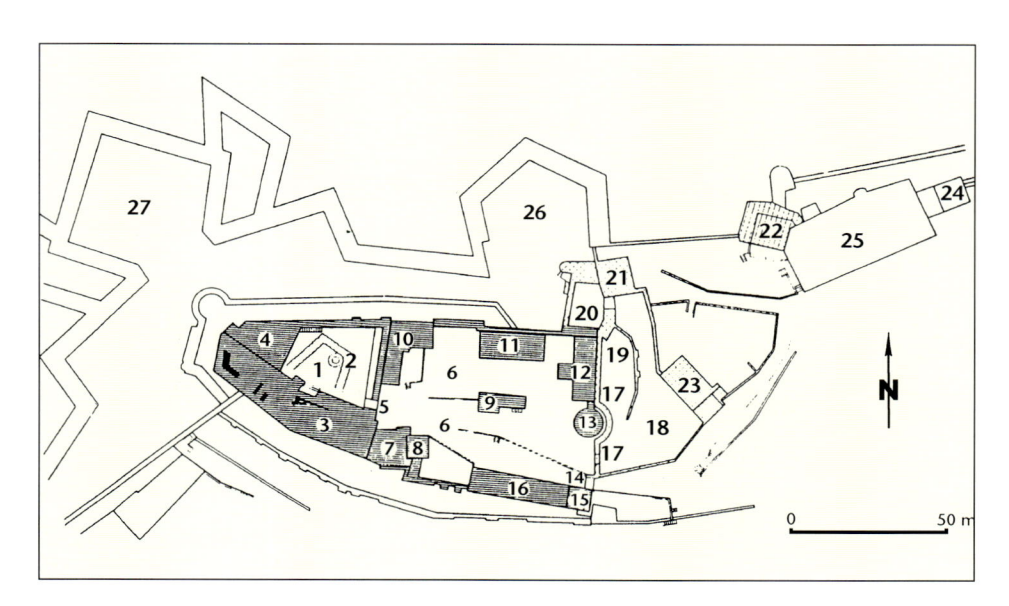

Luftansicht von Osten. Im Vordergrund die Burggrafenburg mit dem Luginsland (vorne, Nr. 24), dem gewaltigen Dach der Kaiserstallung (erbaut 1494/95, Nr. 25) und dem Fünfeckturm (Nr. 22) darüber. In der oberen Bildhälfte die Kaiserburg mit dem runden Sinwellturm in der Bildmitte (Nr. 13); links darüber der Heidenturm (Nr. 8) mit Palas (Nr. 3) und sog. Kemenate (hinten, Nr. 4). Rechts oben das bastionäre Festungssystem von 1538-45.

Kaiserburg spätgotisch um. Schließlich erfolgte 1538–45 eine Modernisierung aller Befestigungsanlagen in italienischer Manier nach Plänen des Festungsbaumeisters Antoni Fazuni Malthese. Für die deutschen Kaiser hatte Nürnberg schon damals an Bedeutung verloren. Erwähnenswert sind noch die neugotischen Umgestaltungen durch Kurt Heideloff 1834/35 und die für den Architekt Rudolf Esterer typische Monumentalisierung im Jahre 1934. Zahlreiche historische Ansichten der Burg aus dem 15. und 16. Jahrhundert (Michael Wolgemut, Albrecht Dürer) helfen allerdings, einen realitätsnahen Eindruck der mittelalterlichen Burg zu gewinnen.

J. Zeune

Literatur:
F. Arens, Die staufische Burg zu Nürnberg. In: Jahrbuch für Fränkische Landesforschung, Band 46, 1986, 1–25.
E. Bachmann, Kaiserburg Nürnberg (München 1990).
G. P. Fehring, Zur älteren Geschichte von Burg und Pfalz zu Nürnberg. In: Burgen und Schlösser 1972/I, 10–17.
G. P. Fehring, G. Stachel, Grabungsfunde des hohen und späten Mittelalters auf der Burg zu Nürnberg. In: Jahrbuch für Fränkische Landesforschung, Band 28, 1968, 53–83.
B. Friedel, Die Rundkapelle in der Burg zu Nürnberg. In: H. Hofrichter (Hrsg.), Burg- und Schloßkapellen (= Veröffentlichungen der Deutschen Burgenvereinigung, Reihe B, Band 3). (Marksburg u. Stuttgart 1995) 66–70.
W. Haas, Zum Fünfeckturm der Nürnberger Burg. In: Mitteilungen des Vereins für Geschichte der Stadt Nürnberg, 79. Band, 1992, 61–88.
J. Zeune, Salierzeitliche Burgen in Bayern. In: H.W. Böhme (Hrsg.), Burgen der Salierzeit, Band 2 (Sigmaringen 1991) 190f.

Kirchenburg von Ostheim v. d. Rhön
Gottesburg gegen Hussiten und Türken

In jedem anspruchsvollen Buch über Burgen sollte ein Typ von Burg nicht fehlen, den man gerne übersieht oder fälschlicherweise als minderwertig erachtet: die Kirchenburg.
Terminologisch unterscheidet man zwischen „Wehrkirche" – dem befestigten Gotteshaus – und „Kirchenburg" – der befestigten Gesamtanlage, die nur aus einem wehrhaften Kirchhof besteht, aber auch durch den befestigten Kirchenbau ergänzt werden kann.
Herausragende Beispiele von Kirchenburgen und Wehrkirchen finden sich in Siebenbürgen, im südöstlichen Österreich (Steiermark, Kärnten, Niederösterreich) und im südöstlichen Deutschland, wo man vor allem in Franken, Thüringen und in der Oberpfalz auf zahlreiche verteidigungsfähige Kirchenanlagen stößt. Diese geographische Konzentrierung auf die südöstlichen Bereiche des deutschsprachigen Europas hat sich natürlich alles andere als zufällig ergeben und liefert uns letztlich sogar die Erklärung für das Architekturphänomen „Kirchenburg".
Daß hochgestellte geistige Würdenträger – Bischöfe und Fürstbischöfe – während des gesamten Mittelalters auch weltliche Herren und Machtträger waren, ist bekannt. Nicht nur während der Kreuzzüge, sondern auch innerhalb Deutschlands betrieben sie das ganze Mittelalter hindurch Machtpolitik, erwarben sie Territorien, legten sie sich mit ihren weltlichen Herren und Nachbarn an, führten sie Kriegszüge, bauten sie Burgen. Bischöfe, wie Otto I., der Heilige von Bamberg im frühen 12. Jahrhundert oder Balduin von Trier gegen Mitte des 14. Jahrhunderts, betrieben regelrechte Burgenbauprogramme, sicherten in einer Art „Territorialschach" neu gewonnene Felder optisch, symbolisch, rechtlich und militärisch durch Burgen. Schließlich war es ja auch der Adel, der die hohen geistlichen Würdenträger stellte. Der vermeintliche Widerspruch, den wir heute sehen zwischen einem friedliebenden und einem schwertschwingenden Gottesfürsten existierte früher folglich de facto ebenso wenig, wie jener zwischen einem befriedeten und einem schießschartenbewehrten Gotteshaus. Dies ist wichtig, um den Bautyp „Kirchenburg" richtig begreifen zu können. Der entscheidende Unterschied zwischen einer bischöflichen Burg und einer Kirchenburg besteht darin, daß letztere keinerlei Residenz- oder Verwaltungsfunktion besaß, sondern nur dem zeitweiligen Schutz der Dorf- oder Landbevölkerung und der Kirchenausstattung diente.
Kompetente Literatur zu Kirchenburgen und Wehrkirchen ist in Ermangelung kompetenter Autoren rar. Die publizierte Literatur enthält unzählige falsch interpretierte oder falsch datierte Anlagen. Da wird jeder Kirchturm mit dicken Mauern und schmalen Schlitzfenstern flugs zum Wehrturm, obwohl die in der Turmkrone aufgehängten, stark schwingenden Glokken eine besondere Massivität des Turmbaues bedingen. Da wird jeder Lichtschlitz zur Schießscharte, egal wie nun seine Innenöffnung aussieht, da wird munter in das 12., 13. oder 14. Jahrhundert datiert.
Dabei ist der Großteil aller Kirchenburgen erst im 15. oder 16. Jahrhundert entstanden als logische Reaktion auf überregionale Bedrohungen und lokale Unruhen. Den ersten großen Bauimpuls lieferten die Hussiteneinfälle des frühen 15. Jahrhunderts, den zweiten – noch wichtigeren – die im späten 15. Jahrhundert immer greifbarer werdende Türkenangst. 1453 gelang es Sultan Mohammed II., die bis dahin für uneinnehmbar gehaltene Stadt Konstantinopel – das heutige Istanbul – mit Hilfe schwerer Artillerie zu erobern. Das osmanische Riesenreich begann nun, sich das provozierend und lockend vor der neuen Haustür gelegene Abendland zu unterwerfen. Im Jahr 1480 tauchte eine mächtige Flotte vor Rhodos, der

Senkechtansicht der Kirchenburg. Deutlich zu erkennen die beiden konzentrisch angelegten Mauerringe: außen die turmbewehrte Zwingermauer aus der Zeit um 1580, innen die kastellförmige Ringmauer des frühen 15. Jahrhunderts mit ihren beiden Viereckstürmen (oben) und den beiden Rundtürmen (unten). Das Südosteck (unten links) wurde nachträglich erneuert. Ursprünglich besaß die Zwingermauer auch hier einen runden Eckturm.

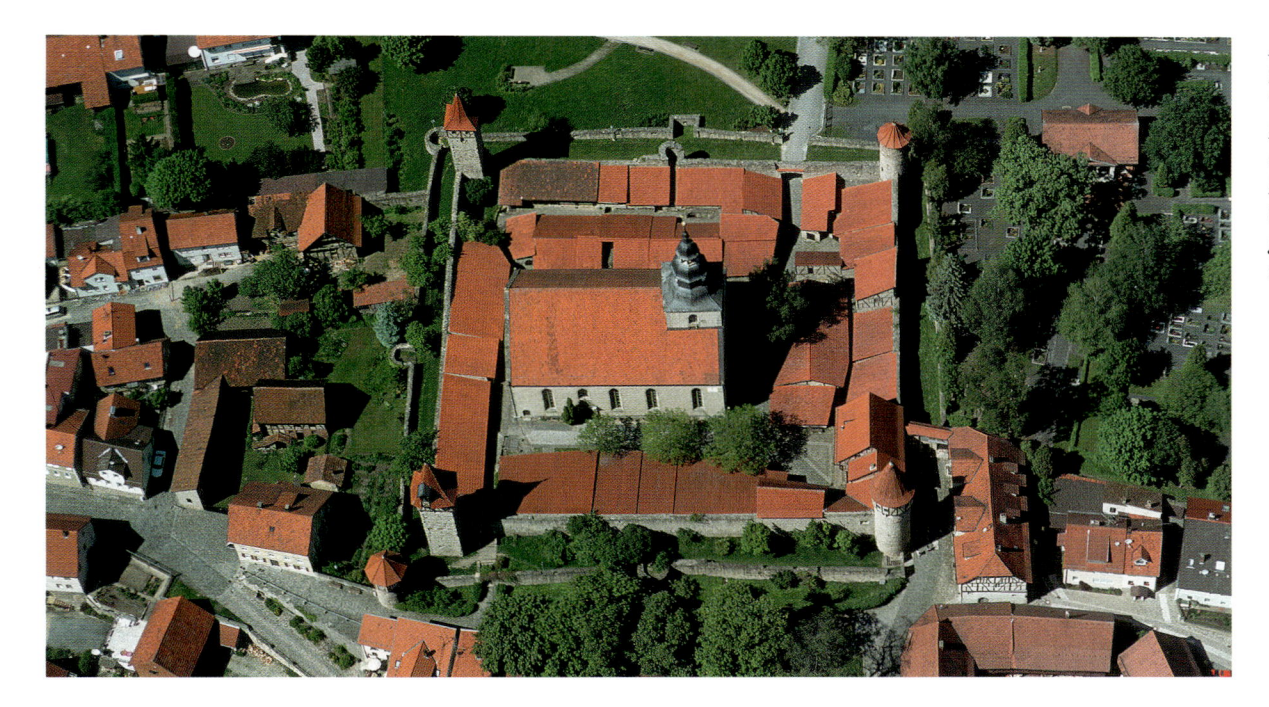

Ansicht der Kirchenburg von Süden. Unten rechts die jüngere Toranlage, im Zentrum die Kirche St. Michael. Schön sind auf dieser Aufnahme die ältere Kernburg des frühen 15. Jahrhunderts und davor die Zwingerbefestigung von etwa 1580 zu sehen.

letzten christlichen Außenbastion, auf, um den Wasserweg nach Europa freizuräumen. Dies wäre auch gelungen, hätte nicht ein Gotteswunder im Form eines fürchterlichen Sturms die Flotte versprengt. Im Jahr 1522 blieb der göttliche Beistand jedoch aus, und Rhodos fiel. Nun marschierten die Türken auf dem Landweg in Südosteuropa ein, gelangten bis vor Wien, das sie im Jahr 1529 allerdings vergeblich belagerten. Den maritimen Nachschubweg behinderte nur noch die kleine Insel Malta, vor der folgerichtig im Jahr 1565 eine gewaltige Flotte auftauchte. Das Abendland zeigte sich mal wieder uneins, unternahm kaum etwas zur Unterstützung dieser neuen Johanniter- bzw. Malteserbastion, so daß der Untergang des Christentums nur noch eine Frage der Zeit schien. Doch das winzige Fort St. Elmo behauptete sich wochenlang gegen eine erdrückende Übermacht und rettete damit das Abendland. Sechs Jahre später besiegten die Venezianer und Spanier die türkische Flotte bei Lepanto und ließen Europa erstmal wieder aufatmen.

Da den Türken schreckliche Greueltaten und Horrorgeschichten vorauseilten, ergriff vor allem das südöstliche und zentrale Europa eine wahre Türkenpanik. Dies führte dazu, daß man sich allerorts zu schützen trachtete. Unzählige Städte, Märkte und Burgen wurden in der Folge verstärkt, zahllose Kirchen und Kirchhöfe in Wehrkirchen und Kirchenburgen umgestaltet. Gemeinsam mit Effeltrich nahe Forchheim zählt Ostheim vor der Rhön zu den bedeutendsten und stattlichsten Kirchenburgen Bayerns. Wann genau der kastellartig mit vier schlanken Ecktürmen bewehrte Kirchhof entstand, ist nicht bekannt, doch liegt eine Erbauung in den 1420er Jahren nahe. Hierfür sprechen die beiden Viereckürme, von denen einer mauerbündig über dem Südwesteck steht, mit ihren kurzen Schlitzscharten. Diese Umwehrung sollte zum einen die im Jahr 1410 geweihte Kirche *Beatae Mariae Virginis*, zum anderen die Bevölkerung samt Vieh, Korn und Habe in Gefahrenzeiten vor den Hussiten schützen. Hierzu erstellte man im Kirchhof kleine Speicherbauten, sogenannte Gaden. Von diesen zählte man im 19. Jahrhundert nicht weniger als 72 Stück!

In Zusammenhang mit der Türkenbedrohung erfolgte um 1580 ein Ausbau der Kirchenburg, als man den Kirchhof mit einer turmbewehrten Zwingermauer umgab, die Nordseite mit einem zentralen Rundturm verstärkte und die älteren Türme mit zeitgemäßen Maulscharten ausstattete. Damals zog man auch einen neuen Kirchturm hoch (baudatiert 1579).

Während des Kroateneinfalls im Jahr 1634 sind Kampfhandlungen um die Kirchenburg belegt. Neben der 1615 bis 1619 erbauten, 1738 umgestalteten Kirche St. Michael und der imposanten Umwehrung sind einige sehr gut erhaltene, 1547, 1575 und (mehrfach) 1576 baudatierte Gaden besonders sehenswert. Das Torhaus am Südosteck mit seinem schönen Bohlentor und den Klauensteinen für ein außen angebrachtes Fallgitter stammt dagegen erst aus dem Jahr 1622 und zeigt, daß dieses Eck der Kirchenburg später erneuert wurde. Kirche und Kirchenburg wurden in den 1960er und 1970er Jahren umfassend restauriert. *J. Zeune*

Literatur:
K. Pilz, Kirchenburg St. Michael, Ostheim (München und Zürich 1966, 6. Aufl. 1986).
M. Weber, Wehrhafte Kirchen in Thüringen (Jena 1933) 251f.
J. Zeune, St. Georg in Effeltrich (München u. Zürich 1992).
J. Zeune, Neue Forschungen an fränkischen Kirchenburgen. In: Burgenforschung aus Sachsen 5/6, 1995, 226–239.

Passau
Die uneinnehmbare Doppelburg Oberhaus und Niederhaus

Zwischen den Zusammenfluß von Ilz und Donau schiebt sich ein keilförmiger Sporn nahe an die Altstadt von Passau hinan. Dieses langgezogene Vorgebirge war prädestiniert dafür, befestigt zu werden, denn von hier aus konnten Flüsse und Altstadt ideal geschützt werden. Im Laufe der Jahrhunderte entstand schließlich eine eindrucksvolle, fast 700 m lange Doppelburg aus den beiden Vesten Oberhaus und Niederhaus.

Der Bau einer Burg am Platz der Veste Oberhaus ist für das Jahr 1219 unter dem Passauer Bischof Ulrich II. überliefert. Bei Grabungen im Burghof kamen 1995/96 die Fundamente eines länglich-rechteckigen Turmes von 19 x 11 m zutage, die durchaus von einem Wohnturm oder Donjon des frühen 13. Jahrhunderts stammen können. Selbst noch Bildquellen des späten 16. Jahrhunderts zeigen uns diesen Turm intakt hoch aufragend und die gesamte Burg beherrschend.

Unter Fürstbischof Otto von Lonsdorf wurde 1255/56 sehr viel an der Burg gebaut, wobei mangels eingehender Bauforschung nicht geklärt ist, welche Baulichkeiten damals hinzugebaut wurden. Zu den ältesten Baulichkeiten gehört jedenfalls die Georgskapelle. Nach dem Aufstand von 1298 und der Belagerung 1367 durch die Bürgerschaft wurden die Vorburg neu befestigt und beide Burgen durch eine gemeinsame Mauer wehrtechnisch zusammengeschlossen. Nach einer weiteren Belagerung im Jahr 1431 baute man die Befestigungen erneut aus. Zugleich wurde die Burg 1435 und 1444 wohnlicher ausgestattet, nicht zuletzt durch den Bau des Fürstenbaues. 1499 kam unter Fürstbischof Christoph von Schachner auch der erst 1503 vollendete Saalbau hinzu. 1555/56 wurde dem Fürstenbau ein Treppenturm angefügt. Bischof Urban von Trennbach (1561–98) verwandelte die Burg angesichts der besorgniserregenden Türkenbedrohung schließlich in eine bischöfliche Festung durch den Zubau von Basteien bzw. Batterien. Nach punktuellen Verstärkungen während des Dreißigjährigen Krieges wurden beide Burgen ab 1674, vor allem aber im frühen 18. Jahrhundert, mit Sternbastionen und einem Hornwerk versehen. Da zugleich auch Baueingriffe in den repräsentativen Baulichkeiten vorgenommen wurden, ist die Baugeschichte vor allem der Veste Oberhaus eine sehr komplexe und komplizierte.

1359 wird erstmals ausdrücklich von einer Burg „Niederhaus" berichtet. Dessen ungeachtet dürfte auch die tiefliegende Spitze des Felssporn schon zuvor eine Befestigung getragen haben, da sie sich hervorragend zur Beherrschung des Flusses eignete. Klug geworden aus den Erfahrungen von 1367, als die rebellierenden Bürger die fürstbischöfliche Veste einnahmen, vereinte man die Burg Niederhaus wehrtechnisch mit der Veste Oberhaus. Nachdem eine Pulverexplosion 1435 die Burg zerstört hatte, erfolgte unter Fürstbischof Leonhard von Laiming (1423–51) umgehend der Wiederaufbau. Die kompakte, kleine Burganlage war schon 1444 – wie auch die Veste Oberhaus – mit prachtvollen Sälen und Gemächern ausgestattet und galt gemeinsam mit der Veste Oberhaus als „dem Menschen uneinnehmbar".

Wie auch die Veste Oberhaus blieb sie intakt, ist aber im Gegensatz zur Veste Oberhaus, die unter anderem ein sehr interessantes Museum beinhaltet, heute Privatbesitz.

J. Zeune

rechts:
Luftaufnahme der Veste Oberhaus von Norden. Im Vordergrund die äußere Vorburg, dahinter die Hauptburg. Rechts die äußere Hauptburg mit dem äußeren Burghof, links die innere Hauptburg mit dem Tollhaus (vorne), der Georgskirche (mitte) und dem Fürstenbau (hinten).

rechts innen:
Passau mit den Burgen Oberhaus und Niederhaus sowie der Ilzstadt im Jahr 1546. Radierung August Hirschvogel.

Luftaufnahme der Burgen Oberhaus (Vordergrund) und Niederhaus (Hintergrund) von Westen. Links die Ilz, rechts die Donau.

Literatur:
R. Loibl, H. Feldmeier, „Dem Menschen uneinnehmbar". Beiträge zur Geschichte der Burg und Festung Oberhaus ob Passau in Mittelalter und früher Neuzeit. In: Ritterburg und Fürstenschloß. Ausstellungskatalog (Passau 1998) 249–286.
J.-P. Niemeier, Wiederentdeckt: der Bergfried auf der Veste Oberhaus. In: Das Archäologische Jahr in Bayern 1996, 171ff.
U. Pfistermeister, Burgen und Schlösser im Bayerischen Wald (Regensburg 1997) 96ff.
G. Schäffer, Passau – Feste Oberhaus (Schnell & Steiner Kunstführer 596) (München u. Zürich 1983).

Plassenburg
700 Jahre wechselvolle Baugeschichte

Wuchtig erhebt sich die Plassenburg über die alte Residenz- und Markgrafenstadt Kulmbach am Weißen Main in Oberfranken. Die äußere Strenge und Wehrhaftigkeit einer der gewaltigsten Burganlagen in Deutschland und die im inneren „Schönen Hof" vorhandene Lust an der Repräsentation mit äußerst eindrucksvollen Beispielen der Renaissancearchitektur spiegeln zugleich die mehr als 700 Jahre währende, wechselvolle Geschichte wider.

Die erste Erwähnung findet sich im Langenstädter Vertrag in der Mitte des 13. Jahrhunderts.

Sicherlich erbaute der letzte Meranier, Herzog Otto VIII., die jetzige Feste. Danach fiel sie kurz an die thüringischen Grafen von Orlamünde, bevor 1340 die Hohenzollern über 500 Jahre die Herrschaft übernahmen. Unter Markgraf Friedrich IV. erlebte die Plassenburg eine prunkvolle, spätmittelalterliche Hofhaltung. Seine Söhne Kasimir und Georg zwangen ihn zur Abdankung. Albrecht Alcibiades, der unmündige Sohn Kasimirs, befahl die intensivsten Veränderungen hin zu einer neuzeitlichen Festung. Daher mutet es wie Ironie an, daß dieser als zügellos und verwegen beschriebene Markgraf durch die Bundesständischen Truppen in den Markgräflerkriegen 1553/54 besiegt und die Burg nach ihrer Kapitulation am 22. Juli 1554 zerstört wurde.

Der Markgraf Georg Friedrich von Ansbach gewann Caspar Vischer, einen bedeutenden Architekten der deutschen Renaissance, für den Wiederaufbau. Er erweiterte die Hochburg und schuf von 1563–1569 den „Schönen Hof". Der prächtige Turnierhof wird von zweigeschossigen, offenen Arkadengängen gesäumt, deren Wände und Säulen mit einzigartigen, in Stein gehauenen Ornamenten und Reliefs, verziert sind. Neben dem Ausbau der Hohen Bastei gegen den östlich gelegenen 495 m hohen Buchberg wurden unter Vischer der Arsenalbau sowie die meisten Bauten um den Kasernenhof begonnen. Markgraf Christian trat 1603 die Regierung an. Dem böhmischen Festungsbaumeister Albrecht von Haberland ist in dieser Zeit der Ausbau der Hohen Bastei zuzuschreiben sowie auch das im Kasernenhof gelegene Prachtportal mit spätrenaissancezeitlichen Bildhauereien von Hans Werner. Dennoch war die glänzendste Epoche der Plassenburg vorbei. 1604 wurde die Residenz nach Bayreuth verlegt. Die Plassenburg diente danach als „Verbannungsort" und in der Hauptsache als Kaserne. In den napoleonischen Kriegen wurde die nunmehr preußische Festung 1806 geschliffen. 1810 fiel die Plassenburg an Bayern. 1813 diente sie als Militärlazarett und in der Folge (ab 1817) als Zwangsarbeits- und von 1914 bis 1918 als Gefangenenlager für französische und russische Offiziere und schließlich von 1919 bis 1928 als Zuchthaus, bevor 1929 die Bayerische Verwaltung der staatlichen Schlösser, Gärten und Seen die Plassenburg übernahm. 1945 wurden durch Plünderungen viele Teile des Inventars beschädigt oder zerstört.

Heute sind weite Bereiche der Plassenburg restauriert. In den Innenräumen befinden sich das weltweit größte Fachmuseum für Zinnfiguren, das Jagdwaffenmuseum, das Landschaftsmuseum Obermain mit regionalgeschichtlichem Charakter sowie die Jagdhistorische Sammlung des Bayerischen Nationalmuseums und die Jagd- und Schlachtengalerie der Bayerischen Staatsgemäldesammlung.

Die Luftbildaufnahme zeigt das heutige Erscheinungsbild der Plassenburg. Am unteren Bildrand befindet sich das westliche Rondell mit dem Eingang zur Hochburg. Gut ist die unregelmäßige Vierflügelanlage, das eigentliche Schloß, mit dem „Schönen Hof" zu erkennen. Überwältigend ist der Eindruck der reich dekorierten Arkadengänge, hier des Ostflügels, die dem Schönhof sein charakteristisches Gepräge geben. Der Nordwestbereich des Hofes mit Teilen der Westhälfte des Nordflügels stammen von der mittelalterlichen Hochburg. Vier Türme stehen an den Ecken des Hofes. Vor dem

Das Aussehen der hochmittelalterlichen Plassenburg, dem heutigen Hochschloß, ist nicht bekannt. Die Ansicht aus der Mitte des 16. von David de Necker zeigt die spätmittelalterliche Plassenburg kurz vor der Zerstörung im Jahr 1554.

Luftaufnahme von 1995. Blick auf die Plassenburg von Westen. Im Innenhof ist die Grabungsfläche noch geöffnet.

Uhrturm in der Nordostecke sind archäologische Ausgrabungen zu sehen, die im Zusammenhang mit Spuren möglicher Erweiterungsbauten der Hochburg aus dem späten 14. Jahrhundert stehen. Dort wurden 1995 bei den archäologischen Untersuchungen Nachweise erbracht, die die These einer Burggründung um 1240 durch den Meranier Herzog Otto VIII. erhärten. Mauerkronensanierungen auf einer Bastion wurden 1995 archäologisch begleitet. Dabei wurden Erkenntnisse über deren Aufbau gewonnen. Der Glockenturm in der Südostecke leitet zum Arsenalbau über, der zugleich den südlichen Abschluß des Kasernenhofes, der tiefergelegenen Niederburg, bildet. Der in den Fels gehauene Christiansturm mit seinem Prunkportal bildet den Zugang zur Hohen Bastei.

K.-H. Röhrig

Literatur:
E. Bachmann, Plassenburg ob Kulmbach. Amtlicher Führer, Bayerische Verwaltung der staatlichen Schlösser, Gärten und Seen (München 1991).
H. Kunstmann, Burgen am Obermain unter besonderer Würdigung der Plassenburg (= Die Plassenburg 36) (Kulmbach 1975).
J. Zeune, Die Burgen der Andechs-Meranier. In: Die Andechs-Meranier in Franken. Europäisches Fürstentum im Hochmittelalter. Ausstellungskatalog 1998, 177–182.
J. Ruckdeschel, Die Erbauer der Plassenburg und ihre Ahnen (Berlin 1915).
Ausgrabungen und Funde in Oberfranken 10, 1995–1996.
Aus: Geschichte am Obermain, Jahrbuch Colloquium Historicum Wirsbergense 21, 1997/98, 58f.

Prunn
Wo man das Nibelungenlied las und sang

Die östlich von Riedenburg gelegene, hoch über der Altmühl von einem steilen Jurafelsen aufragende Burg Prunn hat trotz der heftigen Eingriffe in das einst so schöne Altmühltal wenig von ihrer wildromantischen Lage eingebüßt und zieht alljährlich Tausende von Besuchern an. Da bisher auf der Burg Prunn keine moderne Burgenforschung betrieben wurde, ist der momentane Wissensstand unbefriedigend. Dabei würde sich das wissenschaftlich fundierte Forschen auf Prunn zweifelsohne lohnen. Schon 1037 wird ein *Wernherus de Prunne*, 1045 ein *Adalbert von Prunne* genannt. Ob sie auf diesem Platz schon eine ältere Burg besaßen, ist nicht sicher und eher unwahrscheinlich. Mit Berthold von Prunne und Laaber ging der Besitz Mitte des 12. Jahrhunderts an die Herren von Laaber über. 1288 veräußerte Wernherr von Praiteneck/Breitenegg die Burg an Herzog Ludwig von Bayern, erhielt sie aber als Lehen zurück.

Von 1311 bis 1567 nannten sich die Fraunberger von Haag auch nach der Burg Prunn, die sie schon 1338 käuflich erwarben. Ihr Wappen – wie an der östlichen Außenwand noch zu sehen – war der aufsteigende Schimmel auf rotem Grund, den wir auch auf ihrer Burg Haag antreffen (siehe S. 150).

Die Fraunberger pflegten auf Prunn offensichtlich das höfische Leben, wie eine kurz nach 1567 hier gefundene Handschrift des Nibelungenliedes aus dem 14. Jahrhundert beweist. Aus der Zeit der Fraunberger stammen auch Freskenreste im Palas. Hans Fraunberger (gestorben 1428) war ein gefeierter Turnierkämpfer. Als sich die Straubinger Ritter im Löwlerbunde gegen Herzog Albrecht von Bayern erhoben, soll Burg Prunn 1491 von diesem erstürmt und be-

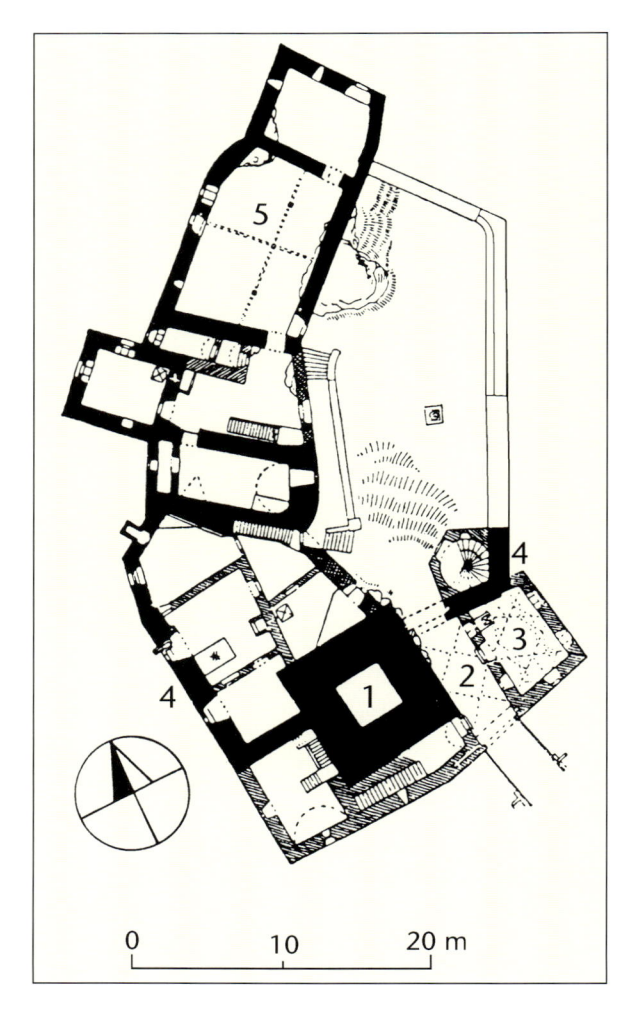

rechts:
Grundriß des Erdgeschosses.

rechts innen:
Ansicht von Süden um 1600. Grenzkarte zwischen Pfalz-Neuburg und Pflegamt Riedenburg.

schädigt worden sein. Mit dem Aussterben der Fraunberger kam die Burg 1567 an die Ortenberger, 1570 an den herzoglichen Rat Karl Köckh zu Mauerstetten und Bodenmais, der 1604 die Burg ausbaute. Damals entstanden der heutige Torbau und die sogenannte Kemenate, die, im Stil der Renaissance gehalten, den Bergfried ummanteln. Auch 1631 sind – baudatiert – weitere Baumaßnahmen erfolgt.

1646 gingen Hofmark und Burg an Georg von Truckmiller, der daraufhin Reparaturen am Gemäuer vornahm, und schließlich 1672 an das Ingolstädter Jesuitenkolleg, das 1692 Instandsetzungsarbeiten durchführte und um 1700 die Burgkapelle erneuerte. Ab 1946 setzten Restaurierungsarbeiten an der inzwischen in staatlichem Besitz befindlichen Burg ein.

Die Gestalt der Burg hat sich dem Umriß des langgezogenen, schmalen Felssporns anpassen müssen, auf dem sie steht. Ein tiefer und breiter Halsgraben trennt die Burg vom nördlich ansteigenden Grund, auf dem die Vorburg untergebracht war. An der Frontseite erhebt sich der wuchtige viereckige Bergfried, hinter den sich die restliche Gebäude ducken. Er dürfte mit seinem kraftvollen Buckelquadermauerwerk zum ältesten Baubestand der Burg gehören und aus den Jahren um 1200 stammen. Zeitgleich sind Teile der Ringmauer und des Palas, der sich am sichersten Platz, d. h. direkt am Steilabfall zum Tal hin, am südlichen Ende des Vorgebirges erhebt. In spätgotischer Zeit wurden die Gebäude umgestaltet, ab 1604 kamen die heutigen Frontbauten hinzu.

Die Räumlichkeiten zeigen Einrichtungsgegenstände und museale Exponate aus dem 17. bis 19. Jahrhundert.

J. Zeune

Luftaufnahme von Süden. Im Vordergrund der Palas mit dem aufgemalten Wappen der Fraunberger. Am oberen Ende der Burg der trutzige Bergfried mit den Zubauten von 1604 und später.

Literatur:
M. Fischer, E. Schmid, Burg Prunn (München 1990).
Museum der Stadt Regensburg (Hrsg.), Burgen in Oberbayern. Ansichten aus fünf Jahrhunderten (Regensburg 1989) 84f.

Rieneck
mit zweyen ... hohen Thürnen verwahret

Luftansicht von Süden. Im Vordergrund das gleichnamige Städtchen, das sich am Fuß der Burg herausgebildet hat. Darüber, in der Bildmitte, die Burganlage, deren Standort am äußersten Ende eines langen Vorgebirges hier gut erkennbar ist.

Das direkt nördlich von Gemünden am Flüßchen Sinn gelegene Städtchen wird überragt von einem imposanten und interessanten Burgschloß, das dank des Einbaues eines Jugend- und Schullandheimes wieder mit Leben erfüllt ist.

Die Anfänge der Grafen von Rieneck reichen mindestens ins 11. Jahrhundert zurück, als ihre ältere Linie unter anderem als Burggrafen des Erzbistums Mainz fungierte. Graf Ludwig I. ist als Erbauer der Burg um 1168 überliefert, die dann 1179 als *castrum Rienecke* erstmals ins Licht der geschriebenen Geschichte tritt. Im 14. Jahrhundert erwarben die Herren von Hanau und das Erzstift Mainz Besitzanteile an der Burg, doch unterblieb – anders als in Lichtenstein – der Ausbau zu einer Ganerbenburg. Die Dynastie der Grafen von Rieneck-Loon starb 1559 mit Philipp von Rieneck aus. Sein Erbe ging über Graf Anton von Ysenburg-Ronneburg 1561 an Kurmainz, das hier bis 1673 eine Amtsvogtei unterhielt. In diesem Jahr erwarben die Grafen von Nostiz die Burg. Ab 1804 wechselte die Burg wiederholt den Besitzer, bis sie 1860 vom bayerischen Staat an Franz Rinecker verkauft wurde und seitdem in Privatbesitz blieb.

Wie die meisten der hier beschriebenen Burgen wurde auch die Burg Rieneck erst nach dem Mittelalter in kriegerische Ereignisse verwickelt, als man sie während des Dreißigjährigen Krieges 1640 und 1641 eroberte. Danach geriet sie allmählich in Verfall.

Die Burganlage erhebt sich vom Ende eines langgezogenen Höhenkammes, der nach drei Seiten relativ steil abfällt. Zur Gefahrenseite nach Norden hin schützten ein breiter Halsgraben (Grundriß Nr. 5) und ein aggressiv von der Ringmauer vorspringender, mächtiger Siebenecksturm (Nr. 1) die Burg. Dahinter erstreckte sich die von einer unregelmäßig verlaufenden Ringmauer umschlossene Hauptburg, die durch Traversen mit der an ihrem Fuß untergebrachten Vorburg verbunden war.

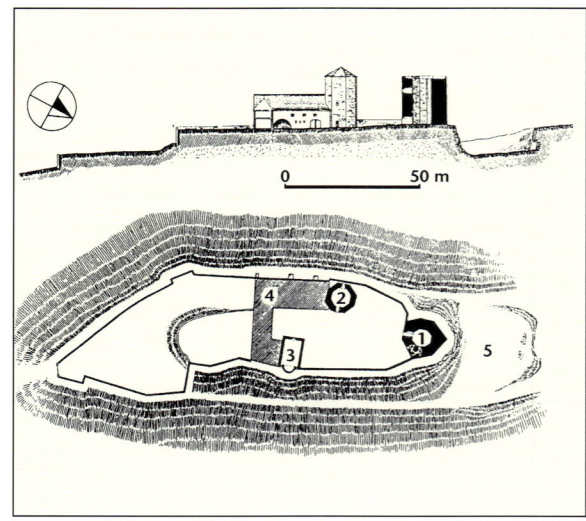

Zwei Türme dominieren die Hauptburg: der zuvor schon erwähnte Siebenecksturm an der Nordspitze der Burg und ein Achteckturm (Nr. 2) an der Westseite. Vor allem der vermutlich 1168 erbaute Siebenecksturm ist burgenkundlich hochinteressant. Sein Quadermauerwerk zeigt sehr große Buckelquadersteine, die zum Teil schon Zangenlöcher aufweisen, und erreicht stellenweise eine Mauerdicke von 4 m. Das Turminnere ist ungewölbt, eine Holztreppe führte von Geschoß zu Geschoß. Im 1. Stock befanden sich der Hocheingang, ein Haubenkamin und eine Lichtnische. Ungewöhnlich ist das Arrangement des 2. Stockes, wo das Osteck über einer Trompe auf 8 m Mauerdicke verstärkt und mit einer kleinen, eingebauten Kapelle versehen wurden. Diese Kapelle besitzt ein schönes Kreuzgewölbe mit schweren Rippen und drei Apsiden bzw. Konchen. Falls der Siebeneckturm aktiv in die Verteidigung eingriff, dann nur mittels einer Wehrplattform an der Turmkrone.

Auch der stark modernisierte Achteckturm trägt Buckelquader mit Zangenlöchern und steht ungewölbt. Seine Datierung ist nicht gesichert; allgemeinhin wird er für etwas jünger gehalten. Seine rezente Erschließung und dichte Durchfensterung haben ihn einiger datierbarer Baudetails beraubt.

Wohl zeitgleich mit dem Siebeneckturm ist die länglich-rechteckige Burgkapelle (Nr. 3) an der Ostseite des Bering, deren Bauschmuck – z. B. Löwenreliefs am Portal – in das fortgeschrittene 12. Jahrhundert datiert wird.

Der winkelförmige Wohntrakt (Nr. 4) am Südende des Burghofes beinhaltet zwar romanische Baureste, wurde aber mehrfach intensiv umgestaltet.

Eine Beschreibung von 1669 spricht nicht nur von den *zwey ... hohen Thürnen*, sondern erwähnt auch eine Gesindestube, Küche, Badestube sowie zahlreiche gut eingerichtete Kammern und Stüblein.

J. Zeune

Luftansicht von Südwesten. Im Vordergrund der Wohntrakt (Nr. 4) mit dem Achteckturm (Bildmitte, Nr. 2). Oben links der mächtige Siebeneckturm (Nr. 1) mit seinem kraftvollen Buckelquadermauerwerk.

linke Seite innen: Grundriß. 1 Siebeneckturm; 2 Achteckturm; 3 Burgkapelle; 4 Wohnbau; 5 Halsgraben.

Literatur:
A. Feulner, Die Kunstdenkmäler von Bayern, Regierungsbezirk Unterfranken 20: Bezirksamt Gemünden (München 1920) 106–124.
W. Hotz, Pfalzen und Burgen der Stauferzeit, 3. korr. Aufl. (Darmstadt 1992) 209.
H. Kreisel, Burgen und Schlösser in Franken (München u. Berlin 1955).

Rothenfels
Die Burg, an der sich die (Forscher-)Geister scheiden

Wenige Kilometer nördlich von Marktheidenfeld überblicken die rötlichen Sandsteinmauern der Burg Rothenfels noch immer das Maintal und den gleichnamigen Ort. Vor allem wegen seiner pittoresken Silhouette mit dem hochaufragenden Bergfried gehört die Burg zu den meistfotografierten Baudenkmälern Frankens. Ihre Baugeschichte blieb in Ermangelung kompetenter Burgenforschung bis 1994, als erste sorgfältige Bauuntersuchungen stattfanden, unklar. Die Aufmaße von 1994 haben zwar erwartungsgemäß viele Neuerkenntnisse, aber noch immer keine überzeugende Aufschlüsselung der komplexen Baugeschichte erbracht. Daher bleibt nach wie vor spekulativ, wann die Burg tatsächlich in der heutigen Form erbaut und wie ihre Bauentwicklung tatsächlich ablief. Knackpunkt aller Datierungsansätze ist eine Gründungslegende, nach der Markward von Grumbach 1148 vom Neustädter Abt Richard die Genehmigung erhielt, sich eine „schlechte Behausung" nahe dem Kloster zu erbauen. In Wirklichkeit aber errichtete Markward eine derart feste Burg, daß der Abt umgehend beim Würzburger Bischof Siegfried Einspruch gegen dies Bauwerk erhob.

Eine Urkunde aus dem Jahr 1150 erwähnt in der Tat eine von Markward offenbar widerrechtlich auf kirchlichem Grund erbaute Burg, deren Erstellung nachträglich durch den König in Einvernehmen mit dem Kloster Neustadt legalisiert wurde. Folgerichtig nannte sich Markward schon 1160 nach seiner Burg *de Rotenvels*. Den neuen Bauerkenntnissen zufolge sollen damals der Bergfried (Nr. 3), Teile der Ringmauer, der Südturm (Nr. 4) und ein kleiner Rundturm (Nr. 5) an der Westseite erstellt worden sein.

Als die Familie 1243 ausstarb, entbrannten heftige Erbstreitigkeiten zwischen Graf Ludwig III. von Rieneck und Bischof Hermann von Würzburg. Die Rienecker setzten ihre Ansprüche durch und hielten Rothenfels bis 1333. Neun Jahre später erlangte das Bistum Würzburg alleinige Lehenshoheit und besetzte die Burg mit Amtsmännern. Vor allem ab 1500 und im Jahr 1512 kam es zum Bau neuer Wohn- und Verwaltungsgebäude, zur Aufstockung bestehender Bauten und zur Errichtung eines schildmauerartigen Artilleriebollwerks (Nr. 6) an der Westseite. Während des Bauernkrieges wurde die Burg 1525 eingenommen, aber nur leicht beschädigt und umgehend ausgebessert. Ähnliches widerfuhr ihr während des Dreißigjährigen Krieges.

Nach mehreren Besitzwechseln erwarb 1919 der Verein der Quickbornfreunde die Burg, die sich heute im Besitz der Vereinigung der Freunde Rothenfels befindet, die immer noch unter Dach ist und als Jugendherberge und Tagungszentrum dient.

Der dominante Bau der Burg, die sich auf einem spitzwinkligen Vorgebirge erhebt und zur Feindseite nach Norden hin durch mehrere Halsgräben und die Vorburg gesichert werden mußte, ist der wuchtige Bergfried (Nr. 3). Sein Mauerwerk zeigt sauber gearbeitete Buckelquader, die allerdings nicht so imposant ausfallen wie jene am 1168 erbauten Siebeneckturm von Rieneck. Auch die Größe von nur 9,1 x 9,2 m spricht nicht gerade für ein frühes Erbauungsdatum. Innen war der Turm ursprünglich ungewölbt und im 1. Stock, in das sich auch der Hocheingang öffnete, dank eines Haubenkamins zumindest zeitweilig bewohnbar. Dies Arrangement zeigt auch der Siebeneckturm der Burg Rieneck (siehe S. 176).

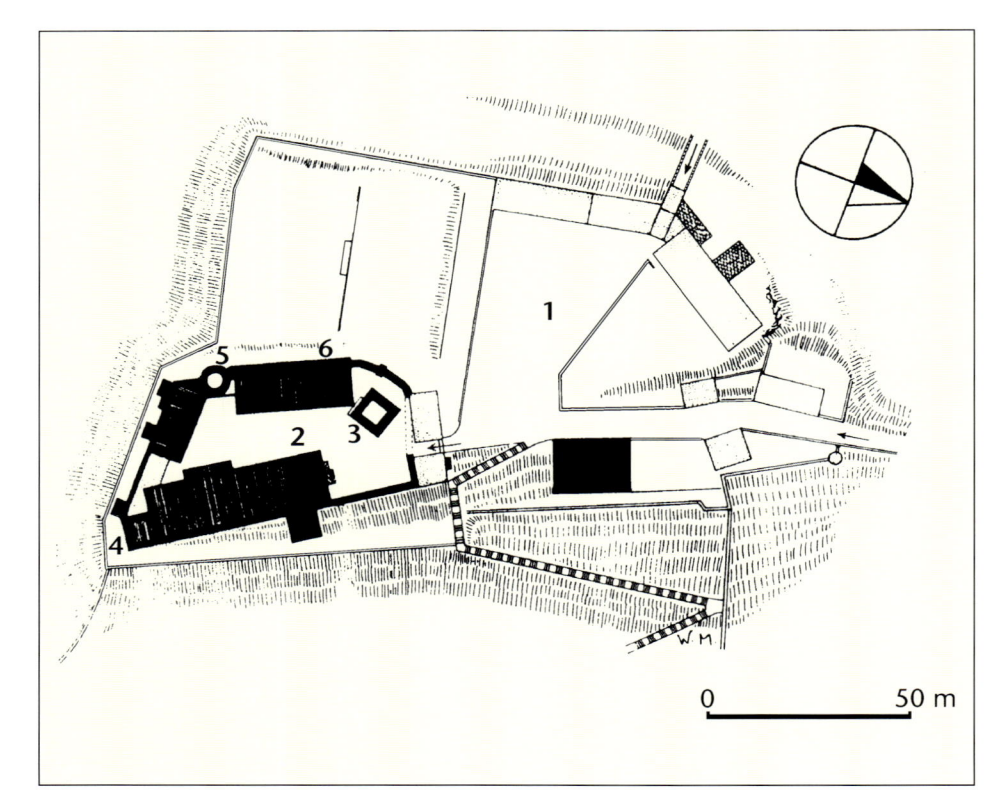

Grundriß. Fett die Kernburg. Nr. 1: Vorburg; Nr. 2: Kernburg; Nr. 3: Bergfried; Nr. 4: Südturm; Nr. 5: Rundturm; Nr. 6: Artilleriebollwerk.

Luftansicht von Norden. Im Vordergrund die Vorburg, in der rechten Bildhälfte die Kernburg. Vorne in der Kernburg der Bergfried (Nr. 3), darüber die frühneuzeitlichen Wohn- und Verwaltungsbauten; rechts neben dem Bergfried das überdachte Artilleriebollwerk (Nr. 6). Im Hintergrund das gleichnamige Städtchen.

Die jetzigen Innenbauten entstammen sicherlich dem frühen 16. Jahrhundert und nachfolgenden weiteren Aus- und Umbauten.
Ob die Burg 1148 tatsächlich erbaut wurde und ihr aufgrund dieses frühen Baudatums „revolutionären Charakter" innerhalb des Burgenbaues zukam, wie 1998 behauptet, bleibt weiter strittig und ungeklärt.

J. Zeune

Literatur:
A. Antonow, Burg Rothenfels. In: A. Antonow, Burgen im Main-Viereck (Frankfurt a. M. 1987) 81–92.
A. Feulner, Die Kunstdenkmäler von Bayern, Regierungsbezirk Unterfranken 9: Bezirksamt Lohr (München 1914) 108–125.
W. Mogge, Burg Rothenfels am Main (Schnell & Steiner Kunstführer 740) 2. Aufl. (München u. Zürich 1967).
Th. Steinmetz, Burg Rothenfels am Main – eine frühe „klassische" Burg. In: Wartburg Gesellschaft (Hrsg.), Forschungen zu Burgen und Schlössern 4, 1998, 205–218.

Salzburg
Eine Großburg aus sieben Kleinburgen

Die Salzburg ist eine der größten und interessantesten Burganlagen Deutschlands. Majestätisch thront sie oberhalb von Neustadt a. d. Saale am Rand einer Hochebene, optisch leider hart bedrängt vom Neubau der Rhön-Klinik. Fast alle namhaften Burgenforscher des 19. und 20. Jahrhunderts haben sich intensiv mit der riesigen Burg auseinandergesetzt und kamen zu unterschiedlichsten Ergebnissen. Noch immer harrt die Salzburg einer detaillierten Baudokumentation und Burgenforschung, noch immer stehen viele bauliche Fragen ungeklärt im Raum, noch immer wirkt die burgenromantische Verklärung des 19. Jahrhunderts in abstrusen Gebäudebezeichnungen, wie „Wachtturm", „Gefängnisturm", „Jungfernkuß", „Münze" oder „Bad", nach.

Der Umstand, daß sich an dieser Stelle im frühen Mittelalter zwei wichtige Handelsstraßen kreuzten und außerdem die Fränkische Saale ab hier schiffbar wurde, machte Salz schon unter Karl dem Großen zu einem bedeutenden Platz, der schon 790 n. Chr. ein Palatium bzw. eine Pfalz trug. Im Jahr 824 fand auf dieser Pfalz sogar ein Reichstag statt. Im Jahr 1000 schenkte Kaiser Otto III. dem Würzburger Bischof Heinrich I. seine Burg und Hof Salz – *castellum et nostri iuris curtem Saltce*. Fortan blieb die Pfalz Salz beim Bistum Würzburg. Über den Standort dieser Pfalz ist viel spekuliert worden, doch scheint den archäologischen Befunden und Funden zufolge eine Lokalisierung auf dem nahen Veitsberg am plausibelsten.

Der Name Salzburg oder Salzberg erscheint erstmals 1160. Im späten 12. Jahrhundert werden ein Vogt und ein Schultheiß auf der Burg erwähnt, im Jahr 1200 mehrere Burgmannen – *urbani*. Demzufolge diente die Salzburg schon Ende des 12. Jahrhunderts als zentraler Verwaltungssitz des ausgedehnten Salzgaues. Im Jahr 1258 standen in ihr die Kleinburgen der Familien Fieger (die sich später nach ihrem Vogtsamt in „Voit" umbenannten), Brend, Heustreu, Lebenhan, Eichenhausen, Hollstadt, eventuell auch Unsleben. Die Salzburg war folglich von Anfang als Mehrfamilienburg, als „Ganerbenburg", konzipiert worden.

Das friedliche Zusammenleben aller dieser „Wohnparteien" regelten Burgfriedensverträge. Ein solcher aus dem Jahr 1434 ist auf der Salzburg erhalten. Aus ihm erfahren wir, daß jeder Burgmanne in Friedenszeiten zwei, in Kriegszeiten nur fünf Kriegsknechte bereitzuhalten hatte.

Durch interne Teilungen und Verkäufe wurde die Besitzgeschichte der Burg im 15. und 16. Jahrhundert sehr kompliziert. Dies hatte zur Folge, daß man die Burg schon in den 1580er Jahren umfassend instand setzen mußte, zumal sie in den Bauernkriegen 1525 leicht beschädigt worden war. Im 18. Jahrhundert wurden Teile abgebrochen, andere wiederum von Juden bewohnt. 1841 wurde die spätgotische Burgkirche durch einen „byzantinischen" Neubau (Nr. 24) ersetzt.

Heute ist die Burg teilweise noch immer im Besitz der Freiherren von Guttenberg, teilbewohnt und bewirtschaftet, aber auch in weiten Bereichen ruinös.

rechts innen:
Grundriß.
1: Torturm; 2: „Wachtturm"; 3: „Gefängnisturm"; 4-6: Wohnbau; 7: Wohnbau; 8: „Großer Wohnturm"; 9: „Bad"; 10: „Geweihturm"; 11: „Münze"; 12: Bergfried; 13: „Jägerhaus"; 14: Bergfried; 15: Brunnenstube; 16: Wohnbau; 17: „Kelterhaus"; 18: „Kleiner Saalbau"; 19: Küche; 20: „Jungfernkuß"; 21: „Schäferturm"; 22: Wohnhaus; 23: Burgschänke; 24: Kirche St. Bonifatius.

rechts:
Ansicht von Nordwesten wohl kurz vor 1722. Obwohl die Burg in sich verdreht und stark überhöht dargestellt ist, erkennt man u.a. noch den heute durch die Burgschänke ersetzten Ansitz im Nordwesteck (vorne).

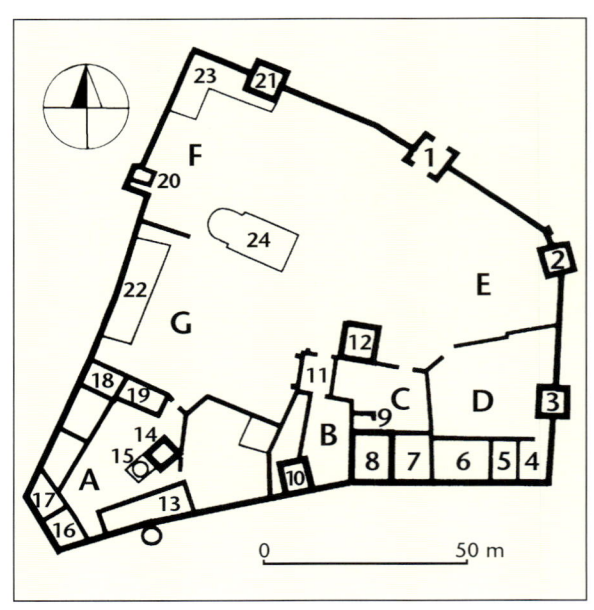

Luftansicht von Südwesten. Links außen der Voitsche Ansitz mit Palas (Nr. 17), Wohnbauten (Nr. 13, 16, 18) und Bergfried, in der Mitte der Brendsche Ansitz mit der eingedachten „Münze" (Nr. 11) und dem eingedachten „Geweihturm" (rechts). Rechts daneben der Bergfried (Nr. 12) eines weiteren Ansitzes, darüber im Burghof die St. Bonifazius-Kirche (Nr. 24). An der rechten Frontseite der große Tor-Bergfried (Nr. 1). Am oberen Rand der Burg das rote Dach der Burgschänke (Nr. 23).

Die Burganlage umfaßt ein grob dreieckiges Areal von etwa 1 ha Größe. Sie wird umfriedet von einer 410 m langen, zinnenbekrönten Mauer, die durch nachfolgende Überbauung als ältester Baukörper ausgewiesen ist und offenbar dem Verlauf eines vorgeschichtlichen Walles folgt. Sie entstand vermutlich um 1190 und war turmlos mit Ausnahme des Torturmes (Nr. 1), der früher nur nach innen vorsprang, und eines Abortturmes (Nr. 20) an der Westseite. Die gewinkelte Langseite des Dreiecks blickte nach Nordosten Richtung Hochplateau und war lediglich durch einen Halsgraben gesichert. An den beiden Ecken der Frontseite hatte man zwei Burgmannensitze (D, F) eingebaut, wohl für den Schultheiß und Vogt. Ab 1220 begann der Großausbau der Burg. Damals entstand als Hauptturm der Burg der mächtige Torturm (Nr. 1), der ebenso wie die Burgkapelle (Nr. 24), die dem Bischof selbst gehörte. Im Burghof wurden entlang der Umwehrung fünf weitere Burgmannensitze (A–C, E, G) errichtet, die alle mit eigenem Bergfried, Wohnturm oder Wohnbau ausgestattet waren. Die Ringmauer wurde nun mit Türmen (Nr. 2, 3, 21) versehen, die allerdings keinen großen Verteidigungswert besaßen.

Ein besonders schöner Ansitz war jener der Herren von Brende, denn er umfaßte neben einem hohen Wohnturm (Nr. 10) eine Kombination aus Torhalle und Sommerhalle, die „Münze" (Nr. 11) mit prachtvollem Bauschmuck. Der direkt an die „Münze" angebaute Bergfried (Nr. 12) gehörte tatsächlich zu einem anderen Ansitz (Nr. 7–9). Das äußerste Südwestende der Burg nimmt der noch bewohnte Voitsche Ansitz ein (A), der neben einem verbauten frühgotischen Palas (Nr. 17) einen schlanken Bergfried aus der Zeit um 1240 besitzt (Nr. 14). An ihn stößt eine Brunnenstube mit einem Tretrad aus dem späten 16. Jahrhundert, das einen über 75 m tiefen Grundwasserbrunnen bediente. Der Voitsche Ansitz wurde vor allem im 16. und 20. Jahrhundert stark umgestaltet.

Viele Baudetails und Bauformen fallen identisch mit denen der Burg Wildenberg (siehe S. 190) aus, zu der zwischen 1190 und 1230/40 auch historische Bezüge bestanden. *J. Zeune*

Literatur:
B. Ebhardt, Die Salzburg. In: B. Ebhardt, Deutsche Burgen, Lieferungen 2 & 3 (Berlin 1899 u. 1900) 80–111.
K. Gröber, Die Kunstdenkmäler von Bayern, Regierungsbezirk Unterfranken 22: Bezirksamt Neustadt a. Saale (München 1922) 166–193.
H. Wagner, Historischer Atlas von Bayern, Teil Franken, Reihe I, Heft 27: Neustadt a. d. Saale (München 1982).
J. Zeune, Die Salzburg. Ein Führer (Neustadt – Creußen 1994).

Seeg
Bayerns schönste Motte

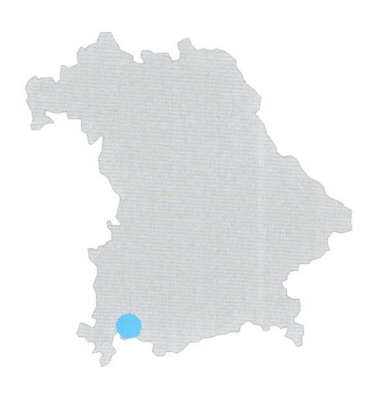

Nachbau einer Motte im Maßstab 1:1 bei La Haie Joulain in Saint-Sylvain-d'Anjou, Dept. Maine-et-Loire, Frankreich. Rechts im Bild die Motte mit Palisade und herrschaftlichem Turm, links daneben die Vorburg mit Wirtschafts- und Gesindebauten. So ähnlich wird man sich die Motte von Seeg im 12. Jahrhundert vorstellen dürfen.

Im Seeger Ortsteil mit dem bezeichnenden Namen Burk fällt sofort ein markanter, konischer Erdhügel auf, der sich dominant über die sumpfige Ebene des Flüßchens Lobach erhebt und ein modernes Wochenendhäuschen trägt. Er ist der letzte Rest der Burg der Herren von Seeg. Da man diese Burg graphisch völlig falsch rekonstruiert hat, begreifen die Ostallgäuer erst jetzt allmählich, was dieser Hügel tatsächlich darstellt: eine der besterhaltenen und imposantesten Motten Deutschlands.

„Motte" ist der internationale Terminus für einen Burgtyp, den wir unrichtigerweise als „Turmhügelburg" bezeichnen. Ihn definiert seine besondere Konstruktionsweise: man zog zuerst einen kreisförmigen Graben und warf dann mit dessen Aushub einen Erdhügel – die eigentliche „Motte" – auf, der dann mit hölzernen Aufbauten wie Palisade, Turmhaus oder Halle bekrönt wurde. Am Fuß des Erdhügels lag die gleichfalls graben- und palisadenumwehrte Vorburg. Dieser Burgtyp konnte zwar rasch und ohne zu großen Aufwand erstellt werden, war jedoch nicht so langlebig und stabil wie eine Steinburg. Dennoch war er vor allem im 12. Jahrhundert bei den Ministerialen und kleineren Dynasten eine beliebte Bauform (siehe Einleitung).

Die Motte von Seeg gehört – analog zu den meisten Motten – erst ins 12. Jahrhundert und wird erstmals indirekt 1138–47 beurkundet, als *Suuiker de Seekka* als Zeuge im Traditionsbuch des Klosters Weihenstephan auftaucht. Sein Bruder *Gerboldus de Seekke* und sein Sohn *Adalgoz* erscheinen danach öfters urkundlich. Die Ortsadeligen von Seeg waren Ministerialen der Welfen, dienten aber auch dem Hochstift Augsburg. Zahlreiche Mitglieder dieser Familie werden durch die nächsten Jahrhunderte erwähnt, ohne daß wir genau wissen, wann die Motte aufgegeben wurde. Es ist aber kaum denkbar, daß jener Andreas von Seeg, der zwischen 1494 und 1514 Ratsherr in Füssen war, noch auf der kleinen Burganlage lebte, die sich nochmals 1488 als *Burgk zu Seekh* erwähnt findet.

Erhalten hat sich heute vor allem der Erdhügel, der die Aufbauten der Kernburg trug: ein mächtiger, kegelförmiger Hügel, dessen abgeflachte Gipfelplattform einen Durchmesser von 25 m aufweist und 8,5 m über das Umland aufragt. Damit gehört die Motte von Seeg zweifelsohne zu den stattlicheren Vertretern dieses Burgtyps, der auf einer lokalen Ebene ebenso ein Herrschaftssymbol darstellte wie die Burg auf der

Luftaufnahme von Osten. Gut auszumachen die kreisrunde Motte mit ihrem verfüllten Ringgraben und dem verschliffenen Außenwall; an der rechten Hügelflanke leichte Beinträchtigungen durch neuzeitliche Eingriffe. Am unteren Bildrand, im Bereich des Stadels, setzte die Vorburg an, noch erkennbar durch Bodenverfärbungen.

linke Seite innen: Luftaufnahme von Nordwesten. Am unteren Bildrand die kreisrunde Motte mit dem Wochenendhaus; im Ringgrabenbereich Schnee. Unterhalb der Motte fließt die Lobach vorbei. Oberhalb der Motte der Vorburgbereich, mit dem durch Bodenverfärbung ablesbaren Grabenverlauf. Im Hintergrund die spektakuläre Alpenszenerie.

Höhe, wenngleich auf einem bescheideneren Niveau. Ursprünglich umfriedete eine Palisade den Plateaurand, während im Zentrum des Plateaus ein Holzturm oder ein Holzhaus stand. Ein Steg führte in die vorgelagerte Vorburg hinab und überquerte dabei den Graben, der die Motte ringförmig umgab und der noch heute an dem andersfarbigen Bewuchs und einer leichten Geländemulde erkennbar ist.

Die Vorburg erstreckte sich südöstlich der Kernburg und ist noch schwach im Gelände zu erkennen; sie trug hölzerne Wirtschafts- und Gesindebauten, war gleichfalls palisadenumwehrt.

Die Gräben wurden von der direkt westlich vorbeifließenden Lobach gespeist. Bei stärkeren Regenfällen verwandelte sich das Umland rasch in eine seeartige Fläche, die der Burg dann zusätzlichen Schutz bot.

Als man in den Jahren 1901 und 1932 (leider nicht fachgerechte und daher miserabel dokumentierte) Ausgrabungen auf dem Hügelplateau durchführte, legte man auch Tuffsteine frei, die bezeugen, daß der hölzerne Hauptbau der Motte zu einem späteren Zeitpunkt durch ein Gebäude aus Stein ersetzt worden war. Da die Tuffsteine Zangenlöcher und Sägespuren aufwiesen, geschah dies nicht vor dem 13. Jahrhundert. Aus dieser Zeit stammen auch einige Funde, wie ein Truhenschlüssel, Becherkacheln und ein Brakteat. Der Umstand, daß der künstlich aufgeworfene Erdhügel keine große Stabilität besaß und folglich keine schweren Steinaufbauten tragen konnte, läßt als steinernen Neubau lediglich einen kleinen Turmbau mit niedrigem Steinsockel und vorkragenden Holzaufbauten vermuten.

Nachdem in den letzten Jahrzehnten eine intensive Hangerosion der Motte arg zugesetzt hatte, bemühen sich nun Gemeinde und Privateigentümer verstärkt um den Erhalt ihres unerwartet wertvollen Kulturdenkmales.

J. Zeune

Literatur:
P. Boeck, Seeg wie es war – wie es ist (Seeg 1989) 69–75.
O. Merkt, Burgen, Schanzen, Letzen und Galgen im Allgäu. Das Kleine Allgäuer Burgenbuch (Kempten 1951, Reprint Kempten 1985) 86ff.
J. Zeune, Salierzeitliche Burgen in Bayern. In: H. W. Böhme, Burgen der Salierzeit, Band 2 (Sigmaringen 1991) 196f.
J. Zeune, Burgenführer Ostallgäu und Außerfern/Tirol (Marktoberdorf 1998) 11.

Stein a. d. Traun
Die Schauermärchenburg des Wilden Heinz vom Stein

Die Burg Stein an der Traun zählt zu den burgenkundlichen Kuriositäten Bayerns, denn die dreiteilige Burganlage beinhaltet eine der wenigen bayerischen Höhlenburgen. Außer ihr haben sich nur noch zwei weitere Höhlenburgen – Loch westlich von Regensburg und Lueg bei Oberaudorf – erhalten. Eine dritte Höhlenburg namens Loch bei Pinswang liegt heute auf tiroler Gebiet.

Der Lageplatz der Burg Stein war gut gewählt: Am Zusammenfluß von Traun und Alz, nur wenige Kilometer nordwestlich von Traunreut nahe dem Chiemsee, verengt sich das Tal der Traun und wird nach Osten von einer 50 m hohen, senkrechten Nagelfluhwand flankiert, hinter der sich eine weite, fruchtbare Hochebene öffnet. Auf dieser Nagelfluhwand steht weithin sichtbar das Hochschloß, an ihrem Fuß das Untere Schloß, in der Felswand selbst die bekannte Höhlenburg.

Um die düsteren Räumlichkeiten der Höhlenburg, die natürlich die Phantasie der Burgbesucher extrem inspirierten, bildeten sich schon früh schauerliche Sagen und Geschichten. Berühmt wurde der hochmittelalterliche „Wilde Heinz von Stein", der sich als Chiemgauer Blaubart, Raubritter und Mädchenschänder schon im späten 18. Jahrhundert einer zweifelhaften Popularität erfreute. Den blutigen Geschichten um seine Person verdanken wir Gebäudenamen, wie „Leichenturm" oder „Blutturm", und Raumbezeichnungen, wie „Folterkammer", „Sitz des Femegerichts" und „Waltrauds Zimmer"; sogar Blutflecken bekam die Höhlenburg verpaßt, um diese Sage realitätsnah zu inszenieren. Dabei ist nicht einmal gesichert, ob er tatsächlich jemals existiert hat. Als der rührige Verein der Freunde Burg Stein gemeinsam mit dem Bayerischen Landesamt für Denkmalpflege die Burganlage und Klause ab etwa 1980 sicherte, erfolgten auch baugeschichtliche und burgenkundliche Untersuchungen, die endlich helles Licht ins mystisch verklärte Dunkel der Höhlenburg brachten.

Nicht die Höhlenburg war die erste Burg vor Ort, sondern vielmehr das Hochschloß, das durch einen gewaltigen Wall von der Hochebene getrennt wird. Archäologische Sondagen haben ergeben, daß dieser Wall wohl um 1100 über einer vorgeschichtlichen Siedlung der Latène-Zeit errichtet wurde und eine zeitgleiche Steinburg sicherte, die heute noch in den Fundamenten des Hochschlosses verbaut ist und dessen merkwürdigen Grundriß erklärt. Dies frühe Baudatum korreliert mit der Erwähnung eines Bernhard von Stein – *de Lapide* – im Jahr 1130. Um 1500 und um 1576 entstand schließlich das heutige Hochschloß, das im frühen 18. Jahrhundert nochmals gründlich umgestaltet wurde. Bemerkenswert sind hier die Hakenbüchsen-Schießscharten aus der Zeit um 1500 mit ihren hölzernen Drehspindeln und der seltene Nachweis einer Schwippbrücke.

Um 1200 wurden die Herren von Stein von dem mächtigen Geschlecht der Toerringer abgelöst, unter denen das Hochschloß zum Erzbistum Salzburg kam, während die Nagelfluhwand bayerisch blieb.

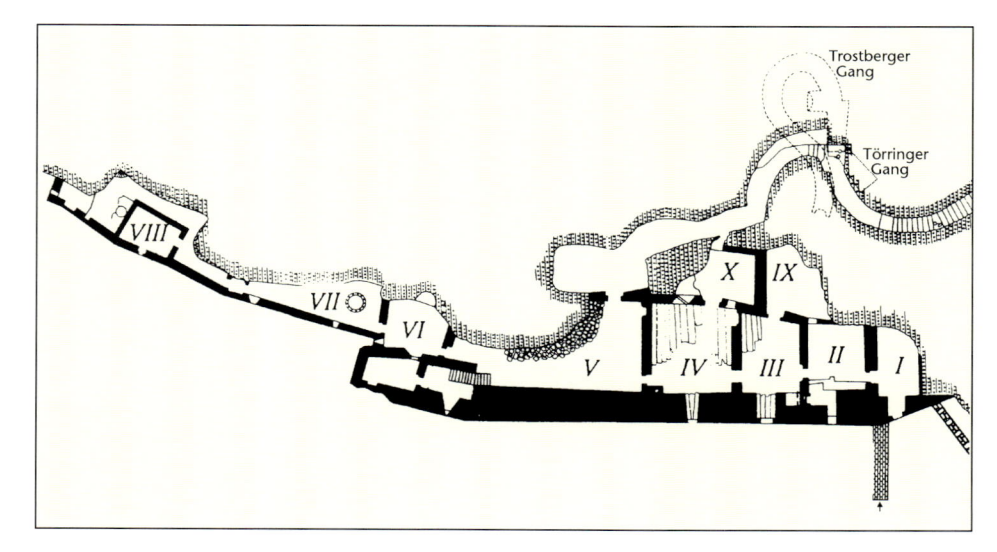

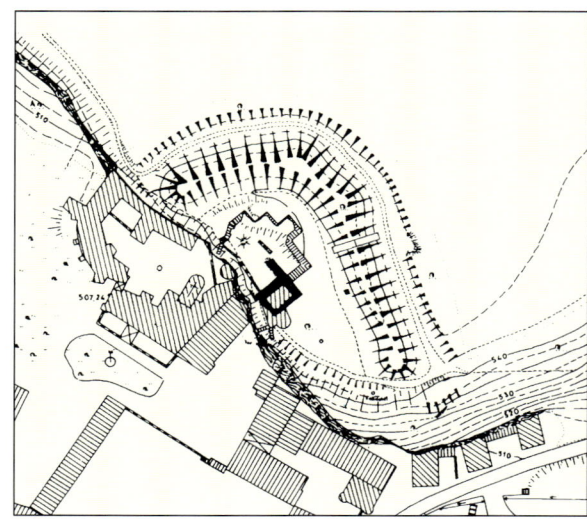

unten:
Grundriß der Gesamtanlage. Oben das Hochschloß mit dem mächtigen Wall und den Fundamenten der Zeit um 1100 (schwarz), direkt davor die Frontmauer der Höhlenburg mit dem runden „Blutturm". Unterhalb, d. h. links davon, das Untere Schloß mit der Burgkapelle.

unten rechts:
Grundriß der Höhlenburg. Älteste Burgteile des frühen 15. Jahrhunderts: Nr. X u. IX; Ausbau um 1480: Nr. I - VI; Ausbau um 1560: VII u. VIII.

Luftansicht von Südwesten. Rechts das Hochschloß des 16./17. Jahrhunderts über älteren Fundamenten, davor die senkrechte Nagelfluhwand. An der Nagelfluhwand die Frontmauer der Höhlenburg (spätes 15. Jahrhundert). Rechts davon der halbrunde „Blut-", „Leichen-" oder „Hungerturm" des späten 15. Jahrhunderts. Vor der Höhlenburg das Untere Schloß, das vor allem im 16., 19. und 20. Jahrhundert in dieser Form entstand.

Besonders bedeutend und mächtig war Oswald I. Toerring zu Stein (1350–1418), der im frühen 15. Jahrhundert auch die Höhlenburg erbaute. Diese umfaßte ursprünglich allerdings nur zwei kleine Räume (Grundriß Höhlenburg Nr. X u. IX). Erst gegen 1480 und 1560 kam es zum Großausbau der Höhlenburg in der heutigen Form. Erst damals schlug man auch einen 50 m langen Stollen durch den Fels, der Höhlenburg und Hochschloß direkt verband.

Parallel zum Bau der ersten Höhlenburg befestigte man auch den Felsfuß mit einer Vorburg, aus der um 1520 und 1565 dann das Untere Schloß hervorging. Freskenreste in der Burgkapelle konnten auf 1420 datiert werden. Andere Bauteile, wie der berüchtigte „Blutturm", der auf einem Holzschnitt Jost Ammans von 1560 versehentlich zu einem gigantischen Holzturm emporwuchs, kamen erst im späten 15. Jahrhundert hinzu. 1504 widerstand diese Burganlage einer Belagerung. Einundreißig Jahre nachdem die Freiherren von Toerring im Jahr 1630 in den Grafenstand erhoben wurden, erwarben die Freiherren von Lösch die Hofmark Stein. Danach wechselten die Besitzer rasch. Heute ist im 1875, 1901 und 1913 nochmals ausgebauten Unteren Schloß ein Internat untergebracht, während die Brauerei Arco den Burgfels nutzt. Die Höhlenburg ist durch Führungen begehbar und auch ohne inszenierten Grusel ein nachhaltiges Erlebnis.

Sehenswert ist noch die hölzerne Felsklause gleich westlich der Höhlenburg, die mindestens seit dem 17. Jahrhundert von Einsiedlern bewohnt war und 1993 renoviert werden konnte.

J. Zeune

Literatur:
G. v. Bezold, B. Riehl, G. Hager, Die Kunstdenkmäler von Bayern, Regierungsbezirk Oberbayern 6: Bezirksämter Traunstein und Wasserburg (München 1902) 1854–1857.
J. Zeune, Die Burg Stein a. d. Traun, Baugeschichte und Bedeutung. In: Steiner Burgbrief 11, 1993, 5–36.
J. Zeune, H. Schubert, Stein an der Traun in Geschichte und Gegenwart (Stein an der Traun 1993).

Stockenfels
Wo die Bierpantscher spuken

Etwa 25 km nördlich von Regensburg erhebt sich über dem Großen Knie des Flusses Regen die kleine, malerische, als Ausflugsziel sehr beliebte Burg Stockenfels. Sie wurde bekannt als Geisterburg der Bierpantscher, die hier zu Mitternacht so viel Wasser aus Burgbrunnen schöpfen müssen wie sie ihren Gästen Wasser ins Bier geschüttet haben. Sie ist heute Privatbesitz und teilsaniert. Im Zuge der Sanierung erfolgten in den 1980er Jahren auch baugeschichtliche und archäologische Untersuchungen, die wichtige Neuerkenntnisse erbrachten. Am 20. Mai 1340 stiftete Kaiser Ludwig der Bayer ein ständiges Meßbenefizium *zu unserer frawen capelle uf der vest Stokkenvels*. 1351 wurde die Burg an das reiche Regensburger Patriziergeschlecht der Auer verpfändet. Nach der Eroberung der Burg im Jahr 1372 und der Entsetzung der aufständischen Auer fiel die Burg an das Herzogtum zurück, das es bis 1410 mit Pflegern versah. 1430 gelangte die Burg an Georg Heuraus von Satzdorf, der sie mit einem Zwinger versah und für Pfalzgraf Johann eine neue Burgkapelle errichtete. Danach wechselten die Besitzer sehr rasch, so daß sich die Burg schon im 17. Jahrhundert im Verfall befand, zumal 1633 im Dreißigjährigen Krieg beschädigt.

Unterhalb der Hauptburg haben sich noch Mauerreste der Vorburg (Nr. 1) erhalten, wohingegen der um 1430 erbaute Zwinger (Nr. 8) fast völlig verschwunden ist.

Burgenkundlich interessant ist die Konzeption der Hauptburg, die eine schmale Granitkuppe belegt und daher einen geschlossenen, längsrechteckigen Baukörper von 33 x 13 m bildet (Nr. 2–7). Dieser untergliederte sich in vier Bauteile: einen hohen Wohnturm (Nr. 4) am Nordende, einen winzigen Burghof (Nr. 3) mit Brunnen und Küche (Nr. 5) in der Mitte und einen Wohntrakt (Nr. 6, 7) am Südende. Mehrere Dendro-Daten vom Burgtor (Nr. 2) und Wohnturm belegen eine Erbauung der Kernburg in den Jahren um 1338. Dies negiert traditionelle Datierungsansätze in die 2. Hälfte des 13. Jahrhunderts und paßt vorzüglich zu der Ersterwähnung um 1340 (s. o.).

Dominanter Bau ist der Wohnturm (Nr. 4) bzw. die Kemenate (wie Wohntürme ab dem Spätmittelalter auch bezeichnet wurden), der aber

rechts:
Grundriß der Vorburg (Nr. 1) und Hauptburg (Nr.2-7) mit Zwinger (Nr. 8). Hauptburg: Nr. 2: Burgtor; Nr. 3: Innenhof; Nr. 4: Wohnturm; Nr. 5: Küche; Nr. 6, 7: Wohntrakt.

rechts innen:
Aufriß der Nordseite des Wohnturms. Die unteren drei Geschosse mit Erdgeschoßeingang und 1. Stock-Eingang stammen aus den Jahren um 1338, die beiden Geschosse darüber aus der Zeit um 1515. Die Maßwerkfenster des 3. Stockes wurden erst später eingefügt.

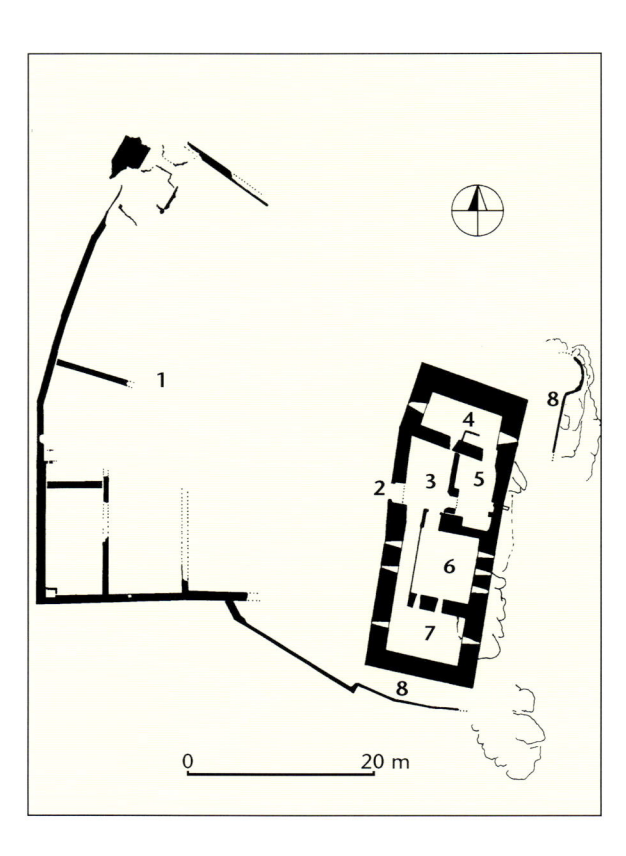

Luftansicht von Süden. Links unten die Fundamente der Vorburggebäude. Darüber der geschlossene Baukomplex der um 1338 errichteten Hauptburg. Im Vordergrund das Burgende mit dem Wohntrakt (Nr. 6, 7), dahinter der winzige Burghof (Nr. 3) mit der Küche rechts (Nr. 5); am hinteren Burgende der große Wohnturm (Nr. 4), dessen beiden oberste Geschosse um 1515 aufgesetzt wurden.

anfangs nur drei Geschosse hoch stand. Über einem gewölbten, teilunterkellerten Erdgeschoß lagen zwei Säle mit Bohlenstuben und einem Hocheingang in den 1. Stock. In einer zweiten Bauphase um 1515 erhöhte man den Wohnturm um zwei weitere Geschosse. Die damals eingebauten Holzstockfenster des 3. Stocks wurden später durch spitzbogige Maßwerkfenster mit Heraldikdekor ersetzt. Da dieser Heraldikdekor aus der Zeit um 1450 stammt, handelt es sich bei den Maßwerkfenstern um zweitverwendete Bauteile, d. h. hierher versetzte Spolien. Dies war in der älteren Literatur natürlich nicht erkannt worden und hatte folglich eine Fehldatierung des Turmoberteils verursacht. An diesem Beispiel erkennen wir, wie wichtig der kritische Umgang mit allen baulichen Informationsträgern ist.

Nachfolgende Umbauphasen haben den Baubestand weiter verändert.

Burg Stockenfels ist ein anschauliches Beispiel für eine ab dem späten 13. Jahrhundert und vor allem im 14. Jahrhundert in der Oberpfalz und in Böhmen beliebte Burgenkonzeption, bei der kleine längsrechteckige Burganlagen an den Schmalseiten einen oder zwei Wohntürme oder Bergfriede aufnahmen. Ein bekannter Vertreter dieser Konzeption ist die von Kaiser Karl IV. ab 1361 erbaute Burg Karlsberg/Kasperk in Südwestböhmen.

J. Zeune

Literatur:
M. Dittmann, Ein hölzernes Stockfenster des 14. Jahrhunderts auf der Burgruine Stockenfels. In: H. Hofrichter (Hrsg.), Fenster und Türen in historischen Wehr- und Wohnbauten (= Veröffentlichungen der Deutschen Burgenvereinigung, Reihe B, Band 4) (Marksburg und Stuttgart 1995) 104–109.
G. Hager, Die Kunstdenkmäler von Bayern, Regierungsbezirk Oberpfalz 1: Bezirksamt Roding (München 1905) 154–167.
Planungsgruppe Meiller, Dittmann und Partner, Amberg, Unpubliziertes Bauaufmaß 1985–89.
Stadtmuseum Nittenau, Die Burg Stockenfels. Katalog Sonderausstellung (Nittenau 1989).
J. Zeune, Burgen – Symbole der Macht, 2. Aufl. (Regensburg 1997) 61ff.

Trausnitz ob Landshut
Opfer eines Tauchsieders

Majestätisch überragt das vielteilige Burgschloß die malerische Altstadt von Landshut, legt damit ein eindrucksvolles Zeugnis ab von der einstigen Macht der bayerischen Herzöge, der Wittelsbacher. Bis zum 21. Oktober 1961 stand die Trausnitz – seit 1932 unter der Bayerischen Verwaltung der staatlichen Schlösser, Gärten und Seen – intakt und wohlerhalten. An diesem Tag löste ein Tauchsieder um 4 Uhr früh einen Brand im Fürstenbau aus, der schließlich den gesamten Fürstenbau und die Kapelle mit ihren großartig ausgestatteten Innenräumen zerstörte. Inzwischen hat man diese Räumlichkeiten wieder mit großen Aufwand restauriert und rekonstruiert. Teile der Burg sind heute zur Besichtigung freigegeben und museal eingerichtet.

Ähnlich wie andere große, berühmte Burgen – Burghausen, Coburg, Kulmbach, Passau beispielsweise – ist auch die Burg Trausnitz nur in Teilbereichen modern erforscht.

Einer zeitgenössischen Nachricht zufolge begann Herzog Ludwig I., der Kelheimer, im Jahr 1204 mit dem Bau der Burg und Stadt – *castrum et oppidum* – Landshut. Schon einunddreißig Jahre später weilte Kaiser Friedrich II. auf der Burg, die demzufolge recht ansehnlich gewesen sein muß. Für die Baugeschichte wichtig war vor allem die Zeit der „Reichen Herzöge" im 15. Jahrhundert, als die Herzöge Heinrich XVI. (1393–1450), Ludwig IX. (1450–79) und Georg (1479–1503) sehr viel an der Burg bauten. Als die Burg unter Ludwig X. (1516–45) nochmals herzoglicher Regierungssitz wurde, kam es zu weiteren Ausbaumaßnahmen, die der Burg das Gepräge eines Renaissanceschlosses gaben.

Ab 1545 diente es als Prinzensitz der Thronfolger, wobei wiederholt Ausbesserungsarbeiten durchgeführt wurden. Im Frühsommer 1568 bezogen Prinz Wilhelm und seine frisch angemählte Gattin Renata von Lothringen das zu diesem Anlaß prachtvoll ausgestattete Burgschloß, das ab 1575 „italienisch" ausgestaltet wurde; damals entstand auch die bekannte „Narrentreppe". Nach dem Ausbau der Befestigungen im Dreißigjährigen Krieg begann im 18. Jahrhundert der bauliche Niedergang der Burgschlosses.

Wie die Gründungsanlage von 1204 ausgesehen hat, läßt sich aufgrund der lückenhaften Forschungslage nicht feststellen, zumal nachmittelalterliche Umbauten den Charakter der

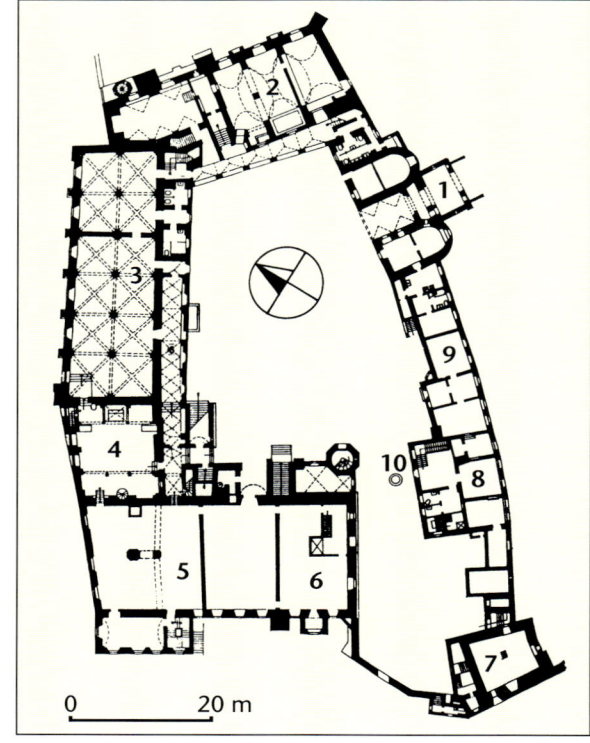

unten rechts:
Grundriß der Kernburg, Erdgeschoß. Nr. 1: Innerer Torbau; Nr. 2: Damenstock; Nr. 3: Alte Dürnitz; Nr. 4: Kapelle; Nr. 5: Fürstenbau, ehemaliger Palas; Nr. 6: Fürstenbau, ehemalige Kemenate; Nr. 7: Wittelsbacher Turm; Nr. 8: Schloßpflegerhaus; Nr. 9: Pfaffenstöckl; Nr. 10: Zisterne.

Luftaufnahme von Süden. Blick auf die Kernburg mit Zwingeranlage.

Baulichkeiten stark verändert haben. Bei einer solch hochrangigen Dynastenburg kann man eine steinerne Burg voraussetzen, die sicherlich Palas und Bergfried, eventuell auch Wohnturm umfaßte. Der „Wittelsbacher Turm" (Nr. 7), angeblich 1204 als Bergfried errichtet und noch immer die stadtseitige Front der Burg dominierend, stammt allerneuesten Forschungserkenntnissen zufolge erst aus dem späten 15. Jahrhundert, beinhaltet aber ein älteres Gebäudefragment. Auch die im „Fürstenbau" (Nr. 5, 6) verbauten Reste des ehemaligen Palas datieren ebenso wie jene der „Alten Dürnitz" (Nr. 3) erst in die Zeit um 1260. Kurz zuvor entstanden das Doppelturmtor (Nr. 1) und die Burgkapelle St. Georg (Nr. 4). Spätromanische Bausubstanz enthält der „Damenstock" (Nr. 2). Wir können also die Burg von 1204 baulich kaum fassen, ganz im Gegensatz zu jener von 1250/1260. In der Zeit der „reichen Herzöge" sowie 1516 und nochmals ab 1575 wurden Schloßkapelle, Alte Dürnitz, Damenstock und ehemaliger Palas zu einem dreiflügeligen Gesamtkomplex ausgebaut, die Innenräume prunkvoll und farbenprächtig ausgestaltet. Hervorzuheben ist hier der sogenannte „Italienische Anbau", der 1575 am Nordwesteck des „ehemaligen Palas" (Nr. 5) bzw. „Fürstenbaues" emporwuchs, und dessen Treppenhaus mit illusionistischen Comédiaszenen dekoriert wurde. 1528 kam das „Pfaffenstöckl" (Nr. 9), 1555 das „Schloßpflegerhaus" (Nr. 8) hinzu. Die Wasserversorgung gewährleisteten ein 150 m tiefer Sodbrunnen und eine Zisterne (Nr. 10).

Imposant ist die ausgedehnte Außenbefestigung, die dem späten 15. und 16. Jahrhundert angehört, auf Artillerieverteidigung ausgerichtet ist und die sehr große Vorburg umfriedet. Wie man auf dem präzisen Burgmodell des Jacob Sandtner von 1572 erkennt, war letztere einst dicht mit Wirtschafts-, Werkstätten- und Wohnbauten bebaut, die den Ansprüchen eines herzoglichen Hofstaates und einer vornehmen Hofhaltung gerecht werden mußten.

J. Zeune

Luftansicht von Südwesten. Kernburg (links) mit Vorburg (rechts). Am vorderen rechten Eck der Kernburg der „Wittelsbacher Turm", links daneben der „Fürstenbau" mit dem „Italienischen Anbau" am linken Eck. Um den Burghof gruppieren sich links die „Dürnitz" mit Kapelle, im Hintergrund der „Damenstock" und rechts das „Schloßpflegerhaus" (vorne), „Pfaffenstöckl" (Mitte) und der Torbau (hinten).

Literatur:
H. Brunner, E. D. Schmid, Landshut. Burg Trausnitz (München 1993).
F. Mader, Die Kunstdenkmäler von Bayern, Regierungsbezirk Niederbayern 16: Stadt Landshut (München 1927) 320–405.
J. Zeune, Burg Trausnitz. Burgenkundliches Gutachten 1998 für die Bayer. Verwaltung der staatl. Schlösser, Gärten und Seen, München (unpubliziert).

Wildenberg
Die bayerische Gralsburg im Odenwald

Nur wenige Kilometer südlich von Amorbach liegen mitten im herrlichen Odenwald am Rand eines Bergrückens die pittoresk rotfarbenen Sandsteinmauern der zweitürmigen Burgruine Wildenberg, die besonders zum Sonnenuntergang ihre romantische Wirkung entfalten.

Die Burg Wildenberg ist aber nicht nur eine anmutige, sondern auch in baugeschichtlicher und burgenkundlicher Hinsicht eine sehr bedeutende Burganlage.

Urkundlich erscheint die Burg erst 1226 mit *Cunradus de Wildenberg*, einem Mitglied des in dieser Gegend mächtigen Dynastengeschlechts von Dürn, das die Vögte des nahen Klosters Amorbach stellte. Originale Bauinschriftensteine aus der Burg berichten aber, daß Wildenberg von *Burkert von Durn* und *Ruhbreht von Durn* erbaut worden sei. Graf Ruprecht I. von Dürn wiederum ist im Gefolge der Kaiser Friedrich I. und Heinrich VI. zwischen 1171 und 1197 wiederholt als einflußreiche Persönlichkeit bezeugt, während Burkard von Dürn noch nicht eindeutig identifiziert werden konnte. Die baulichen Details bestätigen, daß der Bau der Burg Wildenberg schon ab etwa 1180 durch Rupert I. von Dürn begann. Nach seinem Tod im Jahr 1197 wurden die Bauarbeiten offenbar erst wieder um 1216 unter Konrad I. von Dürn aufgenommen und kamen gegen Mitte des 13. Jahrhunderts mit der Aufstockung des Palas zum Abschluß.

1271 erwarb der Erzbischof von Mainz Burg und Herrschaft Wildenberg und installierte hier einen Amtssitz. Wohl im 15. Jahrhundert verwandelte man die Kernburg in mehrere Teilburgen (Quermauern Nr. 7, 8). Da die Burg seit 1271 kaum weiterbefestigt worden war, fiel sie 1525 widerstandslos an die Bauern, die sie in Brand steckten. Seitdem blieb sie Ruine. Im frühen 19. Jahrhundert schmückte Graf Franz zu Erbach-Erbach mit Genehmigung der neuen Besitzer, der Fürsten zu Leiningen, seine künstliche Burgruine Eberhardsburg mit besonders schönen Schmucksteinen aus Wildenberg, darunter auch jene mit den Bauinschriften. Erste, alles andere als glückliche Sanierungsarbeiten erfolgten 1933–39; immerhin kehrten damals die Inschriftensteine an ihren Originalstandort zurück. Heute ist es wieder stiller geworden um diese grandiose Burgruine.

Der Bergsporn, auf dem sie steht, wird durch einen breiten Halsgraben in Vorburg und dahinterliegende Hauptburg unterteilt. Letztere hat die Grundgestalt eines stark länglichen Rechtecks, wobei die südliche Längsseite etwas

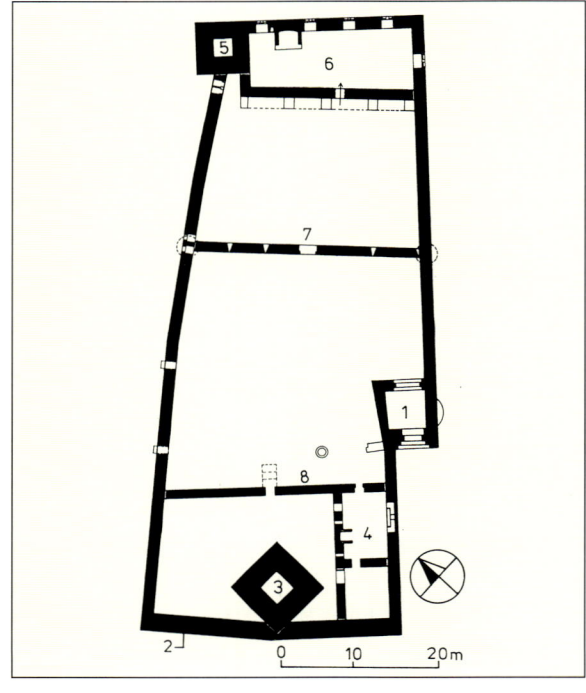

unten rechts:
Grundriß. Nr. 1: Torbau;
Nr. 2: schildmauerartig verdickte Frontmauer;
Nr. 3: großer Bergfried;
Nr. 4: Wohnbau;
Nr. 5: kleiner Bergfried;
Nr. 6: Palas.

unten:
Rekonstruktionszeichnung der Burg um 1250.

Luftansicht von Osten. Ganz links oben der Standort der Vorburg. Vorne in der Burg die verstärkte Frontmauer (Nr. 2) mit dem großen, übereck gestellten Bergfried (Nr. 3). Darunter der Versprung in der Ringmauer mit dem sekundär eingebauten Torturm (Nr. 1). Im Burginneren die Querwände des 15. Jahrhunderts (Nr. 7, 8) und am rechten, unteren Ende der quergestellte Palas (Nr. 6) mit dem angebauten kleinen Bergfried (Nr. 5).

einspringt, um das nachträglich mit einem Torturm versehene Burgtor (Nr. 1) aufzunehmen. Beide Enden der Burganlage wurden vielleicht schon von Anfang an mit je einem Viereckturm (Nr. 3, 5) ausgestattet, wobei der große, frontseitige Turm (Nr. 3), der in aggressiver Position übereck hinter der leicht verdickten Frontmauer (Nr. 2) aufragt, den eigentlichen Bergfried darstellte. Sehr schön ist das qualitätvolle Buckelquadermauerwerk, das diese Bauten kennzeichnet, mit seinen frühen, bildhaften (u. a. Darstellungen von Waffen und Werkzeugen) Steinmetzzeichen.

Das gesamte talseitige Ende der Hauptburg wird von dem großartigen Palas (Nr. 6) in Anspruch genommen, dessen reiche Bauplastik eine Zweiphasigkeit erschließt: Das unterste Geschoß stammt aus der Zeit um 1180, wohingegen das Obergeschoß mit seinen prachtvollen Fensterarkaden erst um 1230/50 aufgesetzt wurde. Es war vermutlich der riesige Haubenkamin des Erdgeschoßsaals, den Wolfram von Eschenbach – der nachweislich zuvor auf Wildenberg geweilt hatte – um 1205 in seinem „Parzifal" als Hallenkamin der Gralsburg beschrieb.

Sehenswert ist aber auch der um 1216 in die Ringmauer eingebaute Torturm (Nr. 1) mit seinem ornamentalen Stufenportal, der zur Steigerung der Repräsentanz bewußt die Wehrhaftigkeit reduzierte, dafür in seinem Obergeschoß eine kleine Burgkapelle mit Apsiserker aufnahm.

Vieles an Wildenberg bleibt immer noch auszuforschen, darunter das exakte Ausmaß der beiden Hauptbauphasen.

J. Zeune

Literatur:
A. Antonow, Burgen im Main-Viereck (Frankfurt am Main 1987) 111–126.
F. Droop, Burg Wildenberg. Die Gralsburg im Odenwald (Amorbach 1936).
W. Hotz, Burg Wildenberg im Odenwald (Amorbach 1963).
F. Mader, G. Lill, Die Kunstdenkmäler in Bayern, Regierungsbezirk Unterfranken 18: Bezirksamt Miltenberg (München 1917) 326–343.
T. Steinmetz, Die stauferzeitliche Burg Prozelten und ihre Beziehung zur Burg Wildenberg. In: Burgen & Schlösser 1988/I, 22–36.

Wülzburg
Bayerns frühe Bastionärfestung

Ein hoher Bergkegel direkt östlich der Stadt Weißenburg trägt das gedrungene Gemäuer einer mächtigen Artilleriefestung namens Wülzburg, deren Erbauungsdatum und Architektur sie einreihen unter die bedeutendsten, deutschen Festungsbauten der Renaissancezeit.

Ihren eigenartigen Namen hat sie von einem Benediktinerkloster, das hier ursprünglich stand. Deren Schirmvögte, die Markgrafen von Ansbach, erwarben es nach der Reformation, vielleicht schon mit der Intention, hier später eine Wehranlage zum Schutz ihres Territoriums zu errichten. Denn der Standort des ehemaligen Klosters beherrschte optisch die Täler der Altmühl und Rezat sowie den alten Handelsweg von Augsburg nach Nürnberg. Ab dem Jahr 1588 kam es dann auch unter Markgraf Georg Friedrich von Brandenburg zum Bau einer großen Landesfestung.

Seit der Hussitenzeit, d. h. den Jahren um 1430, hatte man neue Verteidigungsformen gesucht, die der permanenten Weiterentwicklung und vermehrten Anwendung der Artilleriewaffen gerecht wurden. Schon Mitte des 15. Jahrhunderts tauchten die ersten Rondelle und Batterietürme auf, die dann vor allem ab dem späten 15. Jahrhundert zu effizienten Verteidigungswerken ausgebaut wurden. Italienische Militäringenieure kreierten damals das bastionäre System, das sich letztlich in der Wehrarchitektur europaweit durchsetzen sollte.

1549 entstand mit der Zitadelle von Jülich die erste planmäßige Artilleriefestung auf deutschem Boden, gefolgt von der Zitadelle von Spandau um 1560 und der Wülzburg ab 1588. Die Grundgestalt der Wülzburg war wohldurchdacht und wohlgeplant über einer strengen Symmetrie, die sich – in Anlehnung an das Kastell von Antwerpen und im Gegensatz zu den quadratischen Zitadellen von Jülich und Spandau – ein Fünfeck zur Grundform nahm. An allen fünf Ecken sprangen mächtige Bastionen weit in den breiten Graben vor. Sie waren – die Bastion Kaltes Eck ausgenommen – mit Kasematten und Hohlräumen versehen und allesamt mit großen Geschützen bestückt. Diese Bastionen trugen um 1600 die Namen „Grien Bolwerck" (heute Bastion „Jungfrau"), „Reichert Bolwerk" (heute Bastion „Krebs"), „Roß Müll" (heute Bastion „Roßmühle"), „Ellingisch Bolwerck" (heute Bastion „Kaltes Eck") und „Hauptwacht" (heute Bastion „Hauptwache"). Die späteren Bezeichnungen „Krebs" und „Jungfrau" stammen von großen Geschützen dieses Namens. An der Innenseite der Wälle waren Unterkünfte für die Besatzung eingerichtet.

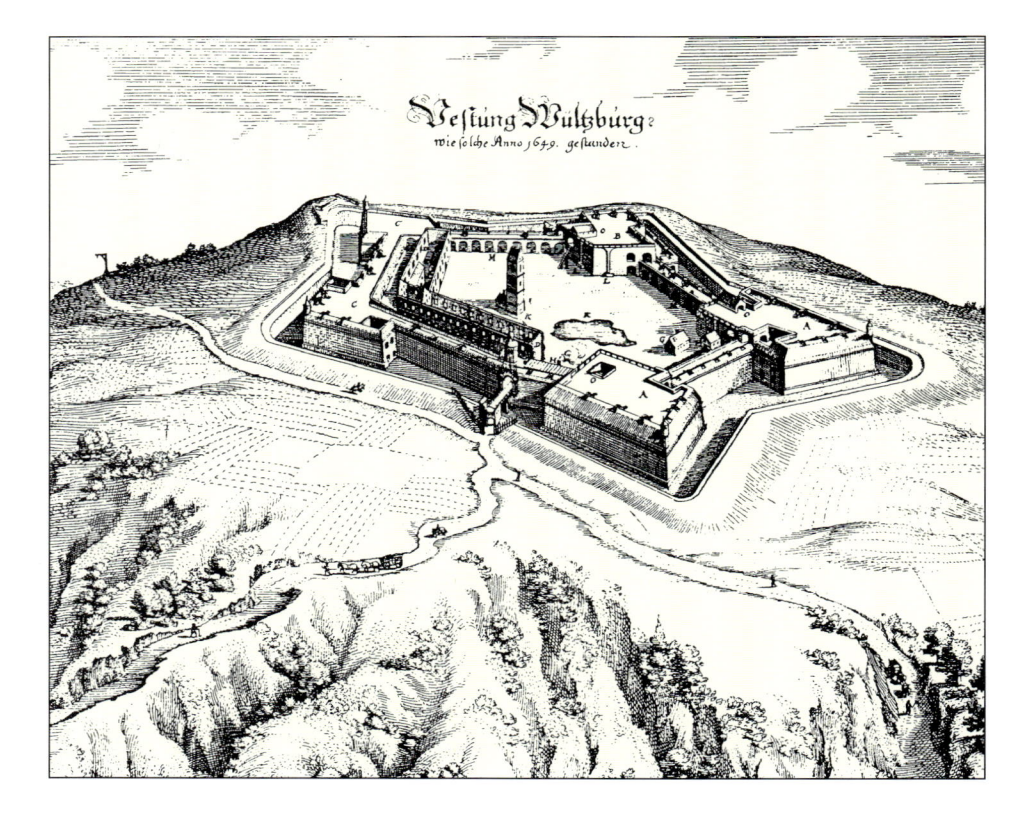

Die „Vestung Wültzburg" im Jahr 1649. Ansicht von Süden. Die Schloßbauten im Hof zeigen noch die Spuren des Brandes von 1634. Im Hof steht noch ein Turm des alten Klosters. Kupferstich nach Matthäus Merian.

Luftaufnahme von Nordosten. Vorne links die Bastion „Krebs", rechts die Bastion „Roßmühle". Ganz links die Bastion „Jungfrau", ganz rechts die Bastion „Kaltes Eck". Im Hintergrund die Bastion „Hauptwache". Im Hof die Zweiflügelanlage des Schlosses, davor die Burggaststätte und rechts daneben die Zisternenanlage. Gut sichtbar auch der breite Burggraben mit seinem gedeckten Gang und den kleinen Ravelins.

vorherige Seite unten rechts: Luftaufnahme von Osten. Im Hintergrund die Stadt Weißenburg. Im Vordergrund der Festung die Bastion „Krebs", flankiert von den Bastionen „Jungfrau" (links) und „Roßmühle" (rechts). An der linken Festungsseite der Zugang. Im Hof der zweiflügelige Schloßtrakt und die Burggaststätte.

Im Festungsinneren hatte Baumeister Rochus Graf zu Lynar ein fünfflügeliges Schloß geplant, das der Grundgestalt des Festungswerkes folgen sollte. Aus finanziellen Gründen konnten nur zwei Flügel realisiert werden. Die Klosterbauten mußten dem Neubau komplett weichen und lieferten Baumaterial. Im Südflügel war der erst 1602 fertiggestellte Festungsbrunnen untergebracht, der mit seiner Tiefe von über 133 m zu den tiefsten Brunnen Deutschlands zählt. Zur Förderung des Wassers diente ein Tretrad; jenes, das heute neben dem Brunnenschacht steht, datiert aus der Mitte des 17. Jahrhunderts. Zwei Leute konnten damit in 35 Minuten Laufzeit einen Kübel Wasser heraufbefördern.

Da der Wasserbedarf auf dieser Festung enorm war, legte man im frühen 19. Jahrhundert zusätzlich ein ausgeklügeltes Zisternensystem im Innenhof an.

Die Geschichte der Festung ist rasch erzählt. Sie diente im Jahr 1631 der Markgräfin Sophie als Zufluchtsort, konnte aber der Belagerung durch den kaiserlichen General Tilly nicht widerstehen und wurde im Dezember kampflos übergeben. Drei Jahre später brach im Kamin des kaiserlichen Kommandanten Fitsch beim Fischbraten ein Brand aus, der beide Schloßflügel – mit Ausnahme des eingewölbten Zeughauses – in Schutt und Asche legte. Nachdem die Wülzburg im Westfälischen Frieden 1649 an Ansbach zurückgekommen war, ließ Markgraf Albrecht V. ab 1654 Wiederherstellungsarbeiten durchführen, wobei die Küche nun frei in den Hof gestellt wurde. An ihrem Platz erhebt sich heute die Burggaststätte. Nachdem das Königreich Bayern 1806 die Festung erhalten hatte, wurde sie in eine Kaserne verwandelt.

Seit 1988 wurden Versuche angestrengt, die Festung zu sanieren – was angesichts der gewaltigen Baumassen kein leichtes Unterfangen ist. Parallel zu dieser Sanierung wurde auch eine umfassende Baudokumentation angefertigt.

J. Zeune

Literatur:
Th. Biller, Daniel Burger, Die Wülzburg. Architekturgeschichte einer Renaissancefestung (München u. Berlin 1996).
Th. Biller, Die Festung Wülzburg bei Weissenburg in Mittelfranken. Nutzung – Restaurierung – Erforschung. In: Schriftenreihe Festungsforschung 10 (Wesel 1991) 99–114.
D. Burger, Die Festung Wülzburg und ihr Schloßbau. In: Villa nostra 1/1994, 514.
F. Mader, K. Gröber, Die Kunstdenkmäler von Bayern, Regierungsbezirk Mittelfranken 5: Stadt und Bezirksamt Weißenburg (München 1932) 482–500.
H. Neumann, Die Festung Wülzburg (Weißenburg 1981).

Index

Verweise auf Abbildungen sind *kursiv*, Beiträge zu einer einzelnen Burg **fett** hervorgehoben.

A

Abbach 123
Abenberg 118, 122, 123, *124*, **130–131**, 138, 164
Abortturm 181
Abschnittsbefestigung 57, 114
Abschnittsgraben 24
Abschnittswall 13, 70, 102, 114
Abtritterker 162
Achteckturm 125, 176
Adalbero II. 93
Adalbert 52, 132
Adalbert II. 130
Adalbert von Prunne 174
Adalgoz 182
Adam Friedrich von Seinsheim 133
Adelsburg 63, 117
Adelspyramide 120
Adlerfibel *89*
Aichelberg 124
Aiterhofen 16
Alamannen 51
Albrecht Achilles 138
Albrecht Alcibiades 172
Albrecht Alcibiades von Kulmbac 119
Albrecht Dürer 139, 145, 167
Albrecht IV. 119
Albrecht V. 193
Albrecht von Bayern 174
Albrecht von Haberland 172
Alchemistenküche 138
Alkimoennis **27–29**
Alkofen 10
Alt-Berneck 125
Alt-Falkenstein 123
Alt-Trauchburg 122
Altane 155
Alte Dürnitz 189
Alteglofsheim 122
Altenburg 133
Altenburg bei Soden 60, *109*
Altfalkenstein bei Flintsbach 124
Altheim 10, *22–23*
Altheimer Gruppe 10
Altmühl 27, 68, 174, 192
Altnußberg 122, 123
Altsiedellandschaft 63
Alz 184
Amardela 86
Amberg 122
Amerang 122, 123
Ammerthal 53, **86–89**
Amorbach 190
Anachronismus 154
Andechs-Meranien 140
Andechs-Meranier 118
Andreas von Seeg 182
Andreaskapelle 133
Angstloch 153
Annäherungshindernis 114
Ansbach 119, 193
Ansitz 65
Anton von Ysenburg-Ronneburg 176
Antoni Fazuni Malthese 167
Apel von Lichtenstein 160
Apsiserker 191
Archäozoologie 60
Aribonen 134
Arkadengänge 172
Arme-Adeligen-Burg 126
Arnhofen 21
Arnulf 52
Arnulf-Mauer 64
Arsenalbau 173
Artilleriebauten 155
Artilleriebollwerk 178
Artilleriefestung 192
Artillerierondell 155, 162
Artillerieverteidigung 135, 189
Artilleriewaffe 128, 148
Arzberg 97
Aschaffenburg 129
Auer 186
Auerburg 122, 123
Aufseß 123
Augsburg 52
Aventinus 97

B

Babenberg 132
Babenberger Fehde 64
Babenburg *123*
Bad Abbach 52
Bad Reichenhall 156
Badestube 133
Baldingen 15, 16
Balduin von Trier 168
Bamberg 52, 54, 58, 60, 63, 64, 92, 120, *123*, 124, **132–133**, 162
Bandkeramik 9
Banz 54, 64
Banzer Berg 115
Barbakane 137
Bastei 170
Bastion 77, 128, 145, 192
Batterie 170
Batterieturm 148, 192
Bauernaufstände 121
Bauernkrieg 77, 162, 178, 180
Baumaterial 119
Bayreuth 172
Bayreuth-Laineck **112-113**
Beatae Mariae Virginis 169
Becker, Helmut 20
Befestigung *63*, *64*, *65*
Befestigungsanlage 13
Befestigungsrecht 51
Befestigungssystem 57, 60
Befestigungswesen 19
Befreiungshalle 28, *29*
Beinschmuck *36*
Benediktinerkloster 192
Berengar 132
Berengar I. 148
Berneck 123
Bernhard von Sachsen 148
Bernhard von Stein 184
Berthold von Hohenegg 144
Berthold von Prunne und Laaber 174
Bibliothek Oettingen-Wallerstein 152
Biebelried 122
Biforienfenster 138, 143
Birg bei Schäftlarn 57, 64, **114-115**
Bischof Burkard 78
Bischof Wolfhard 146
Bischofspfalz 132
Bistum Bamberg 118, 132
Bistum Eichstätt 130
Bistum Würzburg 76, 178, 180
Bistumsgründung 52, 62
Blauer Turm 140
Bleisiegel *40*
Blidenkugel 162
Blutturm 184
Bogenberg 14, *24–26*
Bohlentor 169
Boleslaw 54
Bollwerk 135
Bonifatius 76, 78
Bossenquader 158
Bramberg in Unterfranken 123
Brend 180
Brennberg in der Oberpfalz 123
Bretterboden 58
Bronzefibel *74*
Bronzepfeilspitzen *38*
Bronzezeit **12–14**, 24, 72, 156
Bruchstein 156
Bruckberg bei Landshut 16
Buchhofen 16
Buchhofen-Nindorf 10
Buckelquader 138, 143, 149, 150, 176, 178
Buckelquadermauerwerk 152, 175, 191
Bullenheimer Berg *11*, 12, 39, 62
Büraburg in Hessen 54
Burg bei Kemmern 110
Burgberg 122
Burgenbauprogramm 168
Burgenforschung 120
Burgenkunde 120, 123
Burgenkundlicher Lehrpfad 160
Burgenpyramide 120
Burgenrezeption 165
Burgenromantik 154, 164
Burgentypen 119
Burgfriedensvertrag 180
Burghausen 120, 122, 128, **134–135**
Burgk zu Seekh **182–183**
Burgkapelle St. Georg 189
Burgkirche 161, 180
Burgkunstadt 54, 58, 60, 63, 64
Burglengenfeld 120, 123, 124, **136–137**
Burgmannenhaus 131
Burgmannensitz 181
Burgsinn 123
Burgthann in Mittelfranken 122, 123
Burk **182–183**
Burkert von Durn 190
Buxheim 9

C

Cadolzburg 118, 122, 123, 128, *138–139*
Caesar 18
Carl Eduard 141
Caspar Vischer 172
Castell 52, 54, 57, 60, 63, *116–117*
castella munimenta 54
castellum 51
castrum 51
castrum Phronten 146
castrum Purchusin 134
castrum Rienecke 176
castrum Swangowe 164
Cham 54, 60, 63, 64, *90–91*
Chamer Gruppe 10, 12
Chameregg/Ödenturm 122, 123
Chammünster 90
Chiemgauer Blaubart 184
Christenberg 57
Christgarten 64
Christiansturm 173
Christlein, R. 98
Christoph von Schachner 170
civitas 51
Claudios Ptolemaios 27
Claudius Ptolemaeus 50
Colmberg 123
Creußen 53, 60, *61*, 64
Cunradus de Wildenberg 190
curtis 134
custos civitatis 55

D

Dachsbach 128
Damenstock 189
Darstellungen 191
Deggendorf 30
Denar *89*
Depot 13
Diebsturm 152
Diepoldinger 118
Dittenheim 68
Domberg in Bamberg *132–133*
Domberg in Freising 14
Domkloster 132
Domschule 132
Donau 18, 24, 27, 30, 170
Donaustauf 52, 120, 121, 123, 124, 128, *142–143*
Donjon 170
Doppelburg 160, 170
Doppelgraben 20, 23
Doppelkapelle 166
Doppelturmtor 189
Dornberg im Landkreis Mühldorf 18
Dreißigjähriger Krieg 31, 109, 119, 121, 144, 153, 170, 176, 178, 186, 188
Drohgebärde 146
Drügendorf 60, *110*
Durach/Neuenburg 122, 123
Dürnitz 134
Dynastenburg 124, 189

E

Eberhard I. 93
Eberhardsburg 190
Ebermannsdorf 125
Ebermannstadt 162
Ebern 160
Ebersberg 52, 54, 56, 59, 63, *92–93*, 124
Ebhardt, Bodo 141
Echter, Julius 77
Echtertor 77
Eckerker 150
Edelfreie von Hohenegg 144
Edikt von Pîtres 51, 54, 63
Effeltrich 169
Eggenbergturm 135
Egloffstein 123
Ehapoldinga 114
Ehinger Berg 104
Ehrenberg 154
Ehrenbürg 18, *34–36*, 61
Ehrenfels 123
Eichenhausen 180
Eichstätt 52, 64
Eidam, H. 104
Eiersberg 17, *44–45*
Einmotten 125
Eiringsburg 52, 54, 57, 58, 60, 63, 104, *106–107*, 115, 117
Eisenberg *7*, 119, *126*, 128, *144–145*
Eisenverarbeitung 100
Ekkehart IV. 57
Ekkilunpurc 52, 56
Elias Holl 129
Elkofen 123
Ellingisch Bolwerck 192
Eltmann 52, 62
Epolding-Mühltal 114
Epprechtstein 122, 123
Erchambold 52
Erdhügel 125, 182
Erdrampe 18
Erdwall 26, 114
Erkanbald, Abt von Fulda 54
Ernst I. 141
Erosion 100
Erzabbau 28
Erzbistum Salzburg 184
Erzherzog Leopold von Österreich 144
Erzschürfgrube 28
Erzstift Mainz 176
Esterer, Rudolf 167

F

Falkenberg 123
Falkenstein 119, 123, 125, *146–147*
Fallgitter 169
Faulturm 152
Fazuni Malthese 129
Felsburg 120
Fensterarkade 133, 191
Fentbachschanze 18, *46–47*
Fernstraße 158
Fernverkehrsstraße 109
Fernwege 109

Festes Haus 125
Festung 77, 129, 140, 172
Festungsbau 192
Festungsbrunnen 193
Feuerstelle *58*
Fibelgußform *84*
Fibelherstellung 18
Fieger 180
Filterzisterne 124
Flankierungsturm 127, 135, 155
Flechtbandmuster *80*
Flechtwerkwand 13
Flintsbach 21
Flossenbürg 120, 122, 125, *148–149*
Fluchtburg 17, 54, 58, 85
Flußübergang 18, 134
Folterkammer 184
Forchheim 84
Fort St. Elmo 169
Fränkische Alb 68
Fränkische Reichsritterschaft 118
Fränkische Saale 180
Fränkische Schweiz 162
Franz II. 135
Franz zu Erbach-Erbach 190
Frauenberg bei Weltenburg 14, 57, 64, *97–101*
Frauenberger 150
Fraunberger von Haag 174
Freeden, Max H. v. 77
Freiherren von Freyberg 154
Freiherren von Guttenberg 180
Freiherren von Lösch 185
Freising 52, 62
Freitreppe 133, 135
Fresken 174, 185
Friedel, B. 166
Friedrich I. 118, 148, 166, 190
Friedrich II. 130, 166, 188
Friedrich IV. 172
Friedrich Karl von Schönborn 133
Friedrich VI. von Hohenzollern 138
Friedrich von Freyberg 144
Friedrich von Freyberg zu Eisenberg 154
Friedrich von Hohenzollern 129
Friedrich Wilhelm 139
Friesen 122
Frontmauer 191
Fröschl von Marzoll 156
Frühbronzezeit 99
frühkarolingisch *63*
Frühlatènezeit 17, 66
Fulda 63, 106
Fünfeckturm 125, 166
Fürsten zu Leiningen 190
Fürstenbau 170, 188
Fürsteneck 123
Fürstengrab 75
Fürstensitz 14, 75
Furt 78
Füssen *128*
Füssen/Hohes Schloß 128

G

Gaden 169
Galgenberg bei Cham **90–91**
Galgenberg bei Kopfham 11
Ganerbenburg 85, 160, 180
Gaubald 90
Gauburg 61, 68
Gebenbürg 69
Gebo 69
Gefängnisturm 180
Geheimgänge 153
Geiselhöring 16
Geisterburg 186
Gelbe Bürg 60, 61, 62, 64, **68–69**
Gemäldesammlung 135
General Tilly 193
Geophysik 10, 20, 22
Georg 188
Georg der Reiche 135
Georg Friedrich von Ansbach 172
Georg Friedrich von Brandenburg 129, 192
Georg Gossembrot 154
Georg Heuraus von Satzdorf 186
Georg von Truckmiller 175
Georgskapelle 170
Gerboldus de Seekke 182
Gerhard von Seeon 132
Gerolfinger Berg 104
Gertrud von Nivelles 81
geschüttete Wälle 57
Geschützplattform 128
Geschützrondelle 135
Gewölbedecke 138, 158
Gewölbekeller 133
Giechburg 123, *207*
Giechburgvertrag 112
Gipfelburg 119, 124, 154, 157
Glasproduktion 18
Glasschale 68
Glockenturm 173
Gneis 119
Goldberg 61
Goldberg im Nördlinger Ries 14
Goldgegenstände 13
Gößweinstein 123
Gotik 24
Gottersich von Guttenstein 148
Götz von Berlichingen 77
Grabenrondell 9
Grabensystem 9
Grabfeldburg 63
Grabfeldono burgus 52
Grabfeldonoburg 55
Grafen von Abenberg 118, 125, 138
Grafen von Andechs 118
Grafen von Bogen 118
Grafen von Burghausen 134
Grafen von Henneburg 140
Grafen von Lengenfeld 136
Grafen von Nostiz 176
Grafen von Oettingen 118, 152
Grafen von Orlamünde 118, 172
Grafen von Peilstein 156
Grafen von Rieneck 176
Grafen von Rieneck-Loon 176
Grafen von Sulzbach 118
Grafen von Wertheim 67
Grafenburg *124*
Grainberg 61
Gralsburg 191
Granit 119
Grenzveste 135
Grien Bolwerck 192
Großer Gleichberg bei Römhild 39
Großer Knetzberg 14
Großquader 156
Grubenhaus *59, 60*, 124
Grünbürg bei Stadtsteinach 60, 109, *110*
Gründungslegende 178
Grundwasserbrunnen 153, 181
Gurren 150
Gürtelgarnitur *36, 70*
Gußerker 127

H

Haag i. Obb. 120, 127, 128, **150–151**, 174
Hadersbach 10, 12
Haderstadl bei Cham 63
Häggenschwil 57
Hakenbüchsen 184
Hakenbüchsenturm *120*, 161
Hallenkamin 191
Hallgrafen 156
Hallstattzeit **14–18**, 30, 68, 75
Halsgraben 30, 162, 175, 176, 178, 181, 190
Hammelburg 52, 54, 60, 61, 62
Handel 29
Handelsstraße 140, 180
Handelsweg 192
Händleinspfennig *96*
Handquader 124
Handwerksbereich 18
Hanggraben 30, 106, 108, 112, 115
Hangsiedlung 132
Hangwall 110
Hans Fraunberger 174
Hans Werner 172
Harburg 122, 128, *129*, **152–153**
Harud 82
Haspelaufzug 153
Haßlach bei Kronach 122
Haubenkamin 148, 177, 178, 191
Hauptverteidigungswaffe 127
Hauptwacht 192
Haus Fränkischer Geschichte 130
Heden, Herzog 54
Heden II. 76
Hedene 78
Heideloff, Karl Alexander von 141
Heideloff, Kurt 167
Heidenturm 166
Heimhof 128
Heinrich de Nidecke 162
Heinrich der Löwe 134
Heinrich der Reiche 134, 148
Heinrich der Stolze 142
Heinrich I. 53, 84, 93, 180
Heinrich II. 53, 86, 118, 132
Heinrich III. 90, 93, 124, 166
Heinrich III. Groß von Trockau 133
Heinrich VI. 190
Heinrich XIII. 134
Heinrich XVI. 188
Helmericus de Kadoldesburc 138
Heraldikdekor 187
Hermann III. 117
Hermann von Lobdeburg 74
Hermann von Würzburg 178
Herren von Brende 181
Herren von Hanau 176
Herren von Laaber 174
Herren von Pappenheim 118
Herren von Seeg 182
Herrenberg 116
Herrenhof 30
Herrenhöfe **15–16**
Herrensitz 61, 143
Herrmann, F. R. 104
Herrschaftssymbol 182
Hersfelder Zehntverzeichnis 55
Hertlein, F. 104
Heßberg 160
Hesselberg 14, 57, 64, **104–105**
Hetzleser Berg **102–103**
Heuneburg 75
Heunischenburg 14, **37–39**
Heustreu 180
Heuweg 67
Hilgartsberg 123
Hilpoltstein 122, 123
Hiltifridesburg 62
Hiltpolt von Schwangau 165
Hiltpoltstein 123
Hinterhohenschwangau **164**
Hirmesberg 32
Hirschberg 123, 125
Hochadel 124
Hochhaus und Niederhaus 123
Hochschloß 184
Hochstadt am Main 122, 123
Hochstift Augsburg 182
Hochstift Bamberg 113
Hock, G. 82, 106, 108
Hof 122
Hofberg 122, 123
Hofheim 108
Hohe Bastei 140, 173
Hohe Warte 133
Hohenaschau 123
Hohenburg 123
Höhenburg 60, 61, *76*, 119
Hohenegg 144
Hohenfreyberg *7*, 119, 122, 128, 144, **154–155**
Hohenschwangau 164
Höhensiedlung 18, 48, 61, 62
Hohenwaldeck 123
Hohenzollern 138, 166, 172
Hohes Schloß in Füssen 122, 123, *128*
Höhlenburg 120, 125, 184
Höllenfels 160
Hollstadt 180
Holz-Erde-Befestigung 66
Holz-Erde-Mauer 13, 14
Holz-Erde-Stein-Mauer 104, 108

Holzburg 120
Holzrahmenwerk 18
Holzstockfenster 187
Holzturm 183
Homburg 52, 62, 122, 123
Hoppe, M. 80
Horeburc 152
Hornung, H. 104
Hornwerk 170
Horsadal **94–96**
Houbirg bei Happurg 13, 17, 61
Hügelgräberbronzezeit 14, 47
Hugofels 122, 123
Huninger de Haga 150
Hussitenbedrohung 166
Hussiteneinfälle 121, 128, 140, 161, 168
Hussitenzeit 192

I

Illusionsmalerei 128, 129
Ilz 170
Immina 76
Ingolstadt 123
Ingolstädter Jesuitenkolleg 175
Innenbebauung 59
Innenkamine 150
Innsbrucker Hofburg 139
Investiturstreit 52
Iphofen 73
Iphöfer Knuck 62, **73**
Ippihona 73
Irgertsheim 16
Iring 52, 63, 106
Iringshausen 63, 106
Irmingard von Hammerstein 96
Isenberch 144
Italienischer Anbau 189

J

Jacob Sandtner 189
Jagdhistorische Sammlung 172
Jagdwaffenmuseum 172
Jakob Sandtner 135
Janssen, W. 82
Johann Baumgartner 165
Johann Schweickard von Kronberg 129
Jost Amman 185
Judenhügel bei Kleinbardorf 62
Jugendherberge 135, 178
Jungfernkuß 180
Jungneolithikum 9
Jungpaläolithikum 104
Jungsteinzeit 30, 99
Jurafelsen 174
Juthungen 71

K

Kaiserburg 166
Kaiserzeit, römisch 75
Kalenderbau **9**, 21
Kalkstein 156
Kallmünz 32, 123, 124
Kampfhandlung 23
Kapelle 31, 124, 143, 177, 188
Kapellenturm 155
Kappelrangen auf dem Schwanberg 63, *73*
Karl Alexander von Heideloff 141
Karl der Große 84, 94, 180
Karl der Kahle 54
Karl IV. 148, 158, 166, 187
Karl Köckh zu Mauerstetten und Bodenmais 175
Karl Martell 78
Karl von Mandelkirchen 156
Karl von Peilstein 156
Karlburg 52, 57, 58, 62, **78–81**, 124
Karlmann 78, 84
Karlsberg/Kasperk 187
Karlsgraben 94
Karlstein 124, *156–157*
Karolingerzeit, frühe 51
Kasematte 192
Kaserne 172
Kasimir 172
Kastell von Antwerpen 192
Kastellinie 62
Kelheim 27, 97
Kelten 27
Kemenate 175, 186
Kemmern *110*
Kemnat 123
Kilian 76
Kilianslegende 52, 62
Kiliansturm *76*
Kirchenberg bei Kallmünz 32
Kirchenburg 168–169
Kirnstein in Oberbayern 123
Kleine Laaber 16
Kleinkastell, spätantik 98, *100*
Kleinquadermauerwerk 150
Klöppelmuseum 130
Kloster Amorbach 190
Kloster Chammünster 91
Kloster Ebersberg 93
Kloster Eichstätt 52
Kloster Fulda 52
Kloster Kitzingen 74
Kloster Megingaudeshausen 52, 116
Kloster Neustadt 82, 178
Kloster Reichenbach 91
Kloster Schäftlarn 52, 114
Kloster Weihenstephan 182
Kloster Weltenburg 97, *101*
Klosteranlage 140
Koch, R. 94
Kollenberg 123
Kolonat 76
Königsburg 166
Königshof 84
Königsresidenz 132
Konrad I. von Dürn 190
Konrad I. von Salzburg 134
Konrad II. 162
Konrad V. 144, 146, 164
Konrad von Querfurt 76
Konradin V. 148
Kothingeichendorf 9, 20
Kötzting 128
Kragkamin 162
Krämer, W. 97
Kreisgraben 20
Kreispalisade 21
Kreuzgratgewölbe 146
Kreuzwertheim 61, 62, **66–67**
Kriegsknecht 180
Kroateneinfall 169
Kronach 37, 53, 60, 64, 124
Krone Frankens **140**
Kulmbach 119, 172
Kultplatz 21
Kunreuth 123
Kunstsammlung 141, 152
Künzing-Unternberg 9, **20–21**
Kurmainz 176
Kürnberg 123, 128
Kyberg in Oberhaching 15, 16

L

Laaber 123
Laineck 64, ***112–113***
Lamberg 90
Landesausbau, frühmittelalterl. 55, 61, 65
Landesburg 51, 55
Landesfestung 192
Landschaftsmuseum 172
Landshut 118, 128, **188–189**
Landshut-Hascherkeller 16
Landshuter Erbfolgekrieg 119, 121
Langenegg 122, 123, 127
Langenstädter Vertrag 172
Latènezeit **14–18**, 30, 72, 75, 184
Laubenberg-Stein 123
Lauenstein 122
Lauf 120, 123, **158**
Lebenhan 180
Leichenturm 184
Lengenfeld 136
Leonhard von Laiming 170
Leonrod 123
Lepanto 169
Leuchtenberg 123
Lichtenau 123, 129
Lichtenburg in Unterfranken 123
Lichtenstein 120, 122, *127*, 128, **160**
Lichtschlitz 168
Linearbandkeramik 9, 30
Lisberg 123
Lobach 182
Loch 184
Loch bei Pinswang 144, 184
Loifling 122, 123, 128
Lothar Franz von Schönborn 133
Löwenrelief 177
Löwlerbund 174
Ludwig das Kind 52
Ludwig der Bayer 166, 186
Ludwig der Deutsche 84
Ludwig der Fromme 84
Ludwig der Gebartete 134
Ludwig der Kelheimer 188
Ludwig I. 118, 176, 188
Ludwig II. 120
Ludwig II. von Bayern 165
Ludwig III. von Rieneck 178
Ludwig IV. 162

Ludwig IV. von Wittelsbach 119
Ludwig IX. 188
Ludwig von Bayern 119, 136, 147, 164, 174
Ludwig X. 188
Lueg bei Oberaudorf 125, 184
Luftbildarchäologie 15, 20, 22
Luginsland 130
Luidolfinger 54
Luitpoldhöhe 85
Lullebach 63, 106

M

Machtdemonstration 145, 146
Machtentfaltung 145
Machtpolitik 168
Machtsymbol 154
Mädchenschänder 184
Mader, G. 120
Magnus, Schweinfurter Ritter 53
Main 66, 78, 178
Mainschleife bei Kreuzwertheim *66–67*
Maintal 72, *77*
Manching *17*, ***18–19***
Mangfall 18
Mantelmauer 148
Mantelmauerburg *126*, 128, 145
Manzeberg 146
Märchenschloß 165
Margarethenberg 14, ***42–43***
Marienberg in Würzburg 14, ***75–77***, 122, 123, 128
Marienkirche 76
Marienkloster 81
Markgrafen von Ansbach 192
Markgrafenkriege 121, 172
Markgrafenstadt 172
Markward von Grumbach 178
Marquardstein 123
Marstall 133
Maschikuliturm 77
Maßwerkfenster 187
Matthaeus Merian 151
Maulscharte 169
Maurer, J. 97
Maurus II Cammermayr 97
Megingaud 52, 82, 116
Megingaudeshausen 116
Mehrfamilienburg 180
Meinhard II. von Tirol 144, 146
Menosgada 50
Meranier 172
Merowingerzeit 67, 68, 72
Mespelbrunn 122
Meßbenefizium 186
Metalldepot 12
Metallhandwerk 13
Metallverarbeitung 13
Michael Wolgemut 167
Michaelsberg bei Kipfenberg 57, 61, 124
Michelsberg bei Kelheim 18, ***27–29***, 57
Michelsberg bei Neustadt am Main 57, 63, ***82–83***
Michelsberger Kultur 66
Miltenberg 123
Miltenberg in Unterfranken 62

Mindelheim 123
Ministerialansitz 65
Ministerialenburg 67
Mirskofen 16
Mittelalterarchäologie 120
Mitterfels in Niederbayern 123
Mitternfels 123
Mörnsheim 123
Mörtelmauern 57
Mörtelmischanlage 124
Motte 125, 182
Mühlberg bei Christgarten 60
Münchshöfener Gruppe 9, 99
Münze *50*, *89*, *96*
Münzhort 67
Münzstätte 90
Murach 124
Murnau 122, 123, 127
Murus gallicus 16, 18
Museum 135, 170, 172
Mystifizierung 161

N

Naab 136
Nabburg 53, 54, *55*, 60, 64, 90
Nagelfluh 119
Napoleon 135
Narrentreppe 188
Nassenfels 123
Natternberg ***30–31***, 123
Neideck *119*, 120, 128, ***162–163***
Nennslingen 124
Neolithikum 68
Nesselburg 122, 123, *126*, 128
Neu-Falkenstein 123
Neubeuern 123
Neuböhmen 158
Neuburg a. d. Donau 122
Neuburg am Inn 123
Neuhaus in der Oberpfalz 123
Neukirchen bei Hl. Blut 122
Neuschwanstein 120, ***164–165***
Neustadt a. d. Saale 180
Neustadt a. Main 60
Neustadt a. Main 64
Nibelungenlied 174
Niedererlbach 16
Niederhaus 120, ***170***
Niesten 123
Niller, H. P. 100
Nordeck 123
Nördlingen *118*
Normanneneinfälle 52
Nürnberg 118, 119, 122, 123, 124, 128, 129, 158, ***166–167***
Nürnberger Akademie der Bildenden Künste 158

O

Oberammerthal 57, 58, 60, 62, 64, ***86–89***
Obergriesbach 123
Oberhaus 120, ***170***
Oberschloß 116
Oberwittelsbach 124
Ochsenschlot 139

Odilo 90
Oettingen-Wallerstein 152
Oppidum 18, 27, 46, 49
Ortenberger 175
Osterburg 123
Osternohe/Schloßberg 123
Österreichischer Erbfolgekrieg 31
Osterwiese am Hesselberg 57, ***104***
Ostheim v. d. Rhön ***168–169***
Oswald I. Toerring zu Stein 185
Otmarstürmchen 130
Otto der Heilige von Bamberg 124
Otto I. 64, 85, 94–96, 168
Otto II. 90
Otto III. 84, 180
Otto V. von Wittelsbach 136
Otto VIII. 172
Otto von Braunschweig 136
Otto von Lonsdorf 170
Otto von Wittelsbach 118
Ottonen 52

P

Paläobotanik 60
Paläolithikum 72
Palatinus de Lengenfeldt 136
Palatium 133
Palisade 9, 15, 20, 22, 31, 125, 182
Palisadenwand 13
Palisadenzaun 15
Pappenheim 123
Parkstein 148
Parzifal 191
Passau 18, 52, 62, 120, 121
Passau/Oberhaus 122, 127
Pechnase 127
Pegnitz 158
Peilstein 156
Peipinbach 114
Pescheck, Ch. 73, 104, 108
Pfaffenstöckl 189
Pfalz 84, 180
Pfalzgraf Johann 186
Pfefferbüchse 151
Pfeilschartenturm 161
Pfeilspitze *38*
Pfleghaus 156
Pfostenbau *59*, *60*
Pfostenhaus *58*, *59*
Pfostenreihe 68
Pfostenschlitzmauer *16*, 28, 49, *50*, 70
Pfronten 144, 146
Pfünz *19*
Philipp 76
Philipp von Henneburg 133
Philipp von Rieneck 176
Pippin 62, 74, 78
Plassenburg ob Kulmbach 122, 128, ***172–173***
Poikam 122
Pollinger 22
Poppo von Andechs-Plassenburg 113
Posserberg 60
Pottenstein 123
Prozelten 123

Prunkerker 139
Prunkportal 173
Prunn 120, *174–175*
Pultdacherker 138
Pulverturm 137
Purchusen 134
Pyramidendach 150
Pyramidenschlot 139

Q

Quadermauerwerk 148, 176
Quickbornfreunde 178

R

Rabeneck 123
Rabenstein 123
Randbefestigung 68
Randeck 123
Randersackerer Turm 77
Randwall 25, 68, 104, 114
Rapoto 130
Ratolt 92
Raubritter 184
Raueneck 122, 123, 160
Rechteckfibel *89*
Regen 186
Regensburg 51, 62, 64, 88, 94, 142
Regino von Prüm 52
Reichelsberg 128
Reichenbach 91
Reichert Bolwerk 192
Reichsburg 90, 166
Reichsgut 158
Reichsministeriale 158
Reichsstadt 158, 166
Reichsstädte 118
Reichstag 166, 180
Reihengräberfeld 68
Reinecke, P. 104, 114
Reisberg 61, *70–71*
Reitersporn 69
Rekonstruktion *60*
Renaissance 129, 135, 139, 172, 175, 192
Renaissanceschloß 77, 188
Renaissancetreppenturm 117
Renata von Lothringen 188
Rennfeuerofen *28*
Rennweg 109
Repräsentation 172
Residenz 128, 140, 172
Residenzschloß 129
Reussenberg 128
Rezat 192
Rhätsandsteinblock 160
Richlind 93
Riedenburg 123, 174
Riekofen 9
Rieneck 122, 123, 125, *176–177*
Rinecker, Franz 176
Ringwall 17, 18, 90, 104, 108, 110, 112, 114
Ritter Magnus 86
Rittertum 154
Rochus Graf zu Lynar 193
Röckinger Berg 104
Rodenstein 34

Rodungsburg 61, 65
Rollenberg bei Hoppingen 14
Römerkastell 19
Rondelle 192
Rorinlacha 82
Rosenberg ob Kronach 122, 128
Rosenburg 123
Roß Müll 192
Roßtal 53, 54, 57, 58, *59*, *60*, 62, 64, *94–96*
Röstofen 28
Rotenhan 123, 160
Rothenfels 120, 123, *178–179*
Ruhbreht von Durn 190
Rundbastion 128
Runder Berg 61
Runding 123
Rundturm 137, 143, 169, 178
Rupert 117
Ruprecht I. von Dürn 190

S

Saalbau 124, 170
Sachsenchronik 52
Sadruddin Aga Khan 154
Sage, W. 82, 97, 120
Sägespur 183
Saldenburg 123, 128
Salz a. d. Saale **84**
Salzach 134
Salzberg 180
Salzburg bei Neustadt a. d. Saale 62, *85*, 122, 124, *180–181*
Salzgau 180
Sandstein 119
Sandsteinmauer 190
Sandsteinquader 131
Saunstein 122, 123
Saxo 84
Schad von Mittelbiberach und Warthausen 154
Schäftlarn 54, 56, 60
Schalentürmchen 151
Schanzberg bei Traitsching *109*
Scharfeneck 123
Schatzkammer 135
Schaumberg 160
Schefbeck 97
Scheibenfibel *89*
Schenkenschloß 122, 123
Scherenbergtor *76*
Scheßlitz 70
Schießscharte 127, 153, 162, 168, 184
Schiffslände 81
Schildmauer 134, 162
Schildmauerburg *126*, 128
Schlacht auf dem Lechfeld 64, 98
Schlachtengalerie 172
Schläfenring 92
Schlitzfenster 168
Schlitznischen 137
Schlitzscharte 169
Schloß Schwanberg 73
Schloßberg bei Drügendorf 110
Schloßberg bei Kallmünz 14, *32–33*, 57, 64
Schloßberg in Ebersberg *92–93*

Schloßberg bei Drügendorf *110*
Schloßbuck bei Gunzenhausen 62
Schloßkapelle 189
Schloßkirche 152
Schlüsselberg 162
Schlüsselscharte 128
Schmachtenberg 122, 123, 128
Schmalkaldenkrieg 119
Schnabelkanne *36*
Schöner Hof 172
Schott, Anton 130
Schürfgrubenfeld 97
Schutzbau 121
Schwabach 130
Schwabmünchen 53
Schwanberg 13, 57, 60, 61, 62, 64, *72–74*, 116
Schwarz, K. 78, 87, 90, 94, 106, 109
Schwarzenburg 123
Schwedenschanze 60, *108–109*
Schwedenschanze von Wechterswinkel 62
Schweinfurt 60, 64, 92
Schweinfurter Burgen 53
Schweinfurter Grafen 51, 113
Schweppermannsburg 123
Schwertknauf *74*
Schwertortband *74*
Schwippbrücke 184
Seeg 120, *182–183*
Siebenbürgen 168
Siebeneckturm 125, 176
Siedlungsstruktur 18
Sigihard 92
Sigismund von Österreich 154
Silberdenar *96*
Silberdrachme *50*
Silberpfennig *96*
Sinn 176
Sinwellturm 166
Sinzenhofer Turm 137
Sodbrunnen 189
Sodenberg 62
Sodenburg *108*
Sohlgraben 131
Sommerhalle 181
Sommerresidenz 139
Sonnenwende 9
Spätantike 98
Spätbronzezeit 104
Spatenscharte 128
Spätgotik 77
Späthallstattzeit 66
Spätlatènezeit 72
spätmerowingisch *63*
Spatto 82
Speicherbau *60*
Sperrwall 25
Spindler, K. 98
Spitzgraben 20, 73, 94, 132
Spolie 187
Spornburg 119
St. Gallen 64
St. Martin in Brend 84
St. Pankratz 156
Staatsgemäldesammlung 172

Stadtmauer 27
Staffelberg 18, *48–50*, 62
Starnberg 123
Stauf 123
Staufeneck 123
Staufer 164
Steigerwald 72
Stein an der Traun 120, 122, 125, 156, *184–185*
Steinburg 182, 184
Steinmauer *18*
Steinmetzzeichen 191
Steinzeit **9–12**
Stephansposching *8*, 9, 64
Sternbastion 170
Stilla-Türmchen 130
Stöckenburg 52, 62
Stockenfels 120, 121, 122, 128, *186–187*
Stollen 185
Straßkirchen 10
Straubinger Ritter 174
Streitberg 162
Stufenportal 191
Sultan Mohammed II. 168
Sulzbach 92, 124
Sulzbach-Rosenberg 122, 123, 124, 125
Sulzberg 122, 123

T
Tabertshausen 10
Tafelberg 12
Talsiedlung 60, *76*, 132
Tankzisterne 157
Tattermannsäule 133
Teufelsstein 160
Thanco 82
Theres 52, 60, 64
Thietmar von Merseburg 52, 53, 90
Thomaskapelle 133
Thurnau 123
Tilleda 54, 60, 93
Tilman Riemenschneider 77
Tittmoning 123
Toerringer 184
Torbau 15, 20, 124, 162, 175
Torhalle 181
Torhaus 169
Torturm 124, 138, 151, 181, 191
Totnan 76
Traitsching 90, *109*
Traun 184
Traunreut 184
Trausnitz im Tal 123, *125*
Trausnitz ob Landshut 122, *127*, 129, *188–189*
Traverse 162, 176
Treppenturm 170
Tretrad 181, 193
Treuchtlingen 60, 64
Treuchtlingen/Obere Burg 122, 123
Treuchtlingen/Stadtschloß 122
Trichterfenster 150
Trimberg 122, 123
Trinkschale 75
Trockenmauer 57, 73, 94, 100, 106, 112
Trockenmauerfront 66, 68
Tuffstein 119, 183
Tunneleingang 140
Türken 169
Türkenangst 168
Türkenbedrohung 135, 170
Turmberg bei Kasendorf 18, *40–41*, 61, 64, 124
Turmformen 125
Turmhaus *123*, 124, 131, 182
Turmhügel 65
Turmhügelburg 61, 126, 182
Turnierhof 172
Turnierwiese 131
Tüschnitz 122, 123
Tuto 53

U
Udalrich 52
Ulm zu Mittelbiberach und Erbach 154
Ulrich II. 170
Unfinden 160
Ungarneinfälle 52, 54, 64, 68, 74, 105, 114
Ungarnrefugien 57, 60
Unsleben 180
Unterbodenheizung 124
Untergriesbach 122
Unterregenbach 58
Urban von Trennbach 170
urbem Burchusen 134
urbs 51
Urnenfelderzeit **12–14**, 24, 30, 66, 68, 72, 75, 99, 100, 104, 156
Urphar 67

V
Veit Arnpeck 95
Veitsberg 57, 58, *85*, 125, 180
Veldenstein 123
Venezianer 169
Verbannungsort 172
Verkehr 29
Verkehrsweg 17
Verkehrswege 109
Verlies 152
Veste Coburg 122, 124, 128, *140–141*
Vetus Trebgast *112*
Viereckschanze 28
Viereckturm 149, 191
Vierflügelanlage 172
Vilseck 123
Vilsegg bei Vils 144
Virteburh 76
vita Burkardi 52
Vogelsburg 52, *54*, 56, 63
Vohenstrauß 148
Voit 180
Völkerwanderungszeit 66, 68, 71, 75
Vorder- und Hinterfrankenberg 123
Vordereggelburg 52, 56
Vorderhohenschwangau **164**

W
Wachtturm 180
Waffensammlung 141
Wagner, K. H. 90
Waischenfeld 123
Walberla 34
Walhalla 142
Wall 181, 184
Wall-Graben-System 66
Wallanlage 97
Wallburg 57, 140
Wallgrabensystem 57
Wallrekonstruktion *66*
Wallschüttung 100
Wallsystem 26
Walpoten 118
Wamser, L. 73, 82
Wandmalerei 158
Wandscheibe 144
Wappen 174
Wappensaal 159
Warberg 122
Wasserburg 120
Wasserversorgung 157
Wehrhaftigkeit 191
Wehrkirche 168
Weisach 160
Weißenburg 63, 129, 192
Weißenstein 123
Weißer Main 172
Weißjurakalk 68
Welf d. Ä. 164
Welf I. 118
Welfen 182
Wenzelschloß 158
Werdenfels 122, 123
Werla in Niedersachsen 54
Werner Volker von Freyberg 144
Wernfels 123
Wernherr von Praiteneck/Breitenegg 174
Wernherus de Prunne 174
Westfälischer Frieden 193
Wettenburg *67*
Wettiner Markgrafen 140
Widukind von Corvey 52, 53, 95
Wiesent 162
Wigolt 164
Wilde Heinz von Stein 184
Wildenberg 120, 128, 181, *190–191*
Wilhelm von Reichenau 130
Willa 132
Willibaldsburg ob Eichstätt 122, 123, 128, 129
Willibrord 76
Williram 92
Winzer 123
Wirtschaftsweise 18
Wittelsbach 121, 123
Wittelsbacher 118, 134, 150, 158, 188
Wittelsbacher Turm 189
Wohnkomfort 149
Wohnturm 150, 162, 170, 181, 186
Wöhrsee 134
Wolfgangswall 97
Wolfram von Eschenbach 131, 191
Wolfsberg 37
Wolfsberg in Oberfranken 123
Wolfstein 122, 123

Wörnitz 152
Wörth 123
Wülzburg 129, *192–193*
Wurferker 127
Wurfstein 127
Wurzberg 97
Würzburg 52, 54, 60, 61, 62, *75–77*, 76

Z

Zähringer Burgberg 61
Zangenfenster 156
Zangenloch 176, 183
Zangentor 72, 106
Zaungräbchen *59*
Zeit der Staufer 158
Zentralfunktion 21
Zierbesatz *80*
Ziergiebel 139
Zierscheibe *74*
Zinnenkranz 145
Zinnfiguren 172
Zisterne 189, 193
Zitadelle von Jülich 192
Zitadelle von Spandau 192
Zugbrücke 127
Zusameck 123, 124
Zweischalenmauer 95, 124
Zweiter Markgrafenkrieg 119, 162
Zweiturmfassade 129
Zwernitz 123
Zwerschina, K. J. 130
Zwinger 127, 145, 151, 155, 162, 186
Zwingeranlage 128, 135, 153
Zwingermauer 169

Literaturverzeichnis

Vorgeschichte

B.-U. Abels, Die vor- und frühgeschichtlichen Geländedenkmäler Unterfrankens. Materialhefte Bayer. Vorgesch. B 6 (1979).

B.-U. Abels, Archäologischer Führer Oberfranken (1986).

B.-U. Abels, W. Sage u. Chr. Züchner, Oberfranken in vor- und frühgeschichtlicher Zeit. 2. Auflage (1996).

H. Becker/L. Kreiner, Prospektion und Sondagegrabung der mittelneolithischen „Ellipse" bei Meisternthal, Stadt Landau a. d. Isar, Niederbayern. Arch. Jahr Bayern 1993, 34–37.

H. Becker, Die Kreisgrabenanlagen von Gneiding und Riekofen, Gemeinde Oberpöring, Landkreis Deggendorf, Niederbayern und Landkreis Regensburg, Oberpfalz. Arch. Jahr Bayern 1994, 36–41.

H. Becker, Kultplätze, Sonnentempel und Kalenderbauten aus dem 5. Jahrtausend v. Chr. – Die mittelneolithischen Kreisanlagen in Niederbayern. In: Archäologische Prospektion, Luftbildarchäologie und Geophysik. Arbeitsh. Bayer. Landesamt f. Denkmalpfl. 59 (München 1996) 101–122.

H. Becker, Komplexe Grabenwerke der Hallstattzeit. In: Archäologische Prospektion, Luftbildarchäologie und Geophysik. Arbeitsh. Bayer. Landesamt f. Denkmalpfl. 59 (München 1996) 159–164.

A. Berger, Der Hesselberg. Funde und Ausgrabungen bis 1985. Materialh. Bayer. Vorgesch A 66 (Kallmünz/Opf. 1994).

G. Bersu, Vorgeschichtliche Siedlungen auf dem Goldberg bei Nördlingen. In: G. Rodenwaldt, Neue Deutsche Ausgrabungen (1930) 130–143.

G. Bersu, Der Goldberg bei Nördlingen und die moderne Siedlungsarchäologie. Deutsches Archäologisches Institut Berlin über die Hundertjahrfeier am 21.–25. April 1929 (1930) 313–318.

A. Burger, Die Siedlung der Chamer Gruppe von Dobl, Gemeinde Prutting, Landkreis Rosenheim und ihre Stellung im Endneolithikum Mitteleuropas. Materialh. Bayer. Vorgesch. A 56 (Fürth/Bay. 1988).

N. Buthmann, Die befestigte Höhensiedlung auf dem Schwanberg in Unterfranken. Eine Studie zum Forschungsstand und zur vor- und frühgeschichtlichen Besiedlung. Mainfränkische Stud. 63. Beitr. Arch. Unterfranken 1998 (Büchenbach 1998) 31–110.

R. Christlein/S. Stork, Der hallstattzeitliche Tempelbezirk von Aiterhofen, Landkreis Straubing-Bogen, Niederbayern. Jahresber. Bayer. Bodendenkmalpfl. 21, 1980, 43–55.

J. Collis, Oppida. Earliest towns north of the Alps (Sheffield 1984).

G. Diemer, Der Bullenheimer Berg und seine Stellung im Siedlungsgefüge der Urnenfelderkultur Mainfrankens. Materialh. Bayer. Vorgesch. A 70 (Kallmünz/Opf. 1995).

B. Engelhardt, Das Chamer Erdwerk von Hadersbach, Stadt Geiselhöring, Landkreis Straubing-Bogen, Niederbayern. Arch. Jahr Bayern 1986, 44–47.

B. Engelhardt, Ein Altheimer Erdwerk in Straßkirchen, Landkreis Straubing-Bogen, Niederbayern. Arch. Jahr Bayern 1993, 44–46.

B. Engelhardt, Ein Erdwerk der Altheimer Kultur von Altdorf, Landkreis Landshut, Niederbayern. Arch. Jahr Bayern 1996, 34–36.

J. Faßbinder/W. Irlinger, Magnetometerprospektion zweier Grabenwerke der Münchshöfener Kultur (?) bei Tabertshausen, Gemeinde Aholming, Landkreis Deggendorf, Niederbayern. Arch. Jahr Bayern 1996, 45–49.

J. Faßbinder/M. Nadler, Magnetometerprospektion einer mittelneolithischen Kreisgrabenanlage bei Ippesheim, Landkreis Neustadt a.d. Aisch, Bad Windsheim, Mittelfranken. Arch. Jahr Bayern 1997, 40–43.

J. Faßbinder/W. Irlinger, Magnetometerprospektion eines endneolithischen Grabenwerkes bei Riekofen, Lkr. Regensburg. In: Beitr. Arch. Oberpfalz 2, 1998, 47–54.

R. Gebhard, Neue Hortfunde vom Bullenheimer Berg, Gemeinde Ippesheim, Landkreis Neustadt a.d. Aisch-Bad Windsheim, Mittelfranken und Seinsheim, Landkreis Kitzingen, Unterfranken. Arch. Jahr Bayern 1990, 52–55.

R. Gebhard, Der Glasschmuck aus dem Oppidum von Manching. Ausgr. Manching 11 (Stuttgart 1989).

R. Gebhard, Die Fibeln aus dem Oppidum von Manching. Ausgr. Manching 14 (Stuttgart 1991).

R. Gebhard, Ergebnisse der Ausgrabungen in Manching. In: H. Dannheimer/R. Gebhard (Hrsg.), Das keltische Jahrtausend (Mainz a. Rhein 1993) 113–119.

St. Gerlach, Die vorgeschichtliche Abschnittsbefestigung auf dem Eiersberg bei Mittelstreu. In: Beiträge zur keltisch-germanischen Besiedlung im Mittelgebirgsraum. Weimarer Monographien zur Ur- und Frühgesch. 28 (Stuttgart 1992) 8–30.

St. Gerlach, Urnenfelderzeitliche Höhensiedlungen Nordbayerns in ihrem siedlungsgeschichtlichem Zusammenhang. In: K. Schmotz (Hrsg.) Vorträge 16. Niederbayerischer Archäologentag (Rahden/Westf. 1998) 125–156.

H.-U. Glaser, Neue Befunde zur urnenfelderzeitlichen Besiedlung des Schwanbergs, Gemeinde Rödelsee und Stadt Iphofen, Landkreis Kitzingen, Unterfranken. Arch. Jahr. Bayern 1996, 75–77.

W. Irlinger/G. Raßhofer, Archäologische Fundlandschaft im Wandel. Siedlungskundliche Untersuchungen im Tal der Großen Laaber zwischen Sünching und Schönach. In: Beitr. Arch. Oberpfalz 2, 1998, 11–46.

G. Jacobi, Werkzeug und Gerät aus dem Oppidum von Manching. Ausgrab. Manching 5 (Wiesbaden 1974).

W. Janssen/A. Berger/H.-U. Glaser, Ausgrabungen auf dem Großen Knetzberg, Neuhauser Forst, Landkreis Haßberge, Unterfranken. Arch. Jahr Bayern 1986, 65–67.

W. Janssen, Der Bullenheimer Berg. In: H. Dannheimer/R. Gebhard (Hrsg.) Das keltische Jahrtausend (Mainz a. Rhein 1993) 75–82.

A. Jockenhövel, Zu befestigten Siedlungen der Urnenfelderzeit in Süddeutschland. Fundber. Hessen 14, 1974, 19–62.

S. Kas u. M. Schußmann, Einige Überlegungen zu den hallstattzeitlichen Herrenhöfen. In: Zeitenblicke, Ehrengabe für Walter Janssen (Rahden/Westf. 1998) 93–123.

D. Kaufmann (Hrsg.) Tagung über „Befestigte neolithische und äneolithische Siedlungen und Plätze in Mitteleuropa." Jahresschr. Mitteldt. Vorgesch. 73, 1990.

D. Kaufmann, Zur Funktion linienbandkeramischer Erdwerke. In: K. Schmotz (Hrsg.) Vorträge 15. niederbayerischer Archäologentag (Deggendorf 1997) 41–87.

W. Kimmig, Die Heuneburg an der oberen Donau. Führer zu archäologischen Denkmälern in Baden und Württemberg 1 (Stuttgart 1983).

H. Koch, Grabfunde der Hallstattzeit aus dem Isartal bei Niedererlbach, Lkr. Landshut. Bayer. Vorgeschbl. 57, 1992, 49–75.

H. Koch/H.-G. Kohnke, Neue Ausgrabungen in Niedererlbach, Lkr. Landshut (Niederbayern). Ein Vorbericht. Bayer. Vorgeschbl. 53, 1988, 47–75.

H. Koch, Ein Erdkeller der Frühlatènezeit aus Niedererlbach, Lkr. Landshut. Vorträge 9. niederbayerischer Archäologentag (Deggendorf 1991) 137–160.

H. Koschik, Sicherungsgrabung am Wall der Houbirg 1982. In: H. Koschik (Hrsg.) Die Houbirg im Nürnberger Land. Archäologische Forschungen in Vergangenheit und Gegenwart. Schriftenrh. der altnürnberger Landschaft 32 (Nürnberg 1985) 187–204.

M. Kuckenburg, Siedlungen der Vorgeschichte in Deutschland, 300 000 bis 15 v. Chr. (1993).

W. Krämer, Die Grabfunde von Manching und die latènezeitlichen Flachgräber in Südbayern. Ausgrab. Manching 9 (Stuttgart 1985).

L. Kreiner, Zwei Münchshöfener Grabenwerke im Süden von Landau a. d. Isar, Landkreis Dingolfing-Landau, Niederbayern. Arch. Jahr Bayern 1996, 40–43.

K. Leidorf, Südbayerische „Herrenhöfe" der Hallstattzeit. In: Archäologische Denkmalpflege in Niederbayern. 10 Jahre Außenstelle des Bayerischen Landesamtes für Denkmalpflege in Landshut (1973–1983). Arbeitsh. Bayer. Landesamt f. Denkmalpfl. 26 (München 1985) 129–142.

K. Leidorf, Herrenhöfe, Bauernhöfe und Tempelbezirke der frühen Eisenzeit. In: Archäologische Prospektion, Luftbildarchäologie und Geophysik. Arbeitsh. Bayer. Landesamt f. Denkmalpfl. 59 (München 1996) 143–154.

F. Leja, Eine frühlatènezeitliche Vorratsgrube auf der Houbirg, Gemeinde Happurg, Landkreis Nürnberger Land Mittelfranken. Arch. Jahr Bayern 1990, 64–67.

F. Loré, Neolithische und latènezeitliche Grabenanlagen in Köfering, Lkr. Regensburg. In: Beitr. Arch. Oberpfalz 2, 1998, 71–88.

H. Lorenz, Rundgang durch eine keltische „Stadt" (Pfaffenhofen 1986).

J. Lüning, Zur Verbreitung und Datierung bandkeramischer Erdwerke. Arch. Korr. 18, 1988, 155–158.

I. Matuschik, Grabenwerke des Spätneolithikums in Süddeutschland. Fundber. Baden-Württemberg 16, 1991, 27 ff.

J. Michálik, Latènezeitliche Funde aus dem Stadtbereich von Passau. Passauer Universitätsschr. zur Archäologie 1 (Passau 1993).

H. Müller-Karpe, Funde von bayerischen Höhensiedlungen. Kat. Prähist. Staatsslg. München (Kallmünz 1959).

B. S. Ottaway, Eine befestigte Siedlung der jungsteinzeitlichen Chamer Gruppe auf dem Galgenberg bei Kopfham, Gemeinde Ergolding, Landkreis Landshut, Niederbayern. Arch. Jahr Bayern 1982, 34–37.

B. S. Ottaway/J. Hodgson, Ausgrabungen auf dem Galgenberg bei Kopfham, Gemeinde Ergolding, Landkreis Landshut, Niederbayern. Arch. Jahr Bayern 1984, 37–39.

J. Pätzold/K. Schwarz, Ein späthallstattzeitlicher Herrensitz am Kyberg bei Oberhaching im Ldkr. München. Jahresber. Bayer. Bodendenkmalpflege 2, 1961, 5–15.

K. H. Rieder, Ein Grabenwerk der Münchshöfener Kultur von Buxheim, Landkreis Eichstätt, Oberbayern. Arch. Jahr Bayern 1997, 43–45.

M. Schaich/K. Böhm/G. Meixner, Die Ausgrabungen im Baugebiet B 17 in Geiselhöring, Landkreis Straubing-Bogen, Niederbayern. Arch. Jahr Bayern 1994, 41–48.

P. Schauer, Befestigte Höhen der Urnenfelderzeit und der älteren Eisenzeit in Süddeutschland. In: H. Dannheimer/R. Gebhard, Das keltische Jahrtausend (Mainz a. Rhein 1993) 62–74.

K. Schmotz, Hallstattzeitliche Grabenwerke im Landkreis Deggendorf. In: Archäologische Arbeitsgemeinschaft Ostbayern/West- und Südböhmen. Resümees der Vorträge. Deggendorf u. Kelheim 1994 (Niedererlbach 1994) 48–57.

K. Schmotz, Altneolithische Grabenwerke in Niederbayern. Zum Stand der Kenntnis aufgrund Luftbildarchäologie, Magnetometerprospektion und archäologischer Ausgrabung. In: K. Schmotz (Hrsg.) Vorträge 15. niederbayerischer Archäologentag. (Deggendorf 1997) 119–160.

K. Schmotz, Siedlungsarchäologie in der Gemeinde Buchhofen, Lkr. Deggendorf. In: Vorträge 16. niederbayerischer Archäologentag (Rahden/Westf. 1998) 51–69.

A. Stroh, Die vor- und frühgeschichtlichen Geländedenkmäler der Oberpfalz. Materialh. Bayer. Vorgeschichte B 3 (Kallmünz/Opf. 1975).

H. P. Uenze, Die Besiedlung der Houbirg im Lichte der Neufunde. In: Festschrift zum 100jährigen Bestehen der Abteilung für Vorgeschichte der Naturhistorischen Gesellschaft Nürnberg. Abhandlungen der Naturhistorischen Gesellschaft Nürnberg 39 (Nürnberg 1982) 253–276.

H. P. Uenze, Das Grabenwerk der endneolithischen Chamer Gruppe bei Piesenkofen, Gde. Obertraubling, Ldkr. Regensburg (Piesenkofen I). Bayer. Vorgeschbl. 50, 1985, 81–112

H. P. Uenze, Weitere Neufunde von der Houbirg. In: H. Koschik (Hrsg.) Die Houbirg im Nürnberger Land. Archäologische Forschungen in Vergangenheit und Gegenwart. Schriftenrh. der Altnürnberger Landschaft 32 (Nürnberg 1985) 167–186.

H. P. Uenze, Neufunde vom Dornberg bei Erharting, Landkreis Mühldorf a. Inn, Oberbayern. Arch. Jahr Bayern 1988, 80–81.

L. Wamser, Untersuchungen eines hallstattzeitlichen Wirtschaftshofes bei Wolkshausen-Rittershausen, Lkr. Würzburg. In: Aus Frankens Frühzeit. Festgabe P. Endrich. Mainfränk. Stud. 37 (Würzburg 1986) 91 ff.

S. Winghart, Südbayern und der Donauraum. Aspekte zum Thema spätbronze- und frühurnenfelderzeitlicher Höhensiedlungen entlang der Donau. In: The Early Hallstatt Period (1200 – 700 B.C.) in South-Eastern Europe. Bibliteca Musei Apulensis 1, 1994, 241 ff.

A. Zeeb, Ein „Herrensitz" der Hallstattzeit in Baldingen, Stadt Nördlingen, Landkreis Donau-Ries, Schwaben. Arch. Jahr Bayern 1992, 69–71.

Frühgeschichte, Mittelalter

U. Albrecht, Von der Burg zum Schloß. Französische Schloßbaukunst im Spätmittelalter (Worms 1986).

A. Antonow, Planung und Bau von Burgen im süddeutschen Raum (Frankfurt a. M. 1993).

M. Backes u. G. Stanzl, Burgruinen – Freizeithobby oder archäologische Kulturdenkmäler? In: Burgen & Schlösser 1987/II, 57-66.

A. Berger, Der Hesselberg. Funde und Ausgrabungen bis 1985. Materialh. Bayer. Vorgesch. 66 (Kallmünz 1994).

Th. Biller, Die Adelsburg in Deutschland. Entstehung, Form und Bedeutung (München 1993).

G. Binding u. N. Nussbaum, Der mittelalterliche Baubetrieb nördlich der Alpen in zeitgenössischen Darstellungen (Darmstadt 1978).

H.W. Böhme (Hrsg.), Siedlungen und Landesausbau zur Salierzeit. Monogr. RGZM 27 (Sigmaringen 1991).

O. Borst, Alltagsleben im Mittelalter (Frankfurt a. Main 1983).

H. Brachmann, Der frühmittelalterliche Befestigungsbau in Mitteleuropa. Untersuchungen zu seiner Entwicklung und Funktion im germanisch-deutschen Gebiet. Schriften zur Ur- und Frühgeschichte 45 (Berlin 1993).

J. Bumke, Höfische Kultur – Literatur und Gesellschaft im hohen Mittelalter (München 1992).

W. Emmerich, Landesburgen in ottonischer Zeit. Archiv Gesch. u. Altkde. Oberfranken 37, 1957, 50 ff.

R. Endres, Die Rolle der Grafen von Schweinfurt in der Besiedlung Nordostbayerns. Jahrb. Fränk. Landesforsch. 32, 1972, 1 ff.

R. Endres, Zur Burgenverfassung in Franken. In: H. Patze (Hrsg.), Die Burgen im deutschen Sprachraum. Vorträge u. Forsch. 19, 2 (Sigmaringen 1976) 293 ff.

P. Ettel, Die Burgen zu Castell und ihre Bewertung im Rahmen des frühmittelalterlichen Burgenbaus in Nordbayern. In: A. Wendehorst (Hrsg.), Das Land zwischen Main und Steigerwald im Mittelalter. Erlanger Forschungen 47 (Erlangen 1998).

P. Ettel, Karlburg - Roßtal - Oberammerthal. Studien zum frühmittelalterlichen Burgenbau in Nordbayern. Frühgeschichtliche und provinzialrömische Archäologie. Materialien und Forschungen Bd. 3 (Espelkamp 1999).

P. Ettel, Die Eroberung der Schweinfurter Burgen in historischer und archäologischer Überlieferung. Château Gaillard, 1998 (im Druck).

G. P. Fehring, Frühmittelalterliche Wehranlagen in Südwestdeutschland. Château Gaillard 5, 1972, 37 ff.

G. P. Fehring, Unterregenbach. Kirchen, Herrensitz, Siedlungsbereiche. Forsch. u. Ber. Arch. Mittelalter Baden-Württemberg 1 (Stuttgart 1972).

A. Gauert, Zur Struktur und Topographie der Königspfalzen. In: Deutsche Königspfalzen. Beiträge zu ihrer historischen und archäologischen Erforschung. Veröff. Max-Planck-Inst.-Gesch. 11,2 (Göttingen 1965) 1 ff.

R. Gensen, Frühmittelalterliche Burgen und Siedlungen in Nordhessen. In K. Böhner (Hrsg.), Ausgrabungen in Deutschland 1950-1975. Monogr. RGZM 1,2 (Mainz 1975) 313ff.

P. Grimm, Tilleda. Eine Königspfalz am Kyffhäuser. II. Die Vorburg und Zusammenfassung. Schr. Ur- u. Frühgesch. 40 (Berlin 1990).

E. Gringmuth-Dallmer, Frühmittelalterlicher Landesausbau in Thüringen und Hessen. In: M. Gockel (Hrsg.), Aspekte thüringisch-hessischer Geschichte (Marburg 1992) 67-79.

H. Hinz, Burgenlandschaften und Siedlungskunde. Château Gaillard, 5, 1972, 65 ff.

H. Hinz, Motte und Donjon. Zur Frühgeschichte der mittelalterlichen Adelsburg. Zeitschr. Arch. Mittelalter Beih. 1 (Köln 1981).

K.-U. Jäschke, Burgenbau und Landesverteidigung. Überlegungen zu Beispielen aus Deutschland, Frankreich und England. Vorträge u. Forsch. 16 (Sigmaringen 1975).

W. Janssen, Die Bedeutung der mittelalterlichen Burg für die Wirtschafts- und Sozialgeschichte. In: H. Jankuhn u. a. (Hrsg.), Das Handwerk in vor- und frühgeschichtlicher Zeit. Teil II (Göttingen 1983) 261 ff.

R. Koch, Die Burgen des Mittelalters in Bayern als Aufgabe der archäologischen Denkmalpflege. Denkmalpfl. Inf. 22/4, 1987, 15 ff.

K. Kolb, Wehrkirchen und Kirchenburgen in Franken (Würzburg 1977).

K. Kolb, Wehrkirchen in Europa (Würzburg 1983).

M. Lemmer, Leben in mittelalterlichen Burgen – Ideal und Wirklichkeit. In: Irene Roch (Hrsg.), Beiträge zur Burgenforschung (Halle/Saale 1989) 83–97.

J. Lenssen./L. Wamser (Hrsg.), 1250 Jahre Bistum Würzburg (Würzburg 1992).

H. Losert, Die slawische Besiedlung Nordostbayerns aus archäologischer Sicht. Vorträge 11. Niederbayer. Archäologentag (Deggendorf 1993) 207 ff.

D. Lutz, Turmburgen in Südwestdeutschland. In: M. Bur (Hrsg.), La Maison forte au Moyen Age. (Paris 1986) 137 ff.

W. Meyer, Rodung, Burg und Herrschaft. In: Burgen aus Holz und Stein. Burgenkundliches Koll. Basel 1977. Schweizer Beitr. Kulturgesch. u. Arch. Mittelalter 5 (Olten, Freiburg i. Br. 1979) 43 ff.

W. Meyer u. E. Widmer, Das große Burgenbuch der Schweiz (Zürich – München 1977).

G. Mildenberger, Germanische Burgen. Veröff. Altertumskomm. Westfälische Landes- u. Volksforsch. 6 (Münster 1978).

J.-H. Otto/J. Herrmann (Hrsg.), Siedlung, Burg und Stadt. Studien zu ihren Anfängen. Schr. Sektion Vor- u. Frühgesch. 20 (Berlin 1969).

H. Patze (Hrsg.), Die Burgen im deutschen Sprachraum. Ihre rechts- und verfassungsgeschichtliche Bedeutung. Vorträge u. Forsch. 19 (Sigmaringen 1976).

U. Pfistermeister, Burgen und Schlösser der Oberpfalz (Regensburg 1984).

O. Piper, Burgenkunde (Frankfurt 1967).

W. Sage, Auswirkungen der Ungarnkriege in Altbayern und ihr archäologischer Nachweis. Aventinum, Stiftung für Altbayern 4, 1989 (1990) 5 ff.

W. Schlesinger, Zur politischen Geschichte der fränkischen Ostbewegung von Karl dem Großen. In: Ders. (Hrsg.), Althessen im Frankenreich. Nationes 2 (Sigmaringen 1975) 9 ff.

M. Schulze, Das ungarische Kriegergrab von Aspres-lès-Corps. Untersuchungen zu den Ungarneinfällen nach Mittel-, West- und Südeuropa (899-955 n.Chr.). Jahrb. RGZM 31, 1984, 473 ff.

H. K. Schulze, Ostfranken und Alemannien in der Politik des fränkischen Reiches. In: F. Quarthal, Alemannien und Ostfranken im Frühmittelalter. Veröff. Alemannisches Inst. Freiburg i. Br. 48 (Bühl/Baden 1984) 13 ff.

K. Schwarz, Der frühmittelalterliche Landesausbau in Nordost-Bayern - archäologisch gesehen. In: K. Böhner (Hrsg.), Ausgrabungen in Deutschland 1950-1975. Monogr. RGZM 1,2 (Mainz 1975) 338 ff.

K. Schwarz, Frühmittelalterlicher Landesausbau im östlichen Franken zwischen Steigerwald, Frankenwald und Oberpfälzerwald. Monographien RGZM 5 (Mainz 1984).

K. Schwarz, Archäologisch-topographische Studien zur Geschichte frühmittelalterlicher Fernwege und Ackerfluren. Im Alpenvorland zwischen Isar, Inn und Chiemsee. Materialh. Bayer. Vor- u. Frühgesch. 45 (Kallmünz 1989).

C.-H. Seebach, Die Königspfalz Werla. Die baugeschichtlichen Untersuchungen. Göttinger Schr. Vor- u. Frühgesch. 8 (Göttingen 1967).

H. Steuer, Höhensiedlungen des 4. u. 5. Jh. in Südwestdeutschland. Einordnung des Zähringer Burgberges, Gem. Gundelfingen, Kr. Breisgau-Hochschwarzwald. Archäologie und Geschichte des ersten Jahrtausends in Südwestdeutschland. Freiburger Forschungen 1 (Sigmaringen 1990) 139-206.

G. Streich, Burg und Kirche während des deutschen Mittelalters. Untersuchungen zur Sakraltopographie von Pfalz- und Burgkapellen bis zur staufischen Zeit. Vorträge u. Forsch. 29 (Sigmaringen 1984).

S. Uhl, Burggebäude des 15. Jahrhunderts in Süddeutschland. In Castrum Bene 2/1990.

R. v. Uslar, Studien zu frühgeschichtlichen Befestigungen zwischen Nordsee und Alpen. Beih. Bonner Jahrb. 11 (Köln 1964).

L. Wamser, Befestigte Anlagen des frühen bis späten Mittelalters in den Ruinen des Römerkastells Miltenberg-Altstadt. In: H. W. Böhme (Hrsg.), Burgen der Salierzeit. Monogr. RGZM 25,2 (Sigmaringen 1991) 235 ff.

L. Wamser, Merowingerzeitliche Bergstationen in Mainfranken - Stützpunkte der Machtausübung gentiler Gruppen. Arch. Jahr Bayern, 1984, 136 ff.

N. Wand, Die Büraburg bei Fritzlar. Burg - „Oppidum" - Bischofssitz in karolingischer Zeit. Kasseler Beitr. Vor- u. Frühgesch. 4 (Marburg 1974).

K. Weidemann, Archäologische Zeugnisse zur Eingliederung Hessens und Mainfrankens in das Frankenreich vom 7. bis 9. Jh. In: W. Schlesinger (Hrsg.), Althessen im Frankenreich. Nationes 2 (Sigmaringen 1975) 95 ff.

J. Werner, Zu den alamannischen Burgen des 4. und 5. Jahrhunderts. In: Speculum historiale. Festschrift J. Spörl (München 1965) 439 ff.

F. J. Wörner, Burgen, Schlösser und Bauwerke der Hohenzollern in 900 Jahren (Moers 1991).

J. Zeune, Mittelalterliche Burgen in Bayern: Eine Schreckensbilanz. In Schönere Heimat 1990, Heft 3, 143–154

J. Zeune, Salierzeitliche Burgen in Bayern. in: H. W. Böhme (Hrsg.), Burgen der Salierzeit. Monogr. RGZM 25,2 (Sigmaringen 1991) 177 ff.

J. Zeune, Neue Forschungen an fränkischen Kirchenburgen. In: Burgenforschung aus Sachsen 5/6, 1995, 226–239.

J. Zeune, Burgen – Symbole der Macht. (Regensburg 1996).

Abbildungsnachweis

alle Luftbilder:
© Klaus Leidorf, 84172 Buch am Erlbach
(zu jedem Luftbild wird unten die Archivnummer und das Aufnahmedatum genannt)

Titelbild auf dem Umschlag
Landshut, Burg Trausnitz 050.0013-12 7.2.97, 7538/031

Vorwort
S. 6: 051.0072-25 15.2.98, 8328/002

Einführung Vorgeschichte
S. 8 li.u.: 030.30xx-18 24.4.93;
re.u.: nach Schmotz 1997
S. 9: nach Rieder 1997
S. 10 li.o.: nach Faßbinder/Irlinger 1996;
u. 1: nach Petrasch 1985/86, 2: nach Engelhardt 1993, 3: nach Loré 1998, 4: nach Ottaway 1984
S. 11: 040.6294-37 29.12.96
S. 12 o.: nach Gerlach 1998; li.: nach Diemer 1995; u. nach Schauer 1993
S. 13 re.o.: nach Glaser 1996;
li.u.: nach Schauer 1993
S. 14 li.o.: nach Kas/Schußmann 1998;
li.u.: nach Schmotz 1998;
re.o.: nach Zeeb 1992
S. 15: BLfD Landshut
S. 17: 040.7055-03 25.5.97
S. 18: nach Lorenz 1986
S. 19: Pfünz 951817 24.10.95

Künzing-Unternberg
S. 20: nach Becker 1996
S. 21: 040.50xx-19 15.5.95, 7344/007-2

Altheim
S. 22 li.u.: nach Driehaus 1960; m.: BLfD;
re.: nach Becker 1996, 124, Abb 1a
S. 23: 040.6287-03 15.12.96, 7338/039

Bogenberg
S. 24: nach Damminger/Schauer 1998
S. 25: 051.0062-34 11.1.98, 7142/014
S. 26: 051.0062-26 11.1.98, 7142/014

Michelsberg bei Kelheim
S. 27 und 28: nach Engelhardt 1982
S. 29: 950482 30.3.95, 7136/090

Natternberg
S. 30 li.u.: nach Mittermaier 1998, S. 211;
re.: Luftbildarchäologie BLfD 7142/003 7928-34 25.6.98 KL
S. 31: 050.0014-24 9.2.97, 7142/003

Kallmünz
S. 32 li.u.: Foto W. Irlinger;
re.u.: nach Vorlage W. Irlinger
S. 33: 050.0007-27 2.2.97, 8134/051

Ehrenbürg bei Forchheim
S. 34 und 36 alle Abb.: BLfD

S. 35: 010.0016-23 17.12.98, 6332/001

Heunischenburg
S. 37 und 38 alle Abb.: BLfD
S. 39 o.: Luftbildarchäologie BLfD 7838-17 24.3.98 KL 5732/006; li.u.: BLfD

Turmberg bei Kasendorf
S. 40 alle Abb.: BLfD
S. 41: 051.0171-29 8.8.98, 5934/003

Margarethenberg
S. 42: nach Maier/Winghart 1985
S. 43: 981007 21.10.98, 7940/009

Eiersberg bei Mittelstreu
S. 44 li.u.: nach Wamser 1982;
re.u.: nach Gerlach 1995
S. 45: 051.0191-27 17.10.98, 5726/030

Fentbachschanze
S. 46 li.u.: 010.0013-16 15.12.98, 8136/001;
li.u.: BLfD
S. 47 o.: 010.0013-14 15.12.98, 8136/001;
li.u.: nach Faßbinder/Irlinger 1996

Staffelberg
S. 48: BLfD
S. 49: 040.6170-34 22.7.96, 5932/001
S. 50 li.o.: Prähistorische Staatssammlung München; li. und re. u.: BLfD

Einführung Frühgeschichte
S. 52 und 53: nach Vorlagen von P. Ettel
S. 54: nach K. Schwarz 1975
S. 55: 051.0183-31 7.8.98, 6538/004
S. 56 und 57: nach Vorlage P. Ettel
S. 58 o.: Burgkunstadt 051.0187-19 24.9.98, 5932/016; re.u.: nach Vorlage P. Ettel
S. 59 und 60: nach Vorlage P. Ettel
S. 61: 051.0147-19 21.6.98, 6134/008
S. 62 bis 65: nach Vorlage P. Ettel

Wettenburg bei Kreuzwertheim
S. 66 li.u.: M. Schußmann und D. Neubauer; re.u.: nach Vorlage D. Neubauer
S. 67: 050.0120-16 30.7.97, 6322/010

Gelbe Bürg bei Dittenheim
S. 68: BLfD
S. 69: 040.7xxx-05 19.5.97, 6930/140

Reisberg bei Scheßlitz
S. 70 o. und u.: BLfD
S. 71: 010.0010-06 21.11.98, 6132/011

Schwanberg bei Iphofen
S. 72 li.u. und re.u.: BLfD
S. 73 o.: Luftbildarchäologie BLfD 7637-32 29.12.96 KL 6326/030; u.: BLfD
S. 74: BLfD

Marienberg in Würzburg
S. 75 li.u.: Schedelsche Weltchronik;
re.u.: BLfD
S. 76 li.u.: nach v. Freeden 1982;
o.: 040.6295-26 29.12.96, 6324/009
S. 77: 051.0057-36 10.1.98

Karlburg a. Main
S. 78: nach Vorlage P. Ettel

S. 79 o.: 040.6297-01 29.12.96, 6124/011;
u.: nach Vorlage P. Ettel
S. 80 o.: 040.6296-36 29.12.96, 6124/011;
u.: BLfD
S. 81: nach Vorlage P. Ettel

Michelsberg bei Neustadt a. Main
S. 82: nach Janssen/Wamser 1982
S 83 o.: 051.0160-09 20.7.98, 6122/007;
li.u.: nach Janssen/Wamser 1982

Salz bei Bad Neustadt a. d. Saale
S. 84: nach Wamser 1984
S. 85 o.: 051.0160-09 20.7.98, 5726/029;
u.: nach K. Schwarz 1975 Beil. 40, 7.3

Oberammerthal
S. 86: nach Vorlage P. Ettel
S. 87: 051.0096-35 25.3.98, 6536/011
S. 88 und 89: nach Vorlage P. Ettel

Cham
S. 90: nach H. Wolf 1967
S. 91 o.: 980048 11.1.98, 6742/004;
u.: BLfD

Ebersberg
S. 92 li.m.: nach W. Sage 1980; li.u.: BLfD
S. 93: Luftbildarchäologie BLfD 7098-02 11.5.94 KL 7936/001

Roßtal
S. 94: nach Vorlage P. Ettel
S. 95: Luftbildarchäologie BLfD 7139-35 25.6.94 KL 6730/022
S. 96: nach Vorlage P. Ettel

Frauenberg bei Weltenburg
S. 98: Landkreisarchäologie Kelheim
S. 99: 051.0187-37 24.9.98
S. 100: nach Spindler 1980
S. 101: 040.6168-36 22.7.96, 7136/497

Hetzleser Berg
S. 102: 010.0009-14 21.11.98, 6332/047
S. 103 o.: 010.0016-08 17.12.98, 6332/047;
u.: BLfD

Hesselberg
S. 104: nach K. Schwarz 1962
S. 105 o.: 040.7052-15 19.5.97, 6928/010,
li. und re.u.: BLfD

Eiringsburg
S. 106: BLfD
S. 107 o.: 040.7056-21 25.5.97, 5926/074;
li. und re.u.: BLfD

Schwedenschanze im Rottensteiner Forst
S. 108 li.o.: 010.0011-02 21.11.98, 6120/042-1; li. und re.m. und u.: BLfD
S. 109 o.: 010.0024-23 6.1.99, 5928/014;
u.: 010.0022-13 28.12.98, 6940/030

Grünburg bei Stadtsteinach
S. 110: BLfD
S. 111: 010.0023-24 6.1.99, 5934/023

Bayreuth-Laineck
S. 112: BLfD
S. 113 o.: 051.0171-37 8.8.98, 6134/018;
u.: BLfD

Birg bei Schäftlarn
S. 114: BLfD
S. 115: 010.0014-01 15.12.98, 8134/051

Castell
S. 116 li.u.: Vorlage P. Ettel;
    re.u.: Wildbannkarte von 1497
S. 117: 961973 25.10.96, 6328/010

Einführung Hoch- und Spätmittelalter
S. 118: 051.0135-08 16.5.98, 7128/123
S. 119: 051.0096-07 24.3.98, 6132/054
S. 120: 010.0030-27 27.2.99, 8530/003
S. 121: © Büro für Burgenforschung Dr. J. Zeune (wird im folgenden abgekürzt: **B. f. Bf.**) 1998. Zeichnung und Ausführung: R. Mayrock, Kempten, in Abstimmung mit J. Zeune
S. 122: 030.3xxx-22 18.5.93, 5924/020
S. 123: © Lehrstuhl für Archäologie des Mittelalters und der Neuzeit, Universität Bamberg, und J. Zeune. Modell: H. Westoll in Abstimmung mit W. Sage und J. Zeune; Foto: U. Hofmann.
S. 124: © B. f. Bf. 1998. Modellbau: Th. Starke, M. Kieschke, R. Mayrock in Abstimmung mit J. Zeune.
    Foto: Th. Starke
S. 125: 010.0009-08 21.11.98, 6538/001
S. 126 o.: © R. Mayrock, Kempten 1995;
    u.: R. Mayrock, Kempten, in Abstimmung mit J. Zeune.
S. 127 o.: 010.0003-16 18.11.98, 7538/031;
    u.: wie S. 121
S. 128 © J. Zeune 1996
S. 129: Harburg 970971 24.7.97, 7330/072

Abenberg
S. 130: © B. f. Bf. 1996
S. 131: 961923 24.10.96, 6730/027

Bamberg Domberg
S. 132 re.u.: © Lehrstuhl für Archäologie des Mittelalters und der Neuzeit, Universität Bamberg 1993;
    li.u.: kolorierte Federzeichnung von J. G. Kauffmann 1777.
S. 133: 051.0095-09 24.3.98, 6130/014

Burghausen
S. 134 li.u.: nach: Schmid, Burg zu Burghausen, 27;
    re.u.: 051.0178-09 9.8.98, 7942/005
S. 135: 030.4xxx-157 12.5.94, 7942/005

Burglengenfeld
S. 136 li.u.: nach: G. Hager 1906, Fig. 11;
    re.u.: © J. Zeune 1990
S. 137: 940872 7.5.1994, 6738/001

Cadolzburg
S. 138 li.u.: nach: H. Thiersch 1910;
    re.u.: 961982 25.10.96 6530/014
S. 139: 940759 3.5.94, 6530/014

Coburg
S. 140 li.u.: © Alfred Geibig, Veste Coburg;
    re.u.: © Alfred Geibig, Veste Coburg
S. 141: 040.5xxx-02 20.6.95, 5730/004

Donaustauf
S. 142 re u.: nach KDM;
    li.u.: © J. Zeune, 21.11.1998
S. 142: 010.0008-14 21.11.98, 6938/008

Eisenberg
S. 144 li.u.: © Verein zur Erhaltung der Burgen Eisenberg und Hohenfreiberg 1988 u. B. f. Bf. 1998;
    re.u.: 961392 21.07.96, 8328/002
S. 145: 961393 21.07.96, 8328/002

Falkenstein
S. 146 li.u.: 970221 22.2.97 8528/001;
    re.u.: © Boris Blum, Lauben 1993
S. 147: 050.0023-06 22.2.98 8528/001

Flossenbürg
S. 148 li.u.: © A. Boos, Flossenbürg, Abb. 21; Umzeichnung B. f. Bf. 1998;
    re.u.: © J. Zeune 1990
S. 149: 970630 17.05.1997, 6340/004-1

Haag i. Obb.
S. 150 li.u.: 050.0021-10 22.2.97, 7938/013;
    re.u.: nach R. Münch 1980, 24
S. 151 o.: 050.0021-07 22.2.97, 7938/013;
    re.u.: nach: R. Münch 1980, 32

Harburg
S. 152 li.u.: 040.5xxx-49 24.5.95, 7330/072;
    re.u.: nach Führer zu den vor- und frühgeschichtlichen Denkmälern, Nr. 41: Nördlingen-Bopfingen- Oettingen-Harburg, 182.
S. 153: 950967 24.5.95, 7330/072

Hohenfreyberg
S. 154: © B. f. Bf. 1995 u. Boris Blum, Lauben
S. 155: 970214 22.02.1997, 8238/002

Karlstein
S. 156: © J. Zeune 1993 nach Bezold, Riehl, Hager
S. 157 o.: 95071 3.5.95, 8342/002;
    u.: © J. Zeune 1991

Lauf a. d. Pegnitz
S. 158: nach Kraft/Schlemmer 1960, IX
S. 159: 050.0265-12A 17.10.1998, 6532/037

Lichtenstein
S. 160: wie S. 130
S. 161: 971041 6.8.97, 5930/063

Neideck
S. 163: 040.6011-07 7.2.96, 6132/054-1

Neuschwanstein
S. 164 li.u.: © Grafiksammlung des Kulturamtes Füssen; re.u.: Umzeichnung B. f. Bf. 1997 nach Johann Nepomuk von Raiser, Der Ober-Donau-Kreis des Königreiches Bayern unter den Römern (Augsburg 1830) Tafel II, Fig. 9.
S. 165: 940746 6.5.94, 8530/003

Nürnberg
S. 166: nach Fehring 1972, Abb. 2
S. 167: 040.6047-13 17.4.96, 6532/019

Ostheim v. d. Rhön
S. 168: 970726 25.5.97, 5526/006
S. 169: 040.7059-12 25.5.97, 5526/006

Passau
S. 170 li.u.: 030.2xxx-08 24.7.92, 7546/019;
    re.u.: aus: Schäffer 1983, 4
S. 171: 030.2xxx-09 24.7.92, 7546/019

Plassenburg
S. 172: nach Bachmann 1991, 13
S. 173: 040.5xxx-32 20.06.95, 5934/001

Prunn
S. 174 li.: © M. Fischer, E. Schmid 1990, überarbeitet vom B. f. Bf. 1998;
    re.: nach Fischer/Schmid 1990, Abb. 1
S. 175: 051.0158-19 20.7.98, 7136/091

Rieneck
S. 176 li.u.: 051.0159-37 20.7.98 5922/014;
    re.u.: nach A. Feulner 1920, Fig. 77, überarbeitet vom B. f. Bf. 1998
S. 177: 051.0159-30 20.7.98, 5922/014

Rothenfels
S. 178: nach W. Mogge 1967, Abb.1, überarbeitet vom B. f. Bf. 1998
S. 179: 030.3xxx-51 3.8.93 6122/008

Salzburg
S. 180 re.u.: © J. Zeune 1994 u. 1998;
    li.u.: nach J. Zeune 1994, Abb. 20
S. 181: 980972 17.10.98, 5726/004

Seeg-Burk
S. 182 li.u.: © D. Barz, Alzey 1996;
    re.u.: 051.0073-30 15.2.98, 8328/011
S. 183: 030.5xxx-30 2.7.95, 8328/011

Stein a. d. Traun
S. 184 re.u.: nach Zeune/Schubert 1993, Abb. 15; li.u.: © A. Kranzberger 1979, Joachim Zeune 1993
S. 185: 980690 30.06.1998, 8140/008

Stockenfels
S. 186 li.u.: nach Stadtmuseum Nittenau, Die Burg Stockenfels. Nittenau 1989, S. 28; re.u.: nach G. Hager 1905, Fig. 142
S. 187: 981066 21.11.1998, 6738/004

Trausnitz ob Landshut
S. 188 re u.: nach H. Brunner, E. D. Schmid 1993, S. 42; überarbeitet B. f. Bf. 1998;
    li.u.: 930882 28.12.93, 7538/031
S. 189: 010.0003-11 18.11.98, 7538/031

Wildenburg
S. 190 re.u.: nach W. Hotz 1963, S. 35; li.u.: nach Werner Meyer, Die deutsche Burg. Frankfurt a. M. 1963, S. 93
S. 191: 981075 21.11.98, 6520/001

Wülzburg
S. 192 li.u.: nach H. Neumann, Festungsbaukunst und Festungsbautechnik (Koblenz 1988) 55;
    re.u.: 961895 24.10.96, 6932/016
S. 193: 961897 24.10.96, 6932/016
S. 206/207: 010.0018-36 17.12.98, 6132/8

Die Giechburg am Rande der Fränkischen Alb bei Scheßlitz im Lkr. Bamberg ragt wie eine Insel aus dem Nebelmeer hervor. An ihrem Platz haben schon in der Vorgeschichte Menschen gesiedelt, auch die Germanen während der Römischen Kaiserzeit. Die mittelalterliche Geschichte der Burganlage, die wohl schon im 8. Jahrhundert beginnt, ist immer noch nicht eindeutig geklärt.

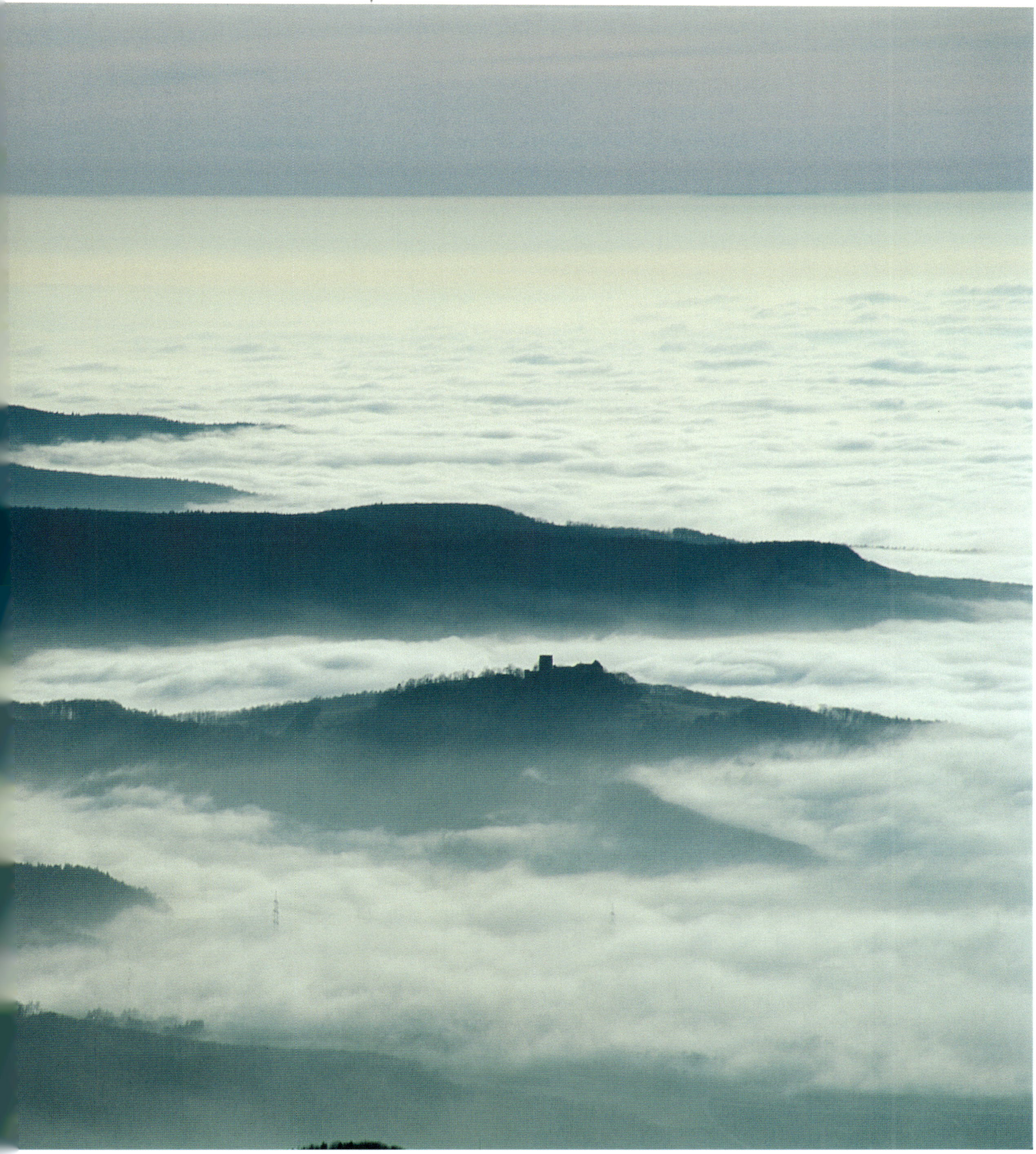

Burgen in Bayern

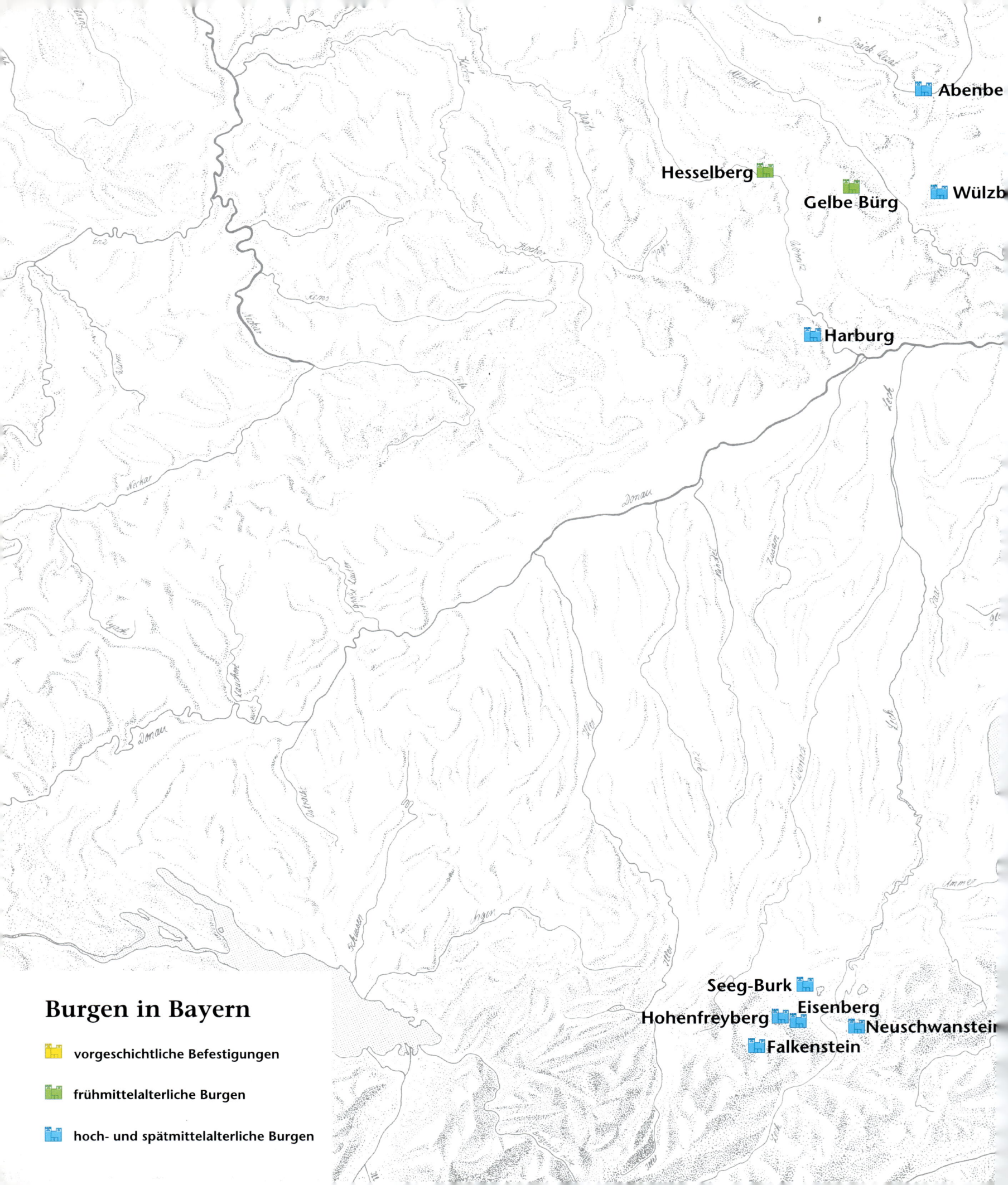

- 🟨 vorgeschichtliche Befestigungen
- 🟩 frühmittelalterliche Burgen
- 🟦 hoch- und spätmittelalterliche Burgen

Abenbe
Hesselberg
Gelbe Bürg
Wülzb
Harburg
Seeg-Burk
Hohenfreyberg
Eisenberg
Neuschwanstein
Falkenstein